수용-전념치료자를 위한

언어적 관계틀 배우기

RFT에 대한 개요 및 임상적 활용

Niklas Törneke 저 | 이선영 역

Learning RFT

An Introduction to Relational Frame Theory and Its Clinical Application

학지사

Learning RFT:
An Introduction to Relational Frame Theory and Its Clinical Application
by Niklas Törneke, MD

역자 서문

“ACT에서는 생각을 어떻게 다루나요?”라는 질문은 수용-전념치료(ACT)를 교육할 때 가장 많이 받는 질문 중 하나이다. 물론 간단하게는 탈융합과 연결해서 대답할 수 있겠지만 이 질문에 대한 답은 그보다 훨씬 큰 의미를 가지고 있다. ‘생각을 어떻게 바라보고 다루는지’에 있어서의 차이가 행동주의의 맥락에서 인지행동치료와 ACT가 본질적으로 구분되는 지점이기 때문이며, 역자 또한 인지행동치료전문가로 시작했기에 이러한 차이를 이해하는 것이 ACT치료자가 되는 데 있어 얼마나 중요한지 알고 있다. 또한 본질주의(essentialism)와 대비되는 기능적 맥락주의로 인간 행동 및 병리를 이해하는 ACT의 기본 철학이 가장 잘 드러나는 부분 또한 이 지점이기에 더욱 의미가 있다.

심리치료는 기본적으로 언어를 매개로 하는 대화치료이다. 그럼에도 지금까지는 심리치료자의 가장 가까운 친구인 언어를 그저 온전히 이해할 수 없는 심연에서 의식으로 떠오른 조각으로 보거나, 그 진술이 옳고 그른지만을 따지는 수준에서 주로 이해해 왔다. RFT(Relational Frame Theory, 언어적 관계틀 이론)는 언어가 형성되는 과정과 그것이 인간의 인지와 어떻게 연결되는지 그리고 인간의 삶이라는 맥락, 사회적 맥락에서 어떻게 작동하는지를 과학적인 증거를 기반으로 통합적으로 이해할 수 있는 틀을 제공한다. 이러한 이해를 바탕으로 궁극적으로는 어떻게 하면 불필요한 고통을 배가시키는 언어의 덫에 빠지지 않고 이를 치료적으로 사용할 수 있는지를 보여 주고 있다.

언어는 인간이 시공간을 뛰어넘어 경험을 전달할 수 있도록 하여 만물의 영장으로 만들기도 했지만, 그것이 고통과 관계될 때는 직접적인 경험 없이도 이를 다양한 시공간에서 반복적으로 경험하도록 한다는 점에서 양날의 검이라고 할 수 있겠다. 사실, 교육이나 슈퍼비전을 진행하다 보면 언어의 영향력을 줄이려고 하는 것만이 ACT라고 오해하는 경우를 종종 보게 된다. 하지만 실제로는 ACT의 주요 치료 과정 중 상당 부분이 언어의 기능과 연결되어 있으며, 이는 이 책을 통해서도 확인할 수 있을 것이다. 결국 언어가 양날의 검이라면 우리가 해야 할 일은 칼을 버리거나 칼끝을 쥐는 것이 아니라 칼자루를 잡는 것이 될 것이기 때문이다.

ACT 치료를 하고 교육하면서 개인적으로는 이 책을 한국에 소개해야 한다는 강박에 가까운 마음을 가지고 있었다. 급진적 행동주의(radical behaviorism)로 불리는 ACT의 전통이 기능적 맥락주의로 발전하는 지점에 RFT가 있으며, 특히 ACT의 여러 치료 과정, 특히 탈융합뿐만 아니라 맥락으로서의 자기 그리고 가치에 이르기까지 언어적 관계틀 이론을 배제하고는 설명하기 어렵기 때문이었다.* 하지만 고백하자면, 이를 옮기는 과정이 쉽지만은 않았다. 물론 용어가 생소한 부분도 있었지만 더 중요한 것은 단어 자체보다 그 뜻과 맥락을 충실히 옮기고 싶은 욕심이 컸기 때문일 것이다. 역자는 ACT 책을 번역해 소개하기도 하고, 우리나라에서는 처음으로 ACT 책을 쓰기도 했다. 그 모든 책이 나름의 의미가 있고 애정이 가지만, 개인적으로 이 책의 작업은 오롯이 독자만을 위한 것이었음을 기억하게 될 것 같다.

ACT 또한 심리치료적 접근의 하나이기에 그 태생부터 발전을 위해 필요한 단계들이 있다고 생각한다. 그런 의미에서 RFT의 기본 원리를 성실히 전달하면서 동시에 치료자로서 저자의 실용적인 감각이 살아 있는 이 책은 ACT에 관심 있는 한국의 독자들에게 '지금' 가장 필요한 책 중 하나가 될 것이라 믿어 의심치 않는다.

---

* RFT(Relational Frame Theory)는 기본적으로 행동주의의 기본 원리인 고전적 조건형성과 조작적 조건형성을 기반으로 하고 있기에 '관계망 형성 이론'이라고 하는 것이 보다 맥락에 기반한 명칭이나, 용어 그대로를 직역한 '관계틀 이론' 또한 혼용할 수 있다고 보았다.

추천사

인간의 언어와 인지에 대한 실용적인 이론

행동분석은 심리학에서 매우 특이한 접근이다. 전통적인 행동주의는 주류 심리학과는 대조적으로, 인간 행동을 설명할 때 정신적 표상을 그 근원으로 보지 않는다. 대신 철저한 기능분석을 고수하였다. 기능분석은 유기체와 유기체의 과거 및 현재의 환경적 맥락의 상호작용에 대한 체계적 분석을 통해 모든 심리적 사건을 설명할 수 있는 체계를 제공한다.

다소 놀랍게도, 이 특이한 접근법은 특히 초기에 다양한 학습장애를 가진 사람들의 삶을 개선하는 데 있어 상당한 성공을 거두었다. 그러나 이후 인간의 언어 및 인식과 관련해서는 같은 수준의 성공을 보이지 않았다. 『스키너의 언어행동에 대한 리뷰(Skinner's Verbal Behavior)』에 대한 촘스키(Noam Chomsky)의 비방은 유명하며, 이는 마치 행동분석의 비매개적 접근법이 인간 심리학(언어 및 인지)과 같은 정교한 측면으로 확장될 수 없는 '증명'처럼 여겨지게 하기도 하였다. 사실, 스키너의 연구는 많은 언어훈련 프로그램의 기초를 계속 제공해 주었음에도 불구하고 여전히 학습장애인들을 위한 것에 한정되어 있다.

촘스키가 강조한 『스키너의 언어행동에 대한 리뷰』에서의 중요한 문제는 인간 언어의 자기생성적인 성격을 설명하지 못한다는 점이었다. 비록 그 책이 이 문제를 전혀 다루지 않은 것은 아니지만 언어의 무한한 자기생성적인 특징과 관련해서 충분한 설명을 제공하지는 못했다. 게다가 은유와 비유 같은 진보된 언어 현상에 대한 추론은 설득력이 부족했다. 예를 들어, 언어행동과 관련한 기능분석적 해석을 제공하면서 기술적인 용어와 일반 용어를 혼용함으로써 그 정확성이 부족하였다.

그러나 스키너는 시드먼(Murray Sidman)의 집합적인 등위 공식에 대한 연구가 이루어지기 거의 20년 전에 그 책을 썼는데, 그 책은 인류의 언어행동 연구에 대한 모든 함축적 의미를 담고 있다. 스키너는 이러한 등위 관련 자료 이후 발전된 이론들에 접근할 수 없었다는 커다란 제한이 있었다. 현재 우리는 파생 관계 반응이 어린아이들의 행동목록에서 꽤 이른 시기에 나타난다는 것을 알고 있으며, 현대의 인간 언어 및 인지 관련 행동치료는 이러한 발견 이후 크게 발전했다. 따라서 불행히도 스키너의 『언어행동』에서는 가장 중요한 인간 언어 형태인 파생 관계 반응은 거의 제외하고 인간 언어의 직접적인 수반성만을 다룰 수밖에 없었다.

첫 번째 언어적 관계틀 이론서인 『Relational Frame Theory: A Post-Skinnerian Account of Human Language and Cognition』(Hayes, Barnes-Holmes, & Roche, 2001)은 스키너의 연구 발표 후 30년이 지나 인간 언어와 인식과 관련하여 현대적인 행동분석적 설명을 제시하고자 했다. 그 이론은 파생된 관계를 받아들였을 뿐만 아니라 이를 핵심에 두었다. 그럼에도 불구하고, RFT는 행동분석의 테두리 내에서 이전의 개념적 · 경험적 연구에서 자연스럽게 확장된 것으로 본다. 임의적으로 적용 가능한 관계적 반응 형성(AARR)이라는 이 책의 핵심 개념은 스키너의 조작적 조건형성 개념에 기초를 두었으며, 시드먼의 집합적 등위에 대한 기본 작업을 바탕으로 했다. 구체적으로 등위 관계 형성은 조작적 조건형성(학습된 반응 집단) 이력의 결과로 보이며, 이러한 논쟁에 기초해 언어적 관계틀과 같은 복잡한 형태의 연합적 반응이 발생할 가능성이 예측되었다.

2001년에 출간된 RFT 책은 인간 언어행동—언어적 관계틀—의 기본적인 분석 단위가 어떻게 더 복잡한 단위와 결합되는지를 설명하고, 이렇게 형성된 하나의 관계틀이 다른 관계망과 어떻게 관련되는지를 설명한다. 이 책에서 사용한 매우 추상적인 개념들은 이름 대기, 스토리텔링, 유머, 추상적 논리, 자기에 대한 언어적 구성 그리고 영성 등 모든 범위의 인간 언어 능력에 대해 비매개적이고 순수한 기능분석적 설명을 제공하기 위해 사용되었다. 이 책의 목적은 단지 인간의 언어와 인지에 대한 현대 행동분석을 제공하기 위한 것만은 아니었다. 그 목적은 극히 실용적인 것이었다. 또 다른 목적은 인간의 언어와 인지에 대한 기초 및 응용 연구를 촉진하고 연구자들과 실무자들 사이의 의사소통을 용이하게 하는 일련의 기능분석 용어를 제공하는 데 있었다. 첫 번째 목적을 달성하는 것은 비교적 성공적이었던 것으로 보이지만, 두 번째 목표를 위해서는 다른 책이 필요하였고, 그것이 바로 여러분이 지금 읽고 있는 이 책이다.

『Relational Frame Theory: A Post-Skinnerian Account of Human Language and Cognition』은 매우 학구적이고 전문적이며, 전문 용어와 고도로 추상적인 개념들로 가득 차 있다. 하지만 이 책은 매우 접근하기 쉬운 방식으로 자료를 제시하며, 결정적으로 주제를 객관적으로 잘 다루고 있다.

이 책의 제1부는 간단명료하다. 행동분석의 철학적 · 개념적 기초를 소개하는 것으로 시작해 그것이 기초가 되어 발전한 이론들을 소개하고 있다. 그다음으로, 생각과 인간의 언어에 대한 내용은 전통 스키너 학파의 관점에서 설명하고 전통 인지치료와 비교하였다. 제1부는 최소한 임상 영역에서는 어떠한 접근도 생각과 언어의 역할을 완전히 다루지 않았다고 제안하며, 독자와 특히 임상가에게 가장 중요하면서 어려운 이후의 내용에 대한 강력한 동기를 부여할 것이다.

제2부는 이론 자체를 이해하기 쉬운 방식으로 설명하고 있다. 각 장들은 적절한 수준으로 기술적 세부사항을 제공하는 동시에, 생동감 있고 읽기 편한 방식으로 이를 기술하는 것 사이에서 완벽하게 균형을 이루었다. 또한 제1부의 각 장에서는 RFT의 추상적 특징에 보다 초점을 맞추었지만, 제2부에서는 훈련 중인 임상가들이 관심을 가지는 자기와 조망 참조능력과 관련한 내용을 이해하기 쉽게 설명한다. 제2부의 마지막 장인 '인간 언어행동의 어두운 면'은 특히 임상가들과 관련된 부분으로, RFT에서 인간의 언어와 사고가 인간 고통의 근원이 될 수 있다고 보는 의미가 무엇인지에 대해 말하고 있다.

제3부는 RFT의 임상적 함의에 초점을 맞추고 있다. 이 부분은 전통적인 행동

치료에서 시작하여 그것이 다른 치료적 접근과 어떻게 관련되어 있는지 그리고 RFT가 심리치료에 대한 우리의 이해에 어떻게 독특한 기여를 하는지 설명한다. 마지막에는 현대적 행동분석의 임상적 적용을 체계적으로 이해할 수 있도록 한다.

이 책은 임상 행동분석에 대한 리뷰를 제공하며, 특히 RFT가 전통적인 행동치료 접근을 어떻게 보완하고 확장하는지를 설명한다. 그리고 RFT의 실용적인 면에 대해서도 기술하고 있다. 또한 매우 추상적이고 근본적인 이론을 통해 전문가들이 인간의 언어와 사고를 기능분석 및 행동적 개입 전략의 단위로 이해할 수 있도록 하였다. 이 책은 인간의 고통을 어떻게 개념화하며 개입하는지에 대한 강력한 방식을 명료하게 보여 주고 있다. 내가 정말 쓰기를 원했던 책이다.

더멋 반스-홈스(Dermot Barnes-Holmes)
메이누스 아일랜드 국립대학교

* 더멋 반스-홈스는 메이누스 아일랜드 국립대학교의 심리학 교수이다. 그는 200여 편의 과학 기사를 기고하고 책을 출간했으며, 그중 대부분은 행동분석적 관점에서 인간의 언어와 인지를 설명하는 데 초점을 맞추고 있다.

저자 서문

심리치료자로서 나는 시대의 아이이다. 나는 정신역동 세계에 대한 이해를 강조받으며 자랐지만, 스스로 생각하기에 그것은 과학적 연구 기반이 부족하다고 생각한다. 치료적 개입에 대한 구체적인 지침 또한 부족했다. 이에 1980년대 말 인지적 치료를 접했을 때 해방감을 느꼈다. 과학적 기초가 풍부했으며, 정신 의학에서의 일상적인 개입에 치료 전략이 적용되었다. 심리치료의 근간으로서 인지이론은 그 이후 나의 세계뿐만 아니라 심리치료 세계에서도 승리했다. 인지치료는 인지행동치료(Cognitive Behavior Therapy: CBT)라는 명칭에 따라 행동치료와 통합되어 왔지만, 인지모델의 기초가 된 인지이론을 근간으로 여러 혼합적 접근이 등장했다.

1990년대 (동안) 나는 점차 인지이론의 단점이라고 여겨지는 것을 발견했다. 인지이론은 기본용어가 무엇이고 어떤 과학적 뒷받침이 있는지 명확히 알기가 어렵다는 것이다. 다양한 인지이론가는 '마음'에서 무슨 일이 일어나고 있는지를 묘사하기 위해 각기 다른 용어를 사용했으며, 이러한 불명확함과 합의의 결여는 심리적 문제의 본질이 우리가 모르는 어떠한 영역에 있다는 가정으로 인해 더욱 심화되었다. 1990년대 중반, 나는 여전히 어떤 적절한 대안을 찾지 못했다. 하지만 내 흥미를 불러일으킨 몇몇 접근을 접하게 되었는데, 특히 1993년 마샤 리네한(Marsha Linehan)의 변증법적 행동치료(Dialectical Behavior Therapy: DBT)는 고전적 행동치료에서 상당히 영향을 받았다.

정서이론과 은유에 관심이 있었던 나는 여러 면에서 변증법적 행동치료와 관련된 수용-전념치료(Acceptance and Commitment Therapy: ACT)를 접하게 되었는데, ACT는 훨씬 더 정교한 이론과 실험적인 기반을 가지고 있었다. 다시 한번 나는 새롭고 유용한 도구들을 찾게 되었다. 게다가 ACT는 심리치료의 기초가 되는 고전적 학습이론뿐만 아니라 새로운 이론의 접근 방식과 좀 더 폭넓게 연결되어 있다는 것을 알게 되었다. 그리고 ACT의 이론적인 기초로서 언어적 관계틀 이론(Relational Frame Theory: RFT)뿐만 아니라 기본 행동주의 원리인 조작적 조건형성을 이해하지 못한다면, ACT를 진정으로 이해할 수 없다는 것을 깨달았다.

점차 이러한 원칙들에 익숙해지자 나는 이것이 인간 행동에 대한 이해뿐만 아니라 변화를 위한 치료에도 직접적으로 기여한다는 것을 알게 되었다. 나의 좋은 친구인 조나스 람네로(Jonas Ramnerö)와 고무적인 대화를 하게 되었는데, 그는 행동심리학에 대해 나보다 더 오랜 경험을 가지고 있었다. 우리는『인간 행동의 기본원칙: 임상가를 위한 행동주의(The ABCs of Human Behavior: Behavioral Principles for the Practicing Clinician)』라는 책을 함께 쓰게 되었다(Ramnerö & Törneke, 2008).

최근 몇 년 동안 행동 원리에 대한 관심이 높아지고 있는데, 특히 인지치료 훈련을 받은 심리치료자들 사이에서 그렇다. 이러한 경향은 꽤 오랫동안 나를 사로잡았던, 생각사건과 다른 행동의 관계에서 사고의 영향력의 문제 그리고 심리치료 영역에서 이 주제를 보다 철저히 연구하도록 하는 계기가 되었다. 이 책의 집필 목적은 이 질문과 관련해 행동주의적 관점을 설명하는 것이다. 이 책이 인지이론에 의해 제기된 질문에 답하려 한다고 할 수도 있겠지만 그 대답은 인지 접근과는 다른 출발점, 즉 수십 년 전에 쓰인 조작적 · 반응적 조건형성의 바탕에서 출발한다. 행동심리학은 이 분야에서 오랫동안 예측과 영향력이라는 기본적인 의제를 적용하는 데 어려움을 겪어 왔다. 나는 이 문제에 대한 답이 완성되어 가고 있다고 생각한다. 언어적 조건형성을 기술하는 기초 연구들이 증가하고, 언어적 관계틀과 관련된 여러 이론적인 구조가 발전하면서 인간 언어와 인지에 대한 치료적 개입에 관한 새로운 문을 열게 되었다. 이 모든 것은 고전적 행동치료의 의제에서 나온 것이고, 실험 연구 자료를 바탕으로 새로운 개입이 이루어지고 있다.

내가 이 책의 서두에서 심리역동과 인지적인 모델을 대조한 것이 도발적으로 보였을 수도 있지만 나의 의도는 그런 것이 아니다. 나는 내가 이전에 불만족스러웠다고 생각했던 심리역동, 인지주의 이론이 내가 알던 때와 달리 많이 변화하고 있다는 것을 알고 있다. 그들은 자신만의 방식으로 발전해 왔다. 게다가 나는 행동주의적 관점이 통합이라고 믿는다. 행동심리학은 특정한 치료 모델에 국한된 것이 아니라 행동의 근본적이고 보편적인 원칙을 설명하고자 한다. 이런 관점에서 한 개인이 하는 모든 것에 이러한 원칙이 적용 가능하다. 행동주의는 비행기를 타는 것을 회피하거나 지나치게 손을 씻는 행동처럼 관찰 가능하고 정의하기 쉬운 현상에 국한되지 않는다. 이는 이전에 부모에게 행동했던 것과 같이 치료자를 대하는 것이나 가까운 관계를 발달 · 유지하는 것과 같은 포착하기 어려운 대인 간의 긴밀한 상호작용 행동에도 적용된다. 심지어 다른 사람에게 감춘 행동, 과거의 분노에 사로잡혀 살거나 상심과 같은 감정을 대하는 행동 또한 행동주의적 관점에서 접근한다. 플루트를 연주하거나 시를 쓰는 것과 같이 심리치료에서 관심을 기울이지 않던 행동에 대해서도 마찬가지이다.

그러므로 인간의 어떤 면도 행동주의 심리학에서 제외하는 것은 없다. 시간과 공간의 맥락에서 일어나는 모든 인간 현상, 정신역동이나 인지치료에 주제가 되는 모든 것은 행동주의적 조망에서 접근할 수 있다. 이에 행동주의는 통합적인 성격을 띤다. 이러한 접근의 시작점은 스키너 시대의 '급진적 행동주의'이다. 즉, 이러한 접근의 어떤 부분은 새로운 것이지만 그 기원은 꽤 오래전에 세워졌다.

전문용어

스키너는 자신이 발전시킨 행동분석학을 행동과학이라고 불렀다. 그러나 이 용어는 약간 다른 방식으로 사용되었는데, 유럽의 행동치료 내에서 그것은 때때로 '개념화'라는 단어와 동의어로 쓰였다. 행동분석은 행동치료의 초기 단계에 사용된다. 나는 스키너처럼 그 용어를 사용할 것이다. 그것이 여전히 미국에서 사용되는 방법이다. 이때 '행동분석'은 전체적으로 행동을 예측하고 영향을 미치는 것을 목표로 하는 모든 과학과 그 과정에서의 실제적인 작업 모두를 칭하는 명칭이다. 행동분석은 보통 실험 행동분석 및 응용 행동분석의 두 가지로 구별된다. 실험 행동분석은 스키너와 관련되는 행동에 대한 실험적 분석의 유형으로 실험 상황에서 유기체의 행동을 예측하고 영향을 주는 변수를 관찰하고 결정한다. 응용 행동분석은 실험 행동분석을 통해 기술된 기본 원리를 '실제 상황'에서의 다양한 유형의 문제에 적용한다. 임상적 행동분석은 응용된 행동분석의 한 부분이다. 행동분석은 일반 심리치료에 속해 있다. 결과적으로, 조나스 람네로와 내가 쓴『인간 행동의 기본원칙: 임상가를 위한 행동주의』(2008)에서 이 응용된 분야를 '행동주의 치료'라고 불렀다. 그러나 이 책에서 나는 주로 '임상 행동분석'이라는 용어를 사용할 것이다.

개요

이 책은 세 부분으로 나뉜다. 제1부는 몇 가지의 중요한 배경을 설명한다. 제1장에서는 RFT에 익숙해지기 위해 이해해야 하는 개념에 중점을 두고, 급진적 행동주의 관점에서 학습의 기본원칙과 잘 알려진 원칙을 간략히 설명한다. 제2장에서는 RFT의 기초가 된 데이터가 축적되기 전 행동분석이 '생각의 힘'을 어떻게 다루었는지에 대한 연구를 살펴본다. 이 장의 대부분은 스키너의 언어행동 분석에 대한 개요로 구성되어 있다. 그의 분석에는 한계가 있지만(이 책에서 역시 설명함), RFT의 배경으로서 여전히 중요하다. 제3장에서는 인간 인지와 언어에 대한 새로운 연구에 대한 다양한 논쟁을 다루고 있다.

제2부는 이 책의 핵심으로, 여기서 RFT가 설명된다. 제4장에서는 RFT의 기본 용어를 제시하고 정의하며, 이론이 기초로 하는 실험에 대해 설명한다. 핵심적

으로 이 장에서는 인간 언어의 근본적인 요소를 설명한다. 제5장과 제6장에서는 어떻게 이러한 요소들이 합쳐지고, 점점 더 복잡해지는지와 이를 통해 어떻게 복잡한 인간의 행동을 이해할 수 있는지를 다루고자 하였다. 제7장에서는 언어(인지적) 행동으로 생겨난 문제와 부작용을 제시한다.

제3부는 임상적 응용에 대해 설명한다. 제8장에서는 행동적 관점으로부터 출발한 심리치료를 전반적으로 고찰하고, 나머지 3개의 장은 특히 RFT를 기반으로 한 전략과 기법을 강조하면서 임상 행동분석에 초점을 맞추고 있다.

책의 특성

RFT와 이에 기반이 되는 실험에 대한 연구가 급격히 증가하고 있다. ACT를 소개하는 책 또한 마찬가지이다. 이 책은 그 사이 어디쯤에 위치하는 특징을 가지고 있다. 이 책은 RFT를 전반적으로 소개하는 것에 목적이 있지만 이론적 관점과 임상적 관점을 모두 유지하는 데 한계가 있다. RFT는 실험 연구에 바탕을 두고 있지만, 이 책은 실험을 상세히 설명하지는 않는다. 실험의 개요를 제공하고 그 연구에서 도출된 결론에 더 많은 주의를 기울인다. 이 책은 데이터보다 개념에 더 초점을 맞추고, 어떤 부분에서는 일반적인 소개를 하며, 또 다른 부분에서는 임상에 도움이 되는 이해를 제공한다. 이 책에는 실험의 배치와 수행방법과 같은 실험의 전체 내용이 포함되지 않는다. 하지만 관심 있는 독자들이 자료를 찾을 수 있도록 그러한 프레젠테이션이 포함된 문헌을 자주 언급하려고 노력했다. 이는 한계를 포함한 역설이다. RFT를 배우기 위해서는 실험적인 작업을 해야 한다. 실험심리학자들은 아마도 정밀하고 기술적인 세부사항이 부족하다는 점을 발견할 것이다. 과학 문헌에 정통한 다른 사람에게도 마찬가지일 것이다. 동시에 일부 독자는 이 책의 일부분이 너무 전문적이고 추상적이라고 생각할 수도 있을 것이다. 하지만 이 책은 내가 RFT를 처음 접했을 때 읽고 싶었던 종류의 책이다. 소망하기로는 이 책이 그때의 나와 비슷한 상황에 있는 다른 사람들에게 도움이 되기를 바란다.

ACT는 이 책의 제3부에서 다루고 있는 것과 같은 임상적 적용에 중점을 두고 있다. 이 치료 모델은 RFT와 함께 진화했기 때문에 이것은 자연스러운 현상이다. ACT와 마찬가지로 다른 유형의 임상 행동분석, 특히 기능분석이나 행동 활성화 또한 마찬가지이다. 이러한 개별 모형 전체를 제시하거나 심층 비교하는 것이 내 목표는 아니다. 나는 『인간 행동의 기본원칙』(Ramnerö & Törneke, 2008)에서 설명한 어젠다를 따르고 있다. 즉, 심리치료를 급진적 행동주의 관점에서 설명하고 전통적 행동치료, 행동주의 심리치료 또는 임상 행동분석이라 불리는 치료의 전통을 설명하고자 하였다. 나는 RFT에 대한 이해가 이러한 전통에 어떻게 새로운 요소들을 추가하는지 특별히 강조하고 싶다.

차례

제5장 유추, 은유 그리고 자기의 경험 / 117

제6장 언어적 관계틀 형성과 규칙 지배적 행동 / 145

제 1 부

배경

제1장 급진적인 행동주의와 행동분석의 근본 원리

급진적인 행동주의는 B. F. 스키너가 자신의 심리학을 발전시킨 토대이지만, 그 용어는 오랫동안 수많은 논란을 불러일으켰다. 급진적 행동주의라는 용어는 자주 오해를 받기도 하고, 어떤 경우는 이러한 용어가 실제로 필요한 것인가에 대해 의문을 갖는 사람도 있어서 스키너의 심리학을 소개하는 데 용어 자체가 가장 큰 장애물이 되기도 했다. 심리학 교과서에서조차 스키너의 관점을 피상적이고 기계적인 것으로 묘사하는 것 또한 흔한 일이었다(Power & Dalgleish, 1997, pp. 35-36; Solso; MacLin & MacLin, 2005, p. 329). 이러한 기술은 스키너의 책들을 읽으며 받은 인상과는 전혀 반대라서 나는 종종 저자들이 실제 스키너의 글을 읽은 것인지 의아할 때가 있다. 이처럼 스키너 자신이나 급진적인 행동주의라는 용어는 논쟁의 여지가 있다. 이에 보다 현대적이고 대안적인 명칭인 '기능적 맥락주의'가 그 고유의 철학을 전달하고 다른 철학적 접근들과 관계를 맺는 데 더 적절할 것이라 생각된다(Gifford & Hayes, 1999). 이는 스키너를 사회적 구성주의 또는 여성주의와 같은 맥락주의의 여러 대안적인 형태의 접근들과 연결시킨다(Roche & Barnes-Holmes, 2003; Gifford & Hayes, 1999). '기능적 맥락주의'라는 용어는 급진적 행동주의의 두 가지 측면을 강조한다. 첫째, 행동은 언제나 그것이 발생하는 환경 또는 맥락과의 관계에서 이해되어야만 한다. 둘째, 행동의 영향을 이해하기 위해서 우리는 그 기능—행동이 목표로 하는 것—을 연구할 필요가 있다. 앞서 언급한 많은 논란에도 불구하고 '급진적 행동주의'라는 용어로 이 책을 시작하는 이유는 그 명칭이 살아남았으며, 스키너의 족적을 따르는 수많은 사람에게 널리 받아들여지고 있기 때문이다. 이 용어는 언어적으로 옳으며, 이 책이 기반을 두고 있는 몇 가지 중요한 요소를 잘 반영하고 있다.

행동주의와 그 가정

행동주의라고 하는 보다 일반적인 용어에 대한 이야기로 시작하고자 한다. 이 용어는 부분적으로 서로 다른 많은 접근을 총칭하는 광범위한 명칭이다(O'Donohue & Kitchener, 1998). 그러나 이런 다양한 접근 간 공통적인 전제가 있기에 이를 행동주의라 부를 수 있다. 가장 기본적인 가정은 왓슨(Watson)에 의해서 명확히 표현된 것으로 '행동주의'는 그 초점이 행동에 있다는 것이다(Watson, 1929). 행동이란 인간 또는 유기체가 하는 어떤 것, 즉 모든 유기체가 하는 행동이나 반응이 중심이 된다. 또 다른 주요 가정은 다양한 접근 모두 공통된 지식을 추구하는 방법을 갖고 있다는 것이다. 과학은 사실에서 시작해 추상적인 수준으로 추구되어야 한다고 보며, 이러한 탐색 방식은 행동을 이해하는 데 있어 근본적이며 일반적으로 타당한 원칙이다. 이는 곧 실험 연구가 중요한 위치를 차지하고 있다는 뜻이기도 한다. 실험을 할 때 중요한 것은 중요 변수를 정의하고, 조작하기 전에 통제할 수 없는 변수를 가능한 한 최소화하는 것이다. 이는 여러 면에서 정신분석가들이 불필요한 방해를 줄여 상호작용이 일어날 때 주요한 현상을 발견하고자 하며 회기를 진행하는 세팅에 엄격한 것과 비슷하다. 행동주의에서 이러한 방법이 사용된 가장 유명하고 고전적인 예는 아마도 스키너의 비둘기와 쥐를 이용한 실험일 것이다. 이 실험은 간결하다(단지 상자만 있음). 또 관련 변수들이 적다(상자에는 동물이 음식을 얻기 위해 조작해야 하는 지렛대와 불빛만 있음). 여기서 중요한 것은 이러한 실험 자체 또는 비둘기나 쥐의 행동이 아니다. 중요한 것은 유기체의 행동에 기저한 원리를 알아내는 것이다. 그리고 이러한 원리는 이후 실험실에서 연구될 수 없는 보다 복잡한 행동 과정을 이해하는 데 적용될 수 있다.

이것은 행동주의의 또 다른 전제와 관련된다. 행동주의에서는 서로 다른 유기체 및 종 간의 연속성을 가정한다. 예를 들어, 비둘기에 대한 연구는 인간 행동의 어떤 측면에 대한 결론을 도출하는 데 적용된다. 이 점에서 때로 특히 치료자들 사이의 논쟁이 생길 수 있다.

동물에 대한 이해를 바탕으로 인간을 이해하는 것이 가능한가? 이 주제는 1960년대와 1970년대 열띤 토론이 진행되었던 주제이나 이후 많은 시간이 흘렀다. 오늘날에는 동물심리학뿐만 아니라 진화심리학 및 신경심리학이 다양한 접근의 심리치료관련 주요 이론에서 주요한 위치를 차지하고 있다는 데 이견이 없다. 진화론적 견해를 기반으로 존 볼비(John Bowlby, 애착이론)나 조셉 르두(Joseph LeDoux, 정서이론) 또한 스키너와 같은 견해를 견지하였는데, 간략히 말하자면, 진화는 가까이에 있는 것을 연속적으로 형성한다는 것이다. 기능하는 것은 사라지지 않으며, 이것이 이후의 진화적 발달을 이루는 초석이 된다. 이것이 우리가 고릴라가 자신의 새끼와 관계 맺는 방법(애착이론) 또는 동물의 대뇌 기능 연구(정서이론)를 통해 인간에 대해 많은 것을 배울 수 있는 이유이다.

행동이 연구되어야 할 주제라면, 이제 문제는 그것을 어떻게 정의하느냐가 될 것이다. 어떤 것들이 행동으로 간주될 수 있을까? 이 질문에 대한 대답은 행동주의 내에서도 다양하게 표현될 수 있을 것이다. 이 책에서 행동이란 무엇인지 설명하기 위해서 나는 다시 스키너의 관점으로 돌아가 '급진적 행동주의'라는 용어를 요약하고자 한다.

급진적 행동주의에서 급진적인 것은 무엇인가

급진적이란 말이 극단적이란 뜻으로 받아들여질 수 있으나 이것은 스키너가 의도한 것이 아니었다. 스키너가 '급진적'이란 말을 선택했을 때, 그것은 '극단적'이란 뜻이 아니라 '일관적'이라는 맥락에서 사용한 것이다. 급진적인 행동주의란 근본적인 행동주의 원칙에서 멀어진다는 뜻이 아니라 광범위한 방법으로 이를 적용한다는 것을 뜻한다. 이는 몇 가지 결과를 초래하였다. 예를 들어, 스키너가 조작적 조건형성을 기술한 원리를 보자면 이는 우리의 행동은 우리가 특별한 행동 다음에 마주한 결과에 영향을 받는다는 것을 보여 준다. 비둘기가 특별한 점을 쫄 가능성은 이전에 그렇게 해서 음식을 얻었을 때 증가한다. 이러한 관점을 일관적으로 적용한다는 것은 과학자로서 나 자신 또한 스키너의 관점에서 보는 것을 의미한다. 나는 이전의 유사한 실험의 결과를 강화로 해서 지금 하는 것을 한다(내가 한 비둘기 실험에서 비둘기와 마찬가지로). 나 자신 또한 내가 연구한 원칙 안에 있으며 예외가 아니다. 이러한 이해가 일관적으로 적용된다면, 모든 본질주의적인 가정은 기각되어야만 한다. 이러한 입장을 바탕으로 한다면 우리는 '이렇게 되어야만 진정으로 이것이다.'라고 하는 생각은 지지할 수 없다. 급진적인 행동주의자들은 과학자들이 객관적이고 중립적으로 실험을 시행한다는 생각을 부인한다. 앞에서 언급했듯이, 급진적 행동주의 관점에서 보자면 우리는 그 행동의 맥락을 연구하지 않고 행동을 이해할 수 없다. 모든 행동은 맥락 안에서 일어난다. 또한 맥락도 마찬가지로 행동과 독립해서 연구될 수 없다. 이것이 과학자가 어떠한 것을 연구하는 것 또한 행동이므로, 이 또한 맥락과 무관하게 일어날 수는 없다고 보는 이유이다. 결국, 우리 연구의 대상은 우리가 연구함으로써 행동하는 어떤 것이다. 우리가 맥락과 무관하게 행동을 이해할 수 없는 것처럼 어떤 유기체도 행동과 독립적으로 맥락을 이해할 수 없다.

과학자의 행동에 대한 이런 관점은 보다 일반적인 관점에서도 참이 된다. 자극과 반응(행동)은 상호 의존적이므로 같이 고려되어야 한다. 그것은 하나의 단위가 된다(Kantor, 1970). 단지 실용적인 목적을 가지고 있을 때 그것을 따로 떼어놓을 수 있다. 스키너가 창조하고자 했던 행동과학은 목적이 있다. 행동에 영향을 미치고 이를 예측하는 것이 그것이다. 급진적인 행동주의자들은 '현실을 밝히는 것' 자체를 목적으로 한다기보다 우리가 원하는 것을 하는 데 급진적인 행동주의적인 과학적 방법이 기능하기 때문에 그 방법을 유지하는 것이다. 스키너의 실험에서 비둘기 또한 비슷한 이야기를 할 것이다. "이 지점을 쪼는 것이 스키너가 내게 음식을 주는 데 기능한다."

우리가 정의한 기본적인 행동 원칙을 급진적으로 정의하게 되면 '행동'의 정의와 관련해 중요한 결론에 도달하게 된다. 매일매일의 이야기에서, '행동'이라는 말은 그때 존재하는 모든 사람에 의해 관찰 가능한 외적인 행동에만 적용된다. 그렇다면 생각이나 기억 또는 감정과 같이 당사자 이외의 사람들은 관찰할 수 없는 현상은 어떻게 이해해야 할까? 전통적으로, 이러한 현상은 다른 영역—정신—에 해당한다고 보아 마치 우리가 관찰할 수 있는 것들과는 다른 성질을 가지고 있는 것처럼 여겨져 왔다. 여기서도 마찬가지로, 스키너는 동일한 원칙이 타당하지 않다는 어떤 증거도 없다면 원칙을 그대로 유지한다는 일관성을 적용한다(Skinner, 1953, 1974). 다시 말하자면, 이러한 현상 또한 행동이고 이에 이러한 현상 또한 관찰 가능한 행동에 적용하는 동일한 원칙으로 분석할 수 있으며, 분석되어야 한다는 것을 의미한다.

근본적인 행동분석의 원칙

그렇다면 인간 행동을 이해하기 위한 실험 연구를 통해 밝혀진 근본적인 행동 원칙들에는 어떤 것들이 있을까? 이 질문에 대한 자세한 답은 다른 책을 통해 얻을 수 있다(Catania, 2007; Ramnerö & Törneke, 2008). 이 책에서도 사고의 기능을 이해하기 위해 이러한 원칙들이 어떻게 적용될 수 있는지를 설명하는 본격적인 여정을 시작하기 전에 이에 대한 간단한 요약을 제공하도록 하겠다.

행동분석의 두 가지 주요 원칙은 조작적 조건형성과 반응적 조건형성이다. 반응적 조건형성 이론은 20세기 초에 개를 이용한 파블로프(Pavlov)의 실험을 통해 잘 기술되어 있다. 조작적 조건형성은 스키너가 자신의 실험을 통해 밝힌 학습의 원칙으로, 우리는 거기서부터 시작하겠다.

조작적 조건형성: 결과를 통한 학습

인간 행동은 진공 상태에서 일어나지 않는다. 각각의 행동에는 선행 사건과 그 결과가 있다. 이것이 행동분석가들이 행동을 관장하는 요소라고 보는 맥락적인 요소이다. 만약에 어떤 맥락에서, 한 남성이 얼굴에 특정한 표정을 지으며 나를 쳐다본다면 나는 아마도 "무슨 도움이 필요한가요?"라고 말할 것이다. 나의 이런 표현은 아마도 상대방의 답변이라는 또 다른 사건을 불러일으킬 것이다. 즉, 나의 행동 뒤에는 결과가 따른다. 이 경우는 다른 사람이 내게 대답을 하는 것이 되겠다. 조작적 조건형성의 기본 원칙은 행동에 따른 결과가 그 행동이 향후 반복될 가능성에 영향을 미친다는 것이다. 위의 일상에서의 예를 두 가지 다른 결과를 통해 조금 더 구체화해 보겠다. "무슨 도움이 필요한가요?"라는 나의 말에 상대방은 친절한 미소를 지으며 자신이 원하는 것을 말할 수도 있다. 또 다른 경우는 "남의 일에 신경 끄시지, 머저리."라고 할 수도 있다. 이러한 각각의 결과가 이후의 어떤 사람이 무엇인가 필요한 것 같은 표정을 짓고 있을 때 나의 반응에 정확히 어떻게 영향을 미칠지를 이야기하기는 어렵다. 하지만 어찌됐든 중요한 것은 이전의 경험이 영향을 미친다는 것이다. "불에 덴 아이는 불을 피한다."라는 스웨덴 속담이 있는데, 미국의 "한 번 물리면 두 배로 두려워한다."라는 속담과 상응한다. 유명한 작가는 이러한 '사실'을 비틀어 『불에 덴 아이는 불을 찾는다(Burned Child seeks the Fire)』라는 책을 출간하기도 했다(Edvardson, 1997). 이전 경험에 근거해 어떤 행동이 일어날지를 예상하는 것이 항상 쉬운 일은 아니다. 그러나 이러한 속담이나 책의 저자 모두 하나에는 동의할 것이다. 바로 행동에 대한 이전 결과가 이러한 기능 속에 영향을 미친다는 점이다. 이것이 바로 조작적 조건형성의 핵심이다.

조작적 조건형성 이론에서는 결과에 의해 이전의 행동이 증가되는지 또는 감소되는지에 따라 그 영향을 다르게 범주화하였다. 앞의 예에서 만약에 나의 표현에 대해 친절한 반응을 받았다면 나는 비슷한 상황에서 비슷한 표정을 한 사람에게 친절하게 하는 것이 강화되었다고 할 수 있다. 이처럼 결과가 이전의 행동의 반복 가능성을 높이는 것을 강화라고 한다. 이 경우 강화물은 내가 받은 것, 즉 친절한 반응이 될 것이다. 무엇인가가 더해졌기에, 이러한 종류의 과정을 정적 강화(positive reinforcement)라고 한다.

행동은 어떤 것이 제거됨으로써 강화될 수도 있다. 이는 앞의 예에서 "남의 일에 신경 끄시지, 머저리."라고 말한 사람의 행동으로 설명할 수 있다. 이렇게 말했을 때 그 사람이 말한 대로 내가 조용해지고 말하는 사람으로부터 관심을 거두고 시선을 돌렸다면 이는 그 사람이 비슷한 상황에서 비슷한 말을 이후에 할 가능성을 증가시킨다. 내가 조용해지고 고개를 돌린 결과가 이 경우에는 말한 사람에게 강화가 되었다. 이 경우는 대신 강화물이 이전에 존재하던 것, 즉 머저리로부터의 관심이 없어진 것이 될 것이다. 이처럼 어떤 것이 제거되어 그 행동이 증가되는 경우, 이를 부적 강화라고 한다.

정적 강화와 부적 강화를 구별하는 것이 언제나 명료한 것은 아니다. 이 두 가지 개념은 같은 것의 양쪽 측면을 설명하는 것이다(Michael, 1975). "머저리 꺼져."라는 말에 내가 조용해지면서 강화되었다면 나의 짜증나게 하는 질문이 사라진 것이 부적 강화가 될 것이다. 똑같은 상황을 다르게 표현할 수도 있는데, 이 상황에서 결과적으로 조용함을 얻었다면, 이것은 없던 것이 생긴 것이기 때문에 정적 강화라고 이야기할 수도 있을 것이다. 이처럼 정적 강화와 부적 강화를 구별하는 것이 언제나 칼로 자르듯 확실하진 않을지라도 편리한 면이 있다. 어떤 경우 무엇이 더해진 것보다 없어진 것이 확실할 경우, 이를 부적 강화라 칭하는 것이 과정을 명료화할 수 있다. 이러한 구별은 임상 장면에서 실용적일 수 있는데, 이는 이 책의 제3부에서 다시 다루게 될 것이다.

만약에 결과가 어떤 행동이 반복될 가능성을 감소시킨다면 이는 처벌이 된다. 앞의 예에서 내가 만약에 불친절한 반응을 받았다면 결과적으로 나는 이러한 사회적 상황에서 다른 사람에게 이야기하는 것을 덜 하거나 하지 않게 될 것이다. 그렇게 되면 이전의 내가 한 행동은 처벌된 것이다. 처벌 또한 정적 처벌—어떤 것이 가해지는 것—이나 부적 처벌—어떤 것이 제거되는 것—으로 나눌 수 있다. 강화나 처벌은 그 행동 자체의 내적 성격에 따라 결정되는 것이 아니라는 것을 기억해야 한다. 물론 관심과 같이 어떤 종류의 결과는 처벌보다는 강화로 작용하는 경우가 빈번한 것은 사실이다. 하지만 언제나 그런 것은 아니다. 사람들이 알아보고 친절하게 이야기하는 것이 보통은 강화로 작용하는 행동이긴 하지만 우리 모두 이런 것을 피하고 싶을 때나 상황이 있다는 것을 알고 있다. 마찬가지로, 누군가에게 맞는 것은 대개는 처벌로 기능하지만 이런 행동이 이전 행동에 대한 강화가 되는 특정 상황이 있는 것 또한 사실이다. 방치되고 무관심 속에 있던 아이는 혼날 것을 알면서도 어떤 행동을 반복할 수 있다. 왜냐하면 혼날 때 양육자로부터 관심을 받기 때문이다. 이처럼 행동 결과를 규정하는 것은 그 행동의 기능이다. 어떤 행동의 결과가 그 행동이 일어날 가능성을 증가시키면 강화, 가능성을 감소시키면 처벌이다.

요약하자면, 다음과 같다.

〈다양한 결과의 종류〉

강화: 어떤 행동이 반복될 가능성을 증가시키는 결과

- 정적 강화: 무엇인가가 추가되는 결과
- 부적 강화: 무엇인가가 제거되는 결과

처벌: 어떤 행동이 반복될 가능성을 감소시키는 결과

- 정적 처벌: 무엇인가가 추가되는 결과
- 부적 처벌: 무엇인가가 제거되는 결과

특정 행동을 어떻게 분석하는지를 설명하기 전에 무엇을 분석하는지를 먼저 명료하게 할 필요가 있다. 어떤 행동도 똑같지는 않다. 비슷해 보여도 세세히 보면 다르다. 나는 다양한 방식으로 커피 컵을 들 수 있다. 행동분석에서, 행동은 기능적으로는 동일할 수 있다. 이러한 분류는 우리가 하려는 행동분석에서 중요하다. 우리는 행동의 범주나 기능적인 분류에 주로 관심이 있다. 어떤 행동 범주는 철인 3종 경주 선수가 과녁을 명중하기 위해 총을 쏘는 자세처럼 굉장히 구체적이고 좁은 행동 범위를 포함할 수 있다. 또 사람들이 고통스러운 기억을 피하는 행동들처럼 다양하고 광범위한 행동을 포함한 넓은 범주도 있다.

ABC

행동분석에서, 사건의 조작적인 순서를 기술하는 가장 흔한 방법이 ABC이다. 이러한 순서를 분석하는 것을 기능분석한다고 이야기한다. 핵심은 행동(behavior)을 뜻하는 B이다. 이러한 행동 또는 반응이 기능분석을 통해 우리가 예측하고자 하는 것이다. C(consequence)는 행동의 결과를 뜻하며 바로 앞에서 이러한 결과가 조작적 기능분석에서 중요한 역할을 하는 것을 살펴보았다. 마지막으로, A는 선행 사건(antecedent)을 뜻하며, 행동을 통제하는 결과도 실제로는 통제하는 행동 전에 선행한다고 말할 수도 있다. 왜냐하면 그 결과 다음에 이전과 비슷한 행동이 따르기 때문이다. 만약에 다른 사람에게 이야기하는 것이 친절한 관심을 받았다면 이 행동이 이후에 반복될 가능성은 증가할 것이다. 하지만 ABC 분석상에서 A는 이 경우 행동이 발생할 때의 조건이 될 것이다. 행동분석상에서 우리는 A가 적어도 두 가지 기능을 한다고 본다. 하나는 변별의 기능이며, 또 하나는 동기화의 기능이다. 우선 변별 기능을 설명하겠다.

사실 "무슨 도움이 필요한가요?"라는 이전의 나의 질문이 강화를 받았다고 해서 앞으로 내가 늘 같은 질문을 할 것은 아니다. 이 행동은 특정한 맥락에서 강화되었으며, 이에 같은 맥락 또는 유사한 맥락에 있을 때 이러한 행동을 할 가능성이 증가한다. 선행 사건이란 이렇게 구체적인 맥락을 일컫는다. 어떠한 조건하에서 내 행동이 구체적으로 행동을 관장하는 결과와 연결되었는가? 그것은 어떤 사람이 특정한 표정으로 나를 쳐다보고(A), 내가 그 사람과 이야기를 하고(B), 이러한 행동이 다른 결과들을 초래한 것이다(C). 이것은 A가 이제 내 경험의 역사에서 특정한 조건, 행동 그리고 결과 사이를 연결하는 기능을 하게 되었음을 의미한다. 이제 내가 이전과 충분히 유사한 상황에 처하게 되면 이전의 결과가 현재의 행동에 영향을 미치게 될 것이다. 이러한 A의 기능을 변별 기능이라고 하며, 우리가 선행 사건을 변별자극이라고 부를 때의 기능이 된다.

변별자극은 행동과 특정 결과 간의 시간적인 연결의 신호가 된다. 타인의 특정한 행동—예를 들어, 슬쩍 보는 것 등의 표정—은 질문을 하는 행동과 그 결과에 대한 시간적인 연결을 활성화시킨다. 현재 순간에서의 변별적 선행 사건이란 시간적인 수반성에 따라 단지 특정한 결과가 일어날 확률에 대한 신호일 뿐이라고 말할 수도 있다. 행동분석적인 용어로 이야기하면 수반성이라 말할 수도 있겠다. 이러한 기능을 수행하기 위해서는 특정한 행동에는 특정한 결과가 수반되어야만 한다. 우리가 말하고자 하는 것은 행동과 결과 사이에 직접적인 연결이 있어야만 한다는 것이다. 즉, 특정 행동에 대해 변별적 선행 사건과 강화 또는 처벌적 결과가 각각의 기능을 하기 위해서는 그 행동과의 연속선상에서 일어나야만 한다는 것이다. 이러한 연결을 보다 명료하게 그리고 다양하게 기술하기 위해 행동 실험 분석 분야에서 방대한 연구가 시행되었다(Catania, 2007).

선행하는 상황(A)은 다른 방식으로 특정 행동이 일어날 가능성에 영향을 미칠 수 있다. 선행 사건이 행동과 특정 결과 간의 역사적인 연결을 활성화하는 기능, 즉 변별 기능을 하지 않는 상황들도 있다. 대표적인 예가 음식 박탈(배고픔)이다. 만약에 내가 주방에서 요리를 하고 있는데 딸이 지나간다면 나는 "저녁 준비됐다."라고 말할 것이고 이것은 그녀에게 변별 기능을 할 것이다. 그렇다면 딸은 거실로 가던 걸음을 멈추고 식탁에 앉을 것이다. 여기에는 나의 말이 현재의 상황과 음식의 제공이라는 특정 결과의 시간적인 연결의 신호가 되었다는 가능성 말고 또 다른 종류의 학습 이력이 관여하고 있다.[1] 변별 기능과 함께 내 딸이 배가 부른(바로 전에 샌드위치를 먹어서) 또는 배가 고픈(아침 이후로 굶어서) 정도가 식사를 하러 식탁에 앉는 그녀의 행동에 영향을 미칠 수 있다.

배가 고픈 것이나 부른 것이 음식의 유용성에 영향을 주지는 않다. 딸이 배가 고프든 부르든 음식은 공평하게 주어진다. 그녀의 배고픔은 행동에 선행하며 행동에 영향을 미치는 조건이 될 수 있다. 이러한 기능을 조작적 기능 또는 동기적 기능이라고 한다(Michael, 1993). 이것이 변별 기능과는 다른 A의 기능이다. 결과의

1) 저자 주: 나중에 기술하겠지만, 이는 언어적 · 비언어적 변별 기능의 차이를 고려하지 않은 단순화이다. 이 경우의 예는 의도에 적절하지만 이 장에서 든 예 중 몇몇은 단순화된 것이 있다. 대안으로 인간 언어를 사용하지 않는 유기체만을 예로 들 수 있지만, 이 경우 맥락에 부정적인 영향을 미치게 되며 독자의 이해에 도움이 되지 않는다. 이러한 단순화의 문제는 언어와 인지를 다루는 데 있어서의 어려움으로 인해 행동 분석 영역에서는 필수적인 부분이기도 하다. 또한 행동 분석 영역에서는 모든 가능한 사건을 다루는 것이 아니라 유용성이 주요 목적이라는 점 또한 기억해야 할 중요한 부분이다(Ramnerö & Törneke, 2008).

강화나 처벌의 효과에 영향을 미치는 선행적인 조건이 있다. 예를 들어, 저녁은 딸아이가 얼마나 배고픈지에 따라 더 강화적이 될 수도 있고 그렇지 않을 수도 있다.

이제 앞서 살펴본 “무슨 도움이 필요한가요?”라고 묻는 상황을 다시 살펴보겠다. 우리는 자신이 다른 사람의 특정 행동(표정 등)을 질문을 하는 변별자극으로 가지게 된 역사가 있다고 가정할 수 있다. 이때 두 가지 시나리오를 생각해 보자. 하나는 내가 그 전날 잠을 잘 자지 못해 피곤한 경우이며, 다른 하나는 내가 오랫동안 사회적 접촉이 없어서 타인과의 교류를 그리워하고 있는 경우이다. 이 두 가지 조건이 내가 질문을 하느냐 그렇지 않느냐에 영향을 미칠 수 있다. 즉, 내가 타인의 행동을 변별자극으로서 받아들이느냐의 여부에 영향을 미칠 수 있다. 사실 내가 피곤한 정도나 사회적 접촉을 그리워하는 정도가 이후 행동의 결과를 좌우하지는 않다. 하지만 여기서 중요한 것은 이러한 선행 조건이 결과(강화)가 동기를 불러일으키는 정도 또는 특정 상황에서 결과(강화)가 가지는 영향력에 영향을 미친다는 점이다.

〈ABC 분석에서 각 부분의 기본 기능〉

A	B	C
선행 사건	**행동**	**결과**
변별 기능 동기 기능	개인이 하는 것	강화 기능 처벌 기능

선행하는 조건의 변별 또는 동기 기능을 구별하는 것이 종종 유용하다. 하지만 여전히 실생활에서 이를 구별하는 것이 언제나 가능한 것은 아니며 어떤 경우는 이를 구별하는 것이 중요하지 않을 수도 있다. 이러한 점이 ABC가 아닌 것을 이야기할 필요성을 제기한다.

ABC가 아닌 것

우리가 행동의 시퀀스를 앞서 이야기한 방식으로 설명할 때, 마치 우리가 '실제 세상에서' 이러한 기계적인 연결을 발견한 것처럼 오도될 수 있다. 하지만 앞에서도 이야기했듯이 이것은 우리가 의도하는 바가 아니다. 이런 종류의 기술 방식은 단지 행동에 대한 이해를 돕기 위한 유용한 말하기 방식일 뿐이다. 우리가 마주하는 끊임없는 사건의 흐름 속에서, 개별 과정을 구별하는 것은 단지 그렇게 하는 것이 이해에 도움이 되기 때문이다. 이것은 모든 사회과학에서 마찬가지이다. 개별 행동 과정 및 원칙을 구별하고, 선행 사건, 결과, 강화나 처벌과 같은 것으로 구별하는 것 또한 근본적으로는 행동분석가들에 의해 행해지는 행동이다. 사실 지식이란 이러한 일들을 하기 위한 기술이라 말할 수 있을 것이다. 우리가 하는 것은 눈에 보이거나 소유할 수 있는 물체가 아니다. 급진적 행동주의에서 행동을 분석한다는 것은 숨겨진 현실을 파헤치는 것이 아니며, 이때 우리가 하는 모든 것 또한 행동이다. 다시 말하자면, ABC 분석을 하는 행동 자체도 조작적 행동으로 그 행동의 결과에 의해서 통제되며, 그 결과란 같은 행동으로 이전에 얻은 것을 말한다. 우리는 다른 선행 사건과 이전 행동과 결과 사이의 연결에 대한 이력이 있기에 우리가 지금 하는 것을 한다. 우리는 이렇게 하는 것이 어떤 목표를 이루는 데 도움이 되기에 하는 것이다.

이러한 관점에서 '진실의 성격'을 이해하거나 발견한다고 말하는 것은 자기모순적이다. 기능적 맥락주의에 기반을 둔다는 것은 이처럼 진실을 파헤치거나 이해한다고 주장하지 않는 것을 말한다. 대신 우리는 실용적인 진실 기준을 가지며, 어떤 것은 특정 목적이나 목표에 기여할 때 참이라고 본다. 이는 과학 또한 그 목적을 명료히 해야 함을 의미한다. '일반적'으로 효과적인 것은 없다. 어떤 것이 효과적이라면 그것이 목표한 특정한 어떤 것에서 효과적인 것이다. 행동분석가들은 두 가지 목적 또는 목표를 가지고 있다. 그것은 예측과 개입이다.

반응적 조건형성: 연합에 의한 학습

조작적 조건형성에서는 행동에 미치는 결과의 영향력이 중요한 부분인 한편, 반응적 조건형성은 반사행동을 일으키는 특정한 선행 사건의 영향력이 중요하다. 간단히 이야기하자면, 특정한 조건하에서 우리는 반사행동을 보인다. 같은 상황이나 유사한 상황에서는 같은 반사행동이 반복되는데, 이는 전적으로 선행 사건에 기인한 동일한 반사 반응이다. 이러한 반사행동은 이전의 행동 결과에 관계없이 일어난다.

다시 말하지만, 이러한 용어는 '실제' 존재하는 기계적인 과정을 밝히는 것이 아니라 그저 행동주의적으로 이러한 문제를 설명하는 방식일 뿐이다. 행동주의적으로 이러한 설명 방식을 취하는 이유는 그것이 유용하기 때문이다. 이러한 설명 방식은 조작적 조건형성과 반응적 조건형성을 구별하고자 하는 목적에 유용하다. 실제 사건들은 거미줄처럼 얽혀 존재하지만 우리는 이후 설명을 위해 반응적 조건형성 과정을 따로 떼어 생각해 보겠다.

우리 행동 반응 중에는 배울 필요가 없는 기본적인 반응이 있다. 그것은 우리가 태어날 때부터 갖고 태어난 반응들이다. 큰 소음, 눈에 바람을 불거나 갑자기 다가가는 것, 뜨거운 불에 닿는 것 등은 동물뿐만 아니라 인간에게도 자발적인 운동 반응을 불러일으킨다. 이때 행동의 결과는 행동에 그다지 영향을 미치지 않는 것 같다. 우리가 자발적인 운동 다음에 조작적 조건형성에 영향을 미칠 수 있는 결과를 제시한다고 하여도 이는 우리가 예상하는 행동에 어떤 변화를 일으키지는 않을 것이다. 만약에 내가 입에 무엇을 집어넣어서 어떤 결과를 마주하게 된다면, 그 결과는 이후 행동에 대한 통제 기능을 갖게 될 것이다. 즉, 입에 집어넣은 것이 맛이 좋은지 또는 나쁜지가 똑같은 것을 이후에도 다시 입에 집어넣을지 여부에 영향을 미치게 된다. 이는 결과에 의해 통제되는 조작적 행동이다. 하지만 우리가 음식의 맛이 별로 좋지 않게 조작할 수는 있다고 하여도, 그것이 이후 내가 침을 흘리는지 여부에 영향을 미치게 하지는 못할 것이다. 왜냐하면 타액 분비는 반사적인 행동이기 때문이다. 이는 선행 사건의 결과로 일어나는 일이지 결과에 의해 통제되는 행동이 아니다. 이처럼 배울 필요가 없는 행동을 무조건 반응이라고 한다. 그리고 이러한 반응을 불러일으킨 자극[2](이 경우 선행 사건)은 무조건 자극이라고 한다. 전형적으로 타액 분비는 무조건 반응이며 음식은 이를 일으키는 무조건 자극이다. 공포와 같은 정서 반응 또한 이러한 무조건 반응의 결과이다. 이들은 모두 생존의 가치로 인해 진화되어 온 선천적인 반응들이다.

반응적 조건학습이 일어나는 것은 경험이 반응 자체나 그 발생률에 영향을 미치지 않는다는 것을 뜻한다. 이는 타액 분비나 감정 등 모두에 있어 사실이다. 어떤 외부 자극의 경우는 사전 경험에 의한 학습 없이 공포를 불러일으킨다(Öhman, 2002). 하지만 내가 불안해할 때 그 상황에는 처음 공포를 야기했던 자극 이외에도 동일한 기능을 하는 다른 자극이 있을 수 있다. 만약에 내가 사는 도시에서 광장을 거닐다가 공격을 당했다고 한다면, 그러한 사건이 발생하는 동안 나는 공포를 느낄 것이다. 하지만 나중에 내가 같은 광장을 거닐게 되면 이전에는 중립적이었던—심지어는 긍정적인 감정을 불러일으키던—자극이 공포를 불러일으키게 될 수 있다. 이렇게 조건화될 수 있는 자극은 광장 그 자체가 될 수도 있고, 내가 공격을 당한 근처의 레스토랑의 냄새일 수도 있으며, 광장의 동상처럼 그 자체는 사건과 무관해 보이는 세부 사항일 수도 있다. 공격을 받았을 때 동시에 존재했던 자극이라는 이유로 이제 이 자극들은 공격과 연합이 된다. 이러한 종류의 학습된 반응을 조건 반응이라고 한다. 이는 무조건 반응을 불러일으키는 자극과 중립 자극이 연합될 때 반응적 조건학습이 얼마나 확장되어 갈 수 있는지를 보여 준다. 공식적으로는 이러한 방식으로 중립 자극이 조건 자극이 된다.

---

2) 저자 주: '자극'이라는 말은 행동심리학 영역에서 자주 사용되는 말이다. 이는 행동을 둘러싼 환경이나 맥락의 성격이나 질을 칭하는 말이다(Catania, 2007). 따라서 선행 사건과 결과 모두 자극이라 칭할 수 있다. 이러한 용어의 문제는 행동주의의 실험적인 역사의 영향으로, 자극을 무엇인가 작고 명확히 정의된 것으로만 한정한다는 것이다. 이는 필요충분한 의미가 아니다. 이는 보다 복잡하고 복합적인 것으로 우리가 일상 용어로 사건이라 부르는 것과 동의어로 볼 수 있다. 그런 이유로, 이 책에서는 두 단어는 모두 '사건'이라는 보다 혼합적인 의미를 지칭하는 것으로 사용된다.

〈반응적 조건학습〉

무조건 자극 → **무조건 반응**
공격 공포
↕
중립 자극
시내의 광장

위의 경험 이후에는 다음과 같이 된다.

조건 자극 → **조건 반응**
시내의 광장 공포

반응적 조건학습에서는 사건 간 직접적인 연결이 중요하다. 조건 자극은 무조건 자극과의 이러한 직접적인 연결을 통해 그 기능을 획득하게 된다. 이러한 연합과 그 응용은 이후 연구에서 중요한 분야가 된다(Catania, 2007).

조작적 조건학습과 반응적 조건학습의 상호작용

많은 경우에 조작적 조건학습과 반응적 조건학습을 구별하는 것이 유용하다. 어떠한 과정은 조작적 조건형성 원리로 더 쉽게 이해가 되는 반면, 어떤 과정들은 반응적 조건형성 원리를 기반으로 하여 이해하는 것이 더 유용하다. 하지만 학습이란 종종 이 두 과정 모두가 동시에 관여하여 둘 사이의 상호작용을 통해 일어난다. 만약에 내 아들이 다른 도시에 살고 있고 내가 아들과 통화를 하고 싶다면, 나는 가끔 전화를 할 것이다. 그리고 만약에 화요일에 전화를 했을 때 통화하기가 더 쉽다고 한다면, 오늘이 화요일 밤이라는 것을 알게 되었을 때 나는 아마 아들에게 전화를 할 것이다. 지금까지 이 과정은 전화를 거는 행동에 대한 정적 강화를 포함한 조작적 조건학습이다. 한편, 화요일 밤은 변별자극이 되었는데, 이는 특정한 결과—내 아들이 집에 있어 전화를 받는 것—에 대한 증가된 가능성을 시사한다. 만약에 내가 아들에게 전화를 걸 때 특정한 통화 연결음이 들리고 이런 일을 몇 번 반복하게 되면, 어느 날 통화 연결음과 같은 멜로디를 라디오에서 들을 때 나는 아들이 생각날 것이며, 아들과의 관계에 따라 정서 반응 또한 일어날 것이다. 어떻게 이런 일이 일어났을까? 대답은 반응적 조건학습 때문이다. 멜로디는 조건 자극이 되고, 아들과 연관된 생각이나 감정은 조건 반응이 된다. 또 이러한 자극이 다시 다양한 조작적 조건학습에서 선행 사건이 될 수 있다는 것은 쉽게 이해할 수 있다. 가령, 이러한 멜로디를 라디오에서 듣고 나면 그렇지 않을 때 보다 아들에게 전화할 가능성이 더 많아지는 것이 그 예가 될 것이다.

반응적 조건학습과 조작적 조건학습이 서로 상호작용하는 또 다른 예로는 강화와 처벌이 학습될 때이다. 이전에 강화로 기능하지 않았던 자극이 강화물과 연합됨으로써 강화의 기능을 얻게 된다. 국가의 상징물, 디자이너 의상 또는 사랑하는 사람의 사진이나 좋아하는 TV 프로그램 모두 강화의 기능을 할 수 있다. 이러한 자극들은 다른 강화물과 연합되어 강화 기능을 하게 된다. 예를 들어, 디자이너 의상으로 대인관계에서 관심을 끌게 되는 경우가 그 예이다. 타인의 관심, 허기질 때 음식, 추울 때 따뜻함 등의 자극은 학습이 필요 없는 무조건적이고 일차적인 강화물이다. 학습을 통해 강화의 기능을 획득하게 되는 강화물은 조건 강화물 또는 이차 강화물이라고 한다. 같은 용어가 처벌에 대해서도 적용될 수 있다.

소거

학습되거나 연합된 행동이 영원히 계속되어야 할 필요는 없다. 결과에 의해서 학습되었든 또는 연합에 의해 학습되었든 간에, 행동은 특정한 수반성이 사라지면 줄어들거나 사라질 수 있다. 이것을 소거라고 한다(조작적 소거 또는 반응적 소거).

조작적 소거는 특정 행동으로 더 이상 강화 결과를 얻지 못할 때 일어난다. 만약에 내가 아들에게 화요일에 전화하는 행동이 더 이상 강화를 얻지 못한다고 하더라도 아마 나는 한동안은 계속 화요일에 전화를 걸 것이다. 그러나 만약에 화요일에 아들이 전화를 받지 않는 것이 계속된다면 나는 화요일에 전화하는 것을 멈출 것이다. 즉, 화요일은 더 이상 이전에 강화물에 대한 변별자극이 되지 못한다. 화요일 밤은 더 이상 특정 행동(아들에게 전화하기)과 특정 결과(아들이 전화를 받는다) 사이의 시간적인 연결에 신호가 되지 못한다.

반응적인 소거 또한 학습에 포함된 개별 자극 간의 관계에 있어 결정적인 변화를 포함한다. 만약에 내가 광장에서 받았던 공격으로 인해 공포를 느꼈음에도 불구하고 계속해서 광장을 방문한다면, 나의 공포는 감소하게 된다. 애초에 공포를 유발했던 사건(공격)이 반복되지 않으면서, 광장, 그 근처의 레스토랑, 광장의 동상을 포함한 맥락과 새로운 정서적인 반응이 연합된다. 나는 어쩌면 긍정적 감정을 불러일으키는 새로운 사건을 경험하게 될 수 있다. 그렇게 되면 새로운 반응적 학습이 일어난다. 이는 걱정이 되어도(반응적 학습) 내가 광장을 걸을 때 일어난다. 이것이 조작적 학습과 반응적 학습이 같이 일어나는 또 다른 예이다.

특정 행동이 소거된다는 것이 그 학습이 무효화된다는 뜻은 아니다. 일단 내가 광장에서의 공격과 연합되어 불안해졌다면, 그 공포는 한 번도 그러한 경험이 없었을 때에 비해 이후 더 쉽게 활성화된다. 만약에 내 아들의 통화 연결음이 바뀐다면, 동일한 멜로디를 라디오에서 들어도 더 이상 아들을 떠올리게 되지 않을 수도 있다. 하지만 우리는 이러한 연합이 시간이 흐른 뒤에도 얼마나 쉽게 다시 떠오를 수 있는지를 알고 있다. 조작적 조건학습의 소거 또한 마찬가지이다. 우리가 한번 획득한 행동은 더 이상 그렇게 하지 않을 때조차 가용한 행동의 레퍼토리 안에 늘 있다. 내가 예전에 자전거 타는 법을 배웠고 더 이상 타지 않았다고 한다면 이 행동은 소거되어야 할 것이다. 하지만 우리가 다시 자전거 위에 오르면 비록 예전처럼 잘 타지는 못할지 몰라도 여전히 타는 법은 알고 있다는 것을 발견하게 될 것이다.

학습의 이러한 지속적인 효과는 변화의 작업(치료)과 관련해 중요한 어떤 것을 시사한다. 이 점에 대해서는 이후에 이 책의 주요 이슈—생각의 힘—로 다룰 것이다. 우리가 이 시점에서 알고 넘어가야 할 것은 학습의 열쇠는 기존에 이미 학습된 것을 소거하는 것이 아니라 새로운 것을 배우는 과정이라는 것이다.

일반화

사실 조작적 조건형성을 위해 변별 기능 및 동기 기능을 하는 선행 사건 또는 강화 및 처벌 기능을 하는 결과 사건 모두가 처음 자극과 완벽히 동일할 필요는 없다. 그것이 문제라면 두 사건이 실제적으로 완벽히 동일할 수는 없기에 학습은 실질적으로 불가능해진다. 대신 두 사건이나 자극은 '충분히 비슷'하면 된다. 만약에 질문을 하는 것과 같은 나의 사회적 행동이 특정한 조건, 예를 들어 상대방이 특정한 표정으로 나를 볼 때 행동이 행해지고, 그 행동이 강화를 받는다면, 이후 비슷한 상황에서 내가 다른 사람에게 말을 거는 행동을 할 확률이 높아질 것이다. 상황이 얼마나 비슷해야 하는지는 개인의 특정한 학습 이력에 따라 달라질 것이다. 어린아이는 부모와의 관계에서 어떤 것을 어떻게 불러야 하는지를 처음 학습한다. 이것은 어떤 행동이 강화되는 조건이다. 이 시점에서는 다른 사람의 눈빛, 표정 또는 말이 아이가 동일한 방식으로 행동하도록 하는 선행 사건으로 기능하지 못한다. 하지만 이러한 선행 사건의 기능은 서서히 확장되어 일반화되어 간다. 시간이 지나감에 따라 더 넓은 범위의 조건들(다양한 사람, 다양한 환경, 다양한 말 그리고 다양한 표정)이 특정한 사회적 행동에 대한 선행 사건으로 기능하게 된다.

이는 비단 선행 사건에만 적용되는 것이 아니다. 강화나 처벌의 기능을 하는 사건들 또한 일반화된다. 친절한 행동은 그 형태는 다양할 수 있지만 그와 관계없이 강화의 기능을 하는 행동의 결과를 불러일으킬 수 있다. 이는 비난과 같은 처벌의 기능을 하는 행동의 경우에도 마찬가지이다. 강화가 일반화되는 또 다른 예로 돈을 꼽을 수 있다. 돈은 조건화된 강화 또는 이차 강화이다. 우리 경험을 통해 알 수 있듯이 돈은 강화로 작용하는 다른 것들과의 연합을 통해 강화의 기능을 얻게 된다. 대부분의 아이에게는 어른들로부터의 관심 또한 일반화된 강화의 기능을 한다. 하지만 어떤 상황에서는 똑같은 관심이 처벌로 기능하기도 한다. 이를 통해 우리는 다시 한번 강화나 처벌의 기능을 하는 자극이 무엇이든 그것은 내재적인 것이 아니라는 것을 알 수 있다. 이는 단지 맥락 내에서 그리고 유기체와 환경과의 상호작용 내에서만 이해될 수 있다.

일반화는 반응학습과도 관련이 있다. 고향 도시에 있는 광장에서 공격을 당했던 경험이 있기에 나는 다른 도시의 광장에서도 비슷한 공포를 경험할 수 있다. 만약 다른 도시의 광장이 고향의 광장과 충분히 비슷하다면 이러한 공포는 광장과는 전혀 다른 상황에서도 일어날 수 있다. 지하철에서 나를 공격했던 사람과 비슷한 사람을 마주할 때와 같은 경우가 그 예이다. 마찬가지로 라디오에서 아들의 통화 연결음 멜로디를 듣는 것 또한 가수가 다르고 다른 버전의 노래라 할지라도 아들을 떠올리게 할 수 있다.

변별

변별은 일반화와 정반대 개념이다. 사건이 유사하다면 다른 사건으로 기능이 확대될 수 있는 것과 마찬가지로 유사한 사건이 기능하지 않는다면 보다 특정한 사건으로 그 기능이 제한될 수 있다. 다양한 사람의 특정 표정이 나에게 있어 사회적 행동을 하게 한다면 이는 오래전 나의 학습 이력에 있어 일반화가 일어났다고 말할 수 있을 것이다. 반면, 만약에 내가 포커 게임을 한다고 하면 어떨까? 타인의 아주 작은 표정 변화조차 나에게 있어 다른 행동을 하게 하는 선행 사건이 될 수 있을 것이다. 만약에 다른 이가 조금이라도 다른 표정으로 나를 본다면 그것은 내가 패를 접는 행동의 선행 사건이 될 수도 있다. 이런 표정의 차이는 말로 하기에는 극히 미세하지만 나는 그 차이를 알아채 행동하게 된다. 실제로 포커 게임을 잘하는 사람들은 부분적으로 이렇게 타인의 행동을 잘 구별하는 능력이 높은 사람이라고 말할 수 있을 것이다.

일반화와 변별 그리고 그 둘 사이의 균형은 조작적 학습과 반응학습 모두에서 중요한 부분이다. 때로 우리는 시끄러운 곳에서 단 하나의 독특한 신호를 알아채야 할 때가 있는가 하면, 어떤 때는 움직이는 것은 무엇이든지에 관계없이 신경을 써야 할 때도 있다.

이 장의 의미

이 장에서는 학습심리학에 가장 중요한 기초를 설명했다. 관심 있는 사람들은 더 자세한 내용을 찾아볼 것 또한 독려한다. 제2장에서는 이러한 원칙이 생각이나 사고의 힘을 이해하기 위해 어떻게 사용되어 왔고 또 사용되고 있는지 살펴보도록 하겠다. 우리는 또한 이와 관련해 몇 가지 어려움, 즉 생각이라고 하는 심오한 인간 행동을 다루고자 하는 행동분석적 노력에 있어서 몇 가지 불명확한 부분 또한 다룰 것이다.

제2장 생각과 인간 언어

우리가 '생각'이라고 흔히 부르는 것은 우리에게 상당히 모호한 현상이다. 물론 이는 특히 관찰자 입장에서 더욱 그러하다. 생각은 사적인 현상으로 타인에 의해 관찰될 수 없기 때문에 그렇다. 생각은 스키너가 사적 사건이라 칭한 현상에 포함된다(Skinner, 1953). 한편, 이를 비판적으로 이야기한다면 생각도 때로 말해지고 들리고, 쓰이고 읽히는 등 접근 가능하지 않으냐고 말할 수도 있다. 주의 깊게 생각해 본다면 이때 접근 가능한 것은 생각 그 자체가 아니란 것을 알 수 있다. 이때 접근 가능한 것은 말해지고 쓰인 내용이다. 이러한 생각의 표현들은 처음의 생각과 관련은 있지만 그것과 완벽히 같은 것은 아니다. 생각의 경험은 당사자에게만 직접적으로 관찰 가능한 것이다. 그리고 스키너가 '사적 사건(private events)'이라 칭한 기억, 신체감각 그리고 감정의 일정 부분들 또한 그것을 경험하는 당사자만이 관찰할 수 있다. 스키너가 우리의 '내적' 현상들의 성격이 공적으로 관찰 가능한 현상들과 본질적으로 다르다고 보지 않았다는 것은 중요하다. 이러한 현상들 간 구분은 온전히 공적으로 관찰 가능한 정도의 차이에 따른 것이다.

우리 인간은 이러한 사적 사건에 상당한 주의를 기울인다. 우리는 그것들에 대해 이야기를 하고, 비록 관찰할 수는 없지만 다른 사람들 안에도 있다고 가정한다. 우리는 이러한 사적 사건에 다양한 방식으로 의미를 부여한다. 지금 이 순간 일어나고 있는 일은, 저자로서의 내가 이러한 현상의 어떠한 부분에 대해 책을 쓰고 있는 것이다. 독자로서 당신은 내가 쓴 것을 이해하기 위해 시간과 노력을 기울이고 있다. 그리고 감히 내가 추측하자면 이러한 과정에서 아마도 당신은 '그의 생각(!)이 무엇인지 안다면 흥미로울 거야.'라고 생각할 수도 있다. 이러한 현상은 현대 과학에서 '인지'라는 측면을 이해하는 데 중요한 가정이 된다.

우리가 사적 사건에 대해 이야기하는 이유가 무엇인지와 관련해 스키너는 일관되고 급진적인 입장을 견지했다. 이는 확실히 중요한 질문이기 때문이다. 우리가 왜 사적 사건에 대해서 이야기하는지를 이해하게 되면 우리는 이러한 현상의 기능에 대해 알게 될 것이기 때문이다. 게다가 우리가 만약에 자신만이 알아챌 수 있는 것들에 대해 이야기하는 것을 배우지 못했다면 성인답게 그것을 변화시킬 수도 없었을 것이다. 우리가 내적인 현상과 관계를 맺으며 생활한다는 사실을 통해 이러한 사적 사건이 우리에게 미치는 기능이 있다는 것을 알 수 있다. 이는 학습의 원리로 알려진 과정으로, 인간 행동을 이해하는 데 있어 주요한 위치를 차지하고 있다. 우리는 사적 사건에 대해 이야기하는 것을 배우고, 우리가 그것에 대해 이야기하는 방식이 다시 그것들이 어떻게 변화되는지에 영향을 미치게 된다(여기서 '이야기'라는 것은 단지 소리를 만들어 내는 것에 국한되지 않는다. 예를 들어, 말을 하지 못하는 사람도 똑같은 것을 수화를 통해 배울 수 있다).

이처럼 생각이나 기억, 신체감각과 감정에 대해 이야기하는 것이 왜 그토록 중요할까? 이러한 종류의 교류는 사회에서 가치 있는 것이기 때문이다. 스키너의 말을 빌리자면 "한 사람의 사적 사건은 그것이 자신에게 중요하게 만들어졌을 때에만 다른 이에게 중요해진다"(Skinner, 1974, p. 35). 조금 더 기술적으로 이야기하자면, 우리 각자는 우리가 관찰할 수 있는 방식으로 이야기하는 것을 배운다. 그렇게 할 때 사회적인 강화를 받을 수 있기 때문이다. 사회는 아이가 자신의 사적 사건에 대해 이야기한 것을 강화한다. 점차적으로 이러한 현상—사회가 직접적인 방식으로 관찰할 수 없는—은 강화 수반성에 따라 아이에게 중요한 것이 된다.

언어행동

사적 사건들에 대해 이야기하는 것이 어떻게 진화되었는지 조금 더 자세히 살펴보기 전에 우리는 스키너가 이야기한 언어행동으로서 말하기의 일반적인 의미에 대해 생각해 볼 필요가 있다. 언어를 습득하는 아주 어릴 때부터 인간은 소리를 조합해 우리가 상호작용하는 데 중요한 방식으로 사용하는 법을 배운다. 스키너에 의하면, 이러한 행동에서 기능적으로 중요한 부분은 이것이 화자의 행동에 따른 직접적인 결과가 아니라 언어에 따라 타인이 행동하는 바에 의해 간접적인 방식으로 강화된다는 점이다. 예를 들어, 직접 신체적으로 움직이지 않고도 내가 원하는 것을 얻는 것이 가능하게 한다. 나는 무엇인가를 요청할 수 있고 그것을 타인의 행동에 의해 얻을 수 있다. 이러한 방식으로 소리를 조합하는 것은 일차적인 사회적 행동이며, 이는 다른 행동에 적용되는 학습이론과 동일한 기본적인 원칙에 의해 실행된다. 스키너는 화자의 이러한 행동을 언어행동이라고 부르고 청자의 행동에 의해 매개되어 효과를 발휘하는 행동으로 정의했다. 청자는 화자의 행동에 대해 강화하는 특정한 방식으로 행동하도록 교육받는다(Skinner, 1957). 만약에 내가 물건을 향해 손을 뻗는다면 물건에 손이 닿는 것이 행동에 대한 강화물이 될 것이다. 마찬가지로 물건을 달라고 요청하는 것은 청자가 내가 원한 물건을 주는 형태의 행동을 할 경우에만 강화가 된다.

누군가 말하고, 말해 준 것에 기초해 타인은 화자에게 강화로 작용하는 방식으로 행동한다. 이것은 특히 강화의 수반성을 획득하도록 하여 사회적인 맥락이 화자의 행동을 통제하는 것 또한 가능하게 한다. 만약 청자가 내가 이야기하는 것을 듣고 내가 요청한 것을 준다면 내가 이후 똑같은 행동을 할 가능성은 증가된다. 만약에 청자가 다르게 행동한다면 이 또한 이후 나의 행동에 영향을 미치게 될 것이다.

언어적 조건화에 대한 스키너의 기술

스키너는 언어행동을 몇 개의 기본적인 유형으로 나누었다. 접촉 언어행동, 욕구발화 언어행동, 반향모방적 언어행동, 내적 언어화 행동, 자동적 언어행동이 그것이다.

접촉 언어행동(tact)

접촉 언어행동은 감각적으로 경험되는 사전 자극에 영향을 받는다. 예를 들어, 의자가 있을 때, '의자'라고 말하는 경우가 이에 해당된다. 이러한 반응, 언어 발화는 의자를 직접적으로 본 결과이다. 우리가 '그녀가 뛰어간다.'고 이야기할 때, 이는 어떤 여인이 특정한 방향으로 몸을 움직이고 있는 사실에 의해서 통제된다. 우리는 이 방식이 강화되어 온 학습 이력이 있기에 환경을 이렇게 기술하게 된다. 생애 초기부터 우리는 소를 보고 '소'라고 이야기하면 강화를 받으나, '고양이'라고 부르면 다른 결과를 경험해 왔다. 이때 결과는 일차적으로 일반적이고 사회적인 성격을 가진다. 접촉 언어행동은 일반화된 강화물에 의해 강화된다. 우리가 매일의 대화에서 '묘사' '이야기' '기술' 등의 말을 할 때 이러한 접촉 언어행동을 포함하고 있다. 하지만 이 모든 개념은 모두 과학적인 목적에서 보자면 완벽하지 않기에 우리는 '접촉 언어행동'이라는 새로운 명칭을 사용한다.

이상적인 접촉 언어행동은 온전히 사전 자극에 의해 통제된다. 매일의 맥락에서, 우리는 실제 객관적인 물체를 가르치며 '객관적'이란 말을 사용한다. 이것이 우리가 과학적 언어 연구에서 이야기하는 '순수한' 접촉 언어행동이다. 실제 일상에서 접촉 언어행동이 이러한 특징을 유지하기는 극히 어렵기에, 실제 '순수한' 접촉 언어행동이 실험실 상황과 같은 이상적인 환경 이외에서 가능할 수 있을까 의구심을 가질 수 있다. 스키너는 왜곡된 순수하지 않은 접촉행동에 대해 글을 쓴 적이 있다(Skinner, 1957). 이 책에서 접촉 언어행동은 청자가 누구인지 또 청자가 이를 듣고 어떻게 반응하는지에 의해 통제되기에 완벽히 순수할 수 없다고 보았다. 우리가 보통 과장되게 하는 말들이 이러한 왜곡된 접촉행동의 예이다. 언어적 조건화는 선행하는 자극에 의해 통제되지만, 그 크기는 앞의 예처럼 종종 과장되므로, 접촉 언어행동은 왜곡되어 있다. 낚시꾼이 자신이 잡은 고기에 대해 묘사할 때, 그것은 실제 크기에 의해서만 통제되는 것이 아니다. 만약에 그렇다면 그 묘사는 순수한 접촉 언어행동이 될 수 있겠지만 아마도 대개는 다른 요소들에 영향을 받을 것이다. 이처럼 순수한 접촉 언어행동이 아닌 것을 그런 것처럼 이야기하는 것을 우리는 일상에서 거짓말이라고 한다.

욕구발화 언어행동

욕구발화 언어행동은 특정한 강화인에 의해 통제되며, 그것은 동일한 강화인으로 한정된다. 예를 들어, 당신이 누군가에게 '꺼져'라고 말한다면 이것은 똑같이 말함으로써 누군가가 당신 앞에서 사라진 사전 경험에 의해 강화되었을 것이다. 또 '나를 봐요.'라는 말 또는 고유한 강화인—청자가 화자를 바라보는 것—이 있다. 욕구발화 언어행동의 대표적인 선행 사건(A)은 아마도 청자의 존재(변별 기능)와 기대되는 결과가 화자가 원하는 것이라는 동기 기능이 될 것이다. '꺼져'라는 말의 동기적인 기능은 아마도 화자의 존재가 당시 청자에게 혐오적이라는 사실인 반면, '나를 봐요.'라는 말은 화자와 청자 사이의 다른 상호작용이 동기 기능이 될 것이다. 욕구발화 언어행동의 예는 다양한 종류의 요청과 요구, 질문 그리고 이야기할 허락을 구하기 위해 손을 드는 것 등이 있다.

접촉 언어행동과 욕구발화 언어행동 모두 표면적인 형태가 아니라 그 기능에 의해 정의된다는 것을 이해하는 것이 중요한다. 같은 말이나 표현이라 할지라도 전혀 다른 다양한 기능을 할 수 있다. 즉, 형태적으로 같은 언어적 표현이라 할지라도 특정 상황에서의 선행 사건과 결과에 따라 때로 접촉 언어행동으로 기능할 수도 있고 욕구발화 언어행동으로 기능할 수도 있다. 누군가가 '신문'이라고 이야기했을 때, 만약에 그 상황에서 실제로 신문이 있으며, 언어적 발화가 '테이블 위에 이것이 뭐지요?'라는 질문의 답이었다면 접촉 언어행동이 된다. 또한 똑같은 '신문'이라는 말이 누군가에게 신문을 집어 달라는 요청의 기능을 하였다면 욕구발화 언어행동이 될 것이다. 이야기된 것과 그것을 통제하는 변인의 관계가 현재 일어나고 있는 언어행동의 유형을 결정한다. 예를 들어, '이 사과들 좋네요.'라는 말은 접촉 언어행동처럼 보이지만, 만약에 이러한 말을 한 것이 이전에 사과를 얻게 한 경험이 있었다면 욕구발화 언어행동이 될 수 있다.

반향모방적 언어행동

반향모방적 언어행동은 반응과 형태적으로 동일한 선행 사건이 있다. 반향모방적 언어행동은 발화된 것을 따라하거나 반향하는 언어 반응을 말한다. 이 또한 전형적인 강화인은 관심 또는 다른 대인관계 과정과 같은 일반화된 사회적 결과가 될 것이다. 반향모방적 언어행동은 초기 언어 학습의 핵심 과정이다. 예를 들어, 부모는 자신의 발음을 따라 하려는 아이를 강화한다. 반면, 반향모방적 언어행동은 유아기뿐만 아니라 방금 들은 말을 속으로 되뇌는 행동과 같이 전 생애에 걸쳐 중요한 언어행동으로 자리하고 있다.

스키너는 선행 자극을 반복하는 형태의 반응을 모두 반향모방적 언어행동이라고 보았다. 예를 들어, 문자행동, 사본 또는 받아쓰기와 같은 행동이 이에 포함된다. 나는 이 모든 행동을 그 유사함에 근거해 반향모방적 언어행동으로 기술하겠다. 문자행동은 활자로 되어 있는 선행 자극을 말하는 언어행동으로, 보통은 활자와 그것을 읽는 소리의 관계로 설명할 수 있다. 우리가 보통 큰소리로 읽는 행동이 그 예가 된다. 받아쓰기는 그 반대의 과정이다. 누군가 말한 전화번호를 받아 적는 것처럼 발화된 것을 적는 행동을 말한다. 사본이란 선행 자극과 동일한 형태로 적는 반응을 말한다. 이 모든 언어행동은 일반화된 사회적 강화물에 의해 강화된다.

(사회적) 내적 언어화 행동

내적 언어화 행동은 반향모방적 언어행동과 마찬가지로 다른 언어행동을 선행 사건으로 하는 언어행동이다. 반면, 내적 언어행동은 선행 사건과 반응 간에 어떤 유사함도 없다. 이 경우 언어적 선행 사건과 내적 언어화 행동 간의 관계는 사회적 통념에 따라 임의적으로 이루어진다. 만약에 내가 '하나, 둘, 셋'이라고 할 때 당신이 '넷'이라고 한다면, 이것이 내적 언어화 행동이다. 욕구발화 언어행동을 제외한 모든 언어행동과 마찬가지로, 내적 언어화 행동의 중요한 강화물은 일반화된 사회적 강화물이다.

다시 한번 강조하자면, 세 가지 유형의 언어행동의 정의는 모두 기능적이다. 언어 반응과 선행 사건 및 결과와의 관계가 중요하다. 앞에서 내가 '신문'이 접촉 언어행동이 될 수도 있고 욕구발화 언어행동이 될 수도 있다고 했다. 또한 만약에 내가 누군가가 신문이라고 한 말을 되풀이한 것이라면 반향모방적 언어행동이 될 수도 있다. 또 누군가가 '일보와 같은 뜻의 다른 말은 무엇인가요?'라고 했을 때 '신문'이라고 대답했다면, 그때는 내적 언어화 행동이 될 수도 있다.

자동적 언어행동

스키너는 다른 유형의 언어행동을 하나 더 기술하였다. 자동적 언어행동이 그것이다. 이는 화자의 언어행동 또는 언어행동의 일부로서 다른 언어행동을 조절한다. 예를 들어, '아마도 그것은 신문지일 거예요.'라는 말에서 '아마도'와 같은 말이다. 누군가 "탁자 위에 있는 것이 무엇인가요?"라고 물었을 때의 대답에 '아마도'라는 말은 자동적 언어행동으로서 이는 '신문지'에 대한 화자의 입장을 나타내주며, 이때 화자의 입장은 불확실함이 될 것이다. 접촉 언어행동을 다른 방식으로 조정하는 다른 종류의 자동적 언어행동은 아마도 '아니다'일 것이다. '이것은 신문지가 아니다.' 이처럼 자동적 언어행동은 단어가 될 수도 있으며, 어미에 '들'을 붙이는 것, 구두점, 문법 구조와 같이 화자가 다른 언어행동에 의존하거나 언어행동을 조정하는 기능을 하는 모든 것이 자동적 언어행동의 범주에 속한다.

이 책에서 스키너 분석의 사용

언어행동에 대한 스키너의 분석 체계는 상당히 복잡하기에 나는 여기서 그것을 자세히 다룰 생각은 없다. 언어행동에 대한 분석 체계 중 이 책에서는 두 가지 측면을 강조하고자 한다. 첫째, 언어행동을 기능분석하는 것은 실현 가능한 현실적인 작업이라는 것이다. 둘째, 언어행동 또한 선행사건과 결과에 의해 통제되는 인간 행동이라는 것이다. 이러한 측면에서 우리는 사적 사건 또한 이해할 수 있다. 이 책에서 나는 사적 사건이 어떻게 인간 경험에서 중요한 기능을 하게 되었는지를 이해하기 위해 스키너의 분석 중 특히 접촉 언어행동화(tacting)를 중심으로 살펴보고자 한다.

사적 사건을 접촉 언어행동화하는 것 배우기

우리가 사적 사건을 이야기하는 것을 배우는 것과 스키너의 분석은 어떻게 관련이 될까? 우선, 우리는 사적 사건을 이야기하는 것은 우리의 특정 행동을 강화하는 사회적 환경으로부터 배운다는 점이다. 아이에게, 이러한 환경은 초기에는 부모 그리고 다른 가족 구성원들로 이루어진다. 즉, 스키너 이론에 따르면 이러한 사회적 환경의 구성원들이 우리가 환경 사건을 적절히 접촉 언어화할 수 있도록 훈련시킨다. 하지만 이러한 사람들조차 아이의 사적 사건에 직접적으로 접근할 수는 없다. 아이의 사회적 환경에서 사람들이 접촉 언어행동을 강화할 때 주로 언어화되는 것은 물체나 사람 또는 외적 행동과 같은 접근 가능한 공적 사건이다. 자극과 접촉 언어행동 간의 관계는 명확하다. 이 경우는 강화 조건화 또한 상대적으로 쉽다. 아이가 곰인형을 언어화하는 것을 배울 때, 곰인형을 가리키며 '곰인형'과 비슷한 말이라도 할 때, 부모는 그 행동을 강화한다. 하지만 아이가 내적으로 관찰하는 것을 사회적 환경이 접근할 수는 없다. 이 점이 사회적 환경이 아이가 관찰한 것을 접촉 언어행동화하는 것을 더욱 어렵게 한다. 스키너는 이러한 어려움에도 불구하고 사회적 환경에서 사람들이 접촉 언어행동화를 어떻게 강화하는지를 기술했다(Skinner, 1945).

우리가 사적 사건을 접촉 언어행동화하는 것을 배우는 방법 중 하나는 타인이 접촉 언어행동화되는 사적 사건을 대응하는 현상과 어떻게 연결하는지를 관찰할 수 있을 때이다. 만약에 다른 사람들이 아이가 얼굴이 붉어지고 땀을 흘리는 것을 관찰했다면, 그들은 아마도 아이가 어딘가 불편한 것이 아닐까 가정할 수 있다. 이러한 상황에서 부모는 예상과 유사한 아이의 반응, 즉 '아파' '아야'를 강화할 수 있다. 아이의 언어행동이 사회적인 상황에서 형성된 강화를 유발한다. 또 다른 접근 가능한 현상으로는 주로 감정을 유발하는 사건과 관련되었을 경우이다. 예들 들어, 아이 주변의 누군가가 공격적으로 행동하는 상황에 놓였다면, 이후 아이에게 "아까 무섭지 않았니?"라고 물을 수 있다. 우리 자신이 사적 사건을 접촉 언어행동화하는 것을 배웠기에 우리는 자신의 사적 경험을 바탕으로 아이의 경험 또한 우리와 비슷할 것이라 가정할 수 있다. 하지만 부모의 감정이 언제나 아이의 감정과 비슷하지는 않을 수 있기에 아이의 접촉 언어행동화 과정에 문제가 있을 가능성은 여전히 남아 있다.

타인의 관찰 가능한 반응이 사적 현상과 대응될 때 비슷한 유형의 학습이 일어날 수 있다. 목소리, 얼굴 표정과 특정한 움직임 등이 주로 개인의 사적 사건에 대응되는 반응들이다. 고통, 분노, 흥분 또는 기쁨의 경험은 이에 상응하는 행동과 동반된다. 아이들은 움찔하기도 하고, 가까이 다가서기도 하고, 눈을 흘기는 등 다른 사람도 관찰할 수 있는 다양한 방식으로 사회적 환경에서 행동한다. 이러한 다양한 관찰 가능한 행동은 그들의 사적 사건에 따라 다르며, 그렇기에 사회적 환경은 각각의 행동에 대해 강화 수반성을 제공할 수 있다. 이러한 경험을 시작으로 아이들은 자신만이 관찰할 수 있는 사적 사건에 대해 이야기하는 능력을 키워 나가기 시작한다.

사적 사건에 대해 이야기하는 것을 배우는 또 다른 방법은 아이가 자기 자신과 다른 사람들 모두가 관찰 가능한 사적 사건에 대해 이야기하는 것을 배운 후 서서히 자신만이 관찰할 수 있는 스스로의 유사한 행동에 대해 이야기하는 방법이다. 이는 특히 우리가 생각이나 사고라고 하는 것과 관련해 유용하다. 유사한 학습 경로가 기억에 대해서도 적용될 수 있다.

아이가 걷고, 손을 흔들고, 먹고, 강아지를 보고, 가만히 서 있고, 놀고, 옷을 입는 등 할 수 있는 행동이 많아짐에 따라 그에 대해 말할 수 있는 것도 늘어난다. 아이는 실제로 수행해 보지 않은 행동을 접촉 언어행동화할 수는 없다(물론 다른 사람이 자신의 행동을 기술하는 말을 듣고, 발음을 따라 할 수는 있다). 자기 자신의 행동을 접촉 언어행동화하기 위해서는 다음과 같은 과정이 요구된다. 아이가 자기 자신과 자신의 사회적 환경 모두에게 관찰 가능한 어떤 행동을 한다. 행동이 펼쳐질 때 또는 그 직후에 사회적 환경은 아이의 특정한 언어행동을 강화한다. 아이는 아마도 이때 상대방의 행동을 따라 할 것이다(반향). 이후 서서히 접촉 언어행동화가 일어난다. 이후 처음 했던 아이 자신의 행동이 언어행동에 대한 변별자극이 된다.

예를 들자면, 페트라가 공을 찬다. 아이가 공을 찰 때, 아버지가 "공을 차네, 봐봐, 페트라가 공을 차네."라고 말한다. '찬다'라는 말이 반복되고, 페트라가 '찬다'와 비슷한 말이라도 하게 되면, 아빠는 그 말을 강화한다. 시간이 지남에 따라 공을 차는 행동은 페트라에게 '찬다'라는 말을 할 변별자극이 된다. 페트라는 자신의 공차기를 접촉 언어행동화하는 것을 배우게 된다. 시간이 지나면서 비슷한 유형의 학습이 손 흔들기, 달리기, 놀기 등의 행동에서도 일어난다.

이러한 과정에서 아이는 자신만이 관찰할 수 있는 사적 사건 또한 경험한다. 예를 들어, 손 흔들기를 할 때 자신만이 느낄 수 있는 팔의 감각 같은 것이 이에 해당한다. 이것이 아이가 자신의 사적 사건을 접촉 언어행동화하는 능력을 향상시키는 데 기여하게 된다. 아이는 자기 자신의 행동을 접촉 언어행동화하는 것을 배우고, 이에 대한 사적 사건 경험 또한 다르므로, 사적 사건을 변별할 수 있는 능력 또한 공적 행동을 접촉 언어행동화하는 능력과 함께 향상되어 간다.

스키너는 사적 사건을 접촉 언어행동화하는 다른 방법을 기술했다. 이에 대해 알아보기 전에 사적 사건의 유형에 따른 접촉 언어행동화에 대해 조금 더 자세히 알아보도록 하겠다. 이는 우리가 어떻게 생각하는 것을 배우는지, 또 우리가 어떻게 생각하는 것에 대해 이야기하는 것을 배우는지, 그리고 시간이 지남에 따라 우리가 어떻게 우리의 생각에 대해 생각하는 것을 배우는지와 관련이 있다.

생각을 접촉 언어행동화하는 것 배우기

처음에는 행동을 하는 사람과 사회적 환경 모두가 관찰 가능했던 행동이 서서히 변화하여(스키너는 이를 '약화'라고 표현했다) 다른 이들은 더 이상 관찰할 수 없어지며, 단지 행동을 하는 자신만이 관찰할 수 있게 된다. 간단한 예로, 숫자 세기를 배울 때를 생각해 보자. 처음에는 아이들이 크게 소리를 내서 수를 센다. 이렇게 했을 때 주변 사회적 환경으로부터 강화를 받을 수 있다. 시간이 흐르면서, 아이는 소리를 내어 수를 세는 것이 언제나 강화를 받는 것은 아님을 알게 된다. 실제로 어떤 경우는 오히려 처벌을 받기도 한다. 이제 아이는 조금 더 조용히 수를 세기 시작하고, 이렇게 하면 누구도 들을 수 없다는 것을 알게 된다. 아마도 이렇게 할 때 여전히 입술을 움직이겠지만 소리는 나지 않는다. 조용히 숫자 세기 책을 보면서 입술을 집중해 움직이는 행동은 사회적 강화를 받을 수도 있다. 이제 조용히 수를 세는 것, 즉 '마음으로 세는 것'을 배운다. 이러한 행동이 기능적으로 강화된다면 계속될 것이다. 조용히 수를 세는 것이 원하는 결과를 가져오기에 이것은 인간의 중요한 능력 중 하나로 유지된다. 똑같은 과정이 우리의 읽는 능력과 관련해서도 관찰된다. 처음에 우리는 소리를 내서 읽는다. 시간이 흐르면서 우리는 소리를 내지 않고 읽는 것을 배우게 된다. 오랫동안 소리 내지 않고 읽는 것을 해 온 사람이어도 때로 크게 소리 내어 읽기도 하는데, 특히 그것이 복잡하고 어려운 단어일 경우에는 스스로에게 말하듯이 크게 소리 내어 읽는다. 어려운 과제를 수행할 때와 같이 생각이 효과적이기를 바랄 때 그렇게 하기도 하는데, '소리 내어 생각하기' 과정은 굉장히 흔한 일이다. "힘내 니콜라스, 너는 할 수 있어."

앞의 예는 어떻게 숫자 세기나 읽기와 같은 언어행동이 처음에는 사회적 환경이 강화할 수 있는 공적 사건에서 시작해 이후 서서히 사적으로 변화되어 가는지를 보여 준다. 우리가 흔히 '생각'이라고 부르는 것의 상당히 많은 부분이 이렇게 발달된다. 처음에 우리는 우리 자신의 행동을 사회적 환경에 의해 강화된 수반성에 따라 이야기하는 것을 배운다. 이후 서서히 행동의 공적인 부분은 감소하며 사적인 측면은 유지된다.

이것이 '생각'이나 '사고'에 대한 모든 측면을 포함한 기술이 아니라는 점을 언급해야 할 것 같다. 사실 그 용어에 무엇을 포함해야 할지 모호한 부분도 있으며, 그 밖의 수많은 이유로 '생각'에 대해 완벽한 기술을 한다는 것은 불가능한 일이다. 하지만 내가 견지하고 싶은 요지는, 우리가 앞에서 다룬 과정이 생각이나 사고라고 부르는 것의 근본이 된다는 점이다. 또한 이러한 기술 방식은 우리 인간이 어떻게 행동하는지를 예측하는 행동분석의 목적에도 부합한다.

언어행동과 같은 사적 사건의 유지에 기여하며, 처음과 달리 이것이 공적 사건으로부터 점점 독립적이 되어 가는 데에 영향을 미치는 몇 가지 요소가 있다. 뛰는 생각을 하는 것은 몇 가지 측면에서 실제 뛰는 것과 유사한 측면이 있다. 이때는 실제 우리가 뛸 때와 같은 내적 자극이 관련된다. 이는 특히 상상이나 이미지화와 같은 유형의 사고와 관련될 때 더욱 확연해진다. 내가 어머니에 대해서 생각할 때, 나는 내 마음의 눈이 마치 실제 어머니가 내 앞에 서 있을 때와 마찬가지로 움직이는 것을 느낀다. 생각과 외적 행동 간의 연결은 현재 우리에게 알려진 인체, 특히 신경회로의 기능과 일관된다. 누군가를 바라보는 생각을 할 때 우리의 뇌는 실제 그것을 볼 때와 동일한 영역이 활성화된다. 당신이 처음 악기 연주를 배울 때, 특정 곡을 연주하는 것을 들으면 당신의 운동 신경회로가 활성화된다(Lahav, Saltzman, & Schlaug, 2007). 뛰는 것과 뛰는 것을 생각하는 것은 동일 영역의 운동 신경이 관련된다(Jeannerod, 1994; Kosslyn, Ganis, & Thompson, 2001). 다시 말하자면, 우리가 무엇을 하는 것을 생각하는 것은 여러 면에서 우리가 생각하는 것을 실제 하는 것과 유사하다는 것이다. 동시에 사적 행동은 큰 이점을 가지고 있다. 그것은 우리가 실제 외적 환경에서 일어날 수 있는 행동의 결과를 피해 숨겨진 환경에서 상상으로 이를 실행할 수 있다는 것이다. 이에 사적으로 어떤 것을 하는 것—행동을 하는 것을 생각하는 것—은 시험과 연습의 좋은 방법이 될 수 있다. 우리 모두 알다시피, 이런 유형의 행동은 흔히 말하는 문제 해결에서 중요한 역할을 한다. 우리는 머릿속으로 어떤 행동을 하는 것을 생각한 이후 실제로 하거나 아니면 하는 것을 피한다. 이러한 능력이 우리 인류라고 하는 종의 생존 가능성을 높였다는 것은 두말할 필요가 없는 이야기일 것이다.

지금까지 설명한 학습의 경로는 다음과 같다.

① 우리가 어떤 일을 한다.
② 우리가 하는 것에 대해 이야기하는 것을 배운다. 이를 우리는 접촉 언어행동화(tacting)한다고 말한다.
③ 이후 소리 내지 않고 말하는 법을 배운다. 이것이 생각이다.

일단 위의 과정을 할 수 있게 되면, 이러한 과정 또한 우리가 접촉 언어행동화할 수 있는 행동이 된다. 독자로서 당신은 이 순간 이 책이 이야기하고 있는 것 이외의 것을 생각하고 있는 자신을 알아챘을 수 있다. 당신은 새롭게 접촉 언어행동화할 수 있는 것이 생긴 것이다. "나는 방금 ……라는 생각을 하고 있었어." 따라서 우리가 생각하고 있는 것에 대해 이야기하게 되면 우리는 우리가 생각하는 것에 대해서 생각할 수 있다[인지이론에서는 이것을 '메타인지(metacognition)'라고 함].

지금까지 나는 사적 사건들에 대해 이야기하는 것을 배우는 두 가지 주요한 과정을 이야기하였다. 첫 번째는 사회적 환경 내의 사람들이 개인적으로 경험했던 사적 사건과 동등한 현상을 다른 이에게서 관찰하고 그 현상에 대한 언어행동을 강화한다. 이후 점차적으로 사적 사건은 언어행동에 대한 변별자극이 되어 간다. 두 번째는 처음에 사회적 환경이 접근 가능했던 행동이 점차적으로 사적으로 되어 가는 과정이다. 즉, 행동이 어떠한 상황에서는 처벌되거나 소거되는 한편, 동시에 똑같은 행동을 소리 내지 않고 하는 것은 강화를 받게 된다. 사회적 환경이 이러한 유형의 행동을 강조하는 이유가 무엇인지 다루기 전에, 먼저 사적 사건을 접촉 언어행동화하는 세 번째 방법에 대해 알아보도록 하겠다.

일반화를 통해 사적 사건을 접촉 언어행동화하는 것 배우기

일단 사적 사건을 접촉 언어행동화하는 능력이 확립되면, 일반화를 통해 이러한 언어행동이 더욱 심화하여 발달하게 된다. 사적인 자극은 외부 및 내적인 다른 현상과 유사한 측면을 가지고 있다. 접촉 언어행동화를 하기 위해서 타인이 관찰할 수 있는 어떤 것과 자신의 사적 경험 간의 유사함을 이용하는 것이 종종 강화를 받는다. 예를 들어, 오랫동안 변기 위에 앉아 있던 아이가 일어나며 "내 다리가 마치 소다수처럼 찌릿찌릿해."라고 할 때, 아이는 소다수를 마실 때의 경험과 변기에 오랫동안 앉아 있을 때 다리의 느낌 간의 유사함을 변별자극으로 사용해 언어행동을 하였다. 아이는 우리가 은유나 비유라고 부르는 방법을 통해 경험 간 유사함을 접촉 언어행동화하였다. 사실 우리가 사용하는 언어의 상당 부분은 이렇게 외부 환경에서 차용된 은유로 구성되어 있다. 우리가 은유를 사용할 때, 우리는 서로 다른 현상 간의 유사함을 사용한다. 이에 은유를 통해 일반화가 일어날 수 있다. '끓어오르는 분노' '처지는 느낌' '평화로 충만한' '압도되는' 등의 표현이 모두 그 예가 될 수 있다.

이러한 행동이 강화되는 이유는 무엇인가

이 장의 서두에서 스키너의 말을 인용했다. 누군가의 사적 세계가 타인에게 중요해지는 것은 그것이 자기 자신에게 중요하게 만들어졌을 때에만 가능하다(Skinner, 1974, p. 35). 그렇다면 개인의 사적 세계가 사회적 환경에 중요한 이유는 무엇일까? 또 개인에게 자신의 사적 세계에 대해 말하는 것을 가르치는 것이 중요한 이유는 무엇일까? 답은 개인의 사적 세계는 사회적 상호작용에서 중요한 것들을 포함하고 있기 때문이 될 것이다. 우리는 사회적 동물이며, 사회적 상호작용은 우리의 생존에 중요하다.

개인이 어떤 상황에서 어떻게 느끼는지는 비슷한 상황과 관련한 그의 역사에 대해 많은 것을 이야기해 준다. 예를 들어, 누군가가 배가 고프다고 한다면, 이는 음식을 접하는 것과 관련된 그의 이전 경험에 대해 간략히 전달해 준다. 또 그 말은 현재 그의 상태에 대한 정보와 현재 상황에서 가장 중요한 것이 무엇인지에 대한 정보 또한 주며, 가까운 미래에 그의 행동 경향성 또한 예측할 수 있도록 해 준다. 같은 설명이 분노나 염려, 기쁨 등에 대한 기술에도 적용된다. 만약 누군가가 우울하다고 하는 것을 듣게 되면, 앞으로 그가 할 행동에 대한 예측을 할 수 있게 된다. 핵심은 내적 현상이 미래를 예측하는 자율적인 힘이 있다는 것이 아니라 개인이 사적 사건을 어떻게 기술하는지가 그의 학습 이력과 깊은 관련이 있다는 것이다.

사적 행동을 접촉 언어행동화하는 능력이 확립되면, 이러한 능력은 개인에게도 중요한 의미를 가지게 된다. 스키너의 말을 다시 한번 인용하자면, "타인의 질문을 통해 자신을 인식하게 된 사람은 스스로의 행동을 예측하고 통제하는 데 유리한 위치를 점하게 된다."(Skinner, 1974, p. 35) 자기 자신의 행동을 예측하고 통제할 수 있게 되면 자연히 원하는 방향으로 성취를 할 수 있는 능력이 향상된다.

생각과 언어행동 간의 관계에 대한 이 절을 마무리하기 전에, 나는 다시 한번 이것이 '생각'이나 '사고'의 모든 측면을 포함한 기술은 아니라는 점을 강조하고자 한다. 내적 언어행동이 학습되기 이전에도 '생각'과 유사한 유형의 기초적인 언어행동이 있지 않았느냐 하는 부분에서 논쟁이 있을 수 있다(Vygotsky, 1986). 또 인간 이외의 다른 동물에게서도 이러한 형태의 언어행동이 있다고 볼 수도 있다. 이러한 논쟁은 우리가 '생각'이라는 개념에 어떤 요소들을 포함하느냐에 따라 달라질 수 있다. 또 어떻게 정의를 내리든 우리가 실제 기초적인 언어행동에 대해서 아는 것은 거의 없으며, 그것의 기능에 대해서도 마찬가지이다. 하지만 어찌되었건 아이의 언어행동이 온전히 공적인 행동에서 사적인 영역으로 전환될 때 무엇인가 새롭고 혁명적인 일이 일어난다는 점만은 확실하다고 할 수 있다.

여전히 남아 있는 내적 세계의 모호함

우리가 사적 사건에 대해서 말하는 것을 배운다고 해도 그것은 여전히 공적 사건을 이야기하는 것에 비해 어려운 일이다. 전 생애에 걸쳐 언제나 우리는 타인에게 차를 운전하는 것이나 그림을 그리는 것을 설명하는 것이 우리가 슬플 때 어떻게 느껴지고 어떻게 생각하는지를 설명하는 것보다 더 쉽다. 이 모든 것은 앞서 이야기한 분석에 따르면 논리적이다. 우리가 우리의 고통, 분노, 열정에 대해서 이야기하는 것을 배우는 상황에서 적어도 우리 행동의 어떤 부분은 우리 자신 이외의 다른 사람에게는 관찰 불가능한 부분이기 때문이다. 즉, 우리는 타인이 쉽게 관찰할 수 있는 현상을 이야기할 때에 비해 사적 현상에 대해서 이야기하는 것을 배울 때는 환경으로부터 지지를 적게 받는다는 의미가 된다. 따라서 이러한 사적 현상을 변별하고 그에 대해 이야기하는 능력은 아마도 공적 현상에 비해 덜 발달되고 덜 완벽한 상태로 남아 있을 수 있다.

화자와 청자

언어행동의 중요한 측면은 그것이 발생할 때 언제나 화자와 청자가 있다는 점이다. 이것은 특히 타인이 존재할 때 명확히 드러난다. 하지만 누군가 생각하고 있을 때도 실은 청자는 존재한다. 이 경우 화자와 청자가 동일할 뿐이다. 후자의 경우가 이 책에서 특히 초점을 맞춘 상황이다. 하지만 우리는 일반적으로 전자, 즉 화자와 청자가 각각 다른 경우부터 살펴보도록 하겠다. 스키너는 '언어행동'을 화자에만 국한하는 개념으로 사용했다. 청자는 이러한 행동을 강화하며, 이는 다른 강화의 형태에 적용하는 동일한 원칙과 일관되는 방식으로 이해해야 한다고 설명했다(Skinner, 1957). 청자 또한 이야기할 수 있으며, 이 또한 언어적 행위나 듣기 자체는 스키너의 언어적 행동에 대한 분석에서 제외되었다(S. C. Hayes, 1991; Shlinger, 2008). 하지만 많은 경우 스키너가 언어행동이라 칭한 것이 화자에게 상당한 영향을 미치는 것은 확연하다. 누군가 "밖에서 기다리세요. 내가 금방 갈게요."라고 말한다면 이는 스키너가 말한 언어행동의 전형적인 예가 된다. 즉, 이는 청자가 밖으로 나가게 하는 데 영향을 미친다. 만약 생각의 형태를 띤 사적 사건이 영향력이 있다면 이는 청자와의 관계에서 행사될 것이며, 이는 화자와 청자가 같은 사람인 경우도 마찬가지이다. 이 모든 것이 청자의 행동에 대한 스키너의 견해를 탐색할 이유가 된다. 그는 듣기를 다른 유형의 행동으로 분류하고, 이를 규칙 지배적 행동이라 칭하였다.

규칙 지배적 행동

"밖에서 기다리세요. 그러면 제가 바로 갈게요." 이는 조작적 심리학의 기본 공식인 A, B, C로 분석하기 쉬운 언어적 진술이다. 만약에 이 진술의 결과로 청자가 밖에 나가 화자가 오기를 기다린다면, 우리는 이를 다음과 같이 분석할 수 있다. 위의 진술은 밖에 나가는 행동(B)에 대한 선행 사건으로 기능하여(A), 화자가 청자와 이야기하러 밖으로 나가게 되었다(C). 스키너에 따르면 선행 사건은 행동과 결과를 특정 짓기 때문에 규칙으로서 기능한다(Skinner, 1966, 1974). 그는 이러한 규칙에 의해 지배되는 행동과 직접적인 결과에 의해 지배되는 행동, 즉 직접적 수반성에 의해 형성된 행동을 구별하는 것을 강조했다. 다음은 스키너가 제시한 두 행동의 전형적인 예이다.

규칙 지배적 행동과 수반성 조형 행동의 차이는 예를 들어 설명하면 확실하다. 외야

> 수가 공중에 날아오는 공을 잡는 것은 위성에 제시된 궤도로 재진입하려는 배의 선장이 하는 행동과 비슷하다. 둘 다 일정 방향으로 움직이며 무엇인가를 잡기 위해 속도를 낸다. 두 사람 모두 물체의 최근 위치와 방향 그리고 속도에 따라 반응하며, 중력과 마찰력을 고려한다. 반면, 외야수의 행동은 거의 전부 강화 수반성에 의해서 만들어지는 반면, 배의 선장은 가용한 정보와 상황을 분석한 규칙에 따라 움직인다(Skinner, 1966, pp. 241-242).

스키너는 계속해서 다음과 같은 점을 지적했다. 배의 선장 또한 수많은 위성으로부터 정보를 모은 후 그중 어떤 정보는 기각을 하며, 시간이 흐름에 따라 서서히 수반성에 의해 행동이 결정될 수도 있다. 또 규칙 지배적인 행동은 선장이 자신의 업무를 잘해 내기 위해서 개인적인 경험이 많지 않아도 된다는 이점도 있다.

사실 인간 행동의 상당히 많은 부분이 규칙 지배적인 행동이다. "빨간 불에는 가지 마." "상대방이 제일 약한 순간에는 공격하지 마라." "열심히 공부하면 좋은 직업을 구할 가능성이 높아질 것이다." 또 어떤 경우 규칙 지배적 행동은 "옷을 더 입지 않으면 많이 추울 거야."와 같이 개인이 직접적인 경험을 해 본 적이 있는 행동이나 결과에 대한 진술이 된다. 또는 "술을 그만 마시지 않으면 죽을 거야."와 같이 아마도 경험해 본 적이 없는 행동이나 그 결과에 대한 진술이 되기도 한다.

우리가 규칙 따르기를 처음 학습할 때 규칙은 우리 환경 안에 있는 사람들에 의해 주어진다. 이후 서서히 우리는 자신이 화자이자 청자로서 스스로에게 규칙을 이야기하기도 한다. "한 번 더 해 봐, 그러면 나아질 거야." "지금은 그만하고, 다음에 다시 하자." "아무 말도 하지 마, 상황만 악화시킬 뿐이야." 대부분 우리는 다른 사람들이 우리에게 이런 말을 하는 것을 들어 왔다. 이후 비슷한 종류의 진술을 스스로에게 해서 자신의 규칙을 따르고자 한다. 이와 같은 자기진술의 규칙과 공식이 우리가 흔히 생각의 힘이라고 일컫는 것을 구성하고 있다.

까다로운 질문

스키너의 정의에 따르면 규칙이나 지시를 말한 것이 언어행동이지만, 앞에서도 이야기했듯이 규칙 지배적인 행동—규칙을 따르는 행동—이 언제나 언어행동은 아니다. 만약 누군가가 "밖에서 기다리면 바로 갈게요."라고 했을 때 내가 바로 대답했다면 그것은 언어행동일 것이다. 하지만 만약에 내가 그저 밖으로 나가 기다린다면 그것은 스키너의 정의에 따른 언어행동은 아니다. 오히려 그것은 이전 경험에 의한 결과로서 수반성 조형 행동에 가까운 것으로 이해해야 할 것이다. 하지만 이 부분에서 까다로운 질문이 생긴다. 그러면 어떻게 우리 인간이 미래를 보고, 우리가 이전에 경험한 적이 없는 일들을 알고 행동할 수 있을까? 다음의 예와 같이 언어행동이 일상에서 청자에게 미치는 영향을 어떻게 우리가 이해할 수 있을까? 누군가가 당신에게 "내일 경적소리가 다섯 번 들리면 밖으로 나와요. 그러면 내가 있을 겁니다."라고 했다고 가정해 보자. 그리고 그다음 날 당신이 다섯 번의 경적 소리를 들었을 때 밖으로 나간다. 심지어 이전에 그런 행동을 해서 강화를 받은 이력이 없음에도 말이다. 또는 조금 장기적인 예를 들면, 만약에 동료가 기분 나쁘게 행동하면 당신은 아마 '다음에 또 그러면 그때는 뭐라고 해야지.'라고 생각할 수 있다. 그리고 3주가 흐른 뒤 동료가 기분 나쁜 행동을 했을 때 당신은 정확히 생각한 대로 행동한다. 이런 예는 더 장기적인 경우에도 해당된다. 우리는 우리가 죽은 후 천국에 가기 위해 또는 남은 아이들의 미래를 생각해 또는 '궁극적인 마음의 평화'를 찾기 바라며 현재의 일들을 선택하기도 하는데, 이것 또한 그러한 예가 된다.

이 질문을 스키너의 정의에 기초해 조금 더 기술적으로 한다면 규칙이나 지시로 기능하는 언어행동은 행동과 그 결과를 특정한다(Skinner, 1966). 이 부분에서 우리는 질문을 하게 된다. 어떻게 현재의 언어행동이 현재 일어나지 않는 행동이나 결과를 특정할 수 있을까? 또 개인이 이전에 경험한 적이 없는 일을 특정할 수 있을까? 그리고 우리는 어떻게 이러한 결과를 얻기 위해 새로운 행동을 실행할 수 있을까? 우리가 어떻게 '금연하지 않는다면 폐암에 걸릴 위험이 높아진다.'라는 말에 근거해 금연을 할 수 있을까? 특히 그 행동의 결과가 주로는 처벌인 경우에, 또 그 단기적 결과는 금단 현상이나 동료들과 흡연을 즐기는 쉬는 시간으로부터의 철수와 같은 즉각적인 것인 반면, '폐암에 걸리지 않는다.'와 같은 결과는 추상적이며 먼 미래의 일인 경우에 어떻게 그럴 수 있을까?

스키너는 이에 대해 "언어 조건화의 오랜 역사"라는 말로 대답하였지만(Skinner, 1957, p. 360), 이러한 잠재적 학습 이력을 어떻게 기술해야 하는지에 대해서 명확히 언급한 적은 없다. 선행 사건과 결과가 행동에 대한 통제력을 갖기 위해서는 그것이 영향을 미치는 행동에 수반되어야 한다는 것이 행동분석의 기본 원리이다. 또 실험적 행동분석에서는 조작적 조건화 및 고전적 조건화 모두에서 자극 간 직접적인 근접성이 중요하다. 스키너는 복잡한 학습 이력의 영향을 중심으로 이러한 현상과 규칙 지배적인 행동을 구별했다. 하지만 이러한 학습 이력이라고 하는 것이 어떤 것인지에 대해서는 답하지 않았다. 초기에는 인간 언어라고 하는 것이 조작적 조건화나 고전적 조건화 이상의 어떤 기능을 갖고 있을지 모른다고 가정했으나, 이후 이러한 자신의 가설을 기각했다.

마이클(Michael, 1986), 패럿(Parrott, 1987), 슈링거(Schlinger, 1990)와 같은 학자들은 이 질문에 대한 대답이 행동분석의 역사상 오랫동안 대답되지 못한 채 남아 있었다는 것을 발견하고 이러한 주제를 최근 들어 다시 언급하기도 하였다.

인지적 답변과 행동분석적 답변의 문제점

사람들이 현재의 사물이나 사건과 관계 맺는 방식에 대한 앞의 질문의 가장 흔한 대답은 인지이론 또는 정보처리이론으로 요약될 수 있을 것이다. 이 이론은 백 년 전의 뿌리로부터 시작되어 상당히 많은 변형이 있었다(Ellis, 1989). 이러한 이론들의 공통된 가정은 인간은 정보를 처리하는 내적인 구조를 가지고 태어난다는 것이다. 이러한 내적 구조는 '스키마' 또는 '내적 표상'이라는 말로 불리기도 한다. 이러한 구조는 외적 사건에 의해 영향받고 변형되며, 인간 행동을 결정하는 데 중요한 역할을 한다고 본다. 외적 자극이나 사건은 내적 정보처리 과정을 불러일으키며, 이를 통해 분석할 수 있게 된다. 인간 행동, 특히 복잡한 인간 행동의 원인은 주로 이러한 내적 과정 안에서 찾게 되었다.

반면, 행동분석에서는 주로 개별 행동의 원인이 그 행동의 맥락에 있다고 본다. 적어도 원칙적으로는 행동의 원인은 행동 밖에 있으므로, 직접적인 영향을 관찰할 수 있다고 본다. 이는 실용적인 접근인데, 단지 그것이 행동을 예측하고자 하는 것뿐만 아니라 접근 가능성을 획득하고자 하는 데 목적이 있다. 이러한 측면에서 볼 때, 스키마와 같은 가설적 내적 구조는 문제가 있다. 결국 이러한 구조는 직접적인 영향을 미치는 것이 불가능하기 때문이다. 이러한 구조는 단지 가설로서 시간 및 공간적으로 접근이 불가능하다. 우리가 접근할 수 있는 것은 그 가설의 결과뿐이다. 내적 구조가 원인이라고 가정한 현상이 그것이다. 만약 어떤 것이 시간과 공간적으로 접근할 수 없다면, 그것은 직접적인 영향력이 없다. 행동분석에서는 이러한 가설적인 내적 구조 및 내적 표상을 가정하는 이론들은 영혼이나 미신과 같은 과학 이전 역사의 잔재로 본다(Skinner, 1963).

내적 구조를 행동의 원인으로 보는 논쟁은, 예를 들어 누군가 먹는 것을 봤을 때 "배가 고프기 때문이야."라고 말하는 것처럼 일상의 표현과 형태가 비슷하다. 실제 그 사람이 배가 고픈지를 우리가 어떻게 알 수 있는가? 그것은 오히려 관찰 가능한 개인의 행동에 기반을 둔 결론이지 행동의 원인이 아니다. '배가 고프다.'라는 표현은 우리가 관찰할 수 있는 현상이나 행동을 요약한 표현에 불가하다. 이러한 현상 중 음식을 먹는 것을 보거나 음식에 대해 이야기하는 것을 듣는 것처럼 어떤 것은 같이 있는 모두에게 관찰 가능하고, 배고픈 느낌과 같은 다른 현상은 오직 그것을 경험하는 당사자만이 관찰할 수 있다. 반면, '그는 배가 고프다.'라는 판단은 이러한 현상을 모두 종합한 것일 뿐으로, 만약에 앞서 이야기한 행동들이 없다면 '배고픔'이라는 내적 실체도 사라진다. 물론 이것이 이 장에서 설명하였던 우리 자신의 행동이나 타인의 행동을 접촉 언어행동화한 예일 수도 있다. 하지만 '그는 배가 고프다.'라는 것은 적어도 행동분석적으로는 왜 그가 먹고 있는지에 대한 과학적인 설명은 되지 못한다. '그는 배가 고프다.'라는 표현은 단지 우리가 설명하고자 하는 행동의 요약일 뿐이다. 누군가가 왜 먹고 있는지에 대한 질문에 대답하기 위해서는 그 행동의 맥락을 살펴볼 필요가 있다. 먹고 있는 행동의 선행 사건과 결과를 찾아야 한다. 행동의 원인은 현재 순간과 시간적 맥락을 고려하여 찾아보아야 한다.

현대의 많은 인지이론과 정보처리이론은 자신의 이론적 모형을 설명하기 위해 신경생물학을 인용한다(Siegel, 1999). 그리고 뇌 구조나 구조 내에서 일어나는 뇌 활동을 행동의 원인으로 가정한다. 이러한 설명은 얼핏 더 과학적으로 보이지만, 실제로는 스키마와 마찬가지로 가설적 구조를 가정하고 있다는 점에서 동일하다. 뇌 구조가 시간과 공간의 차원에서 접근 가능하다 할지라도, 실용주의적인 문제점은 여전히 남는다. 뇌 구조 및 뇌 활동은 그것이 원인이라고 하는 행동 안에 내포되어 있는 요소이다. 그것들은 사실 동일 행동의 한 부분이다. 만약 내가 손을 들어 올리면, 내 팔과 어깨, 대동맥, 두뇌 등의 영역에서 변화가 일어난다. 하지만 이 모든 현상은 손을 들어 올리는 행위의 일부이다. 행동분석에서, 행동은 유기체가 실행하는 행동 전체이다. 행동의 일부가 행동을 설명할 수는 없다. '손을 들어 올리기'는 '나'라는 전체 유기체에 의해 발생하는 행동으로, 나의 뇌에서 일어나는 일은 나의 팔이나 어깨에서 일어나는 일과 마찬가지로 행동의 일부이지 행동을 충분히 설명하는 원인이 될 수는 없다. 이 모든 것은 행동의 요소로서 행동의 일부이다. 그리고 행동분석적 접근에서는 행동자체의 요소는 행동의 원인이 될 수 없다. 원인은 행동에 선행하거나 뒤이어 일어나는 사건에서 찾아야 한다. 행동이 일어나는 맥락 안에서 원인은 발견되어야 한다. 다시 한번 강조하자면, 행동분석에서는 행동에 대한 영향력을 찾고자 하는 근본적인 목적하에서 직접적인 개입을 위해 접근 가능한 원인을 강조한다.

이는 행동분석가들에게는 내적 구조나 정신적 표상을 강조하는 설명이나 인지적 이론이 막다른 골목과 같다는 뜻이다(행동분석과 관련된 더 자세한 정보는 Moore, 2008; Wilson, 2001 참조). 만약에 정신적으로 '표상하는 것'이 인간 행동에 있어 중요한 부분이라면 행동분석적인 질문은 아마도 가설적인 '표상하기'라는 인간 행동을 어떻게 이해할 것인가가 될 것이다. 이렇게 되면 우리가 설명해야 할 행동은 더 많아지게 되고, 행동의 맥락상에서 일련의 사건을 실행 분석해야 할 것이다. 행동분석적 조망에서 보이듯 정신적 표상은 인간 행동의 이유에 대한 질문에 유용한 대답이 되지 못한다. 그것은 기껏해야 설명되어야 할 행동이 더 늘게 하는 기술에 지나지 않고, 최악의 경우 이러한 모형은 인간 행동의 원인을 과학적 · 심리학적 분석이 불가능한 내적 세계로 돌리게 된다. 뇌 작용에 대한 신경생리학적 연구나 다양한 이론 또한 중요한 연구 영역이다. 하지만 이러한 연구들 또한 심리학적 개입을 통해 행동을 이해하고 통제하고자 하는 행동분석적 질문들에 대답이 되지는 못한다.

인지이론은 다면적이며, 그 자체 내에서도 다양하다. 내 의도는 여기서 행동분석과 다른 접근들을 비교하고자 하는 것이 아니다. 관심 있는 분들에게는 이러한 이슈와 관련해 이미 방대한 양의 자료가 가용하다(예: Andersson, 2005; Solso et al., 2005). 내 의도는 행동분석적 입장에서 다른 접근들의 공통점이 무엇이며, 그것이 대안적인 설명으로 받아들여지기 힘든 이유를 단순히 언급하고자 하는 데 있다.

인지이론과 행동분석적 접근이 상이하다는 것이 위의 현상과 관련해 서로 접점이 없다는 것을 뜻하지는 않는다(이 주제와 관련해서는 이 책의 후반부에 다시 다루도록 하겠다). 또 이러한 차이가 두 접근 간의 대화가 필요하지 않다는 것을 뜻하지도 않는다. 오히려 그 반대로, 지금이 이러한 대화가 생산적일 수 있는 시점이라고 주장하는 저자들이 있다(Overskeid, 2008).

행동분석과 인간의 사고 – 요약

우리가 보통 생각 또는 사고라고 부르는 것을 행동분석적 차원에서 검증하려는 것은 우리가 그에 대해 이야기하고 있다는 사실로부터 출발한다. 이는 우리가 이러한 방식으로 이야기하도록 학습되었다는 것을 뜻하기 때문이다. 다른 인간 행동을 설명하는 조작적 조건화나 고전적 조건화와 같은 원리로 이 또한 설명된다. 우리가 말하도록 학습되는 방식—처음에는 소리 내어 이후에는 조용히—이 우리가 분석하고자 하는 현상을 형성했다. 이러한 현상의 큰 부분—우리의 목적에 결정적인 요소—은 스키너가 이야기한 언어행동이다. 이는 생각이라는 행동은 광의로서 언어행동의 한 부분이라는 뜻이다. 언어행동은 주로 사회적인 행동이다. 이는 청자가 존재할 때 일어나기 때문이며, 청자의 반응으로 강화된다. 동시에 이 행동은 청자의 행동에 극적인 효과를 가져올 수도 있다. 언어행동은 내가 요청한 것을 듣고 그대로 하는 행동처럼 즉각적으로 행동의 결과를 가져올 수도 있다. 반면, 20년 전 부모님으로부터 들은 이야기로 해외 여행을 하는 경우처럼 그 효과가 상당히 지연되는 경우 또한 있다. 후자는 행동분석에서 스키너에 의해 규칙 지배적인 행동이라 정의되었다. 우리가 처음 이러한 유형의 행동을 배울 때, 우리는 청자였으며 다른 이가 화자였다. 타인이 규칙을 제공했고, 청자는 그 규칙에 따라 행동했다. 동일한 행동이 이후 우리가 화자이자 청자가 되었을 때 우리 안에서 일어난다. 우리는 규칙을 만들어 내고, 스스로 따른다. 인간 행동은 종종 스스로 만들어 낸 규칙에 영향을 받는다.

행동분석은 청자에게 미친 언어행동의 영향을 설명하는 데 중요한 한계에 부딪혔다. 언어적인 진술은 고전적인 원리로 설명하기 어려운 단기적인 행동의 결과를 초래하기도 한다. "동상 뒤로 숨어. 갈색 재킷을 입은 사람이 널 찾으러 갈 거야."라는 말은 청자의 행동에 있어 즉각적인 효과를 나타낸다. 이는 청자가 갈색 재킷을 입은 사람과 사전에 혐오적인 경험이 없을 때에도 심지어 이전에 위협을 받았을 때 동상 뒤로 숨거나 공격받아 본 적이 없을 때조차 그러하다. 비슷한 효과가 스스로 만들어 낸 규칙들에도 적용된다. 자기 자신만이 이해할 수 있는 규칙인 경우에조차 말이다. 이러한 현상을 반응적 연합학습의 일종으로 설명하고자 하는 시도가 있었다(Parrott, 1984). 하지만 이 설명 또한 보다 복잡한 언어행동을 설명하는 데는 무리가 있으며 아직까지 이러한 설명을 뒷받침할 실험 연구 결과가 부족한 편이다(S. C. Hayes, Barnes-Holmes, & Roche, 2001).

반복되는 질문

이 책을 쓰는 나의 주된 목표는 인간 언어와 인지에 대한 새로운 실험 연구 결과를 토대로 이론적인 결론을 기술하는 데 있다. 나는 또한 이러한 결론을 통해 언어행동과 규칙 지배적인 행동에 대한 행동분석적 딜레마를 해결할 수 있기를 바란다. 이러한 모든 노력은 복잡한 인간 행동과 그것에 영향을 미치는 우리의 능력을 증진시키고자 하는 데 목적이 있다. 이러한 지식은 이후 심리학적 도움을 찾는 사람들의 여러 가지 문제에 적용할 수 있으며, 변화를 도모하고자 할 때 중요한 임상적 도구로서 제공될 수 있을 것이다. 우리가 이러한 중요한 주제로 넘어가기 전에 나는 먼저 인간에게 있어 사고의 기능을 이해하고 그것의 영향을 알고자 하는 것이 임상적으로 관련된 주제인지를 먼저 확인하고자 한다. 제3장에서 나는 생각을 다루는 것이 변화의 작업에 있어 의미가 있는지를 검토하고자 한다.

제 3 장 생각의 힘을 논하는 것이 임상적으로 유관한 질문인가

심리학적인 변화를 도모할 때 생각의 역할이 결정적인 것인지를 묻는다면 조금 때늦은 질문처럼 보일 수도 있을 것이다. 하지만 생각하는 방식이 행동에 결정적인 영향을 미치는지는 확실하지 않다. 또 우리가 사람들이 행동하는 방식에 영향을 미치고자 할 때 생각에 초점을 맞추는 것이 필요한가 하는 질문 또한 마찬가지이다. 매일의 대화에서 우리는 그렇다고 가정하며, 서로가 서로의 생각하는 방식에 영향을 미치려 시도한다. 당신은 아마도 저자로서 내가 지금 하고 있는 일, 책을 쓰는 것 또한 근본적으로 그러한 시도의 하나가 아닌가라고 생각할 수 있다.

그럼에도 이 주제에 주의를 기울이고자 하는 이유는 두 가지이다. 첫째, 생각의 힘에 대한 질문은 행동분석의 역사를 이해할 때 중요한 부분이기 때문이다. 둘째, 현재도 경험적인 심리치료 연구 분야에서 진행 중인 논쟁으로서 생각하는 방식을 바꾸도록 하는 전략이 심리치료에서 결정적인 요소인가 하는 것이다. 나는 우선 행동분석과 관련하여 생각의 힘에 대한 질문부터 시작하고자 한다.

사적 사건 및 다른 행동과 사적 사건의 관계

행동주의 전통 중 일부에서는 스키너가 칭한 사적 사건을 과학적으로 연구할 가능성을 완전히 기각하고 있다. 특히 행동주의의 아버지로 알려진 왓슨이 이러한 입장을 견지하고 있다(Morris & Todd, 1998). 그에게 가장 중요한 문제는 객관성이었다. 그는 과학적인 연구 주제는 다수의 관찰자에게 객관적으로 관찰 가능한 것이어야 한다고 믿었다. 앞 장에서도 이야기했듯이, 스키너는 이러한 입장을 반대하였다. 다수에 의해 관찰된다는 것이 그것을 과학적으로 만드는 것은 아니라고 보았으며, 과학적으로 타당한 관찰은 한 개인에 의해서도 가능하다고 하였다. 스키너에 의하면 진술의 과학적 타당성은 그것이 무엇이든 그 진술을 통제하는 것에 달려 있다. 만약에 어떤 사람이 "왼쪽 다리가 아파."라고 이야기한다면 그 진술은 그 사람이 자신의 왼쪽 다리에서 경험하는 자극에 의해 통제된다. 이것이 스키너가 말한 완벽한 접촉 언어행동이다.

여기서 접촉 언어행동화되고 있는 사건은 누군가 왼쪽 다리를 움직이는 것을 보는 것과 같이 한 사람 이상이 관찰할 수 있는 현상과 근본적으로 다르지 않다. 구체적으로, 전자가 '정신적'이고 후자가 '신체적'인 성격을 가졌지만 사건 자체는 다르지 않다. 여기서 접촉 언어행동화되는 것은 한 개인의 피부 내 현상 또는 행동이다. 만약에 누군가 "나는 통증이 사라질 줄 알았어."라고 말한다면 이 역시 내적인 언어행동이라는 사적 사건으로 접촉 언어행동화할 수 있다.

행동분석에서는 우리가 사적 사건도 다른 유형의 사건을 이해할 때와 동일한 방식으로 이해할 수 있다는 입장을 견지해 왔다. 단지 이것이 행동에 영향을 미치는 방식이 어떤 것인지만이 여전히 충분히 설명되지 못했을 뿐이다. 외적으로 관찰 가능한 변수를 중점으로 하는 행동분석적 관점에서는 생각이나 감정과 같은 현상이 행동을 변화시키는 결정적인 역할을 하지 못하는 부산물인 것으로 보았다. 행동분석 내에서도 사적 사건의 타당성과 관련해 내적인 갈등이 있어 왔다. 이러한 갈등은 스키너의 문장에서 확연히 드러난다(Schnaitter, 1978). 사적 사건에 대한 분석은 대개 인간 행동에 영향을 미치려는 우리의 노력에 유의미한 영향을 미치지 못한다는 그의 주장이 그 예이다(Skinner, 1953). 그러나 이후 그는 개인이 자신과 자신의 행동을 알아채는 것이 그것에 영향을 미치는 데 중요하다고 그의 글에 남기기도 하며, 다른 의도를 나타낸다(Skinner, 1974). 더불어 규칙 지배적인 행동에 대한 그의 분석에서 그는 사적 사건이 우리 행동을 통제하는 데 있어 결정적인 역할을 한다고 이야기하기도 하였다. 규칙을 따르는 행동이 내적인 세상에서 생긴 것은 아니지만, 사적 사건이 이러한 행동이 발달하는 데 역할을 하는 것으로 보인다. 이는 특히 자기생성적인 규칙에 영향을 받는 행동에서 특히 확연히 드러난다. 이는 화자와 청자가 동일한 상황이다.

행동분석에서 이견을 보이는 또 다른 주제로는 사적 사건이 결과를 통제하는 기능을 할 수 있느냐 하는 것이다. 임상적 문제에 대한 분석에서는 불안이나 무기력과 같은 정서적인 상태에 통제 기능(예를 들어, 회피의 원인으로 보는)을 부여하는 경우가 많다. 하지만 이러한 정서적인 상태는 크게 볼 때 사적 사건이다. 최근 연구자나 이론가들은 이러한 비일관성을 지적하고 있다(Doughter & Hackbert, 2000; Kanter, Busch, Weeks, & Landes, 2008).

명백하게, 행동분석은 사적 사건과 그것이 인간 행동 전체에 미치는 영향에 대한 풀리지 않은 딜레마를 안고 있다. 여기서 중요한 측면은 생각의 힘이 있고, 그것이 실재한다면 어떻게 기능하느냐 하는 것이다. 여러 측면에서, 이것은 내가 이전 장에서 기술한 것과 동일한 딜레마이다. 그것은 우리가 규칙 지배적인 행동을 어떻게 이해하고 통제할 수 있느냐 하는 문제와 관련된다.

인지치료 모델의 지배적인 위치

행동분석적 전통에서 벗어난 임상심리학이나 심리치료 분야에서는 사고의 영향력이 1970년대 이후 그 중심에 있어 왔다. 인지치료의 발달과 심리치료 세계 전반에 걸쳐 승승장구해 온 이러한 입장은 그리스의 철학자 에픽테투스의 말을 인용한 벡(Beck)의 말을 통해 잘 드러난다. "인간은 사물에 의해 영향을 받는 것이 아니라 그것을 받아들이는 자신의 관점에 의해 영향을 받는다."(Beck, 1976, p. 47) 이러한 요약은 우리가 매일의 일상에서 상황을 바라보는 방식과 일치하며, 우리가 사물을 생각하는 방식이 우리의 행동에 상당히 많은 영향을 미친다는 우리의 가정과도 일치한다.

인지치료는 다양한 이질적 요소로 이루어진 치료 패키지이다. 그러나 이러한 모형의 중심에는 인간을 정보처리의 주체로 보며, 사고의 힘을 결정적으로 보는 입장이 있다. 따라서 근본적인 전략은 내담자가 그에게 일어난 일을 생각하는 방식을 다시 고려하도록 하는 것이다. 치료자의 역할은 추론과 다양한 실험을 통해 내담자가 자신 및 상황에 대한 보다 정확한 이해를 하도록 해서 보다 적절한 방식으로 행동할 수 있도록 돕는 것이라고 본다. 과정 및 사건에 대한 인지적 왜곡은 심리적 문제에서 중요한 역할을 하기에 보다 현실적으로 생각을 하도록 돕는 것이 해결책이 된다. 치료에서 중요한 작업은 왜곡된 해석을 교정하는 것으로 보았다. 이러한 접근은 벡의 초기 글에서 확연히 보이며(Beck, 1963, 1964, 1967), 현재도 여전히 근본적으로 동일하다(Beck, 1991; Freeman, Pretzer, Flemming, & Simon, 2004; Leahy & Dowd, 2002; Salkovskis, 1996).

인지치료는 가장 빈번한 임상적 진단(우울과 불안) 및 다양한 문제와 관련해 치료적 유용성을 보여 왔다. 이것이 심리치료에 있어 생각이나 사고방식을 바꾸는 것이 유용한지에 대해 질문하는 것이 불필요한 것처럼 보이게 한다. 우리 모두는 우리가 생각하는 방식이 우리가 행동하는 데 결정적인 영향을 미친다는 인상을 가지고 있으며, 대부분의 심리치료는 이러한 근본적인 가정에 동의하는 듯 보인다. 그러나 임상심리학 분야에서는 여전히 행동분석에서와 같은 딜레마와 갈등을 가지고 있다. 행동분석에서는 사고의 영향력에 대한 회의를 보여 온 역사를 가지고 있는 데 반해, 지배적인 인지치료 모형은 이에 대한 확신을 보여 왔으며, 이러한 확신의 근거에 대해서 의문을 갖기 시작한 것 또한 근래에 이르러서이다.

인지치료 또한 사고의 영향력과 관련해 갈등을 가지고 있다

특정 치료 모형이 긍정적인 효과를 나타낸다고 해서 모형에 기저한 이론적 모형이 언제나 이러한 효과에 대한 정확한 해석을 내놓는 것은 아니다. 만약에 내가 고기를 먹으면 체중이 늘어난다는 확신을 갖고 채식주의자가 되길 추천한다고 해 보겠다. 그렇다고 내 설명이 정확한 것은 아니다. 다이어트 효과는 단지 채식주의인 것만이 아닌 다른 여러 가지 요인으로 설명될 수 있다. 물론 단순화한 면은 있으나 이러한 예가 현대의 심리치료나 이론에서 그 효과를 설명하는 논리와 비슷하다.

우리는 어떻게 인지치료 모형의 핵심적인 가정인 사고의 영향력이 맞는지 알 수 있을까? 우리는 패키지로서 인지행동치료가 높은 효과를 보여 온 것을 알고 있다. 하지만 왜 그럴까? 어느 정도까지가 이러한 핵심 가정에 따른 효과일까? 인지치료는 다양한 요소로 구성된 복합적인 치료이다. 생각에 영향력을 미치는 다양한 기법에 더해 인지치료에는 행동 활성화 및 전통적으로 '노출' 기법이라고 불리는 회피 상황에 대한 접근을 높이는 행동 전략들 또한 포함되어 있다. 아마도 이러한 기법들 또한 인지적 기법만큼 전체 치료 패키지의 효과에 기여하고 있을지도 모른다.

최근 다양한 여러 연구에서는 인지치료의 각기 다른 요소를 구별해 그 효과를 개별적으로 검증하고자 시도하고 있다. 우울증 치료와 관련된 유명한 연구 결과를 보겠다(Jacobson et al., 1996). 150명의 우울 환자를 세 집단으로 나누었다. 한 집단에는 인지치료 중 인지적 기법은 제외하고 행동 활성화 요소만 실시했다. 다른 집단에는 행동 활성화에 더해 부정적인 자동적 사고에 대한 대안을 찾는 법을 주로 가르쳤다. 세 번째 집단에는 기저 신념에 대한 개입을 포함한 총체적인 인지치료를 실시했다. 결과는 세 집단 모두 동일한 수준의 치료 효과를 나타냈다. 연구에는 중립적인 관찰자가 참석해 각각의 집단이 의도된 대로 진행되는지 확인하였다. 일 년 후 그리고 이 년 후의 추수 연구에서도 이러한 결과는 동일하게 유지되었다(Gortner, Gollan, Dobson, & Jacobson, 1998). 이후 시행된 후속 연구에서도 결과는 마찬가지였다(Dimidjian et al., 2006). 후속 연구에서는 행동주의적인 접근을 보다 행동분석 원리에 일관되게 수정하여 실시하였다. 그 결과, 보다 심각한 우울 환자의 경우 행동주의적인 접근이 인지 모형적 접근에 비해 더 긍정적인 효과를 나타냈으며, 그렇지 않은 집단의 경우는 다른 치료 모형과 동등한 효과를 나타냈다.

불안 문제와 관련해서도 인지적 기법을 포함한 경우와 포함하지 않은 경우 치료 패키지의 효과를 비교한 연구가 진행되었으며, 그 결과는 비일관적이었다(Marks & Dar, 2000; Öst, Thulin, & Ramnerö, 2004). 대부분의 연구에서 두 집단 간 유의미한 차이가 보고되지 않았다. 반면, 사회공포증과 관련한 몇몇 연구에서는 인지적 요소를 포함하지 않은 경우보다 일관적인 인지 모형적 접근을 한 경우가 더 유의한 치료 효과를 나타냈다(Clark et al., 2006). 이 연구에서 대조집단은 고전적인 노출치료를 시행하였다.

개인치료의 경우 그것이 어떻게 시행되었으며, 효과는 무엇에 기인하는지 등을 논의하는 것은 까다롭고 예민한 문제이다. 연구자들은 세부 절차를 설명하는 것과 어떻게 결론을 내야 하는지에 대해 각기 다른 의견을 보여 왔다. 개인치료의 효과에 대한 논의는 이것 아니면 저것으로 단정적으로 이야기하기가 어렵다. 하지만 최근 들어 출판된 고찰 연구에서는 '인지적 변화를 CBT에서의 증상 개선의 원인으로 볼 수 있는 경험적인 증거는 거의 없다.'라고 결론을 내리고 있다(Longmore & Worrel, 2007). 심지어 인지치료 모형을 견지하고 있는 선진적인 연구자들조차 현재의 연구 상황으로 볼 때 인지치료에서 효과를 매개하는 것이 무엇인지 정확히 이야기할 수 없다고 본다(Hofmann & Asmundson, 2008). 이것이 30년 이상을 심리치료 장면에서 주연을 담당해 온 치료 영역에서 일어나고 있는 일들이다(Öst, 2008).

이를 통해 우리는 사고의 영향력에 대한 질문이 행동분석 이외의 접근에서도 여전히 계속되고 있다는 것을 알 수 있다. 여전히 생각에 초점을 맞추는 것이나 생각을 바꾸는 것이 임상 작업에 있어 필수적인 요소인지에 대해서는 명백한 경험적인 증거가 없다. 이러한 방식이 현존하며 기능하는 치료의 중요한 부분임에도 불구하고 우리는 이러한 치료적 전략의 유용성 및 생각이나 사고에 초점을 맞추는 전략이 필수적인 것인지 확신할 수 없다.

사고의 영향력이라는 주제를 계속 연구해야 할 필요성

명백히 행동분석과 인지치료 모형 모두 공통으로 고민해야 할 부분이 있다. 언어행동과 인지적 과정을 어떻게 이해할 것인지 그리고 이러한 잠재적인 이해를 어떻게 치료에서 응용할 수 있을지와 같은 질문이 그것이다. 행동분석은 이러한 질문을 오랜 기간 무시해 왔으며, 다양한 인지치료 모형은 이 문제에 대해 확신을 보여 왔지만 최근 들어서는 이러한 확신이 섣불렀던 것으로 보인다. 이 질문에 대한 답을 찾기 위한 새로운 시도는 두 가지를 고려해야 할 것으로 보인다.

첫째, 인지치료 연구 이외에도 사고의 영향력과 그것이 인간 행동에 중요한 기능을 한다고 보고하는 상당한 양의 지식이 축적되어 있다는 점이다. 인간이 자신의 '마음으로' 상상하고 계획하고 문제를 해결하는 능력이 연구 주제로 무관하다고 상상하기는 어렵다. 만약에 그것이 무관한 주제라면 우리는 왜 이러한 활동에 수많은 노력을 기울이는 것일까? 더욱이 우리가 이를 무관한 주제라고 한다면 2장에서 설명한 규칙 지배적인 행동이라는 현상을 어떻게 설명할 수 있을까? 어떻게 사람들이 현재 존재하지 않는 사물이나 사건들과 관계를 맺을 수 있을까? 그렇다면 이러한 현상은 삶의 다른 영역에서는 중요하지만 심리적 문제나 우리가 정신병리라고 부르는 것과는 무관한 것일까? 그렇게 보이지는 않는다. 심리적 문제에 대한 우리의 여러 정보를 종합해 볼 때, 우리가 생각이나 사고 과정이라고 부르는 것은 종종 이에 영향을 미친다. 예를 들어, 우리는 우울한 사람들은 독특한 방식의 회상 방식을 보인다는 것을 알고 있다(Williams, 1992). 우리는 또한 언어행동이 정서에 영향을 미치며, 우울한 정서는 그 정의에 따라 우울증의 한 증상이라는 것을 알고 있다(Dougher & Hackbert, 2000). 우리는 사고의 독특한 방식, 인지과학에서 인지적 편향이라고 부르는 것이 다른 여러 심리적 문제와 관련된다는 것을 알고 있다(Wray, Freund, & Dougher, 2009). 이러한 모든 관찰이 모두 관련 없는 주제이며, 생각이란 심리치료가 영향을 미치지 못하는 의미 없는 이차적인 현상이라고 보는 것이 합리적일까? 아니면 우리는 생각이라는 현상이 어떻게 영향력을 갖는지에 대해 충분히 알고 있지 못하다고 보는 것이 합리적일까? 단지 우리의 지식이 상당히 제한되어 있어 심화해야 할 필요가 있는 것일 수도 있다.

둘째, 우리가 이 분야에서 연구를 강화해야 하는 이유를 심리치료에서 인지적 현상에 초점을 맞추는 것에 의문을 제기한 연구들에서 찾을 수 있다는 점이다. 그 이유는 우리가 치료 프로토콜에서 특정 인지 기법을 제외한다는 것이 언어행동을 총체적으로 제외하는 것을 의미하지 않기 때문이다. 이는 명백하다. 어떠한 심리치료든 치료자가 내담자와 만나 내담자의 어려움을 함께 작업할 때 이는 대화를 통해 일어난다. 심지어 구체적인 공포증, 예를 들어 노출치료를 통한 거미공포증 치료라 하더라도 치료의 상당 부분은 치료 단계에 대해 논의하는 것으로 구성된다. 기저 모형에 상관없이 모든 유형의 심리치료는 크게 볼 때 '대화 치료(talk therapy)'이다.

최근 인지 요소를 제외한 치료의 좋은 예라고 할 수 있으며, 우울증 치료에서 좋은 효과를 보이고 있는 행동 활성화를 조금 더 자세히 살펴보겠다(Martell, Addis, & Jacobson, 2001). 행동 활성화에서 치료자는 내담자의 생각의 내용을 파고드는 대화나 내담자의 사고방식을 다루는 대화에 개입하는 것을 삼가도록 한다. 내담자의 신념을 다른 것으로 바꾸고자 하는 어떠한 노력도 하지 않는다. 대신 치료자는 내담자가 우울이라는 것을 하나의 상태로 이해할 수 있도록 상당한 노력을 기울이며, 심리치료가 효과를 거둘 수 있는 방법을 설명하기 위해 노력한다. 이러한 치료에서는 특별한 질문 방식을 통해 내담자가 자신의 행동을 관찰하고 묘사할 수 있도록 돕는다. 앞서 사용했던 용어를 빌리자면 내담자는 자기 자신의 행동을 접촉 언어행동화하는 법을 배운다. 과제가 부여되며 이후 내담자 자신의 경험을 기술할 수 있도록 한다. 요약하자면, 치료는 물론 언어행동으로 구성된다. 치료자의 행동과 내담자를 격려하는 모든 기법 모두 언어행동의 형태를 띠고 있다.

전략적 후퇴

종합해 볼 때, 우리는 우리의 언어행동에 대한 분석을 개발하고 심화해야 할 충분한 이유가 있으며, 이를 통해 좀 더 나은 치료 모형을 개발할 수 있다. 인간이 서로가 서로에게 또는 자신에게 언어행동(공적 언어행동과 사적 언어행동 모두)을 통해 어떻게 영향을 미치는지 더 잘 이해하는 것이 정확히 우리가 해야 할 일 아닌가? 이 책은 '그렇다'라는 입장에서 쓰였으며, 행동분석에 대한 기본적인 연구가 이러한 목적을 이루는 데 도움이 될 수 있다는 확신을 가지고 쓰였다. 치료 모형과 그것들을 비교하는 데 초점을 맞춘 연구 결과로부터 전략적으로 물러서서 언어행동이 가장 잘 기술되는 데 도움이 되고 그것이 인간 행동을 통제하는 역할을 하게 되는 과정을 가장 잘 이해할 수 있도록 돕는 기본 실험 연구를 시행할 필요가 있다. 이러한 연구는 아마도 '인지란 무엇인가?' '우리가 어떻게 타인(또는 자신)에게 그들(또는 자신)의 행동에 영향을 미치는 방식으로 이야기를 할 수 있을까?' 그리고 '이러한 현상이 어떻게 심리적인 문제와 관련되는가?'에 대한 질문에 답하는 데 도움이 될 수 있을 것이다.

이 책의 제2부에서는 기초 연구로 한발 물러서서 인간 언어와 인지에 대한 행동분석에서 답을 찾고자 기초 연구의 결과를 살펴보도록 하겠다. 이러한 기술들이 모여 언어적 관계틀 이론의 개념을 형성하였다. 언어적 관계틀 이론(RFT)을 소개하는 것이 이 책의 주요 목적이다. 간략히 말하자면, 인간 행동을 이해하고 예측하고 그에 영향을 미치기 위해 우리는 실험 연구 기반의 언어에 대한 이론이 필요하다. RFT가 바로 그것이다.

제 2 부

관계 조건화 학습

제4장 인간 언어의 근본 요소인 파생적 관계 조건화

만약 언어와 인지에 근본이 되는 인간 행동이 다른 행동과 유의미하게 다르다면 어떻게 다를까? 행동분석에서는 조작적 조건형성 및 고전적 조건형성 등의 용어를 정확히 사용하는 것을 중요하게 생각해 왔다. 언어행동이 다른 행동으로부터 변화된 것이라고 본다면 어떻게 그러한지 기술할 수 있어야 한다.

언어적 관계틀 이론으로 언어행동을 분석하고자 하는 시도를 다음의 세 가지 질문에 대한 탐색으로 시작하고자 한다.

- 우리가 '언어행동'이라고 할 때 그것은 어떤 종류의 행동을 뜻하는 것일까?
- 언어행동은 다른 인간 행동과 어떻게 상호작용하는가?
- 언어행동을 통제하는 요소는 어떤 것인가?

첫 번째 질문에 답을 하기 위해서 우리는 어떤 식으로든 언어행동을 정의해야 한다. 어디서부터 시작해야 할까? 우리가 느슨하게 언어행동이라 부르는 행동을 조금 더 명확히 정의하기 위해 행동분석가들은 언어적 상호작용을 구조화하였다. 초기에는 결정적인 진전을 이루지 못했으나(S. C. Hayes, Barnes-Holmes, & Roche, 2001, pp. 10-11), 이러한 연구는 언어학습에 장애가 있는 아동을 대상으로 한 머레이 시드먼(Murray Sidman)과 동료들의 연구에 의해 새로운 지평이 열리게 되었다(Sidman, 1971; Sidman & Cresson, 1973). 시드먼은 학습장애가 있는 아동이 읽기를 연습할 때 사건들을 조작적 조건형성이나 고전적 조건형성과는 다른 방식으로 관계짓는 것을 관찰하였다. 연구 참여자들은 자극 간 수반성이 주어지지 않았음에도 특정 자극을 관계 지었다. 이는 조작적 조건형성이나 고전적 조건형성과 관련된 지금까지의 상식과는 다른 결과이다.

파생적 자극 관계

인간 언어는 매우 복잡하다. 행동분석에 대한 비판가들은 이러한 복잡함은 조작적 조건형성 이론 또는 고전적 조건형성 이론으로 설명할 수 없는 것이라며 행동분석 연구자들에게 이러한 복잡함이 어떻게 학습될 수 있는지를 보이라고 도전하기도 한다. 어떻게 최초의 말이 개인의 이력에서 특정적으로 강화된 적 없이 생겨날 수 있는가 하는 질문이 그 예이다(Chomsky, 1999, 2006). 자극 간의 관계는 기본적인 학습 원리로는 설명하기 어려운 방식으로 형성될 수 있다고 오랫동안 알려져 왔다. 하지만 1970년 초 시드먼의 실험이 있기 전까지는 이러한 현상이 명확히 기술되지는 못했다. 이는 구체적으로 학습된 이력이 없는 파생적 자극 관계이다. 시드먼의 첫 번째 실험 이후 유사한 실험이 여러 번에 걸쳐 시행되고 재확인되었으며, 그의 첫 번째 연구 결과보다 진전된 결과를 나타내기도 하였다.

이러한 유형의 전형적인 실험 절차를 여기에 기술한다. 한 집단의 연구 참여자는 임의적인 자극인 E가 제시되었을 때 임의적인 다른 자극을 선택하도록 훈련된다. 이 자극을 D라고 부른다. 이 실험에 사용된 모든 자극은 무의미한 그림이나 의미 없는 철자들이다.

참여자들에게 E를 보여 준 뒤에 D나 다른 자극을 선택하도록 한다. 이때 다른 자극은 F라고 부른다. 만약에 D를 선택하면 강화를 제공한다. 이러한 절차가 다른 선택지에서도 반복된다. 즉, E가 제시되었을 때 D를 선택하는 것이 지속적으로 강화되며 조작적으로 조건화된다. 이제 E는 D를 선택해야 하는 상황에 대한 변별자극이 된다. 이러한 절차를 짝짓기 절차라 부르며, 이 경우 E는 표본이

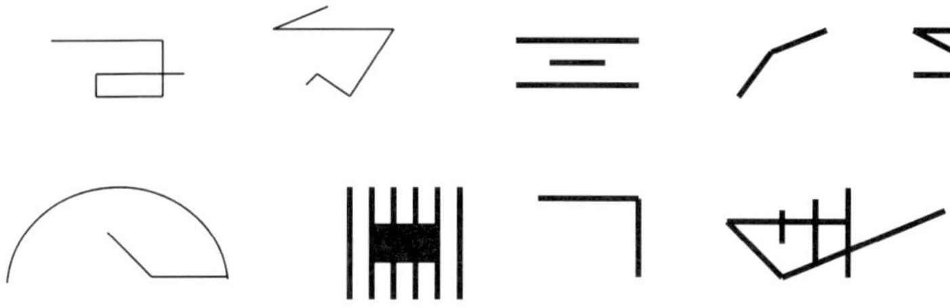

URD　OXQ　TGG　GCF

EWT　RKO　AFD　HFU

[그림 4-1] 파생적 자극 관계 실험에서 사용된 전형적인 자극의 예

며 과제는 여러 가능한 자극(D 또는 F) 중 하나와 짝을 짓는 것이 될 것이다.

이제 우리가 조금 더 자세히 살펴보고자 하는 현상, 즉 훈련 없이 새로운 관계가 형성되는 현상에 대해 알아보겠다. 참여자들이 D가 제시된 후 E를 포함해 몇 개의 의미 없는 자극 중 하나를 선택할 수 있는 것으로 실험 조건이 변경되었다. 이때 참여자들은 D가 샘플로 제시된 적이 없고, E를 선택하는 것이 강화된 이력이 없음에도 E를 선택할 가능성이 높다. 이러한 결과는 실험에서 무의미한 철자가 사용될 때에만 확실하게 말할 수 있다. 실험에서 사용된 철자는 완벽하게 무의미하며 그것들 간에 어떠한 관계도 없다. E→D가 훈련된 후, 특별한 훈련이 없이도 또 다른 관계(D→E)가 형성되었다. 이것은 직접적으로 훈련되지 않았음에도 실험 환경을 통해 파생되는 것으로 파생적 자극 관계라고 불린다. 우리가 자극 간 하나의 관계를 훈련하면(E→D), 이러한 훈련에는 다른 관계(D→E)가 포함된다.

많은 사람이 이것은 너무 자명한 것이라 따로 증명할 필요가 없는 것이라고 하기도 한다. 하지만 무엇이 자명해 보이는 이유는 그것이 우리가 계속해서 하고

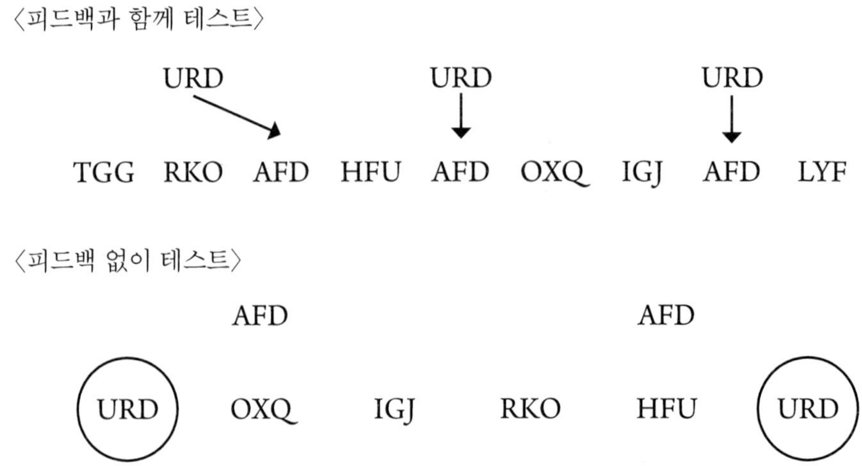

[그림 4-2] 전형적인 실험

있는 일이기에 그렇다. 이러한 행동은 인류에게 있어서 보편적인 것이라 그것이 우리에게 자연스러운 것으로 보인다. 하지만 우리가 언어행동을 설명하려 할 때 그것이 우리에게 너무 자명한 일이고 자연스러운 일이라는 점이 바로 그 설명을 어렵게 하는 부분이 된다. 다른 동물의 종을 대상으로 한 반복된 연구 결과를 보자면, 이러한 능력이 다른 종에서는 결코 보이지 않는다.[1](S. C. Hayes, 1989) 심지어 '언어'훈련을 몇 년간 받은 침팬지에서도 그러하다(Dugdale & Lowe, 2000). 반면, 인간은 2세 정도에 이미 이러한 능력을 나타낸다(Devany, Hayes, & Nelson, 1986).

훈련된 관계(E→D)가 추가적으로 다른 관계(D→E)를 내포하고 있다는 것은 파생적 자극 관계 하나의 측면일 뿐이다. 둘 이상의 훈련된 관계는 훈련된 관계 간의 조합에 따라 둘 이상의 새로운 관계를 생겨나게 할 수 있다. D가 제시되었을 때 Z를 선택하는 새로운 관계를 훈련한다고 가정해 보겠다. 이렇게 직접적인 훈련을 통해 우리는 D→Z라는 관계를 배우게 된다. 만약에 이 관계가 훈련이

---

1) 저자 주: 사실 다른 종의 동물에게서 파생적 관계 조건화를 관찰한 보고가 없다는 것이 이러한 종류의 기술이 오로지 인간에게만 유일하다는 것을 뜻하지는 않는다. 미래에 보다 진보된 연구가 이 문제와 관련해 우리의 이해를 변화시킬 수 있다. 하지만 확실한 것은 다른 종이 이러한 능력을 가지고 있다 하여도 인간의 그것에 비해서는 상당히 제한적인 수준일 것이라는 점이다.

된다면 부가적인 관계(Z→D) 또한 파생된다. 이는 D와 E 사이에서도 마찬가지 방식으로 발생한다. 우리는 두 개의 관계를 훈련했으며, 두 개의 새로운 관계가 파생되었다. E→D, D→Z 관계는 훈련되었으며 D→E, Z→D 관계는 파생되었다. 한편, D는 두 관계 모두의 일부이므로, 이 두 관계는 서로 연합될 수 있다. 이제 Z가 초기 자극으로 제시되고 E가 선택지 중 하나일 때, 다른 직접적으로 훈련된 관계 또는 Z와 파생 관계가 선택지에 없다면 실험 참여자들이 E를 선택할 가능성이 높다. 똑같은 설명이 E가 초기 자극이고 Z가 가능한 선택지 중 하나일 때도 적용된다. 그리고 이는 E와 Z가 직접적으로 훈련된 적이 없음에도 그러하다. 지금까지 설명은 '복합적 상호 함의 관계(combinational mutual entailment)'[2]를 나타낸다. 참여자들은 단지 두 개의 관계만을 훈련했음에도 그 관계는 4개의 다른 관계를 파생시킨다.

내가 기술한 실험이 다소 추상적으로 보일 수 있다. 하지만 이러한 실험들을 통해 다른 동물이 전혀 할 수 없거나 또는 할 수 있다 하여도 제한된 수준에서만 가능한 어떤 것이 인간만의 언어행동이라는 것을 알 수 있다. 또한 이 시험들은 우리가 기존에 알고 있던 학습이론들, 즉 조작적 조건형성이나 고전적 조건형성 원리로 설명할 수 없는 어떤 것을 보여 준다. 이 실험들에서 훈련은 E를 D를 선택하는 변별자극으로 만드는 데 목적이 있었다. 그러나 실제로는 D 또한 E를 선택하는 변별자극의 성질을 갖게 된다. 어떻게 이런 일이 일어날 수 있을까? 더불어 E와 Z 각각은 직접적으로 서로 관계가 훈련된 적이 없음에도 서로를 선택하는 데 변별자극이 된다. 이 경우 이러한 기능은 E와 D 사이(E가 제시되면 D를 선택하라) 그리고 D와 Z 사이(D가 제시되면 Z를 선택하라)에서 일어나는 훈련된 기능의 조합을 통해 그 기능을 획득하게 된다.

2) 저자 주: 여기서 '상호 함의적 관계 형성' 또는 '복합적 상호 함의 관계 형성'이라는 용어는 RFT에서 사용하는 용어이다. 하지만 이러한 현상들은 다른 문헌에서도 발견할 수 있다. 시드먼은 이를 '동의' 또는 '이행'이라 칭했으며, 이러한 현상을 전체적으로 '자극 등가'라고 하였다. 복합적 상호 함의 관계 형성은 '복합적 관계 형성'으로 줄여 부르기도 하나, 이 책에서는 원래 용어를 계속 사용하고자 하는데 그렇게 하는 것이 상호 함의적 관계가 복합적으로 관계 맺어졌음을 보다 잘 표현하기 때문이다.

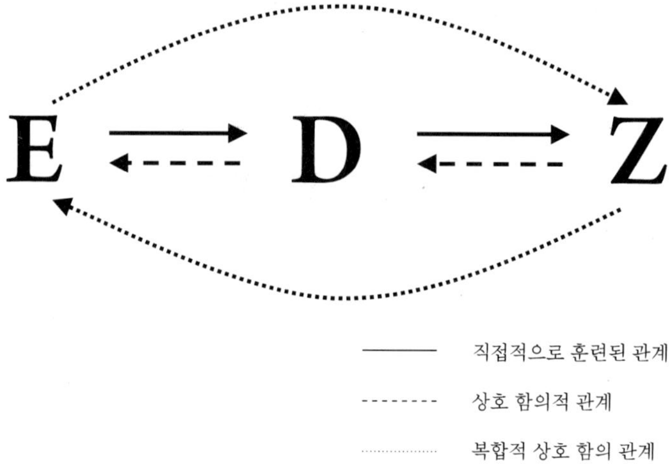

[그림 4-3] 상호 함의적 관계와 복합적 상호 함의 관계

만약에 인간 이외의 동물(개나 원숭이)을 대상으로 이러한 실험을 시행한다고 하면 동일한 훈련을 받은 후 훈련된 관계에 따라 행동을 보일 것이다. E가 제시되면 개들은 D를 선택하고, D가 제시되면 Z를 선택할 것이다. 하지만 훈련되지 않은 선택지들과 관련해서는 여전히 무작위로 선택할 것이다. 동물에게서는 파생적 자극 관계가 발견되지 않는다. 인간의 경우도 2세까지는 마찬가지이다.

이 모든 것은 우리의 매일의 일상과 놀라울 정도로 유사하다. 예를 들어, 똑똑한 앵무새와 '수'라는 이름의 똑똑한 소녀를 훈련시킨다고 생각해 보겠다. 둘은 '칼라'가 방에 들어올 때 '예쁜 칼라'라고 이야기하도록 훈련받는다. 그들이 우리를 따라 할 때마다 보상을 주는 방식으로 이를 훈련한다. 앵무새는 '예쁜 칼라'와 유사한 발음의 소리를 낼 때마다 몇 개의 땅콩을 받는다. 수는 "그렇지, 예쁜 칼라 잘했네."라고 하는 격려와 칭찬을 보상으로 받는다. 이러한 종류의 대인관계 행동(튜닝이나 미러링이라 불리기도 하는)은 수의 행동에 대해 강화 효과를 가지지만 앵무새에게는 별로 그렇지 않다. 이러한 방식으로 우리는 이 둘을 칼라가 방에 들어왔을 때 원하는 말을 하도록 훈련한다. 이때 만약에 수가 내는 발음과 유사한 발음을 앵무새가 한다면 우리는 앵무새가 말을 배웠다고 할 것이다. 하지만 이 지점에서 앵무새는 수가 배운 어떤 것을 배우지 못했다는 것은 쉽게 알 수 있다. 만약에 칼라가 없는 상태에서 우리가 '예쁜 칼라'라고 한다면 이는 앵무새에게는 아무런 의미가 없는 행동이다. 반면, 수는 '예쁜 칼라'라는 말을 들으면 고개를 돌리고 문 쪽을 살펴보며 칼라를 찾는 행동을 보일 것이다. 앵무새도 수도 "만약에 '예쁜 칼라'라는 말을 들으면 칼라를 찾아보세요."라는 훈련은 받지 않았다. 훈련된 관계는 칼라를 보면 '예쁜 칼라'라는 소리를 만들어 내는 것이었다. 하지만 수의 경우는 파생적 관계 '예쁜 칼라→칼라'에 따라 행동할 것이다. 이러한 파생적 관계는 앵무새에게서는 관찰할 수 없는 관계이다.

나는 이렇게 다른 동물에게서는 관찰되지 않는 인간만이 가지고 있는 파생적 관계 형성의 예를 수없이 들 수 있다. 우리는 개에게 과자를 주기 직전에 '과자'라는 말을 하는 것을 반복함으로써 개가 '과자'라는 말에 반응하도록 훈련할 수 있다. 이렇게 '과자'라는 말→진짜 과자를 반복적으로 경험하게 되면 과자라고 말할 때 과자가 곧 주어질 것을 예상하며 강아지는 여러 가지 행동을 할 것이다. 대신에 만약에 우리가 과자가 주어진 후에 '과자'라고 말한다면 그것이 몇 번 반복되든 관계없이 강아지는 이러한 관계를 학습하지 못할 것이다. 개의 학습 과정은 특정한 순서를 따른다. 진짜 과자→'과자'라는 말(후자의 예)의 관계에서는 개들은 '과자'라는 말→진짜 과자의 관계를 파생시키지 못한다. 만약에 우리가 똑같은 절차를 4세 아이에게 적용한다면 파생적 관계를 생성하는 능력을 보게 될 것이다. 아이는 비록 '과자'라는 말→진짜 과자와의 관계를 직접적으로 학습한 경험이 없음에도 '과자'라는 말에 반응할 것이다. '과자'라는 말은 상호적인 함의 과정을 통해 그 기능을 획득했다.

표면적으로는 앵무새나 강아지들에게도 인간 언어를 가르칠 수 있을 것 같다. 하지만 어린아이는 생애 초기에 이미 부가적인 형태의 다른 조건화를 배우며, 인간 언어화의 기본적인 기술들을 배우게 된다.

인간 언어의 근본 과정으로서의 파생적 자극 관계

오랫동안 연구자들은 이처럼 특별한 방식의 관계가 인간 언어의 핵심이라고 이야기해 왔다. 이러한 가설이 사실일 가능성이 굉장히 높다는 것을 설명하기 위해 다음의 가상적인 실험으로 구성된 학습 상황을 상상해 보겠다(가상적이지만, 비슷한 실험이 이미 여러 번에 걸쳐서 시행되었다). 일곱 살인 카일은 읽는 것을 배웠지만 아직 영어 이외의 언어에 노출된 적은 없다. 이제 카일을 대상으로 실제 언어로 앞서 기술한 실험을 진행한다. 우리가 카일에게 'chair'이라는 단어를 보여 주면 카일은 여러 다른 무의미 철자들[이 중 하나는 silla(스페인어로 의자)] 중 하나를 선택해야 한다. 물론 'Silla'라는 단어는 스페인어를 아는 사람에게는 무의미 철자가 아니지만 영어 이외의 단어를 배운 적이 없는 카일에게는 다른 단어(chorp, travi 등)와 마찬가지로 무의미 철자이다. 그래서 카일은 추측을 한다. 만약에 그가 'travi'를 고르면 반응은 '오답'이다. 만약에 어쩌다가 'silla'를 고르게 되면 이는 강화를 받는다("그렇지, 잘했다. 카일"). 이것이 카일이 'chair'라는 단어가 제시될 때 다른 단어가 아닌 'silla'라는 단어를 선택할 때까지 반복되면 카일은 chair→silla를 학습하게 된다. 단어량이 급격히 많아지는 아이들을 본 적이 있다면 짐작하듯이 카일은 또한 silla→chair를 특별한 훈련 없이 학습하게 된다. 그리고 만약에 그가 silla가 제시되었을 때 'stol(스웨덴어로 의자)'을 선택하도록 똑같은 방식으로 훈련된다면 stol→silla의 관계 또한 파생시킬 수 있을 것이다. 또 한편으로는 'stol'이 제시되었을 때 'chair'를 선택할 수도 있고, 'chair'가 제시되었을 때 'stol'을 선택할 수도 있다. 다시 말하자면, 그는 파생된 관계들에 따라 행동할 것이다. 그의 행동은 상호적인 함의 관계와 복합적 상호 함의 관계를 보여 준다.

이것은 말을 배울 때 아이와 엄마 또는 양육자와의 대화에서 끊임없이 관찰할 수 있는 것과 매우 유사하지 않은가? 단어들 간의 관계(활자와 대화 모두) 그리고 단어와 다른 사물, 그림들 그리고 사건 간의 관계는 자연스럽게 우리의 사회적 환경에서 훈련된다. 각각의 관계들은 개별적으로 분리되어 학습되는 것이 아니다.

실험 상황에서 관찰할 수 있는 파생적 자극 관계 현상이 인간 언어와 상당히 유사하다는 점을 통해 많은 연구자가 이러한 과정이 인간 언어의 근본적인 과정이라고 가정하게 되었다. 다양한 수준의 언어장애를 가진 개인을 대상으로 한 연구 또한 이러한 가설과 일관된 결과를 나타냈다. 연구 결과, 언어유창성 점수가 낮은 사람의 경우 파생적 자극 관계를 도출해 내는 데 실패하는 등 언어 유창성과 실험 상황에서 파생적 관계를 도출해 내는 능력 간의 유의미한 상관이 나타났다(Devany et al., 1986).

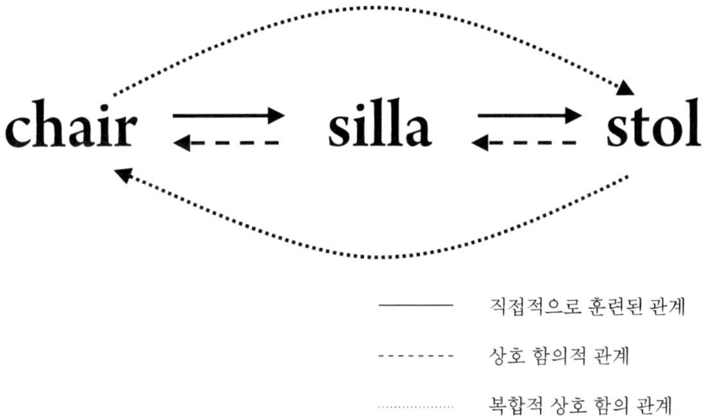

[그림 4-4] 카일의 학습에서의 상호 함의적 관계와 복합적 상호 함의 관계

이러한 언어와 파생적 관계 간 상관은 또한 신경생리학적인 연구 방법을 사용한 많은 연구를 통해서도 지지되었는데, 연구 결과 앞에서 제시된 방식의 파생적 관계를 도출해 낼 때의 뇌 활동이 언어 관련 활동 시의 기록과 유사하였다(D. Barnes-Holmes, Staunton, et al., 2004; Dickins et al., 2001; Horne & Lowe, 1996).

학습된 행동으로서 파생적 관계 조건화

파생적 관계를 도출하는 것은 행동의 형태 중 하나로, 반응형성의 한 유형이다. 하지만 이는 어떠한 종류의 행동이고 어떻게 일어나는 것일까? 가능한 답 중 하나는 이러한 행동이 선천적인 것이라고 보는 것이다. 그 경우, 이는 우리가 배울 필요가 없는 행동이 된다. 연합을 학습하거나(고전적 조건형성), 개인의 행동의 결과에 따라 통제되는 것(조작적 조건형성)은 배워서 하는 행동은 아니다. 개인의 행동에 영향을 미치는 특정한 조건형성이 일어나는 것은 그 사람의 학습 이력에 따른 것이지만 이러한 방식으로 학습할 수 있는 능력은 생애 초기부터 이미 가지고 있다. 이는 진화의 결과이다. 반면, 여러 연구 결과에 따르면 파생적 관계 조건화 능력은 조작적 조건형성이나 고전적 조건형성과 같은 선천적인 능력이 아니며 학습되는 것이다. 더욱이 이는 연합학습도 약간은 관여하나 주로는 조작적 조건형성을 통해 학습된다. 이러한 결과를 통해 무엇을 알 수 있을까?

① 조작적 행동은 시간이 지나며 서서히 형성된다. 연구 결과, 아동의 파생적 관계 조건화 또한 이렇게 서서히 학습되는 것으로 나타난다(Lipkens, Hayes, & Hayes, 1993; Luciano, Gómez, & Rodríguez, 2007).

② 조작적 행동은 유연하며 변화될 수 있다. 이는 파생적 관계 조건화의 특징으로, 기존의 행동 레퍼토리를 학습할 때나(Lipkens et al., 1993) 새로운 반응을 학습할 때(Healy, Barnes-Holmes, & Smeets, 2000) 모두 그러하다.

③ 조작적 행동은 행동 이전에 선행한 조건에 영향을 받는다. 우리는 이를 선행 사건이라 부르고, 이러한 특징은 파생적 관계 조건화에 또한 적용된다(Dymond & Barnes, 1995; Roche, Barnes-Holmes, Smeets, Barnes-Holmes, & McGeady, 2000; Dougher, Hamilton, Fink, & Harrington, 2007).

④ 조작적 행동은 그 결과에 영향을 받는다. 사실 이는 조작적 행동을 정의하는 특징이다. 지금까지의 연구 결과, 파생적 관계 조건화 또한 이와 일치한다(Y. Barnes-Holmes, Barnes-Holmes, Smeets, Strand, & Friman, 2004; Y. Barnes-Holmes, Barnes-Holmes, & Smeets, 2004; Heagle & Rehfeldt, 2006; Berens & Hayes, 2007).

이에 따라 이 장의 처음에 제시한 첫 번째 질문—RFT에서 '언어행동'이라고 하는 것은 무엇을 말하는가?—에 대한 답을 할 수 있다. 언어행동이란 자극과 사건을 특정한 방식으로 관계짓는 행동이다. 특정 관계가 조작적 · 반응적 조건형성 원리에 따라 직접적으로 훈련됨에 따라 언어적으로 유능한 인간은 부가적인 관계—직접적으로 훈련될 필요가 없는—를 파생시킬 수 있게 된다. 이러한 방식으로 자극을 관계짓는 능력은 조작적 조건형성을 통해 학습되는 능력이다.

만약에 인간 언어의 근본 과정이 조작적 행동으로 이해될 수 있다면 흥미롭고 중요한 가능성이 생긴다. 조작적 행동은 변화 가능하다. 따라서 이러한 과정에 대한 이해는 '언어화'가 중요한 요소가 되는 모든 상황에서의 인간 행동에 영향을 미칠 수 있게 된다. 만약에 그렇다면, 이는 매우 광범위한 분야에 적용될 수 있다. 예를 들어, 언어학습에 문제가 있는 아이들을 도울 수 있으며, 교수법 전반을 향상시킬 수 있고, 생각하는 방식이 고통을 야기할 때 사람들을 도울 수 있다.

'파생적 관계 조건화를 어떻게 변화시킬 수 있을까(예를 들어, 심리치료에서처럼)'라는 질문에 접근하기 위해서 우리는 우선 이러한 반응에 대한 이해를 향상시켜야 하며, 이를 통해 언어가 다른 인간 행동과 어떻게 상호작용하고 영향을 미치는지를 이해해야 한다. 우리는 또한 무엇이 이러한 종류의 반응형성을 통제하고 지배하는지 이해해야 한다. 지금까지는 흥미로운 현상 자체에 대해 기술하였다. 두 번째 질문은 이 장 처음에서 언급한 것으로, 어떻게 이러한 반응형성이 우리의 행동에 영향을 미치게 되는가이다. 이 질문에 답하기 위해서 우리는 우선 자극 기능의 개념을 살펴보도록 하겠다.

자극 기능과 반응적 조건형성 및 조작적 조건형성을 통한 그 변화

특정 자극 또는 사건은 개체의 행동에 대해 기능을 가지는데, 이는 이러한 자극과의 관계에서 또는 그러한 자극의 영향하에서 행동이 발생하기에 그러하다. 내가 자동차를 보면, 그 차는 나의 시야에서 기능을 한다. 그것은 내가 보는 것에 영향을 미친다. 그리고 내가 자동차를 가까이 보고자 다가가면, 자동차는 나의 행동에 대해 부가적인 기능을 하게 된다. 그것은 내가 다가가도록 영향을 미쳤다. 반면, 이러한 기능은 다른 요인들에 의해 달라질 수 있다. 동일한 차가 다른 요인들과 관련되면 내가 회피하도록 하는 기능을 할 수도 있다. 예를 들어, 만약에 차가 특정 속도로 내게 다가온다면, 나는 그것을 보고 옆으로 피할 것이다. 이러한 기능을 자극 기능이라고 한다. 어떤 사건이 나의 행동과 관련해 어떤 기능을 하는지는 특정 상황에 대한 분석을 통해서만 이해될 수 있다. 여기 간단한 예가 있다. 내가 어두운 방에 있을 때 불이 켜진다. 이것은 나에게 있어 다른 자극 기능들을 할 수 있는데, 이것은 그때 상황이 어떤 것인지 자세히 살펴보고, 자극에 대한 나의 반응을 통해서만이 명확히 알 수 있다. 불빛은 내가 눈을 깜박이게 하는 무조건 자극으로 작용했을 수 있다. 또는 내가 하고 있던 행동과 관련해 처벌의 기능을 해서 불이 켜졌을 때 하던 행동을 멈추게 할 수도 있다.

내가 강조하고자 하는 점은 자극의 기능은 결정적으로 주어지는 것이 아니라는 것이다. 그 기능은 더 넓은 상황(맥락)에 대한 분석과 개인의 반응을 통해 결정된다. 동일한 자극이 상이한 자극 기능을 가질 수 있다. 이는 개체의 행동에 다른 방식으로 영향을 미칠 수 있다. 그 영향은, 첫째, 개체의 학습 이력을 포함해 개체에 따라 달라지며, 둘째, 그 자극이 발생하는 맥락에 따라 달라진다. 내 앞에 빨간 자동차가 있을 때 물론 내가 보는 것은 그 차의 특징에 영향을 받는다. 동시에 우리 모두 알고 있듯이 '빨간 차'라는 글을 보았을 때도 몇몇은 그 차가 실제로 없어도 그것을 그릴 수 있다. 이렇게 '보이는 것 없이 보는 것'이 일어날 가능성은 말이 더 자세해지면서 높아진다. '빨간 차를 상상해 보세요.'와 같은 문구가 실제 자동차의 자극 기능과 유사한 기능을 하게 된다. 이러한 말의 기능은 원래부터 가지고 있던 기능이 아니다. 언어는 개인의 학습 이력을 통해 이러한 기능을 획득하게 된다. 우리 각자 다른 과거를 가지고 있어도 '빨간 차를 상상해 보세요.'라는 문구를 보고 우리 모두 이를 시각화할 수 있다. 우리의 학습 이력의 결과는 지금 이 순간에 존재하며, 언어가 발생하는 그 맥락에서 언어는 자극 기능을 갖고 있다.

어떤 자극 기능은 유관한 대상의 성질에 보다 직접적으로 영향을 받는다. 이는 우리가 듣고 보는 것과 같은 지각적 현상과 관련해 더욱 그렇다. 이는 또한 행동분석에서 일차적 강화라고 불리는 현상에 적용할 수 있다. 이는 특별한 학습 이력 없이도 개체에게 강화 효과를 갖는 자극을 뜻한다. 이러한 일차적 강화물은 목이 마를 때의 물, 배고플 때 음식과 같은 것이다. 반면, 이러한 현상조차 언제나 똑같은 자극 기능을 하는 것은 아니다. 맥락적 요인이 이러한 기능을 변화시킬 수 있다. 대부분의 상황에서 일차적 강화물로 작용하는 음식도 다른 맥락에서는 처벌적 자극 기능을 할 수 있다. 다이어트 중이라 방금 음식을 먹은 것을 후회하고 있는 사람에게 접시 위에 남은 음식은 비록 그것이 똑같이 맛있는 음식이고 여전히 배가 고프다 할지라도 다른 자극 기능을 하게 된다. 이러한 상황에서 개인에게 자극의 기능은 우리가 일반적으로 예상하는 것과 완전히 다를 수 있다.

제1장에서 나는 학습의 기본적인 원리—조작적 조건형성과 반응적 조건형성—를 설명했다. 이러한 원리는 어떻게 자극 기능이 변화될 수 있는지를 기술하고 있다. 예로 들었던 마을 광장에서의 공격을 다시 생각해 보자. 광장 자체가 공포를 유발하게 되는 과정을 살펴보았다. 이는 자극, 이 경우 광장이 반응적 조건형성을 통해 어떻게 새로운 기능을 획득하게 되는지를 보여 주었다. 이는 자극(광장 또는 광장의 일부)이 무조건적인 공포 반응을 유발한 사건과 연합되었기 때문에 일어났다. 이 경우 무조건 자극은 공격을 받는 것이었다. 조작적 학습에서는 사건은 다른 사건과의 근접성에 기초에 새로운 기능을 획득하게 된다. 제1장에서 나는 특정한 표정이 내가 누군가에게 질문을 할 때 어떻게 변별자극으로서 기능하게 되는지를 설명했다. 어떻게 특정한 표정이 이러한 유형의 상황에서 자극 기능을 하게 되었을까? 이는 타인의 특정 표정(A)이 내가 그에게 질문을 하기 전에 발생하고(B), 특정한 결과가 내 질문행동에 이어 나타났을 때(C) 일어난다.

확실히 사건 간의 시간적·공간적 근접성은 조작적·반응적 조건형성에 있어서 중요한 요인이다. 바꿔 이야기하자면, 두 조건형성 모두에서 자극 간 직접적인 관계는 새로운 자극 기능이 형성되는 데 있어서 결정적인 역할을 한다. 어떠한 자극은 나의 이력상 자극 간의 직접적인 관계에 따라 나의 행동에 대해 강화나 처벌의 기능을 갖게 된다. 어떠한 시점에서 특정 자극이 나에게 불안을 일으키는 기능을 한다면, 그것은 내 이전 경험에서 그 특정 자극과 다른 자극들 간의 직접적인 관계에 의해 형성된 기능이다. 누군가 소리를 높이는 것이 내게 불안이나 공포를 유발한다면, 그것은 아마도 나의 생애 초기에 학교 교사나 부모님과의 관계에서의 경험에 영향을 받았을 것이다. 사건 간의 직접적인 관계는 어떻게 기능이 형성되는지에 영향을 미친다. 행동분석에서는 '수반성'이라는 용어를 사용해 이러한 시간과 공간 간 관계를 기술한다(제1장 참조). 자극 기능에 미치는 수반성의 영향은 반응적 조건형성과 조작적 조건형성 모두에서 유효하다(변별, 동기, 강화 그리고 처벌 기능).

자극 기능을 형성하는 데는 부가적인 요소가 있다. 앞에서 '일반화'라는 용어로 기술한 것이 그것이다. 사건이나 자극은 물리적 속성의 측면에서 서로 관련이 있다. 내가 누군가한테 말을 건넬 때 변별 기능을 하는 표정은 내가 처음에 마주했던 그 표정과 완전히 똑같지는 않다. 이는 충분한 정도로 유사할 뿐이다. 만약에 내가 다른 광장에 가게 될 때 그 광장이 다른 면이 있음에도 내가 공격을 당했던 광장과 유사하다면 공포를 경험하게 될 것이다.

파생적 자극 반응과 자극 기능의 변화

파생적 관계 조건화를 설명하기 위해 앞서 기술한 실험으로 다시 돌아가 보겠다. 카일을 대상으로 한 실험에서 자극 간 관계 형성을 위해 조작적 조건형성 원리가 적용되었고, 'chair'라는 단어는 카일이 'silla'라는 말을 선택하는 데 변별자극이 되었다. 같은 방식으로, 'silla'는 'stol'을 선택하게 하는 변별 기능을 하게 된다. 한편, 동시에 'silla'는 'chair'를 선택하도록 하는 변별 기능을 갖게 되고(상호함의 과정을 통해), 'chair'는 'stol'을 선택하게 하는 변별 기능을 한다(복합적 상호함의).

이는 심지어 카일이 이러한 단어와 관련해 이전에 조작적 · 반응적 학습을 한 경험이 없을 때조차 일어난다. 카일은 무엇이든 직접적으로 훈련되는 것 사이의 강화 수반성을 접하게 된다. 동시에 그는 새로운 자극 기능을 관장하는 파생적 관계 또한 도출해 낸다. 만약에 자극 기능의 변형이 앞서 기술한 조작적 또는 반응적 관계 형성 과정에 따른 수반성에만 달려 있다면, 각각의 모든 관계는 직접적으로 훈련되어야 하며, 일반화 과정을 거쳐야 한다. 반면, 파생적 관계는 이러한 자극 간 직접적인 수반성 없이도 자극 기능을 형성하는 것으로 보인다.

지금까지 내가 설명한 실험들은 변별자극 기능이 파생 관계를 통해 형성될 수 있음을 보여 준다. 반면, 연구 결과에 의하면 다수의 자극 기능 또한 이러한 방식으로 형성될 수 있다. 한 예로 반응 기능 또한 이러한 파생적 자극 관계를 통해 형성될 수 있다(Dougher, Augustson, Markham, Greenway, & Wulfert, 1994). 이는 공포 등 다양한 정서 반응이 임상적 증상을 포함하기에 임상적 관점에서 특히 더 시사점이 있다.

이러한 실험은 이전에 기술하였던 추상적이며 무의미한 시각 자극을 가지고 수행된다. 연구 참여자는 이 장 서두에서 요약한 대로 처음에 훈련을 받게 된다. 세 개의 자극—B, C, D라 부르는—이 훈련 회기에 사용된다. 이 자극들을 상호 함의 관계 그리고/또는 복합적 상호 함의 관계에 놓는다. 이러한 자극 간에는 조작적 조건형성 또는 반응적 조건형성 과정에서의 어떠한 직접적인 관계(수반성)도 형성되지 않았다. 자극은 컴퓨터 화면에서만 보인다. 또 다른 군의 자극들—F, G, H라 부르겠음—또한 마찬가지로 서로 상호 함의 관계에 놓이지만, 첫 번째 집단의 자극과는 관련되지 않는다. 이어서 첫 번째 집단의 자극 중 B는 반응적 기능을 하도록 만들어지는데, 이는 B가 화면에 나타날 때마다 전기자극을 주는 것을 반복함으로써 형성된다. 또한 이는 공포 반응과 관계되는 것으로 알려진 피부전도 반응을 측정함으로써 확인하게 된다.

동시에 참여자들은 컴퓨터상으로 간단한 과제를 수행하게 되며, 이를 통해 소정의 금전적 보상을 받게 된다. 이는 참여자가 화면 앞에서 주의를 기울이고 열심히 수행할 수 있도록 동기화하기 위한 것이다. 실험이 진행되면서, 자극(B, C,

D)이 임의적으로 화면에 표시된다. 자극 B가 제시되면 반응적 조건형성 과정의 결과로 피부전도 반응이 높아질 것으로 예상된다. 한편, 이 실험에서 C, D는 실제로 자극 제시 후 전기 쇼크를 받은 적이 없고 B와 근접성을 가지고 연결된 적이 없음에도 불구하고 피부전도 반응을 불러일으킨다. 반면, F, G, H가 화면에 제시되었을 때는 피부전도 반응을 나타내지 않는다.

새로운 참가자들 집단을 대상으로 한 두 번째 실험에서도, 먼저 이전에는 무관했던 자극인 B, C, D 간 파생적 관계를 형성한다. 이후 이 실험에서 모든 자극은 각각의 자극이 스크린에 제시된 후 전기자극이 주어지는 반응적 조건형성 과정을 거치게 된다. 이후, 소거 절차가 자극 중 하나인 B에 대해 이루어진다. 즉, B가 제시되어도 전기자극이 더 이상 주어지지 않는다. 이러한 절차가 반복됨에 따라 소거 절차의 결과로 B가 스크린에 제시되었을 때 보이는 피부전도 반응의 세기가 감소되어 간다. 동시에 실험 결과 B와 상호 함의 관계 및 복합적 상호 함의 관계를 통해 관계지어진 C와 D에서도 소거 효과가 나타나기 시작한다. 이 실험에는 통제집단이 포함되어 있다. 통제집단에서는 파생 관계와 관련된 훈련은 제공되지 않는다. 반면, 통제집단 역시 B, C, D의 세 자극이 제시된 후 전기자극이 주어졌으며, B에 대해서는 실험집단과 마찬가지로 소거 절차를 진행하였다. 그 결과, 통제집단에서는 B와 관련해서는 소거 반응이 일어났으나, C와 D에 대해서는 소거 효과가 나타나지 않았다.

연구자들은 이러한 실험을 통하여 자극이 장기적인 반응적 조건형성 과정에 있지 않아도 반응적 성질을 잃거나 획득할 수 있는 과정을 기술하였다. 다른 말로 하자면, 자극 기능이 파생 관계를 통해서 변화되었다. RFT에서는 이렇게 파생 관계에 기반을 둔 자극 기능의 변화를 기능 변형(transformation of functions)이라고 한다.

그 외 유사한 실험들을 통해 다른 자극 기능, 예를 들어 강화(S. C. Hayes, Kohlenberg, & Hayes, 1991), 자기변별(Dymond & Barnes, 1994), 정서(Y. Barnes-Holmes, Barnes-Holmes, Smeets, & Luciano, 2004) 그리고 성 기능(Roche et al., 2000) 또한 동일한 유형의 기능 변형을 통해 변화됨을 기술하였다. 이를 통해 자

극 기능은 적어도 두 개의 개별적인 과정을 통해 변화됨을 알 수 있었다. 자극 기능은 오랫동안 알려진 반응적 그리고 조작적 조건형성 과정을 통해 변화한다. 또한 이는 파생적 관계 조건화 과정을 통해서도 전환되고 변환된다. 첫 번째 과정에서는 자극 기능이 자극 간 직접적인 관계 그리고/또는 자극 간 물리적인 유사성(일반화) 사이의 수반성을 통해 형성된다. RFT에서는 이를 파생 관계와 구별하기 위해 직접적인 수반성이라고 부른다. 직접적 수반성을 통해 형성되는 자극 기능은 직접적인 자극 기능이라고 하며, 파생 관계를 통해 형성되는 기능을 간접적 또는 파생적 자극 기능이라고 부른다.

이것은 우리가 이 장의 처음에서 제기했던 두 번째 질문, 즉 언어행동이 전체로서 인간 행동과 어떻게 상호작용하는지를 다시 생각하게 한다. 파생적 관계 조건화 과정이 전체로서의 인간 행동에 미치는 영향은 파생적 자극 관계가 형성되고 자극 기능이 변화함으로써 발생한다. RFT에서는 이를 자극 기능의 변형이라고 한다. 쉬운 말로 이야기하자면, 이는 특정한 의미를 가지고 있던 것이 다른 의미를 가지게 되는 것을 말한다. 예를 들어, 한때 중립적이었던 사건이 불안 유발 자극이 되기도 하고, 한때는 접근에 대한 변별자극이던 자극이 회피를 일으키는 변별자극이 되기도 하며, 한때 중립 자극이었던 것이 강화 또는 처벌 자극이 되기도 한다. 이 모든 것이 이러한 새로운 학습을 위한 직접적인 수반성이 없는 상태에서 일어난다.

이는 학습이 일어나는 새롭고 유연한 길이 열렸음을 의미하는 한편, 이 장의 처음에 언급한 세 번째 질문—무엇이 이러한 행동을 통제하는가—을 떠오르게 한다. 행동분석의 기본 원리에 따르면, 이러한 새로운 학습의 경로가 있고 그것이 특정한 결과를 가진다는 것을 아는 것만으로는 충분치 않다. 우리는 이러한 행동에 영향을 미치는 맥락적 요인을 알아야만 한다.

사건과 자극을 임의적으로 관계짓는 능력

대부분의 개체의 행동은 그들이 처한 맥락의 작은 부분에 의해 결정될 수 있다. 버튼의 특정한 색이 비둘기의 행동을 결정하도록 훈련한 실험에서, 비둘기는 버튼의 색이 붉은색일 때 쪼고 초록색일 때는 쪼지 않도록 학습하였다. 하지만 이것이 학습이 일어나는 맥락의 다른 면들이 완벽하게 관련이 없다는 것을 뜻하지는 않는다. 색 자체만으로 행동을 통제할 수 있는 것은 아니다. 예를 들어, 비둘기의 다른 어떤 것이 붉은색일지라도 그것이 버튼과 여러 측면에서 너무 다르다면 비둘기는 쪼지 않을 것이다. 하지만 비둘기가 붉은색은 어떤 것이든 쪼도록 훈련을 시킬 수도 있다. 그러면 붉은색은 비둘기가 쪼는 행동을 하도록 하는 완벽한 맥락적 요인이 될 것이다. 이제 비둘기는 특정한 맥락적 요인을 도출해 그것에 따라 행동하거나 반응하는 것을 학습했다고 말할 수 있다. 실제로 많은 동물이 이러한 임의적인 관계—자극의 물리적인 속성에 기초한 관계—를 도출해 반응하는 것을 학습할 수 있다. 예를 들어, 원숭이는 가장 긴 막대기를 고를 수 있다(Harmon, Strong, & Pasnak, 1982). 만약에 몇 개의 막대기 중 언제나 가장 큰 것을 고르도록 계속해서 강화한다면, 시간이 흐르면 원숭이는 특정 막대기를 선택하는 것을 한 번도 강화받은 적이 없음에도 가장 긴 막대기를 고를 것이다. 심지어 이는 보기 중 이전 선택 보기에서 가장 길어서 강화를 받은 이력이 있는 다른 막대기가 있을 때조차 그러하다. 원숭이는 막대기들 간의 추상적인 관계 자체에 따라 행동하는 것을 배웠다는 것을 알 수 있다. 하지만 이는 막대의 길이라고 하는 물리적 속성에 근거해서만 가능하다. 인간의 경우는 환경으로부터 추상적인 속성을 유추해 내는 능력이 한층 더 발달했다. 생애 초기에 우리는 직접적으로 관련되는 사건에 의해 통제되지 않는 관계에 반응하는 것을 학습한다. 그러한 사건은 현재나 이전 과거 모두에서 시간적으로 근접할 필요가 없으며 물리적 속성에 의해 관련될 필요 없이 관계지어지는 사건들이다. 대신 이러한 관계는 특정 맥락에서의 다른 요인들에 의해 통제된다. 우리는 아주 어린 나이부터 자극의 물리적 속성이나 직접적인 수반성과 무관하게 사건을 통제하는 단서나 맥락적 요인을 추상적으로 유추하는 것을 배운다. 이러한 맥락적 요인에 근거해 관계짓는 능력은 앞서 설명한 다양한 실험에서 보이듯 직접적인 학습 없이도 학습이 어떻게 간접적으로 가능한지를 설명해 준다. 이러한 능력은 우리 행동에 지대한 시사점을 가지고 있다. 왜냐하면 이렇게 형성된 관계가 자극 기능을 변형시키며 내재적으로 가지고 있지 않은 자극 기능을 사건 및 자극에 부여할 수 있기 때문이다. 이처럼 자극 간 관계가 자극 이외의 맥락적 단서에 의해 통제될 수 있다는 것이 파생적 자극 관계가 어떻게 생겨날 수 있는지를 설명한다.

예를 들어, #와 @ 부호를 생각해 보자. 우선, 이 둘 간에 어떠한 직접적인 관계가 있는지 생각해 보자. 독자가 종이 위에서 이 두 기호를 본다면 물리적 속성상 두 부호의 다른 점을 찾을 수 있을 것이다. 이는 몇 가지 점에서 사실이다. #은 @보다 작다는 점이다. 또 이 @가 영문자이기에 우리는 독자가 왼쪽에서 오른쪽으로 글을 읽을 것이라 추측하며 #이 @보다 앞에 있다고 할 수 있다. 이는 영어로 읽는 독자는 모두 유사한 학습 이력을 가지고 있기에 그렇다. 이 외에 독자의 학습 이력부터 유래된 다른 직접적 유관성이 있을까? 개별 독자들은 각자의 학습 이력에 따라 적용할 수 있는 몇몇 관계가 있을 수도 있다. 이론상 개별 부호들은 특정 개인에게는 불편함과 연결될 수도 있고 또는 유쾌한 어떤 것과 관계지어질 수도 있다.

이제 앞에서 설명한 직접적인 수반성과 무관하게 #와 @에 대한 새로운 관계를 형성하려 한다. 이는 모든 독자가 반응할 만한 맥락적 단서—#이 @보다 크다는 설명—를 새롭게 추가하여 일어난다. 이 관계는 독자가 실제로는 @가 #보다 크다고 인식하고 있기에 실제 자극 간 맥락적 속성과 무관하게, 이 경우는 모순된 방식으로 일어난다는 것을 분명히 알 수 있을 것이다. 그럼에도 불구하고 독자는 모두 이러한 새롭게 형성된 관계에 따라 행동하거나 반응할 수 있다. 이제 생각해 보자. @가 상당량의 돈을 의미한다고 말함으로써 부호에 새로운 기능을 부여한다. 만약에 당신이 @와 # 중 선택할 수 있다면 무엇을 선택하겠는가?

생애 초기에 인간은 자극들을 임의적으로 관계짓는 것을 학습하게 된다. 이때 이러한 관계는 시간적으로 근접하지 않고 물리적으로 유사하지 않은 자극에 의해서도 통제될 수 있다. 이 점이 우리가 이 장의 처음에 제기했던 질문 중 세 번째 질문에 대한 답에 이르게 한다. '언어행동을 통제하는 요소들은 어떤 것인가?'

이러한 특별한 관계는 맥락적 단서들에 의해 통제되며, 이러한 맥락적 단서가 관계지어지는 자극들 간 속성과 무관하게 이를 결정하게 된다. 위의 문단에 이러한 단서의 예가 있다. 바로 '보다 크다'이다. 여기서 자극은 우리가 단어나 문장이라고 부르는 음성의 조합이다(때로는 문자로 쓰인 경우에는 시각적 부호의 합이 된다). 또한 다양한 제스처 또한 이러한 기능을 할 수 있다. 관계가 형성될 때 이를 통제하는 맥락적 단서는 관계되는 자극과는 독립적이므로, 관계는 임의적으로 적용 가능하다. 파생적 관계는 사회적 맥락에서 동의한 임의적 자극에 의해 형성되므로, RFT에서는 이러한 관계를 종종 임의적 관계라고 부른다. 이에 따라 자극 간 물리적 속성의 근접성에 의해서 관계지어지는 것(예: 일반화)은 비임의적 관계가 된다.

일상에서 임의적 관계와 비임의적 관계는 계속해서 상호작용하며 자극 기능에 영향을 미치고 또 인간 행동에 영향을 미친다. 따라서 일상의 예에서 자극 기능이 직접적 수반성에 의해서 형성되었는지 또는 파생적 관계 조건화로 형성되었는지를 말하기는 어렵다. 하지만 실험 연구를 통해 우리는 언어적으로 유능한 인간의 경우 직접적으로 훈련된 관계보다 파생적 관계를 더 많이 경험하는 것을 알 수 있다(Wilson, O'Donohue, & Hayes, 2001). 이에 특정 언어적 맥락에서 발생하는 관계의 대다수는 파생 관계라고 보는 것이 합리적으로 보인다. 동시에 이러한 두 관계 간 상호작용은 계속되는 과정이다. 카일의 예에서 'chair'→'stol'의 관계가 직접적 훈련이 아닌 파생 관계를 통해 이루어짐을 보았다. 하지만 만약에 카일이 영어 'chair' 대신 스페인어 'stol'을 계속적으로 사용하게 되면 이러한 단어를 다른 것과의 관계 내에서 사용하게 되므로 처음에는 파생적 관계 조건화를 통해 형성된 관계임에도 불구하고, 직접적인 관계 또한 서서히 형성되게 된다.

사건들을 임의적으로 관계짓는 것을 어떻게 배우게 되는가

우리는 이 장에서 언급한 행동 목록의 근원이 된 학습 이력에 대해서 아는 것이 많지 않다. 세부적인 내용을 밝히기 위해 여전히 많은 연구가 요구된다. 이 장에서 이루어질 임의적 사건 연합 방식에 대한 설명은 주로는 자연 상황에서 언어학습이 이루어지는 과정에 대한 일반적인 이론과 아이들이 언어학습 과정에서 경험하는 특정한 훈련 과정에 기반을 두고 있다(McHugh, Barnes-Holmes, 2004; Heagle & Rehfeldt, 2006; Luciano et al., 2007).

우선 지금까지 주로 기술해 온 관계—등위 관계—부터 설명을 시작하겠다. 이는 동등성과 등가 또는 '~와 같은'으로 표현되는 관계이다. 이는 일상 용어에서 상징으로 표현되는 자극 간 관계로, 같은 것을 상징하는 다른 하나이다. 이는 시드먼의 고전적 실험을 통해 기술되었던 관계로 카일의 실험에서 카일이 처음으로 '의자'라는 말을 배울 때 형성된 관계이다. 등위 관계는 우리가 학습하는 첫 관계로 확실히 인간 언어의 근본 과정이라 할 수 있다(S. C. Hayes, Barnes-Holmes, & Roche, 2001). 일련의 음성이나 문자가 어떤 것을 나타내고, 사물이나 사건을 뜻하게 되며, 어떤 면에서는 그것이 의미한 '어떤 것'과 이 언어 조합은 상호 교환될 수 있다. 예를 들어, '신발'이라는 말은 실제 신발과 등위 관계에 있다.

아주 어린 아동기부터 특정한 맥락적 단서를 이용해 사건을 등위 관계로 관계짓는 법을 배우게 된다. 이때 맥락적 단서로는 '~이다' '~와 같은' 등의 단어가 있다. 특히 언어장애가 있는 아동을 가르칠 때 이러한 훈련은 임의적인 관계가 아니라 실제로 유사한 인형이나 그림 등 사물을 이용해 이루어진다(Luciano, Rodriguez, et al., 2009). 이러한 사물이 아이에게 어른이 '이것은 이렇게 부르고' '이것은 저것과 같고' 등의 말을 하는 것과 동시에 제시된다. 만약에 아이가 대상 간 관계에 근거해 다른 사물에 접근하면 어른들은 '그렇지.' '그것이 이것과 같아.' '맞아, 바로 그거야.'라는 말들로 이러한 행동을 강화한다. 이러한 훈련은 같은 맥락적 단서, 이 경우 음성 언어를 통해 양방향으로 이루어진다. 이러한 훈련이 양방향으로 일어난다는 점이 중요하다. 또 이는 아동의 자연적인 언어훈련의 초기에 전형적으로 일어난다. 아버지를 볼 때, '아빠다. 봐봐 저기 아빠 오네.' '아빠 어딨어?'라는 말에 대해 아동이 아빠에게 접근하는 행동을 하게 되면 이는 강화받는다. 마지막 예에서, 아버지라는 말과 실제 대상(아버지)의 형태 간 유사성은 없으나 직접적인 수반성이 반복되며, 반응적 조건형성을 통한 직접적인 강화 또한 제공된다. 아이가 '아빠'라는 말과 함께 아빠를 보는 것이 여러 번 반복됨—반응적 조건형성—에 따라 아동은 아빠라는 말만으로도 실제 아빠를 보는 것 같은 지각적 경험을 불러일으키게 된다. 스키너는 이를 조건화된 지각 또는 실제가 없는 상태에서 보는 것이라고 불렀다(Skinner, 1953, 1974).

일반적인 언어학습 과정에서는 다수의 다양한 자극이 사용된다. '공이 어딨지? 봐라, 여기 공이다.' '고양이가 어디 있지?' '여기 고양이가 있네.' 만약에 아동이 이러한 자극에 접근하거나 이와 관련된 행동을 보인다면 그 행동은 강화된다. 이러한 훈련은 양방향으로 진행된다(언어 '공'→실제 공, 실제 공→언어 '공'). 이때 맥락적 단서—음성 조합—와 움직임 및 제스처 모두가 일관되게 이루어진다. 서서히 아동은 이러한 맥락적 단서가 각기 다른 자극 간 관계에 있어 결정적이라는 것을 알게 된다. 이렇게 되면 이러한 훈련을 물리적 자극에서 다른 자극, 즉 물리적 유사성이 없고 아동의 학습 이력에서 훈련된 적이 없는 자극에 대한 학습으로 진행할 수 있다. 동일한 맥락적 단서(~이다, ~와 같은)가 여기서도 사용된다. 만약에 아동이 동의 관계에 있는 자극에 접근하면 이 역시 강화된다. '그렇지!' 이러한 방식으로 아동은 새롭거나 형태적으로 유사하지 않은 자극들을 서로 관계짓게 된다. 일단 아동이 사회적 환경이 제공하는 임의적인 맥락적 단서에 근거해 이를 할 수 있게 되면 임의적 동의 관계를 갖게 된다. 이제 사회적으로 형성된 맥락(주로는 언어 조합)이 등장하게 되며, 이는 개인의 이전 학습 경험이나 자극들 간 물리적 유사성과 관련 없이 하나가 다른 하나를 의미하게 된다. 만약에 작은 배를 타 본 적이 있는 네 살배기 아이가 그것을 배라고 부르는 것을 알게 되면, 페리를 한 번도 타 본 적이 없음에도 페리가 큰 배라고 들을 때 '페리'라는 말은 아이에게 몇 개의 기능을 가지게 된다. 이러한 레퍼토리가 자리를 잡게 되면, 제2장에서 설명했듯이 아이는 이를 소리 내지 않고 하는 것 또한 배우게 된다.

유사한 방식으로 사회적 환경을 통해 우리는 사건이나 자극을 비교 등의 특정한 관계에 놓는 것을 배우게 된다. 이러한 종류의 학습은 앞에서 #와 @를 통해 설명했다. 우리의 자연 환경에는 다양한 물리적 특성 차원에서 사물 간 비임의적인 비교 관계가 많으며, 이는 아이가 이러한 비교 관계를 배울 수 있는 기회가 된다. 예를 들어, 어떤 것은 다른 것보다 크거나 작고, 무겁거나 가벼우며, 조용하거나 시끄럽다. 이러한 비교 관계에는 대비의 관계가 내재되어 있음을 주목하자. 예를 들어, 어떤 것이 다른 것보다 무겁다는 것에는 대비의 형태가 내포되어 있다. 즉, 하나는 다른 가벼운 것에 비해서 무겁다. 자연적인 학습 순서에서는 비교 관계를 배우기 전에 임의적 대비 관계에 대한 학습이 먼저 이루어진다. 이러한 이유로 학습 순서 또한 이러한 순서로 이루어지는 것이 좋다고 추천된다(Luciano, Valdivia-Salas, Cabello-Luque, & Hernández, 2009). 임의적 관계의 학습을 위해서 필요한 과정이 무엇인지에 대해서는 앞으로도 많은 연구가 필요하며, 이를 통해 자연적인 학습 과정을 알고, 학습이 최적으로 일어날 수 있는 방법 또한 명확히 할 수 있을 것이다. 몇 가지 과정은 지금도 명료한데, 예를 들어 임의적인 위계 관계를 학습하기 위해서는 유사한 사물과 다른 사물을 관계짓는 능력이 요구된다는 것이 그중 하나이다.

비교 관계를 학습하기 위해서는 우리는 물리적 속성을 가진 비임의적 관계에 있는 자극부터 시작할 필요가 있다. 예를 들어, '더욱/덜'이라는 관계를 학습하기 위해서 우리는 동일한 내용물이 각기 다른 양으로 들어 있는 상자를 이용할 수 있다. 이 경우, 맥락적 단서는 다음과 같은 말이 될 것이다. '어떤 상자가 더 많이 들어 있나?' '어떤 상자에 더 적게 들어 있나?' '제일 많이 들어 있는 상자를 고르렴.' 그리고 '이 상자는 더 많이 들어 있을까, 더 적게 들어 있을까?'와 같은 말이 그것이다. 다시 한번, 이러한 훈련은 양방향으로 진행되는 것이 중요하며, 비임의적인 관계에 따라 아동이 행동했을 때 강화가 주어져야 한다. 이 시점에서 훈련하는 사람은 더 많이 들어 있는 상자와 더 적게 들어 있는 상자를 고를 때 모두를 강화해야 한다. 비임의적인 관계를 가진 다른 대상들 간의 관계 또한 유사하게 이루어진다. 예를 들어, 큰 돌무더기와 작은 돌무더기 간의 관계에 대한 훈련 또한 동일한 맥락적 단서를 사용해 이루어진다. 아동이 이러한 대상 간 비임의적인 관계를 제대로 학습하기 시작하면 임의적 관계로 학습이 전이될 수 있다. 예를 들어, 아동에게 동일한 크기의 대상을 두고 이렇게 이야기할 수 있다. "만약에 이 둘 모두가 사탕인데, 이것이 다른 것보다 크다면 (동일한 크기의 사탕을 가리키며) 너는 어떤 것을 고르겠니?" 이러한 연습이 반복되면 아동은 물리적 속성에 근거해 사물이나 사건을 관계짓는 것이 아니라 임의적이고 사회적으로 형성된 맥락적 단서—이 경우는 '더욱' 또는 '덜'—에 따라 행동하는 것을 배우게 된다. 아이가 자극 간 비임의적 관계와 관계없이 맥락적 단서에 따라 반응하게 되면 이러한 행동이 강화된다. 동일한 유형의 훈련이 동전들 간의 관계를 학습할 때에도 일어날 수 있다.

자극 간 매우 다양한 관계

지금까지 설명한 관계(동의와 비교) 이외에도 다양한 유형의 관계가 많다. 차이(구별), 장소적 관계(뒤/앞, 위/아래), 시간적 관계(전/후), 인과관계(만약/그렇다면), 위계적 관계(~의 한 부분), 조망 관계(나/너, 여기/거기) 등.

이러한 관계의 대부분은 특정 상황에서 자극이나 사건 간 비임의적인 관계에 상응한다. 어떤 것은 다른 것보다 크다, 나무는 돌이 아니다(구별). 책이 다른 책 위에 놓여 있다(공간적 관계). 내가 당신보다 먼저 방으로 들어간다(시간적 관계). 만약에 내가 일어선다면 나를 보기가 더 쉬울 것이다(인과관계). 이층은 건물의 일부분이다(위계적 관계). 이 모든 것은 우리가 마주하는 비임의적인 관계로서 자극 간 관계에 영향을 미치거나 미래에 우리가 마주할 유사한 자극이나 사건 간 관계에 영향을 미친다. 하지만 인간의 행동은 이러한 자극 간 비임의적인 관계에만 영향을 받지 않는다. 앞에서 이야기하였듯이, 인간의 경우에는 이러한 관계가 사회적 풍토에 의해 임의적으로 형성될 수 있다. 이때 관계는 주어진 상황에서의 자극이나 그 속성 간 직접적인 수반성과는 무관한 방식으로 형성될 수 있다. 대신 이러한 관계는 사회 공동체에 의해 형성된 맥락적 단서에 따라 형성된다. 자극 간 관계가 자극 기능을 통제하므로, 비임의적인 관계가 요구되는 경

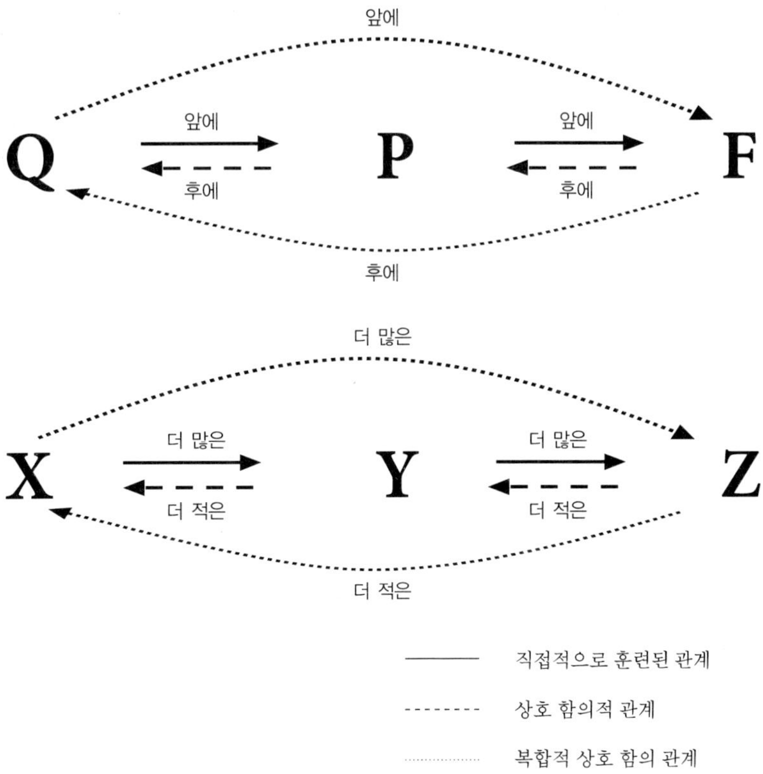

[그림 4-5] 시간적 관계와 비교 관계

우에 개인은 보다 융통성 있는 방식으로 자극 기능을 통제할 수 있다. 이러한 방식을 통해 자극 기능은 사회 공동체에 의해 '움직일 수 있게' 되며, 우리는 특정 사건을 다른 사건보다 더 비중 있게 다루거나 그것이 다른 사건보다 앞에 있거나 뒤에 있는 것처럼 다룰 수 있으며, 하나의 사건이 다른 사건의 부분이거나 원인인 것처럼 다룰 수 있다. 우리는 이를 각각의 사건 간 직접적 수반성과 관계없이 그렇게 할 수 있다.

만약에 'X가 Y보다 크다.'는 관계가 비임의적인 관계나 개인의 학습 이력과 관계없이 형성된다면, 이는 인간 행동에 영향을 미칠 수 있는 새로운 가능성의 지평을 열어 준다. 예를 들어, 만약에 'Q는 P에 선행한다.'는 시간적 관계가 언어적으로 형성된다면, Q와 P 간의 관계에 따라 개인이 행동할 수 있다. 예를 들어, 이전에 이러한 관계에 노출된 적이 없고, 실제로는 이전 맥락에서는 Q 이전에 P를 마주했다 하더라도 아마도 Q에 먼저 주의를 기울일 것이다. 이러한 레퍼토리를 학습함에 따라 다른 동물에게는 가능하지 않은 새로운 가능성이 인류에게 열리게 된다.

다수의 연구에서는 우리가 등위 관계 이외에도 자극이나 사건을 임의적으로 관계지을 수 있다고 한다. 이러한 연구들은 자연적 상황과 같은 맥락적 단서를 이용한 유추 실험을 고안해 이루어졌다. 이때 맥락적 단서는 '더 큰' '앞에' '후에' 등과 같은 단어로서 이를 통해 관계의 종류가 결정된다. 이러한 유추들은 실험 이외의 자극(단서)을 통해 형성되며, 실험을 통해 형성되는 기능은 없다. 예를 들어, 특정한 형태나 색깔을 가진 자극에 '더 많은'이라는 어휘를 통해 기능이 주어진다. 이후에 이 자극이 참여자가 다른 임의적인 자극을 특정한 관계에 놓는 방법에 어떻게 영향을 미치는지를 관찰한다.

우선 간단히 이러한 종류의 실험 하나를 살펴보겠다(Dougher et al., 2007). 이는 앞에서 내가 설명한 전기 충격을 이용해 등위 관계에 놓인 자극의 반응적 기능이 어떻게 변환되는지를 알아본 실험의 연장선상에 있다. 하나의 자극이 파생 관계에 따라 다른 자극과 동등해지고, 그 기능 또한 관계에 따라 변환되었다. 이제 설명하려는 실험에서는 비교 관계에 따라 자극 기능이 어떻게 변환될 수 있는지를 보여 준다.

우선 실험의 첫 단계에서 무의미 시각자극이 각각 더 큰 것 혹은 더 작은 것에 대한 맥락적 단서로 형성된다. 이는 컴퓨터 스크린에 D, E, F를 교대로 제시함으로써 시행된다. 참여자는 화면 하단에 제시되는 모양은 같으나 크기가 다른 세 자극 중 하나를 선택하도록 안내된다. 예를 들어, %., %, %와 &, &, &이 있다. 참여자가 이들 중 하나를 고른 후 그들의 답이 '맞다' 또는 '틀리다'라는 답을 듣게 된다. 이 실험은 D가 제시되었을 때는 가장 작은 자극을 고르고, F가 제시되었을 때는 가장 큰 자극 그리고 E가 제시되었을 때는 중간 크기의 자극을 고를 수 있도록 설계되었다. 이 실험은 모든 과제에서 자극의 크기 이외에 다른 자극의 성질에 영향을 받지 않도록 일관성 있게 실시된다.

이렇게 맥락적 단서를 통해 D<E<F라는 의미를 학습한 이후 참여자가 화면에 보이는 맥락적 단서에 따라 행동하는 몇몇 시험 단계가 이어진다. 이 중 하나의 실험에서는 이전 실험과 마찬가지로 E가 제시된 후 약한 전기자극이 제공되어 자극 E가 반응형성 기능을 가지게 된다(Dougher et al., 1994). 이후 참여자들은 컴퓨터 앞에서 화면에 제시되는 자극에 주의를 기울이도록 한다. 연구자들은 참여자들의 피부전도 반응을 측정한다. E가 제시되었을 때 반응적 조건형성 원리에 따라 예상되는 것처럼 확실한 반응이 나타난다. 한편, F가 제시되었을 때는 직접적으로 전기자극과 연합된 적이 없음에도 불구하고 E가 제시되었을 때보다 확연히 높은 수준의 피부전도 반응이 나타난다. 사실 참여자 중 한 명은 F가 제시되었을 때 전선을 뽑았다. 실험에서 전기자극의 강도는 다소 불쾌하나 고통스럽지 않은 정도로 조정되었다. 따라서 이러한 반응은 자극을 관계짓는 능력, 특히 '더욱' '덜'의 차원에서 관계를 유추하는 능력에 기인한 것으로 볼 수 있다.

연구자들은 다시 한번 이러한 실험이 파생적 관계에 근거해 자극 기능이 변환될 수 있음을 보여 주었다는 결론에 이르게 됐다. 이는 또한 이러한 변화가 단지 동등 관계나 등위 관계에의 자극 기능을 획득한다는 것만이 아니라 실험에서처럼 '더욱'이라는 특정한 관계에 따른 자극 기능의 변환 또한 가능하다는 것을 보여 준다. 자극 간 다른 관계 또한 동일한 방식으로 연구되었으며, 이 역시 자극 기능에 영향을 미치는 것으로 나타났다. 대비 관계에 대한 연구 (Dymond & Barnes, 1996; Whelan & Barnes-Holmes, 2004a)와 조망에 대한 연구(McHugh, Barnes-Holmes, & Barnes-Holmes, 2003)가 그 예이다.

관계틀 형성

이 장에서 기술한 것처럼 특별한 방식으로 관계가 형성되는 것을 언어적 관계틀 형성(relational framing)이라 한다. 더욱 기술적인 용어로는 임의적으로 적용 가능한 관계 반응형성(arbitrarily applicable relational responding: AARR)이 될 것이다. 이러한 행동은 일반화된 조작적 행동이다. 여기서 '일반화된'이란 행동이 형태적인 의미는 전혀 없고 기능적 차원에서 정의되었음을 강조할 때 하는 표현이라는 것을 아는 것이 중요하다. 언어적 관계틀 형성은 또한 행동의 한 종류이다(일반화된 조작적 행동). 우리가 사물이나 사건을 각각 다른 관계들(대위, 비교, 공간적, 시간적 관계 등)의 틀 안에서 이야기할 때, '관계틀 형성'이라는 말은 비유적인 표현이다. 이는 틀이 무엇이든 포함할 수 있음을 의미한다. 이 용어가 관계틀이 정신적인 대상으로 존재한다는 것을 의미하지는 않다. 이는 인간이 사건이나 사물을 다양한 종류의 관계에 넣을 수 있음을 의미한다. 우리가 틀 안에 넣는다고 할 때, '넣는다'는 표현 또한 비유적인 표현이다. 관계짓는 것은 자극의 어떠한 형태적이거나 물리적인 속성을 기반으로 하지 않는다. 오히려 관계라는 것은 맥락적 단서에 의해 통제되는 인간 행동의 특정한 형태의 결과에 가깝다. 언어적 관계틀 형성은 인간이 생애 초기에 조작적 조건형성 과정을 통해 학습하는 행동으로, 이미 언급했던 세 가지 현상으로 특징지어진다.

- 상호 함의적 관계
- 복합적 상호 함의 관계
- 확립된 관계에 따른 자극 기능의 변환

복합적 상호 함의 관계는 셋 이상의 자극을 포함하며, 관계틀 형성의 정의를 설명할 때 이를 포함하는 것이 왜 중요한지를 심화하여 설명할 필요가 있다. 앞에서 언급했듯이, 파생 관계의 특징 중 하나는 그것이 상호적으로 함의가 이루어진다는 점이다. 따라서, 'chair'→'silla'가 형성되면 'silla'→'chair' 또한 형성된다. 이 경우, 파생 것을 학습된 관계와 동일하다. 'chair'가 'silla'와 같다면 이는 'silla'가 'chair'와 같다는 것을 포함하고 있다. 이것이 등위 관계가 성립되는 과정이다. 이는 대립 관계에 대해서도 마찬가지이다. 만약 래리가 어떤 측면에서 벤과 반대라면, 똑같은 측면에서 벤은 래리와 반대이다. 상호 함의적 관계가 늘 등위적 관계만을 이야기하는 것은 아니다. 만약 래리가 벤보다 크다면, 이는 벤은 래리보다 작다는 것을 함의하고 있다. 만약에 내가 당신보다 먼저 도착했다면 그것은 당신이 내가 도착하기 전이 아닌 후에 왔음을 함의하고 있다.

또 다른 중요한 핵심으로는 우리가 상호 함의적 관계로 기술하게 되면 두 관계는 같은 수준의 정확성을 가지게 된다는 점이다. 하지만 이러한 관계들이 연합되어 이루어지나 복합적 상호 함의 관계의 정확성은 불특정해진다. 예를 들어, 래리는 벤과 다르고 피터는 벤과 다르다면 정확히 어떠한 점이 어떻게 다른지가 정확하지 않다. 이에 복합적 함의 관계는 명확하지 않게 된다.

복합적 상호 함의 관계는 또한 이러한 관계의 망이 얼마나 복잡해질 수 있는지를 보여 준다. 만약에 래리가 벤과 반대이고, 벤은 피터와 같은 점에서 반대라면, 피터는 래리와 비슷해진다. 이후 우리가 캘럽, 빅터, 그랜트와 스탠리가 벤과 비슷하다고 알게 되고, 피터가 친절하지 않다는 것을 알게 되면 우리는 순식간에 이 모든 사람을 어떻게 관계지을 것인지를 알게 된다.

이러한 관계틀 형성을 학습할 때의 강화 수반성은 일반적이며 사회적인 성격을 가지고 있다. 이것이 우리가 제2장에서 언어적 조건화와 관련해 설명한 일반화된 강화물이다. 또한 언어적 관계틀 형성 자체도 이러한 언어적 학습 과정을 거쳐 그 기능을 획득하며 일반화된 강화가 되어 간다. 인간 언어의 근본적인 특징은 그것이 일관되어야 한다는 것이다. 우리는 단어 뜻과 문법 규칙을 임의적으로 바꿀 수 없다. 비록 언어 체계가 근본적으로는 임의적인 것이지만 한번 언어적 관계가 형성된 이후에는 우리는 규칙에 따라 움직여야 한다. 약간 규칙을 변형할 수는 있으나 전체 시스템에서 봤을 때 이러한 변형은 사소한 수준이다. '배'라는 단어가 처음에 하나를 뜻하다, 이후 다른 것을 뜻하다 결국 또 다른 것을 뜻할 수는 없다. 뜻이 통하기 위해서는 문장의 구조가 임의적으로 변경되어서는 안 된다. 이러한 일관성이 인간 언어에 내재되어 있다. 언어화(언어적 관계틀 형성)가 생애 초기부터 강화되기에 일관성 또한 어린 시절부터 강화된다. 언어훈련의 일부로 사회적 환경이 일관성을 특별히 강화하는 데는 많은 이유가 있다. 결과적으로 일관성 또는 사물을 논리적으로 일관되게 경험하는 것이 언어적으로 유능한 인간에 대한 일반화된 강화가 된다(Blackledge, Moran, & Ellis, 2008; Healy et al., 2000).

언어적 관계틀 형성을 지배하는 맥락의 두 가지 측면

이 장에서 기술한 많은 실험에서, 연구자들은 연구 참여자들에게 무의미한 자극을 사용하였다. 즉, 자극 기능이 거의 없는 자극이거나 있어도 제한된 자극이었다. 이에 예를 들어, 변별이나 반응적 기능이 학습되면, 이러한 기능은 지배적이 된다. 실험에서 언어적 관계틀 형성 과정을 통해 다른 자극 기능이 형성되는 경우를 살펴보는 것이 용이하다. 실제 일상에서는 이러한 과정이 보다 복잡하다. 대부분의 자극은 그 물리적 속성에 따라 다른 기능, 또 개인의 역사에서 형성된 직접적인 관계 또는 개인의 초기 언어적 관계틀 형성 경험에 따른 다양한 기능을 잠재적으로 가지고 있다. 만약 자극이 위에서 언급했던 '[...]는 [...]' '[...]는 [...]의 뒤에 있다.' '[...]는 [...] 다음에 온다.'와 같은 맥락적 단서에 의해 관계틀에 놓인다면, 특정한 자극 기능이 가능한 다양한 기능 중 선택되어 작동하게 된다. 정확히 이야기하자면, 특정한 관계에 따라 다양한 기능 중 특정한 자극 기능으로 자극이 변환된다.

예를 들어 보겠다. 우리가 사과에 대해 이야기한다면, 독자는 모두 '사과'라는 말이 실제 사과와 등위 관계에 있다고 생각할 것이다. 특정한 유형의 관계(말이 그것이 지칭하는 것을 뜻하는)는 굳건하게 학습되며, 이러한 관계가 형성되기 위해 필요한 것은 단지 서로 간에 이야기를 나누는 맥락뿐이다. 또는 우리는 사람들이 말을 통해 어떤 것을 뜻한다고 가정한다 표현할 수도 있다. 하지만 여전히 사과라는 말의 기능은 다양하게 변화될 수 있으며, 이는 '사과'라는 말과 실제 사과 간의 등위 관계를 근본적으로 변화시키지 않은 상태에서 일어난다. 다음의 문장을 읽고 잠시 멈추어 어떠한 경험을 하는지 살펴보자.

'사과를 상상해 보자.'

이제, 이러한 경험을 다음의 문장을 읽고 난 후의 경험과 비교해 보자.

'사과를 먹는 상상을 해 보자.'

두 예문 모두에서, '사과'라는 말을 둘러싼 맥락(이 경우, 문장의 나머지 부분)은 '사과'라는 말과 실제 사과 간 동일한 관계, 즉 등위 관계를 나타내고 있다. 하지만 독자에게 전달되는 기능은 두 문장이 서로 다르다. 사과에 대한 당신의 상상이 바뀌며, 서로 상이한 자극 기능이 활성화된다. 사회적으로 임의적으로 생성된 맥락은 특정한 관계만을 활성화시키는 것이 아니라 잠재적인 자극 기능 중 어떠한 자극 기능으로 그 관계가 변환될지 또한 결정한다. 첫째 문장에서 '상상'이라는 말과 두 번째 문장에서 '먹는 상상'이라는 말이 각기 다른 기능을 활성화한다. 독자가 마주한 맥락의 변화(이 경우 문장)가 실제 사과의 기능 중 어떠한 기능을 독자에게 우선적으로 가져올지를 결정한다. 맥락의 변화로 활성화될 수 있는 다른 기능으로는 다음과 같은 예가 있다.

'사과 위에 앉아 있는 것을 상상해 보자.'

언어적 관계틀 형성은 언제나 이 두 가지 차원에 의해 일어난다. 하나는 자극 간 특정한 관계 형성이며, 다른 하나는 형성된 관계에 따라 활성화된 특정 자극 기능이다. 이 두 가지 차원 모두가 맥락적 단서에 의해 통제되므로 임의적으로 형성될 수 있다. 앞의 예에서 여러 요인—우리가 언어로 쓰인 문장을 읽을 때 늘 존재하는 몇몇 요인—이 실제 사과와 '사과'라는 말이 어떠한 관계로 형성될지를 통제한다. 활자로 된 언어는 그것이 지칭하는 것과 등위 관계에 있다. 이러한 등위 관계에 근거해 가능해진 여러 기능 중 각각 다른 문장에 따라 상이한 기능이 선택된다. RFT에서는 주어진 순간에 자극 간에 형성된 관계를 통제하는 맥락적 단서를 C_{rel}(맥락과 관계에 의한)이라고 하며, 이러한 관계에 근거해 선택될 기능을 통제하는 단서를 C_{func}(맥락과 기능에 의한)라고 한다. 또 다른 예를 들어 보겠다. '래리는 피터보다 테니스를 더 잘 친다.'라는 문장에서 '더 잘'이라는 말은 래리와 피터 간 관계를 통제하므로 C_{rel}로서 기능한다. 또한 '테니스를'이라는 말은 어떠한 기능을 함의할지를 통제하기 때문에 C_{func}로서 기능하며, 이 경우 비교 관계를 통해 이러한 기능을 하게 된다.

C_{rel}과 C_{func} 모두 기능적인 분류이다. 따라서 우리는 어떠한 단어는 언제나 어떠한 기능을 한다고 말할 수는 없다. 이를 결정하기 위해서는 우리는 주어진 과정이나 사건에 대해 언제나 그렇듯 기능분석을 하여야 한다. 관계를 통제하는 맥락적 단서와 변화되는 특정 자극 기능을 결정하는 맥락적 단서를 구별하는 것이 언제나 핵심적인 부분은 아니다. 하지만 어떠한 상황에는 중요할 수 있는데, 이러한 상황 중 하나가 임상적 개입이 될 것이다. 이것이 우리가 제3부에서 다룰 부분이다.

언어행동에 대한 새로운 정의

이제 내가 이 장의 처음에서 제시한 세 가지 질문에 대한 대답을 마쳤다. 완전히는 아니어도 언어적 관계틀 형성이론의 주요 개념에 대한 기본적인 이해를 제공할 수 있을 정도는 되었기를 바란다. 파생적 관계 조건화에 대한 기술과 이러한 현상에 기반을 두고 발전한 이론이 언어행동에 대한 새로운 정의를 제공하였으며, 이는 스키너의 정의(1957)보다 정교하다. 사건이나 자극과 관계되는 세 가지 양식(상호적 함의, 복합적 상호 함의 그리고 자극 기능의 전환)에 따라 관계적으로 정의되는 것이 RFT에서 언어행동이라 정의하는 행동이다(S. C. Hayes, Fox, et al., 2001).

스키너가 언어행동에 대해 그의 책을 쓰던 때에는 지금의 정의가 내려지는 데 기반이 된 데이터들이 가용하지 않았다. 비록 지금은 RFT에 따른 새로운 시각에서 이해되어야 할지라도 그가 처음 기술했던 현상들은 여전히 중요한 의미가 있다. 스키너는 직접적 수반성에 의해서 통제되는 행동과 그렇지 않은 행동의 차이를 기술했다. 후자를 '규칙 지배적 행동'이라고 불렀으나, 이 행동이 어떻게 형성되는지를 설명하지는 않았다. 제2장에서 언급했듯이 그의 이론에는 몇몇 선구적인 행동분석가가 지적했듯이 빈틈이 있다. 이러한 틈은 이제 RFT에서의 언어행동에 대한 새로운 정의에 따라 채워져 규칙 지배적인 행동을 보다 정교하게 정의할 수 있다(이에 대해서는 제6장에서 다룰 것이다). 이러한 새로운 정의에 따르면 스키너의 정의에서는 언어행동인 것이 더 이상 언어행동이 아닐 수 있다는 것을 주목할 필요가 있다. 예를 들어, 스키너의 정의에서 접촉 언어(tact)인 것이 RFT에서는 더 이상 언어행동이 아니다. 만약에 아이가 '개'를 접촉 언어행동화할 때, 이러한 반응은 어려서 개를 보고 '개'라고 부르고, 이러한 행동에 대해서 강화를 받음으로써 형성된다. 하지만 이 모든 과정에서 '개'라는 말이 언어적 관계틀 형성에 의한 것이 아니라 단지 직접적 수반성에 의해서 형성된 것이라면 RFT에 의한 언어행동은 아니다. 하지만 많은 경우 아이가 '개'라는 말을 사용할 때, 이는 또한 파생적 관계에 따른 것이므로, 이 경우 아이의 반응은 RFT에서의 언어행동이 되기도 한다. 유사한 방식으로 스키너의 다른 언어적 조건화 또한 스키너의 언어행동과 RFT에서의 언어행동을 비교하여 구별할 수 있다(D. Barnes-Holmes, Barnes-Holmes, & Cullinan, 2000).

요약

RFT에 의하면 언어행동이란 자극(사건)을 관계에 놓고 그러한 관계에 따라 행동하거나 반응하는 것을 말한다. 이러한 행동은 초기 언어훈련에 의해서 학습되며 이후 일반화된다. 이러한 독특한 방식의 관계짓기는 초기에는 자극 간 비임의적인 관계가 아니라 다른 맥락적 단서에 의해 통제된다. 이러한 맥락적 단서로 기능하는 자극은 주로 우리가 말이라고 부르는 음성 조합이다. 또한 제스처 또는 비사회적인 환경의 여러 특징 또한 맥락적 단서로서 기능할 수 있다. 즉, 사회적인 환경이 맥락적 단서를 조정할 수 있다는 것을 고려할 때 모든 것은 모든 것과 관계지어질 수 있다는 뜻이 된다.

이러한 행동을 언어적 관계틀 형성 또는 보다 정확하게는 임의적으로 적용 가능한 관계적 반응형성(AARR)이라 한다. 후자인 관계적 반응형성은 이 장에서 논의된 몇몇 사항을 나타내고 있다. '반응형성'이라는 말은 그것이 행동이라는 것을 나타낸다. 또 '관계적 반응형성'이라는 말은 여기에 사건 간 관계가 관여된다는 것을 보여 준다. 이러한 관계적 반응이 임의적이라는 것은 이러한 관계적 반응형성이 자극 간 비임의적이거나 물질적인 관계에 근거하지 않음을 나타낸다. 오히려 이러한 관계는 그 관계를 특정하는 맥락의 특징에 근거한다는 것을 보여 주며, 이러한 관계적 반응은 어떠한 자극이나 사건의 물리적인 속성에 관계없이 일어날 수 있다는 것을 나타낸다(Stewart & McElwee, 2009). 맥락이나 맥락적 단서의 이러한 측면은 사회적인 뉘앙스에 의해 만들어진다(이에 임의적으로 적용 가능하다). 따라서 모든 것은 원칙적으로 어떠한 관계틀에라도 놓일 수 있다. '임의적으로 적용 가능한 관계적 반응형성'과 '언어적 관계틀 형성'이라는 말은 동의어이다. 또 다른 동의어는 이 장의 제목에 나오는 '파생적 관계 조건화'이다.

인류에게 있어 이러한 행동은 학습의 가능성을 전혀 다른 차원으로 결정적으로 변화시킨 의미가 있다. 이는 만약에 자극 기능이 단지 자극 간 비임의적인 관계나 수반성에만 의존했다면 가능할 수 없는 방식으로 우리가 자극 기능을 통제할 수 있게 했다. 일단 파생적 관계 조건화가 학습되면, 자극 기능은 이러한 반응을 따라 순식간에 변화된다. 처벌의 기능을 하던 것이 강화의 기능을 하게 되고, 또 그 반대가 일어나기도 한다. 이전에는 그렇지 않았던 자극이 어떠한 행동에 대해 변별자극으로 기능하게 되는 경우를 마주하기도 한다. 이전에는 그렇지 않던 어떠한 사건이 갑자기 반응적 기능을 획득하게 되기도 하는데, 예를 들어 누군가의 감정적 상태를 변화시키는 자극이 되기도 한다. 이 모든 것이 사회적으로 고안된 단서를 기반으로 하며, 한편으로는 형성된 관계를 통제하고 다른 한편으로는 이러한 관계에 근거한 특정한 기능을 통제하기도 한다.

이러한 원리를 기반으로 보다 복잡한 행동을 설명하기 전에 나는 이 장의 주제인 '생각의 힘'으로 돌아가고자 한다. 급진적 행동주의나 RFT의 관점에서 볼 때, 우리가 일반적으로 부르는 생각은 그 자체로 행동은 아니다. 이러한 관점에서 생각은 우리의 정신적 세상에서 발생하는 어떤 것으로 보이지도 않고, 관찰 가능한 행동에 적용되는 원칙을 따르는 것으로 보이지도 않는다. 내가 제2장에서 기술했듯이, 생각이라는 것은 그것을 관찰할 수 있는 사람이 유일하게 그것을 행하고 있는 사람인 언어행동이다. 그 사람이 하고 있는 것이 생각이다. 이러한 정의에 따라 생각의 힘이란 관계적 반응형성의 힘이다. 제2장에서 기술한 원칙에 따라 사회적 환경으로부터 처음 배운 이후 개인은 서서히 동일한 행동을 소리 내지 않고 자신에게 하기 시작한다. 임의적으로 적용 가능한 관계적 반응형성에 의해 인간 행동에 유연성이 증가되었으며, 이는 사적 행동에 대해서도 유연성을 증가시키게 된다. 생각의 힘은 정확히 모든 것이 다른 어떤 것과 관계지어질 수 있는 이러한 가능성에 있다.

제5장 유추, 은유 그리고 자기의 경험

제4장에서는 임의적으로 적용 가능한 관계적 반응형성의 기본적인 원칙들을 살펴보았다. 핵심은 단순하다고 할 수 있다. 우리는 사건들을 사회적인 규칙[저자는 이를 Whim(변덕)이라는 말로 표현해 그 임의성을 강조하였음-역자 주]에 의해 관계지을 수 있으며, 이것이 자극 기능을 매우 다양한 방식으로 변경하는 것이 가능하도록 하여, 우리 자신이나 타인의 행동을 변화시킬 수 있다. 우리의 언어생활은 우리가 모두 함께 하는 사회적 게임에 비유되곤 한다. 대부분의 사람이 이 게임의 기본적인 양상을 어린 나이에 배운다. 만약에 그것이 보드 게임이라고 한다면 말들(다양한 언어)의 색깔은 다양하지만 게임의 요점은 동일하다고 할 수 있다. 이는 하나의 기본적인 원칙에 근거하고 있다. 사건들을 임의적으로 적용 가능한 방식으로 관계짓는 것 자체가 학습된 행동이라는 점이 그것이다. 원칙은 간결하지만 그 결과는 우리 인간에게 있어 극적이다. 한번 기본적인 기술이 학습되면, 그 복잡성은 급격히 증가된다. 한번 우리가 사건이나 단어들을 사회적인 규칙(임의적으로)에 의해 관계지을 수 있게 되면 우리는 사건들이나 경험을 전혀 다른 방식으로 관련지어 행동에 영향을 미치게 된다. 예를 들어, '언어'라는 말은 우리가 언어화하는 직접적인 행동과 등위 관계에 있으며, '게임'이라는 말은 게임을 하는 직접적인 경험과 등위 관계에 있다. 따라서 단지 '언어는 우리가 하는 게임이다.'라는 말도 유추로서 하는 각각의 단어들을 관계지음으로써 전혀 다른 두 경험이 서로에게 영향을 미치게 되며, 더 나아가 또 다른 행동에 영향을 미치게 된다. 이러한 특정한 형태의 유추를 은유라고 한다. 일상의 언어에

서, 우리는 이러한 과정을 통해 사물이나 사건에 새로운 의미를 부여하게 된다. 이 책에서 사용한 과학적인 용어를 빌리자면, 사건을 관계지음으로써 우리는 그것들의 자극 기능을 변환한다.

철학, 심리학과 언어학의 교차점에 있는 많은 연구자와 이론가는 유추와 은유를 창조할 수 있는 능력이 인간 언어의 근본이라고 믿으며, 이것이 우리가 서로 대화하는 방식의 기본이 된다고 본다(Barclay, 1997). 선진적인 연구자는 이를 이렇게 표현하기도 한다. "모든 지식은 결국에는 지각과 사고의 은유적인(또는 유추적인) 표현에 뿌리를 두고 있다."(Leary, 1990, p. 2) 이러한 학제 간 공통 영역은 광대하며, 갈등적인 요소는 있으나 많은 이론이 이에 포함된다. 여기서 나의 목표는 인간 언어와 인지를 이해하는 데 있어 유추와 은유가 중요하다는 점에 대해서 과학적인 합의를 이끌어 내는 것이다. 이때 RFT는 이러한 현상을 이해하는 데 도움이 될 뿐만 아니라 그것이 어떻게 일어나고 변화되는지를 우리에게 보여준다.

주의 깊은 독자라면 아마도 '언어는 우리가 하는 게임이다.'라는 예에서 관계나 기능들이 임의적이 아니며 사회적인 임의적 규칙에 의해서만 형성되지 않는다는 것을 알아챘을 것이다. 게임을 하는 것은 독자에게 말을 하는 것처럼 실제적인 경험일 것이다. 또한 이러한 경험들 간에는 임의적으로 형성된 것이 아닌 실제 관계가 있다. 바로 유사성이다. 이것이 은유의 재료이며, 그것이 의미하는 관계이다. 이는 중요한 관찰이다. 앞에서 기술한 실험들에서 보였듯이 우리가 사건들을 임의적으로 관계지을 수 있는 능력을 가졌다는 사실이 우리가 그것을 언제나 완벽히 임의적으로만 관계짓는다는 뜻은 아니다. 우리는 이러한 행동과 관련해 레퍼토리를 가지고 있는데, 그 가장 순수한 형태는 수학이나 논리학에서 볼 수 있다. 반면, 대부분의 상황에서는 우리는 임의적으로 적용 가능한 관계를 직접적인 수반성 또는 자극간 물리적 속성과 함께 사용한다. 직접적 관계와 파생적 관계의 이러한 상호작용으로 인해 언어행동이 그 영향력을 가지게 된다. 이를 보다 정확히 표현하자면, 임의적으로 적용 가능한 관계적 반응형성이 자극 기능을 변화시키며, 이러한 자극 기능의 상당 부분은 처음에는 직접적 수반성에 의해 형성된 것이다. 이것이 언어행동의 지대한 영향력을 설명한다. 이전에 무서운 개 때문에 놀란 적이 있는 존이라는 어린 소년이 있다고 생각해 보자. 반응적 조건형성 이론을 통해서 우리는 존이 비슷한 개에 대한 공포를 가지고 있는 것을 이해할 수 있다. 하지만 만약에 존이 패티 이모네(존이 개를 본 적도 없고 놀란 적도 없는)를 방문하지 않으려 하고 그 이유가 누군가가 패티 이모네 고양이가 늙은 개 같다고 이야기하는 것을 들어서라면, 이는 사나운 개와의 직접적인 경험의 자극 기능에 더해 언어적 관계틀 형성에 의한 영향이 더해졌기 때문이다.

만약 언어적 관계틀 형성이 인간 언어의 근본적인 과정이라면 이는 인간 경험의 대부분의 영역에 영향을 미치게 된다. 언어는 근본적으로 어느 곳에나 존재하기 때문이다. 만약에 RFT가 맞다면, 그 잠재적인 적용은 거의 무한대에 가깝다. 몇 가지 예로, 언어적 관계틀 형성은 교육, 심리적 발달, 언어장애를 가진 아동의 훈련, 언어 연구, 정치, 사회적 과정, 실존주의적 주제 그리고 개인심리학적 문제들과 같은 다양한 분야와 관련된다(S. C. Hayes, Barnes, & Rorche, 2001; Rehfeldt & Barnes-Holmes, 2009). 하지만 이 책에서는 그 적용을 우리가 흔히 심리치료라고 부르는 영역으로 제한하여 살펴보고자 한다.

심리적 문제나 심리치료 영역에서의 적용에 대해 이야기하기 전에 RFT의 몇 가지 주요 개념을 더 설명할 필요가 있다. 이 장의 남은 부분에서는 이 두 가지 요소를 설명하겠다. 첫째, 이미 살짝 살펴보았듯이 임의적으로 적용 가능한 관계적 반응형성을 통해 관계를 다른 관계와 연관지을 수 있으며, 이에 우리가 은유나 유추라고 부르는 것 또한 만들어 낼 수 있다는 사실이다. 둘째, 이 행동이 어떻게 우리의 자기(self) 경험을 창조하게 되는지이다.

유추

앞에서 언급했듯이, 추론적으로 생각할 수 있는 능력은 인간 언어와 인지에 있어 근본이 되는 중요한 능력으로 널리 알려져 왔다. 다양한 영역의 연구자들이 쓴 유추와 관련된 대표적인 저서들(Vosniadou & Ortony, 1989)을 통해 연구자들은 유추를 구성하는 요소인 비교와 맵핑(유추적 사고에 대한 인지 모형에서 흔히 통용되는 용어)을 이해하는 방법을 논의했다(Collins & Burnstein, 1989; Gentner, 1989). 핵심 아이디어는 지식이 한 영역의 경험('베이스'로 종종 불림)에서 다른 영역('표적')으로 옮겨 간다는 점이다. 베이스는 우리에게 익숙한 영역의 경험이며, 표적은 지식이 확장되어야 하는 영역이 된다. 이때 이러한 지식의 확장은 두 영역을 관계짓는 것을 통해 이루어진다. 태양계와 원자의 비유가 가장 고전적인 예가 될 것이다. 이러한 유추에서 태양계는 익숙한 것으로 그에 대한 지식이 베이스가 되어 원자에 대한 이해를 돕는 데 사용된다. 이처럼 패턴과 유사성에 기초하여 행동하거나 반응하는 능력은 인간의 인지 능력에 가장 근간이 되는 것으로 알려져 왔으며, 최근까지 인지과학을 비롯한 광범위한 영역에서 연구의 주제가 되고 있다. 연구자들은 이러한 현상에 대한 이해를 바탕으로 컴퓨터의 정보처리 모형을 디자인하였으며, 이러한 인지 능력의 생물학적 기원을 연구하고 심리학적 실험을 통해 행동의 과정을 연구해 왔다(Gentner, Holyoak, & Kokinov, 2001). 이는 사물이나 사건을 관계짓는 능력뿐 아니라 관계와 관계를 서로 연결짓는 기본적인 현상이 된다(Holyoak & Thagard, 1997; Gentner, Bowdle, Wolff, & Boronat, 2001). 이 현상에 대한 다양한 분야에서의 연구들과 관련해 하나의 문제가 있는데, 그것은 이러한 연구들 간에 합의할 수 있는 기본적인 모형이 없다는 점이다. 모든 연구자와 저자가 제각기 자기만의 모형을 가지고 있다고 말한다면 다소 과장이 되겠지만 그래도 일리가 있는 과장이다. 다양한 모형이 제시되고 있으나 이러한 모형 간 합의된 출발점이 부족한 것으로 보인다.

RFT를 통해 우리는 유추를 만들어 내는 능력의 근간이 되는 인간 행동을 이해할 수 있다. 우리는 이를 행동분석의 독특한 특징으로 알려진 조작적 개념화를 통해 이해할 수 있다.

유추는 언어적 관계틀 형성, 특히 관계에 대한 관계틀 형성이론으로부터 생겨났다. 관계틀 망은 이미 형성되어 있으며, 이는 임의적 관계와 비임의적 관계 모두로 구성되어 있다. 이는 내가 이미 제4장에서 설명하였다. 만약에 각기 다른 자극이나 사건이 임의적으로 관계지어질 수 있다면 관계와 관계 또한 같은 원칙으로 연결될 수 있다는 뜻이다.

보다 덜 복잡하고 전형적인 예를 들어 보겠다. 사브(Saab)와 볼보(Volvo)는 복숭아와 넥타린(승도복숭아)과 같다. 둘 다, 먹을 수 있으며, 달콤하고 모양이 비슷하며, 나무에서 자란다. 이 둘 간의 관계를 이러한 유추에서 표적이 되는 볼보와 사브 간의 관계와 등위 관계에 놓으면 자극 기능이 하나의 관계에서 다른 관계로 옮겨 가게 된다. 볼보와 사브 중 선택해야 하는 사람이 있다면 이전에는 그 둘 간의 차이가 크다고 여겼다 하더라도 이러한 비유를 통해 선택에 다른 근거가 생기게 된다. 서로 다른 두 관계 간 등위 관계에 의해(넥타린과 복숭아의 관계와 사브와 볼보 간 관계 사이의 등위 관계) 자극 기능은 변환되며, 이것이 청자의 행동에 영향을 미치게 된다.

이러한 유추에 있어 임의적 관계와 비임의적 관계 모두가 중요한 요소임을 주목해야 한다. 특정 현상을 일컫는 말은 임의적으로 연합되어 있다. 넥타린과 복숭아가 모두 과일이라는 범주에 속하는 것과 같이 특정한 관계망 내의 관계 또한 임의적이다. 마찬가지로 볼보와 사브도 임의적으로 형성된 관계 안에 있다. 둘 모두는 자동차 상표이다. 동시에 유추는 유사성이라고 하는 비임의적인 관계를 포함하고 있다. 넥타린과 복숭아는 어떤 측면에서 유사하며, 볼보와 사브 또한 그렇다. 둘 다 특정한 유형의 자동차를 칭한다. 유추는 실질적인 유사함 간의 추상적인 유사성에 기초한다.

RFT에 의하면 유추의 토대가 되는 것은 두 관계망 간에 형성된 등위 관계이다. 이러한 관계망 내의 관계들이 언제나 등위 관계일 필요는 없다. 예를 들어 태양계와 원자를 보자면, 이때 유추는 각각의 관계망에서의 공간적인 관계에 대해 일어난다. 원자라고 하면 떠오르는 것 중에 하나가 원자의 일부(전자)가 다른 부분(원자핵) 주위를 도는 것이며, 이것은 마치 태양계와 비슷하다. 이러한 두 관계망 사이의 공간적 관계의 유사성을 추상화한 것이다.

또 다른 예를 들어 보겠다. 수잔과 래리는 고양이와 개와 같다. 이 역시 두 개의 관계망이 등위 관계에 놓이게 된다. 이는 '~와 같다'고 하는 맥락적 단서를 통해 일어난다. 위의 맥락적 단서는 사건들 간 등위 관계를 형성하는 데 주로 사용된다. 반면, 앞의 예는 순수한 등위 관계보다는 다소 복잡하다. 당신은 아마도 이 관계는 대립의 관계에 있다고 생각할 수도 있으나, 그것은 지나치게 단순화한 것이다. 위의 유추에는 '언제나 싸우는' '대립'과 같은 말로 요약할 수 있는 관계를 비롯한 다양한 다른 관계가 포함되어 있다. 고양이와 개는 베이스이고, 수잔과 래리의 관계가 표적이다.

이것들은 우리가 보통 유추 혹은 은유라고 부르는 것의 예이다. 대부분의 경우 유추와 은유는 구별하기가 어려우며, 심지어 과학 분야에서도 마찬가지이다. 아마도 이 점이 RFT의 유용한 부분이 될 수 있을 것이다. RFT를 통한 이 두 가지 개념의 정의가 그 핵심적인 차이를 기술하는 데 도움이 될 수 있을 것이다. 이 부분에 대해서는 다음에 다시 다루도록 하겠다.

유추와 관련된 내용은 RFT를 지지하는 실험에 대해 짧은 코멘트를 하며 마무리하고자 한다. 관심 있는 독자들은 참고문헌을 통해 더 자세한 내용을 확인하기를 바란다.

앞에서 기술된 과정에 대한 연구가 몇몇 있다. 설계 면에서 이 실험들은 제4장에서 기술한 파생적 관계 반응형성 관련 실험과 유사하다. 다시 말하자면, 실험에서는 무의미 철자나 추상적인 모양 등 임의적인 자극을 사용했으며, 실험 참여자들은 파생 관계망 특히 등위나 차별 관계의 파생 관계망을 발전시키도록 훈련되었다. 그다음에 피험자가 이전에 형성된 관계들 간 파생 관계를 형성할 수 있는지를 측정하였다. 이는 피험자가 두 자극 간 관계가 서로 같거나 다른 쌍을 짝지을 수 있는지를 통해 알 수 있다. 관계 평가 절차(Stewart, Barnes-Holmes, & Roche, 2004)라 불리는 비교적 최근에 개발된 방법을 사용하게 되면, 피검자들은 이전에 참이나 거짓을 뜻하도록 형성된 단서를 통해 유추적인 관계망 간의 일관성을 평가할 수 있다. 이 경우 전통적인 방식의 매칭을 통한 방법보다 더 빨리 파생된 유추 관계를 형성할 수 있게 된다.

이러한 연구들을 통해 우리는 유추가 어떻게 우리에게 영향을 미치는지 그리고 어떻게 맥락적 요인들이 이러한 행동을 통제하는지를 이해할 수 있다. 지금까지의 연구 결과는 유추가 어떻게 기능하는지에 대한 RFT의 가정들을 지지하고 있다(Barnes, Hegarty, & Smeets, 1997; D. Barnes-Holmes & Stewart, 2004; Lipkens & Hayes, 2009; Stewart et al., 2004; Stewart, Barnes-Holmes, Roche & Smeets, 2001, 2002). 또한 몇몇 연구 결과에 의하면 청소년의 경우 유추를 고안해 내는 능력의 발달은 언어적 관계틀 형성 능력과 병행하여 발달한다.

은유

은유는 특별한 유형의 유추로서, 각각의 관계틀이 등위 관계를 통해 상호적으로 관련된다. 전형적인 은유의 예를 들어 보겠다. '그와 논쟁을 하는 것은 증기롤러에 치이는 것과 같다.' 이 예는 위에서 설명한 은유에 대한 기술에 잘 들어맞는다. 서로 다른 자극 간 두 개의 관계틀로 구성된 두 개의 사건이 있으며 두 관계틀 모두 임의적인 관계(예: 사용된 단어들 간 관계 또는 대부분의 청자가 직접 경험한 적 없이 언어 기능을 통해서만 알 수 있는 증기롤러에 치는 느낌)와 비임의적인 관계(예: 청자 자신의 논쟁 경험 또는 누군가 증기롤러에 치이는 것을 직접적으로 본 경험)를 포함한다. 이 두 관계가 맥락적 단서 '는'에 의해 등위 관계라는 임의적인 관계에 놓이게 되었다. 앞에서 이야기한 유추와 마찬가지로, 등위 관계가 언제나 임의적인 것은 아니다. 적어도 이 두 관계망은 한 가지 비임의적인 유사성을 가지고 있다. 즉, 특정한 사람이든 증기롤러이든 영향을 미치거나 멈추는 것이다. 이 두 관계망은 서로 다른 종류의 관계를 포함하고 있으나 두 관계망 모두에서 공통된 관계 또한 있다. 이는 인과관계로, 누군가가 무엇을 막아서는 것과 그렇게 하는 행동의 결과로 구성된다.

그렇다면 우리는 유추와 은유를 어떻게 구분할 수 있을까? 앞에서 제시되었던 은유를 보면, 비임의적인 관계 간 대칭이 되는 부분이 있다. '원자는 태양계와 같다.'라는 말에서 원자는 표적이고 태양계는 베이스이지만, 유추는 반대방향으로도 성립된다. 이 유추에 적용된 비임의적인 공간적 관계(한 부분이 다른 부분 주위를 돈다)는 두 유추 모두에서 같다. 만약에 누군가 원자를 이런 식(유추에서 사용된 간단한 의미)으로 이해하고 있으나, 태양계가 어떻게 움직이는지를 몰랐다면 우리는 '태양계는 마치 원자와 같다.'고 원자를 베이스로 하고 태양계를 표적으로 하여 설명할 수 있을 것이다. 이는 앞서 예를 든 자동차와 과일의 예에서도 마찬가지이다. 물론 복숭아와 넥타린 간의 관계를 모르는 사람은 없을 것 같아 이때 비유는 주로 차들 간의 관계에 대한 비유로 사용될 것이다. '수잔과 래리는 고양이와 개와 같다.'는 이 중 경계에 해당하는 예이다. 만약에 누군가가 고양이와 개가 어떤 방식으로 상관이 있는지 모르지만 래리와 수잔이 어떻게 싸우는지는 알고 있다면, 이 비유는 적어도 어느 정도는 반대방향으로도 성립될 수 있을 것이다.

이를 '그와 논쟁하는 것은 증기롤러에 치이는 것과 같다.'와 비교해 보겠다. 이 비유에 적용된 비임의적인 관계—저항할 수 없는 힘에 맞서는 두 개의 사건—는 동일한 관계가 아니다. 두 개의 관계 중 하나가 다른 관계보다 더 중요한 역할을 하고 있다. 베이스(증기롤러에 치이는 것)가 표적(그와 논쟁하는 것)에 비해 더 큰 비중의 역할을 하고 있다. 진정한 유추는 앞의 예에서 설명했듯이 양방향으로 일어날 수 있다. 하지만 은유는 그렇지 않다. 만약에 앞의 은유를 반대방향으로 해서 '증기롤러에 치이는 것은 마치 그와 논쟁하는 것과 같다.'라고 한다면, 그 은유는 아마도 잘 기능하지 못할 것이다. 베이스와 표적은 서로 바꿀 수가 없다. 조금 더 기술적으로 이야기하자면, 우리가 '받아들이지 않을 수 없음'의 자극 기능이 하나의 관계망에 비해 다른 관계망에서 더욱 굳건하다. 즉, 각각의 관계망은 모두 비임의적이고 위계적인 관계에 있다. 쉬운 말로 하자면, 그들은 유사하지만 유사함의 특징이 그중 하나의 관계망에서 더욱 결정적이다.

지금부터 하려고 하는 논의는 불필요하고 부수적인 것으로 보일 수도 있다. 하지만 RFT에 의하면 은유의 특질은 그 유용함에 있기 때문에 핵심적인 이슈라 할 수 있다. 은유는 하나의 사건에서 매우 확연한 특질이 다른 사건으로 순식간에 옮겨 가게 함으로써 그 기능을 한다. RFT에서는 하나의 자극 기능이 다른 것에 의해 임의적으로 변환되는 것을 인간 언어행동의 가장 핵심으로 본다는 것을 기억해야 한다. 은유는 간단히 보면 이러한 변환을 가장 효과적으로 얻을 수 있는 관계망 간의 복합적인 관계이다. 두 관계망 간의 비임의적인 유사성이 유추적인 유사성만으로는 할 수 없는 정도까지 자극 기능의 전환을 가능하게 한다.

누군가 내게 '사야라'가 '자동차'와 같은 것이라고 한다면, 실제 자동차의 자극 기능('자동차'라는 말은 이미 그 자극 기능을 획득했다는 가정하에)이 '사야라'(라틴문자로 된 '자동차'의 아랍어)로 옮겨 가게 된다. 만약에 누군가가 '이 문제를 생각을 통해 풀려고 하는 것은 마치 머릿속의 토지를 호미질을 해 경작하려 하는 것과 마찬가지이다.'라고 하는 것을 듣는다면 이 역시 근본적으로 첫 번째 예와 같다. 두 경우 모두에서 두 가지 현상은 맥락적 단서(~와 '같다' 등)에 의해 임의적으로 관련되지만 두 진술 사이에는 큰 차이가 있다. 첫 번째 경우 '사야라'와 '자동차'는 관련이 있다. 하지만 두 번째 경우에서는 두 개의 복잡한 관계망 간의 관계에서 두 관계망 모두는 특정한 성질을 가지고 있다. 예를 들어, 원자와 태양계는 모두 공간적 관계 '한 부분이 다른 부분의 주위를 돈다.' 볼보와 사브 그리고 복숭아와 넥타린은 서로 유사한 부분이 있다. 이러한 관계는 임의적인 관계가 아니다. 이렇게 각각의 관계망에 내재한 비임의적인 관계가 서로 관련되어 유추를 형성한다.

은유는 초점이 되는 특징이 표적보다 베이스에서 훨씬 확연하다. 좋은 은유에서는 어떤 특징이 베이스에서는 매우 확실하지만 표적에서는 그다지 명확하지 않다. 이러한 모호한 특징이 은유를 통해서 명확히 드러난다. 예를 들어, 문제에 대해서 생각하는 것은 대부분 좋은 것이라 여겨진다. 우리는 이러한 방식으로 문제를 해결하는 데 익숙하다. 이에 우리는 이렇게 '생각하는 것'에 강박적으로 매달리기도 하는데, 특히 그러한 방식이 작동하지 않을 때조차 그렇다. 이런 상황에서는 우리는 종종 고민하는 것이 조금도 문제를 해결해 주지 않는 것 같다는 희미한 느낌을 가질 수 있다. 그 순간 만약에 누군가 '이 문제를 생각을 통해 풀려고 하는 것은 마치 머릿속에 있는 토지를 호미질을 해 경작하려 하는 것과 마찬가지이다.'라고 하는 말을 듣는다면 경험이 하나에서 다른 것으로 변환된다. 어떤 이는 이를 통찰이라고도 한다. 만약에 이것이 문제에 대해서 계속해서

고민하는 것이 우리가 믿어 온 것처럼 효과적이지 않다는 관점에 이르게 한다면, 이 두 관계망 간의 비임의적인 관계는 이후 우리의 행동에 영향을 미칠 수 있을 것이다.

지금까지의 RFT에 근거한 은유에 대한 분석은 단지 지적인 구조물이거나 개념화 모형이 아니다. 이는 은유에 대한 여러 연구와 함께 실험적인 연구들을 통해 오랫동안 진화해 온 것이다(Stewart & Barnes-Holmes, 2001, 2008).

은유는 어디에나 있다

지금까지 이야기한 은유의 예들은 이해하기 쉽고, 그것이 은유인지 쉽게 알 수 있다. 하지만 은유는 더 넓은 범위에서 사용된다. 은유적인 표현은 앞에서처럼 선명한 예로 제한되지 않다. 은유는 어디에나 있다. 우리가 은유적이라고 알아채지 못하지만 우리의 말에 엮여져 있다. 이 문장에서도 은유를 볼 수 있다. 엮는다는 것은 우리가 천을 짤 때 하는 일이다. 은유가 글이나 말에 있어 어떻게 모든 곳에 들어가 있는지를 설명하고 있던 중으로, 천을 짜는 것에 대한 설명을 하고 있지는 않았다. '은유가 우리 언어 사용과 관련된 것은 뜨개질이 직물과 관련된 것과 같은 방식이다.' 이 말에서 아마도 독자가 눈치챘을 것이다(방금 이 말에도 은유가 있다. 알아챘는가?). 이것이 바로 앞에서 설명한 관계들을 서로 관계 짓는 것이다. 은유는 내가 그것을 쓸 때 주의를 기울이지(방금도 알아챘는가?) 않은 상태에도 새겨져(알아챘는가?) 있다. 이러한 은유를 은유적이지 않은 다른 말인 '포함되어 있다'로 바꿀 수도 있다. 은유는 비록 우리 눈에 띄지(알아챘는가?) 않을 때조차 언어에 포함되어 있다. 이것이 언어에 포함되어 있다는 표현은 그 안에 엮여 있다는 표현에 비해 조금 건조한(알아챘는가?) 표현이다. 포함되어 있다는 표현 또한 곰곰히 생각해 보면 은유적으로 보이기도 한다. 이런 유형의 은유—이미 우리 어휘에 하나로 굳어진—를 얼어붙은 은유라고 한다. 물론 '얼어붙은'이라는 표현 또한 우리가 설명하고 있는 현상(은유)의 또 다른 예이다.

은유는 우리의 언어의 기초에 깊이 뿌리박혀 있다. 이에 대한 과학적 합의가 있으며, RFT는 이러한 기초가 어떻게 형성되어 있는지를 보여 준다. 이 절의 제목인 '은유는 어디에나 있다'는 표현 또한 은유적이다. 명확한 개념으로 볼 때 은유는 물리적인 세상에서는 어디에도 존재하지 않는다. 그것은 우리의 언어행동과 관련해 마치 실제적인 것이 우리를 둘러싼 어디에나 존재하는 것과 같은 방식으로 언어적인 세상에서 존재한다.

은유 그리고 두 가지 유형의 맥락적 단서

제4장에서 관계 조건화 틀을 통제하는 맥락적 단서가 어떻게 두 유형으로 나뉘는지를 기술하였다. 파생된 관계를 통제하는 단서(C_{rel})와 관계에 따라 어떠한 기능이 전달될지를 통제하는 단서(C_{func})가 그것이다. 이것을 다시 언급하는 이유는 은유가 이러한 C_{rel}과 C_{func}의 차이가 중요한 좋은 예 중 하나이기 때문이다.

다시 '그와 논쟁하는 것은 증기롤러에 치이는 것과 같다.'라는 은유로 돌아가 보겠다. 이때 맥락적으로 몇 개의 요소가 있으며, C_{rel}은 명확하게 '같다'가 된다. 이는 두 사건 간 어떠한 관계가 성립되는지를 통제한다(유사성). 실제 논쟁하는 것과 치이는 것 간의 유사함 또한 C_{rel}로 기능한다. 특히 화자가 문제가 된 사람과 논쟁을 한 경험이 있을 때 가능성이 더욱 커지는데, 그 이유는 은유와 관계없이 실질적으로 유사함을 경험했기 때문이다. 문제가 된 사람과 이전에 직접적인 경험이 없었던 사람 또한 이러한 은유를 듣고 나면 유사함을 명료하게 이해하게 될 것이다. 이때는 이보다 덜 명확한 C_{rel}이 된다. 이 밖에도 치이는 것과 논쟁에 놓이는 것 사이의 일반적인 유사함 또한 역할이 있을 수 있지만 아마도 중요하지 않은 부분이 될 것이다.

반면, 이러한 은유에서 표적의 기능 중 무엇이 전달되는지를 통제하는 것이 분명히 있다. 두 관계망 사이에서 등위의 관계가 형성된다('같다')고 하여도 베이스의 모든 자극 기능이 표적으로 전이되는 것은 아니다. 이러한 은유를 들을 때 문제가 된 사람이 증기롤러처럼 바퀴와 롤러를 가지고 있고 몸무게가 일 톤이 나간다고 생각하는 사람은 거의 없을 것이다. 맥락 중 무엇인가가 어떠한 기능이

전이될지를 결정하는데, 이것이 C_{func}로서의 역할이다. 여기 또한 한편으로는 완고한 사람과 다른 한편으로는 롤러에 치이는 것 같은 비임의적인 유사성(보다 정확히는 위계적인 관계)이 작동한다. 어떠한 기능이 전면에 나올지 또한 그 사람의 말을 포함한 맥락의 다른 요소에 의해 통제된다. 만약에 이러한 은유를 듣는 사람이 이전에 문제가 된 사람이 논쟁을 하는 장면을 목격했다면, 이러한 상황에서의 요인들은 의심할 여지없이 C_{func}이 된다.

다시 말하지만, 무엇이 C_{func}이고 무엇이 C_{rel}인지를 정확히 분류하는 것은 중요하지 않다. 제한된 실험 환경에서는 이것이 가능할 수 있으나 실제 환경에서는 거의 불가능하다. 우리가 경험하거나 사람들이 우리에게 이야기하는 사건이나 과정을 이처럼 세밀하게 분류할 수 있는 가능성은 극히 적다. 우리의 정보가 충분하지 않고, 대부분의 경우에 이러한 유형의 분석은 매우 사변적이 된다. 중요한 것은 이러한 두 유형의 맥락적 통제의 원칙적인 차이를 이해하는 것이다. 행동분석의 근본적인 목적을 기억하자. 그것은 예측과 영향이다. 영향을 미치는 것과 관련해서 C_{rel}과 C_{func} 간 차이는 중요하다. 기능을 통제하는 맥락적 단서를 바꾸는 것이 관계를 통제하는 그것을 바꾸는 것에 비해 용이하기 때문이다. 이는 특히 임상적 개입과 관련해 더욱 그러하다. 이는 이 책의 제3부에서 다시 다루도록 하겠다.

행동분석 그리고 자기의 개념

'자기(self)'라는 말은 일상 및 과학적 언어에서 잘 확립된 위치를 가지고 있다. 우리는 자기상, 자존감 또는 자기확신에 관해 이야기한다. 나는 나 자신과 관련된 것들을 생각하며 말한다. 이 개념은 한 사람, '나'로서의 경험과 밀접하게 관련되어 있다. 또한 이는 심리치료에서 핵심적인 용어이며, 심지어 심리치료 계파 중 하나는 이름하여 자기심리학이다(Kohut, 1971, 1977). 하지만 '자기'라는 말은 여러 다른 의미로 해석되기도 하며, 과학적 근거보다는 상식을 그 배경으로 하고 있다. 행동분석에서는 이처럼 정의가 확실하지 않은 개념은 종종 비과학적이라는 비판을 받는다. 또한 행동치료에서는 '자기'를 자기통제 또는 자기변별 등의 개념처럼 다르게 사용해 오기도 했다. 스키너는 자기라는 용어가 얼마나 자주 비과학적인 방식으로 사용되는지에 관해 기술하였으며, 그럼에도 불구하고 이 단어는 인간 경험의 중요한 부분을 나타내고 있다고 하였다. 사실, 그는 그의 가장 저명한 책들 중 다수의 책에서 이 개념을 설명하는 데 하나의 장을 모두 할애하곤 하였다(Skinner, 1953, 1974, 1989). 이 경험은 모든 인간에게 공통된 것으로, 인간 행동을 이해하고자 한다면 분석해야 하는 행동이기 때문이다. '자기'에 대해 이야기하는 것은 의심의 여지없이 인간 행동의 하나이며, 스키너는 이러한 현상의 배경을 탐색하고자 하였다.

지금부터 이야기할 예는 이러한 현상을 분석하는 시작점이 될 수 있을 것이다(Skinner, 1953, p. 265). '나는 무지개를 본다.'는 말은 '저기 무지개가 있다.'는 말과는 다른 말이다. 전자의 경우, 개인은 자기 자신의 보는 행위를 밝히고 있으며, 무지개는 부수적이다. 제2장에서의 용어를 사용하자면, 그는 자신의 행동을 접촉 언어행동화하고 있다. 스키너는 이를 '자기'라는 개념의 근간으로 보았다. 우리는 우리 삶의 초기에 사회적 환경을 통해 우리 자신의 행동에 대해 이야기하는 것을 배운다. 제2장에서 설명했듯이 이러한 행동이 처음에는 우리를 둘러싼 것들과 관련해 유용하지만 시간이 흐름에 따라 이는 개인 스스로에게도 유용해지는데, 특히 스키너가 이야기한 사적 행동으로 행위자 자신만이 관찰할 수 있는 행동과 관련해서도 그러하다.

어린아이가 말을 배울 때 처음에는 반향모방을 통해 배운다(제2장 참조). 처음에는 다른 대상과의 관계에서 각각의 단어만을 사용하다 시간이 지남에 따라 '나 인형 가졌어.' '나 공 가졌어.' '나 행복해.' 등으로 구성 단위가 나타나기 시작한다. 단위 중 어떤 것은 변화하나 다른 것들은 영구적이다. 아동의 행동과 '나'라는 말 사이의 연결은 이 중 영구적인 부분이다. 아이가 자신의 행동과 '나'라는 말을 연결짓는 것은 사회적 환경의 사람들로부터 지속적으로 강화받는다. 아동 자신의 행동에 대해 이렇게 단어를 연결해 쓰는 것과 동시에 아동 자신만이 관찰할 수 있는 자극과 관련해서도 '나' 또는 나와 관련된 다른 이름들, 별명들과 관련짓게 된다. 즉, '나'에 대해 이야기하는 것은 말하기에서 보다 큰 구성 단위로 발전하는 시작점이 되며, 이러한 말하기는 조작적 조건화를 통해 학습된다. 이후 작은 단위인 '나'가 선택되고 사적 사건—아동 자신에 의해서만 탐지될 수 있는 자극—과 연결된다(Kohlenberg & Tsai, 1995). 이런 방식으로 아동은 사적 사건을 포함한 자기 자신의 행동을 접촉 언어행동화하는 법을 배우게 되며, 이때 존재했던 일부 자극이 아동이 '나'를 접촉 언어행동화하는 것을 통제한다. RFT에서는 자기라는 복잡한 현상을 설명하는 데 위에 설명한 과정에 더해 심화된 과정이 필요하다고 본다.

자기의 경험: 조망 참조 능력의 결과

RFT는 앞의 분석들(S. C. Hayes, 1994; S. C. Hayes & Gregg, 2000; S. C. Hayes, Barnes-Holmes, & Roche, 2001)을 기반으로 형성되었으며, 제4장에서 설명했듯이 그 파생적 관계 조건화를 출발점으로 해 언어적 관계틀 형성이론을 통해 언어적 조망을 형성하게 된다. 우리는 다양한 종류의 언어적 관계틀을 사용하며 자극들을 이러한 틀에 맞춘다. 예를 들어, 우리는 사건들을 비교의 틀 속에 넣는다. '사랑은 증오보다 위대하다.' 또는 시간적인 틀 속에 넣기도 한다. '래리가 거기에 처음으로 갈 것이다.' 같은 방식으로 우리는 조망으로부터 사건을 관계짓는 방식을 배우기도 한다. '만약에 그가 본다면…….' RFT에 의하면, 언어적 관계틀을 통해 조망을 취하는 능력은 자기라는 인간 경험이 가능할 수 있도록 하는 데 필수적이다.

위에서 설명한 것에 더해, 아이는 사적 사건을 포함한 자신의 행동을 접촉 언어행동화하는 것의 한 부분으로서 '나' 를 접촉 언어행동화하는 것을 배울 수 있다. 하지만 이러한 행동은 언어적 관계틀 형성에 의해 매우 복잡해진다. 아이가 '나'를 사용하는 것이 강화되었듯이 '여기'라는 말을 쓰는 것 또한 강화받을 것이다. 한편으로, 아이는 '거기' '너'라는 말을 사용하는 것 또한 강화받는다. 이때 '거기'는 언제나 '여기'가 아닌 어떤 곳이며, '여기'가 언제나 아이의 관점이다. 이러한 종류의 훈련을 통해, 우리는 우리의 조망을 타인의 그것으로부터 구별해 자신만의 조망을 배우게 된다. 우리 인간이 자신만의 고유한 조망을 경험할 때, 그것은 다른 조망(너-또는 그, 그녀 또는 그것)의 경험으로부터 구별되어져 가능해진다(Buber, 1970). 같은 역학이 조망 참조의 부분인 다른 관계—여기/거기, 지금/그때—에도 적용된다. '여기 '는 '저기'의 경험이 있을 때에 알 수 있으며, '지금'은 '그때'라는 개념과 같이만 이해될 수 있다. 만약에 '너' '거기' '그때'라는 개념이 사라진다면(이는 상상도 하기 어려운 일이지만), 이에 따라 '나' '여기' '지금'의 개념 또한 그 특성을 잃게 될 것이다. 내가 나 자신의 조망을 갖고 있다는 것을 경험하는 방식, 즉 내가 나 자신의 조망을 갖고 있다는 것을 인식하는 것은 타인의 입장에서부터 보는 다른 조망을 경험할 때만이 가능하다.

이는 극히 자연스럽고 깊이 스며들어 있어 이에 대해 이야기하거나 쓰는 것 자체가 어려운 우리 경험의 일부이다. RFT에 의하면, 조망의 경험은 이러한 세 개의 상호 의존적인 개념(나/너, 여기/거기, 지금/그때)에서 생겨났다. 처음 두 개의 관계는 공간적인 관계이며, 세 번째는 시간적인 관계이다. 이러한 세 개의 관계는 수없이 반복되는 다양한 질문을 통한 우리의 일상적인 언어화 훈련의 일부로서 학습된다.

- 당신은 지금 무엇을 합니까?
- 나는 지금 무엇을 합니까?
- 다음에 당신은 어디로 갑니까?
- 다음에 나는 어디로 갑니까?
- 당신은 무슨 일로 거기 갔나요?
- 제가 여기 무슨 일로 있나요?
- 지금 당신은 어디 있습니까?
- 당신은 그때 어디에 있었나요?

이런 유형의 학습은 다양한 맥락에서의 질문과 대답 모두를 포함한다. 누가 무엇을 하는가, 누가 무엇을 가지고 있는가, 누가 무엇을 했는가, 어디에 누가 있는가, 언제 무엇이 되는가 등이 그러한 질문의 예이다. 이 모든 것은 계속해서 변한다. 변하지 않고 남아 있는 것은 개인의 조망 그 자체뿐이다.

사람은 언제나 나-여기-지금의 조망에서 대답을 한다. 이것만이 개인이 직접적으로 경험할 수 있는 유일한 조망이다. 만약에 독자인 당신이 지금 이 순간 당신의 경험을 인식한다면, 그러한 인식 또한 나-여기-지금의 조망에서 하게 된다. 이러한 조망(나-여기-지금) 이외의 다른 조망으로 듣거나 보고 무엇을 해 본 경험이 있는가? 아마도 없을 것이다. 그럼에도 우리는 여전히 다른 조망을 경험해 본 것처럼 행동하거나 반응한다. 우리는 결코 다른 조망을 직접적으로 경험할 수 없다. 개인으로서 우리가 우리 자신의 조망 이외의 조망과 관계짓는 방식은 학습되어 왔다. 어린아이는 이를 아직 학습하지 못했기에 이러한 조망과 관련해 질문을 하면 실수를 하곤 한다. 만약에 어린아이에게 식탁에서 다른 사람이 무엇을 먹고 있는지 물으면 아이는 자기가 먹고 있는 음식을 이야기할 것이다. 만약에 아이에게 건너편 식탁에 앉은 사람이 보고 있는 것이 무엇인지 물으면 아마도 틀린 대답을 할 것이다. 자기 자신의 조망이 아닌 다른 이의 조망으로 보는 능력은 언어적으로 형성된다. 이는 임의적으로 적용 가능한 관계적 반응형성(AARR)을 통해 학습된다. 앞서 예로 든 질문들이 수없이 많은 경우에서 던져지고 대답될 것이다. 다른 조망들을 추상화하는 것을 학습함에 따라, 이러한 조망들이 다양한 단어의 맥락적 단서를 통해 임의적으로 적용 가능해진다. '거기' '너' '그' '그녀' '그들' '그때' '어제'와 같은 단어들이 아이 자신의 조망과 다른 조망을 가져오도록 하는 단서가 된다. 물론 사실 실제로 가져오는 것은 아무것도 없다. 이 모든 것은 기능 변환의 결과로 나타나게 된다. 이에 따라 우리는 경험을 관계틀에 넣는 것을 배우게 되고(나/너, 여기/거기, 지금/그때), 이를 통해 우리 자신의 조망 이외의 조망에 접촉할 수 있게 된다. 우리는 결코 타인의 조망을 우리 자신의 조망처럼 직접적으로 경험할 수 없기에 이러한 접촉은 환상이다. 단지 우리는 타인의 조망을 상상할 수 있을 뿐이다. 또한 우리는 우리 자신이 다른 조망을 가지고 있는 것처럼 상상하기도 한다(나-거기-그때). 하지만 우리가 어디로 가든 어떤 사람도 타인, 거기 또는 그때에 실제로 갈 수는 없다.

언어적으로 유능한 인간은 언제나 나, 여기 그리고 지금의 위치에 있다. 만약에 내가 당신의 조망을 본다면, 아마도 내 조망에서 그렇게 할 것이다. 나는 단지 만약에 내가 당신 입장이었으면 어떻게 했을지, 또 어떻게 할지를 상상하려 노력할 뿐이다. 하지만 만약에 내가 과거에 어떻게 했거나 앞으로 할 것을 생각한다면, 이 또한 지금 일어나는 일이다. 우리 인간은 언제나 심리적인 현재에 살고 있다(L. J. Hayes, 1992). 내가 만약에 그곳에 간다면 내가 도착하는 순간 '그곳'은 '여기'가 될 것이다. 이것은 〈세서미 스트리트(Sesame Street)〉에 나오는 유명한 노래에도 잘 표현되어 있다. 가사는 다음과 같다. '거기는 당신이 있는 곳이 아니다. 여기는 여기, 당신이 있는 곳이다. 여기는 언제나 당신과 함께한다.' 또한 우리 자신의 '나'라는 경험 또한 이러한 조망, 즉 지금-현재에서 생겨난다. 왜냐하면 이러한 조망만이 언제나 존재하는 유일한 조망이며, 우리에게 일어나는 모든 일이 경험되는 조망이고, 우리가 '나'로서 무엇에 대해 이야기하는 것을 배우는 조망이기 때문이다. 또한 이 조망은 지속적이기에 우리 경험의 연속성을 경험하게 한다. 항상 어떤 면에서 같은 사람으로서 연속적으로 존재하는 것, '나 자신'을 경험하게 한다.

조망 참조 능력 그리고 마음이론

앞의 논의를 통해 우리는 '자기'를 형성하는 데 있어 조망 능력이 핵심적인 역할을 한다는 것을 알게 되었다. 타인의 조망을 참조할 수 있는 능력 또한 이와 더불어 중요하다. 최근 몇 년간 이 주제는 인지이론, 특히 마음이론에 있어 핵심적인 연구 주제였다(Baron-Cohen, Tager-Flusberg, & Cohen, 2000). 이 연구는 어떻게 인간이 기능하는지, 어떻게 자신이나 타인의 심리 상태를 유추하는지, 어떻게 공감이 발달하는지에 대한 일반적인 이해에 중요한 도움이 되었다. 조금 더 구체적으로 이러한 연구들을 통해 자폐 아동에게서 보이는 문제를 검토하고 이러한 아동이 조망 참조 능력을 발달시키고 학습할 수 있도록 돕는 구체적인 기법들을 개발하였다(Howlin, Baron-Cohen, & Hadwin, 1999). 연구 결과에 따라 연구자들은 타인의 조망을 참조하는 능력의 다양한 단계를 파악할 수 있었다. 이러한 단계는 자신의 위치가 아닌 타인의 위치에서 대상이 어떻게 보이는지를 알 수 있는 기본적인 단계에서 시작해 타인의 행동을 그들이 사건에 대해 무엇을 사실이라고 믿는지에 대한 추정을 근거로 예측할 수 있는 복잡한 단계까지로 구성된다. 즉, 우리는 우리 자신이 무엇을 사실이라고 믿는지와 관계없이 타인이 무엇을 사실이라고 믿는지에 대한 우리의 가정을 근거로 하여 행동할 수 있다. 이러한 행동은 타인의 조망을 참조하는 능력을 필요로 한다.

자폐 아동에 대한 훈련 기법의 향상에 대한 연구는 지난 몇 십 년간 행동분석가들을 사로잡아 왔다. 언어적 관계틀 형성을 통해 조망 참조 능력을 이해할 수 있도록 도운 실험 연구들이 이 연구 분야에 새로운 가능성을 열었다. 이처럼 행동분석적 관점에서 연구를 진행하는 것의 이점은 그것이 현실적 근거에 기반을 두고 구축된다는 점이다. 인지 지향적 모형이 개념을 각각 다른 용어나 다른 기본 기술로 설명하는 것이 문제라고 여겨지는 데 비해 행동분석적 관점에서 사용되는 개념은 기초 실험 연구에 그 뿌리를 두고 기술되며 정의된다(Y. Barnes-Holmes, McHugh, & Barnes-Holmes, 2004).

이 책에서 기술한 개념과 기법들은 RFT에 기반을 둔 연구를 그 시작점으로 하고 있다. 조망 참조 능력은 아동이 자극을 특정한 맥락에서 관계짓는 것을 학습하는 것을 포함하여 일반화된 조작적 행동의 한 형태라고 할 수 있다(Y. Barnes-Holmes, McHugh, & Barnes-Holmes, 2004). 이러한 절차를 훈련하기 위해 특별한 치료 프로토콜이 개발되어 왔다(Y. Barnes-Holmes, Barnes-Holmes, & McHugh, 2004; McHugh, Barnes-Holmes, & Barnes-Holmes, 2009). 간단히 말하자면, 이러한 훈련에서 아동에게 조망 참조와 관련된 질문을 그 복잡함의 정도에 따라 체계적으로 진행한다. 훈련 또한 피드백이 주어진다. 즉, 정답은 대화 중 강화를 받는다.

훈련은 다음과 같은 간단한 질문으로 시작된다. "나는 어떤 공을 가지고 있고, 너는 어떤 공을 가지고 있니?" "여기 있는 것은 누구이고, 저기 있는 것은 누구이니?"

다음 단계에서 관계는 역전된다. "만약에 네가 나고 내가 너라면, 너는 어떤 공을 가지고 있고 나는 어떤 공을 가지고 있을까?" "너는 저기 작은 의자에 앉아 있고 나는 여기 큰 의자에 앉아 있어(이것은 실제 상황을 기술한 것이다). 만약에 여기가 저기고, 저기가 여기라면, 나는 어떤 의자에 앉아 있고 너는 어떤 의자에 앉아 있을까?"

또한 이중 역전 관계에 대해서도 훈련할 수 있다. "오늘 나는 여기 큰 의자에 앉아 있고, 어제 나는 저기 작은 의자에 앉아 있었어. 만약에 여기가 저기가 되고 저기가 여기가 된다면 그리고 지금이 그때가 되고 그때가 지금이 된다면, 나는 지금 어떤 의자에 앉아 있고 그때는 어떤 의자에 앉아 있었을까?"

당신도 아마 알아챘듯이, 이러한 종류의 질문에 대답하는 것은 언어적으로 유능한 어른의 경우에도 언제나 쉽지만은 않다. 이러한 기술은 마음이론에 포함되어 있는 현상과 일치하며, 이는 다양한 연령대별로 언어적 관계들이 어떻게 다르게 나타나는지를 비교함으로써, 또 근래의 관련 연구 결과들을 통해 지지되고 있다(McHugh et al., 2004). 또한 이러한 종류의 훈련 프로그램을 통해 취학 전 아동이 조망 참조 능력을 일반화하는 것 또한 가능하다는 연구가 있으며(Heagle & Rehfeldt, 2006) 많은 연구 결과에서 이러한 방법을 통해 자폐 아동의 조망 참조 능력이 향상되는 것을 확인할 수 있다(Rehfeldt, Dillen, Ziomek, & Kowalchuck, 2007).

자기 경험의 세 가지 측면

자, 이제 이 책의 핵심 주제로 돌아갈 시간이다. 우리가 생각이라고 부르는 특별한 인간 행동, 이것이 어떻게 우리의 자기 경험과 관련되며, 어떻게 RFT 안에서 이것을 이해할 수 있을 것인가? 지금까지 나는 RFT가 어떻게 '나'라는 경험의 기원 그리고 연속된 자기 경험을 설명하는지를 기술하였다. 이를 이렇게 표현할 수도 있다. 나는 단지 내가 무지개를 보는 것뿐만 아니라 내가 무지개를 보는 것을 본다. 나는 또한 내가 무지개를 보고 있는 사람이라는 것을 안다. 나는 내가 그것을 특별한 조망으로부터 보고 있다는 것을 알고 있으며, 다른 조망에서 보는 것이 가능하다는 것 또한 안다. 이는 우리의 언어훈련이 진행됨에 따라 언어적 관계 형성을 통해 일어나게 된다.

조망으로서의 자기

자기의 연속성에 대한 조망은 특별하다. 우리는 이러한 조망을 그 안에서는 볼 수가 없다. 이것은 결코 우리가 관찰할 수 있는 대상은 될 수 없다. 우리는 이에 대해 이야기하거나 지금 내가 하고 있는 것처럼 쓸 수 있으며, 조망을 참조할 수 있을 때 그 결과만을 통해 관찰할 수 있다. 우리는 특정한 조망이나 소재(locus)로부터 이를 관찰할 수 있으나, 이러한 소재나 조망 자체를 관찰할 수는 없다. 어떤 조망으로부터 그것을 관찰하느냐고 하면 보다 명확한 표현이 된다. 우리가 가진 것은 나-여기-지금이다. 우리가 무엇을 관찰하든, 그것은 우리가 전체를 관찰하는 조망이기에 조망 자체를 관찰할 수는 없다.

결과적으로, 우리의 조망 자체에는 내용이 없다. 그것은 우리가 우리의 삶을 살고, 관찰하는 시점이다. 이것이 RFT에서 자기 경험의 측면을 맥락으로서의 자기 또는 조망으로서의 자기라고 칭하는 이유이다. 이는 우리가 경험하는 것을 경험하는 조망 또는 맥락이다. 하지만 자기라는 개념은 이보다 크다. 우리는 지속적으로 내용 없이 또는 계속해서 부유하는 조망으로 자기를 경험하지는 않는다. 누군가 나에 대해 내게 묻는다면, 나는 몇 가지 측면에서 나를 기술할 수 있다. 또한 나는 내가 '나 자신'이라 부르는 스스로의 경험 또한 관찰할 수 있다. 우리가 '자기'라고 하는 말을 사용해 우리를 기술할 때의 현상학적인 영역을 분석하기 위해서, 우리는 이를 더 추론할 필요가 있다. RFT에서는 이를 위해 두 개의 자기 측면을 더 기술했다. 과정으로서의 자기와 이야기로서의 자기가 그것이다. 이 세 개의 자기가 모든 것을 설명한다거나 다른 자기의 측면이 타당하지 않다거나 유용하지 않다는 것이 아니라, 행동분석적인 목적을 위해서 이 세 개의 자기가 필요하다는 것이다.

과정으로서의 자기

과정으로서의 자기는 스키너의 사적 사건의 개념과 유사해, 우리가 접촉 언어행동화할 수 있는 것을 말한다. 그것은 현재 진행 중인 우리가 관찰할 수 있는 우리이다. 지금 순간에 일어나는 행동으로 우리 각자가 자기 자신이라고 부르는 것을 구성하는 것으로 감정, 기억, 신체감각과 생각과 같은 것이다. 이것은 언제나 지금 여기에 존재한다. 즉, 직접적인 경험을 통해서든 언어적 과정을 통해서든 이것은 개인이 '나'라고 생각하는 것과 연결된다. 하지만 여기서 주목해야 할 것은 이는 맥락으로서의 자기처럼 안정적이지는 않다는 점이다. 우리는 언제나 같은 것을 생각하고 기억하지는 않다. 우리 몸은 언제나 같은 것을 느끼지 않고, 감정 상태도 다양하다.

과정으로서의 자기와 확실히 접촉하는 것은 매우 유용하다. 예를 들어, 우리가 다양하게 느끼고 기억하는 것들이 우리 이야기의 요약본을 구성한다. 내가 순간 어떻게 느끼는지는 내가 어떤 방식으로 행동하는 경향성이 있는지를 말해 주며, 나와 관계가 있다고 생각하는 사람들이 나에 대해 무엇인가를 안다고 믿을 만한 근거를 준다. 내가 지금 이순간의 나를 과정으로서 접촉하게 된다면 나에게 중요한 일들과 관련해 유연하게 선택할 수 있는 가능성이 커지며, 이는 타인과의 관계에 대해서도 마찬가지이다. 만약에 내가 지금 화가 났다는 것을 알아챘다면, 나는 이러한 나의 자각을 다음 단계에 대한 정보로 사용할 수 있다. 만약에 나의 과거로 인해 내가 특정한 상황에서 공격적으로 행동하는 경향이 있고, 내가 누군가를 칠 수도 있는 방향으로 나의 사적 사건들이 전개되고 있는 것을 알아차리지 못한다면 이는 문제가 되는 결과를 초래할 수도 있다. 똑같은 방식으로, 작은 감정적인 과정이 내가 행동을 고려하는 데 좋은 신호로써 사용될 수 있다. 예를 들어, 어떤 사건이나 사물과 관련해 호기심이나 흥미가 일어나는 것을 알아차린다면, 이는 그것에 대해 더 많은 것을 발견할 수 있는 시작점으로 작용할 수 있다. 만약에 내가 이러한 과정을 알아채지 못한다면, 나는 내게 중요한 사건을 놓칠 가능성이 매우 높아진다. 과정으로서의 자기로 '자기를 아는 것'은 자신의 역사를 안다는 것으로, 이 중 어떤 것은 처음에는 언어적이지 않았으나 현재는 언어로서 남은 것이다.

우리가 자신의 신체감각과 감정 상태를 알아챌 때, 우리가 관찰하는 것 중 일정 부분은 생물학적으로 주어진 행동 양상들이다(Ekman, 1992). 이는 또한 부분적으로 반응적 학습의 이력이며, 언어적 관계틀 형성의 이력 또한 부분적으로 포함된다. 언어적으로 유능한 사람에게, 감정을 포함한 어떤 것도 단순히 그것자체만은 아니다. 느낌은 결코 '그와 같은 느낌'이 아니라 정확히는 '그것이 내게 뜻하는 것'이다. 이는 개인이 언어적으로 관계틀을 형성하는 능력의 산물이며, 이와 관련된 개인의 이력은 모든 것에 스며 있다. 가슴이 일렁이는 것은 '와, 멋진데.' 또는 '뭔가 잘못되고 있는 것 같은데.'를 의미할 수 있다. 그 연속선상에 과정으로서의 자기와 우리의 자기 경험 중 세 번째인 이야기로서의 자기의 경계가 있다.

이야기로서의 자기 또는 개념화된 자기

우리가 언어적 존재로서 첫발을 뗀 순간부터 언어는 우리 자신의 행동을 포함해서 우리가 만나는 모든 것에 부여되며, 그것을 대신한다. 우리는 사회적 환경에 유용하기에 우리 자신에 대해서 말하는 것을 배운다. 즉, 어린 나이부터 우리는 스스로에 대한 기술과 함께 우리에 대한 다른 사람의 기술을 접하게 되며, 이것들이 함께 '내가 누구인지'에 대한 이야기로 발전하게 된다. 우리는 이렇게 기술하는 것을 처음에는 소리 내서 하지만 곧이어 소리 내지 않고 하는 것을 배우게 된다. 이러한 자기의 측면을 이야기로서의 자기 또는 개념화된 자기라고 한다.

말과 생각은 많은 이유로 우리의 경험에 빠르게 스며든다. 언어행동은 다른 행동들과 동시에 일어날 수 있기 때문이다. 일반적으로, 비언어적인 행동의 경우 같은 대상으로 여러 행동을 동시에 하는 것이 쉽지 않으나, 하나의 대상에 대해 어떤 행동을 하면서 여러 가지 생각을 하는 것은 쉽다(Parrott, 19184) . 의자를 그릴 때 의자를 생각하는 것이 동시에 의자 위에 올라서서 천장에 손을 뻗는 것보다 쉽다. 이는 보통 생각해 본 적이 없어서 그렇지 상당히 명백하다. 이처럼 언어적 행동은 우리의 물리적 환경에 직접적인 영향을 미치지 않는다는 그 사실로 인해 우리가 하는 거의 모든 행동과 동시에 진행될 수 있다.

우리 자신에 대한 이야기 또는 개념화는 물론 상당히 유용하다. 그것은 연속성을 부여하며, 다른 사람에게 '내가 누구인지'에 대한 요약 정보를 제공한다. 이러한 요약 정보는 남에게 제시할 수 있고, 일정 정도는 개인의 사회적 환경에 의해 한 개인의 경험에 영향을 미칠 수 있기에 타인과의 상호작용에서 핵심이 된다. 이는 개인의 이력을 요약하며, 그가 중요하다고 생각하는 것 그리고 할 수 있는 것 등을 요약해 준다. 이처럼 개인이 속해 있는 사회에서 요약된 이야기는 그에 대한 지식의 지름길이 된다. 이 부분에서 다시 앞서 다룬, 과정으로서 우리 자신에 대해 이야기하는 것을 학습하는 것이 왜 중요한지를 다시 생각해 보게 된다. 이야기로서의 자기는 과정으로서의 자기에 비해 언어적으로 훨씬 정교한 반면, 실제 그 순간에 개인에게 일어나고 있는 것의 상당히 많은 부분이 생략된다. 우리가 이야기로서의 자기를 사용하는 전형적인 경우는 면접 상황이나 처음 만나는 사람에게 자신을 소개할 때일 것이다.

우리가 아이들과의 상호작용에서 얼마나 자주 이러한 이야기를 가르치기 위해 노력하는지 생각해 보자. 우리는 다음과 같은 질문이나 진술을 한다. "그다음에는 무엇을 했어?" "그래서 그것이 어땠어?" "너는 남자애야, 여자애야?" "너는 너의 아빠랑 많이 닮았구나." "너는 정말 귀엽다." 이러한 질문과 진술들은 그 이후의 대화와 함께 아이들이 자신을 개념화하는 데 도움이 된다. 이러한 이야기의 중요한 점은 그것이 일관적이며 하나로 되어 있다는 점이다. 이는 특히 개인이 자신에 대한 기존의 이야기와 맞지 않는 것을 경험할 때 더욱 확실해진다. 예를 들어, 친절하고 사교적이라는 내용으로서의 자기를 가지고 있는 사람이 어떤 상황에서 자제력을 잃고 화를 내거나 누군가의 요청을 거절했다면, 이후 그는 자기 자신에게 "그때 나는 내가 아니었어."라고 말하게 될 수 있다. 누군가 우리에게 우리 자신의 이야기와 맞지 않는 이야기를 할 때도 이와 비슷한 일이 일어난다. 우리는 우리 자신에 대한 이야기를 방어한다. 우리는 우리 자신의 이야기가 논리적으로 일관되게 남아 있을 수 있는 방식으로만 그것을 변경한다.

이는 일관성이 어떻게 일반화된 강화물이 되는지에 관해 앞에서 논의한 것과 연결된다. 개념화된 자기의 기원은 우리의 사회적 환경에 있으며, 이후 우리에게 굉장히 중요해진다. 얼마 지나지 않아, 우리가 내재적으로 대화하는 것을 배운 이후부터는 이러한 이야기 중 어떤 부분은 당사자만 알고 있게 된다. 우리에게는 취업 면접에서는 이야기하지 않는 '이야기로서의 자기'가 있다. 우리는 아마도 친구나 가까운 가족에게는 다른 버전의 '이야기로서의 자기'를 이야기할 것이며, 이 또한 취업에서와 마찬가지로 선택적이다. 이러한 이야기 중 어떤 측면은 본인만이 알고 있는 것도 있다. 우리 자신에 대한 우리의 이야기는 환경뿐만이 아니라 우리 자신에게도 동일한 기능을 가지고 있다. 이야기들은 행동에 대한 스크립트로 기능하는 요약본이 된다(Tomkins, 1987). '나는 이렇게 또는 저렇게 행동하는 사람이다.' 이 부분이 다음 장에서 다룰 규칙 지배적 행동과 자기규칙과 연결된다.

이야기로서의 자기는 모든 다른 요약들이 그렇듯이 위험 요소를 내포하고 있다. 우선 자기개념화는 어쩔 수 없이 극히 간소화되어 있다. 이는 중요한 포인트이자 한계이다. 내 삶에 일어난 모든 일을 볼 때, 나의 개념화된 자기는 수많은 가능한 이야기 중 하나일 뿐이다. 그러한 이야기 중 어떤 부분은 내 자신의 과정으로서의 자기를 접촉 언어행동화(tacting)한 결과로 생겨났다. 이러한 접촉 언어행동 중 어떤 부분은 스키너가 이야기한 대로 왜곡되었을 수 있다(Skinner, 1957). 즉, 나의 이야기 중 어떤 부분은 나 자신의 행동 이외의 것들에 영향을 받는다. 일상의 언어에서 나 자신에 대한 내 이야기 버전은 타인에 의해 만들어지는데, 많은 경우 그들이 이러한 이야기를 할 때 단순히 기술하는 데 그치지 않고 그들 나름의 목적을 가지고 있는 경우가 많다. 저명한 정신분석학자는 이를 “당신이 알아야 할 것을 알고 느껴야 할 것을 느낀다.”라고 표현했다(Bowlby, 1988, p. 99). 이는 우리의 자기개념화의 또 다른 중요한 특질과 연결된다. 이야기로서의 자기는 나에 대한 좋은 것과 나쁜 것을 포함한다. 여기 우리의 깊은 두려움이 있다. 즉, 우리가 근본적으로 악하고, 혐오적이며, 언제나 우리가 ‘그래야만’ 하는 상태가 아니라는 두려움이다.

이러한 이야기로서의 자기의 한계가 이야기를 일관적인 하나로 유지하려는 우리의 노력과 만났을 때 이것이 우리에게 자산이 되기보다는 덫이 될 수 있다는 것은 쉽게 이해할 수 있다. 이는 이 책의 제7장과 제3부의 임상적인 주제에 관한 논의에서 다시 다루게 될 것이다.

세 가지 자기의 측면 간 관계

앞서 세 가지 자기에 대한 탐색을 하면서 우리는 이것들이 언제나 명백히 구별되지는 않는다는 것을 알게 되었다. 하지만 칼로 자른 듯한 구별이 필요한 것은 아니다. 우리는 이러한 세 가지의 자기가 물리적으로 실제로 존재하는 것처럼 기술하려는 것이 목적이 아니며, 우리의 경험을 기술하는 하나의 방식으로 그리고 RFT에서의 과학적 자료와 이들 자기를 연결하는 하나의 방식으로 이를 이해하고자 한다. 중요한 것은 임의적으로 적용 가능한 관계적 반응형성(AARR)을 할 수 있는 우리의 능력으로 인해 우리는 이러한 다른 측면의 자기를 경험할 수 있게 되었으며, 이러한 지식은 임상적인 적용과 관련하여 중요한 의미를 가지고 있다는 점이다.

자기의 세 측면과 관련해 몇 가지는 다시 언급할 필요가 있다. 맥락으로서의 자기와 다른 자기들 간의 차이에 대해 이야기하자면, 맥락으로서의 자기는 지금 여기에서 모든 것이 관찰되는 위치로서, 그 자체는 직접적으로 관찰되지 않는다. 과정으로서의 자기나 이야기로서의 자기가 직접적으로 관찰 가능하다는 점에서 맥락으로서의 자기와 구별이 된다. 또 이러한 차이가 맥락으로서의 자기와 과정 및 이야기로서의 자기 간에 경험적인 거리를 만들어 내게 되는데, 종종 이러한 거리를 잊게 되는 데 문제가 있다. 개인은 현재 여기에서의 나와 과정으로서의 자기 및 이야기로서의 자기를 혼동해, 마치 이러한 측면이 자신을 정의하는 것처럼 행동할 수 있다. 하지만 우리는 자신이 느끼는 것이나 생각하는 것과 오래된 전형적인 것을 변별함으로써 이러한 과정으로서의 자기나 맥락으로서의 자기를 그때 그곳에서의 나로 경험할 수 있는 가능성 또한 가지고 있다. 이는 또한 개인이 자신의 제한된 이야기에 대해 다른 식으로 접근할 수 있는 가능성이 있음을 뜻한다. 이처럼 지금 여기의 나와 그때 그곳에서의 나에 대한 경험적인 거리를 직접적으로 경험함으로써, 우리는 '이것은 지금까지의 삶을 통한 나에 대한 이야기'를 관찰할 수 있게 되며 이를 관찰할 수 있다는 것은 내가 나에 대한 이야기보다 크다는 것을 뜻하기에 개인은 이야기보다 큰 위치에 설 수 있다. 이는 물론 우리에 대한 새로운 이야기이지만, 새로운 이야기는 새로운 경험들의 결과로 생기는 것이므로, 보다 유용하며 덜 제한적일 수 있다. 이에 대해서는 이 책의 제3부에서 더 자세히 다루도록 하겠다.

앞에서 암시했듯, 과정으로서의 자기와 이야기로서의 자기는 모두 '내용으로서의 자기'를 구성한다는 점에서 유사하다. 차이점은 과정으로서의 자기는 보다 직접적이며 비언어적인 자극 기능을 가지고 있는 데 비해 이야기로서의 자기는 파생된 언어적 관계 조건화에 의해 보다 많이 지배되고 있다는 것이다. 달리 표현한다면, 이야기로서의 자기는 보다 인지적이다. 또 다른 차이점은 과정으로서의 자기는 보다 현재 초점적인 데 비해 이야기로서의 자기는 보다 추상적이며 개인의 전반적인 이력을 포함하고 고정적이라는 것이다.

요약

이 장은 기본적인 언어적 관계틀 형성이 보다 복잡한 언어적 관계행동인 은유와 유추를 어떻게 형성해 가는지를 기술했다. 또한 조망 참조 능력이 어떻게 자기 경험의 기초를 형성하는지 또한 다루었다. 이 모든 것은 일반적으로 인간 행동의 중심이 되기에 우리가 '정신병리'라고 부르는 것에 또한 핵심이 된다. 다음 장에서는 스키너가 규칙 지배적 행동이라 칭한 것에 대해 알아보겠다. 이는 언어행동의 결과로 인간 공통의 조건에 가장 널리 영향을 미친 영역이라 할 수 있다. 또한 이러한 능력으로 인해 언어의 부작용이 더욱 선명해지게 되는 과정에 대한 설명이 될 수도 있다. 이러한 부작용에 대해서는 제7장에서 다루게 될 것이며, 우선 규칙 지배적 행동 자체를 보다 자세히 살펴보도록 하겠다.

제6장 언어적 관계틀 형성과 규칙 지배적 행동

'규칙 지배적 행동(rule-governed behavior)'이라는 용어는 스키너 책의 문제 해결과 관련된 장에서 처음으로 쓰였다. 그 이후로 행동분석가들이 이 유형의 복잡한 인간 행동을 기술하기 위해 애를 써 왔다. 이 장에서는 RFT를 통해 어떻게 규칙 지배적인 행동이 분석되는지를 설명하며, RFT를 통해 어떻게 이 행동에 대한 이해의 새로운 장이 열리게 되었는지를 설명하고자 한다. 이후 다양한 유형의 규칙 지배적인 행동을 설명하고, 그것이 어떻게 발달하며 인간 행동을 이해하는 데 왜 중요한지를 설명하겠다.

규칙 지배적 행동은 기능분석에 기반을 두고 있다. 특정 행동은 맥락적 요인—행동에 앞서 발생한 것(선행 사건)과 행동 이후 발생하는 것(결과)—을 분석하는 것을 통해 이해되고 예측될 수 있다. 규칙 지배적인 행동을 이러한 패러다임에서 설명하면서, 스키너는 특정한 선행 사건이 행동이나 결과를 규정하며 어떻게 규칙이나 지시로서 기능하는지를 기술하였다. 또한 규칙 지배적인 행동은 행동을 규정한다는 점이 중요하다. 아이가 '겉옷을 입어. 그러면 따뜻해질 거야.'라는 말을 들었다면, 이러한 말에 따라 겉옷을 입을 것이다. 또 누군가 '만약에 그녀에게 네 사랑을 확신시키고 싶다면, 더 많은 시간을 그녀와 보내.'라는 말을 들었다면, 그의 우선순위에 변화를 줄 것이다. 우리는 이런 종류의 지시를 서로에게 그리고 우리 자신에게 끊임없이 하고 있다.

제2장에서 설명한 전통적인 기능분석의 문제점을 이러한 방식으로 요약할 수 있다. 어떻게 선행 사건이 미래에 일어날 것에 대해, 심지어 개인이 실제로 접촉

한 적이 없는 자극에 대해 자극 기능을 획득할 수 있을까? 또 어떻게 선행 사건이 몇 년 후에 있을 행동에 영향을 미치며, 심지어 실제 행동이 일어날 때에는 선행 사건이 그 순간 존재하지 않을 때조차 그럴 수 있을까? 예를 들어 보자. 누군가 여행가에게 '스톡홀름을 가게 되면 바사 미술관에 꼭 가 보세요.'라는 말을 했고, 이후 몇 년이 흘러 그 여행가가 스톡홀름을 방문하게 되었다고 할 때, 무엇이 그가 몇 년 전에 들은 이야기에 따라 박물관을 가도록 할까? 만약에 우리가 내적인 정신적 표상에서 그 이유를 찾는다면, 문제가 해결되었다고 생각할 수 있다. 하지만 앞서 기술했듯이, 행동분석가들은 이러한 설명이 결코 충분하지 않다고 본다.

우리는 이러한 질문에 RFT를 통해 행동분석의 기본적인 가정들에 어긋나지 않는 답을 할 수 있다. 생애 초기에 인간은 일반화된 언어적 조건형성(AARR)을 학습한다. 이러한 조건형성은 관계를 특정짓는 맥락적 단서에 의해 통제되므로, 자극 자체의 형식적 · 물리적 속성과 관계없이 어떠한 자극에 대해서도 형성될 수 있다. 또한 이러한 관계는 역으로 특정한 순간에 활성화되는 자극 기능을 통제하기도 한다. 누군가 내게 이웃들이 잘못 요리된 닭을 먹고 배탈이 났다고 한다면, 내 접시에 있는 닭 요리를 먹는 것이 병이라고 하는 혐오적인 자극과 등위관계가 될 수 있다. 이때 닭 요리는 내가 이웃들의 이야기를 듣기 전에는 없었던 자극 기능을 갖게 된다. 또한 이러한 반응은 내가 이전에 닭 요리를 먹고 배탈이 난 적이 있는지와 관계가 없다. 나는 아마도 어떤 종류의 배탈도 난 적이 없을 수 있다.

이것이 개인 내 어떤 숨겨진 과정들에 의해 일어나는 것이 아님을 주목하자. 물론 다른 모든 행동과 마찬가지로 개인 내적으로도 일어나는 행동이 있다. 하지만 여기서 나는 전체로서 한 사람이 수행한 행동에 대해 기술하고 있다. 인간은 이런 방식, 즉 사회적인 게임으로 표현하는 것이 가장 적절한 방식으로 사물이나 사건들을 관계짓는다. 이 점이 규칙 지배적인 행동을 이해하는 데 있어서 핵심이다.

언어적 관계틀 형성과 선행 사건 자극 기능의 변환

언어적 관계틀 형성은 ABC의 요소 및 순서가 기능을 획득하는 방식에 영향을 미쳐 전통적인 ABC를 바꿨다. 전통적인 방식에서는 선행 사건은 개체의 이전 이력에서의 직접적인 수반성을 통해 자극 기능을 획득하거나 자극의 속성에 따른 일반화에 의해 그 기능을 획득했다. 만약에 개가 어떤 문을 지나자 다른 개가 공격을 했다면, 그 시간 이후로 그 문은 반응적 조건형성에 따라 위험에 대한 신호로서의 자극 기능을 갖게 될 것이다. 또한 다른 문이라도 충분히 비슷하게 생긴 문이라면 일반화에 따라 자극 기능을 획득할 수 있다. 유사한 학습이 인간의 경우에도 일어나는데, 인간의 경우는 자극 간 임의적으로 적용 가능한 관계적 반응형성(AARR)이라는 다른 학습 경로를 추가적으로 가지고 있다. 위의 경우와 마찬가지로 나에게도 문이 비슷한 자극 기능을 획득할 수 있는데, 예를 들어 다른 이에게서 일련의 음성 자극인 '거기로 들어가지 마요. 물릴 수 있어요.'와 같은 말을 듣게 된다면 말이다. 또는 하얀 바탕에 까만 글씨로 '개조심'이라고 쓰인 것은 내가 이전에 그런 표지판을 본 적이 그 어디에서도 없었다 할지라도, 나의 행동에 대해 동일한 자극 기능을 획득할 수 있다. 이러한 음성 또는 시각 자극은, 예를 들어 일본어만 사용하는 사람에게는 아마도 같은 기능을 갖지 못할 것이라는 것을 통해 이해할 수 있듯이 임의적이다.

선행 사건이 이러한 방식으로 기능하기 위해서는 청자에게 특정한 기술이 필요한데, 자극을 등위 관계로 연결할 수 있는 능력이 그것이다. 이를 통해 각각의 소리나 단어가 어떤 것을 상징할 수 있다. '사나운 개'라는 말은 실제 사나운 개와 등위 관계에 놓인다. 규칙이 의미 있고 이해 가능하기 위해서는 규칙에 명시적으로 또는 암묵적으로 기술되어 있는 행동과 그 결과 사이의 관계를 청자가 시간적 · 인과관계적으로 연결하는 것이 필요하다. 앞선 예에서 청자가 '그곳에 들어가다.'의 행동과 '물릴 수 있다.'의 결과를 시간적 · 인과관계적으로 연결하는 것이 그것이다.

여기서 규칙이나 규칙의 어떤 부분은 암묵적일 수 있음을 주목하자(D. Barnes-

Holmes et al., 2006). 전통적으로 우리가 규칙에 대해서 생각하는 것과는 반대로 자극 기능을 바꾸는 모든 것이 언제나 규칙에 명시적으로 드러나는 것은 아니다. 여기 언어적 선행 사건이 규칙으로 기능하는 전형적인 예들이 있다. '신중해. 그러면 잘할 수 있을 거야!' 규칙은 행동(신중하다)과 결과(잘할 수 있을 것이다)를 구체화한다. 이는 청자가 자신의 사적인 정보를 특정한 상황에서 드러내는 것을 상당히 조심하도록 할 수 있다. 예를 들어, 단순히 '신중해.'라는 말도 결과를 특정하지 않았음에도 유사한 규칙 지배적 행동을 이끌어 낼 수 있다. 같은 방식의 규칙 지배적인 신중한 행동은 또한 어떤 말이 없이도 누군가가 이러한 방식으로 행동하는 것을 본 이후 일어날 수도 있다. 또 누군가는 이러한 규칙을 일반적으로 타당한 것처럼 어떤 상황에서나 따를 수도 있다. 이처럼 규칙 지배적인 행동이 어떻게 암묵적인 규칙을 따르는지는 RFT를 통해 쉽게 설명된다. 규칙을 따르기 위해서 규칙이 꼭 명시적일 필요는 없다. 우리는 접촉이 되는 규칙에 따르게 된다. 어떤 규칙이 접촉이 되느냐는 이야기된 것뿐만 아니라 청자의 직접적 그리고 파생적인 학습 이력 모두에 따라 결정된다. 학습 이력은 현재의 상황에 특정한 기능을 부여하여, 개인의 행동에 영향을 미친다. 나의 이력은 다른 이들이 있는 모든 상황에서는 '신중해. 그러면 잘할 수 있을 거야!'라는 규칙과 접촉하도록 한다.

어떻게 규칙이 현재에 일어나지 않는 행동이나 결과 또는 이전에 경험해 보지 않은 일을 특정할 수 있느냐 하는 것(Schlinger, 1990)은 임의적으로 적용 가능한 관계 반응형성에 의해서 설명될 수 있다(D. Barnes-Holmes, Hayes, Dymond, & O'Hora, 2001; O'Hora, Barnes-Holmes, Roche, & Smeets, 2004). 규칙이 청자를 언어적 관계망에 접촉하게 하며, 이것이 언어적 관계망과 관련된 자극의 기능을 변화시킨다.[1)] 박물관에 대한 말을 들은 이후 몇 년이 흘러 스톡홀름에 실제로 가게 되었을 때 현재의 상황이 여행가에게 자극 기능을 하게 되는데, 이때의 기능

1) 저자 주: 독자는 다시 한번 '언어적 관계망'이 실제적인 물체가 있다는 뜻이 아니라는 점을 상기하게 된다. 언어적 관계망이라는 말은 인간은 사건을 잠재적으로 복잡한 방식으로 관계짓는 등 독특한 방식으로 행동함을 나타낸다. 또 이렇게 관계짓는 방식이 그러한 사건들의 자극 기능에 영향을 미친다.

들은 규칙을 이전에 들은 적이 없다면, 또 방문자가 현재의 스톡홀름을 그 박물관과 연결한 적이 없다면 일어나지 않았을 기능이다. 스톡홀름에 있는 동안 바사 박물관에 가는 것은 물론 상이한 다른 요인들에 의해서도 영향을 받는다. 하지만 만약에 이것이 몇 년 전에 들은 규칙의 결과였다면, 이때 행동은 우리가 사건들을 사회적 게임을 통해 임의적으로 연결하는 것을 학습한 결과로 자극 기능을 획득한 현재의 상황적 요인에 따른 것이 된다.

규칙은 실제 따른 적이 없이도 이해될 수 있다

규칙을 들었고 이해하였다고 해도 언제나 그것이 규칙 지배적인 행동으로 이어지는 것은 아님을 주목할 필요가 있다. 이해하고 따르는 규칙도 있지만 이해는 했지만 따르지 않는 규칙도 있다. 이해라는 것은 단순히 논의된 방식으로 자극을 관련짓는 능력일 뿐, 그외 여러 가지 요인이 규칙에 따르는지 그렇지 않은지에 영향을 미친다.

예를 들어, 규칙대로 행동하기 위한 구체적인 행동 레퍼토리가 부족할 수 있다. '과녁에 정중앙을 맞추면 경기에서 이길 수 있을 것이다.'라는 규칙은 잘 이해했지만 총을 쏘는 방법을 알지 못해 이러한 규칙을 따르지 못할 수 있다.

또 다른 요인으로는 청자의 입장에서 보기에 규칙을 이야기하는 사람의 신뢰도가 있다. 이 책을 읽는 독자의 대부분은 새로운 심리치료 방법을 영화배우가 이야기한다면 믿지 않을 것이다. 하지만 똑같은 규칙을 전도유망한 심리치료연구자가 전달했고 그것이 새로운 과학적 발견이라고 이야기한다면, 그 규칙이 규칙 지배적인 행동을 초래할 것이다. 화자의 신뢰도는 청자가 규칙을 실제로 따른 경험이나 파생 관계에 근거한다. 예를 들어, 우리는 이전에도 도움이 되는 충고를 해 준 적이 있는 평생의 친구나 반려자의 이야기를 따른다. 또는 다양한 전문가에 의해 주어지는 규칙의 경우도 따르게 된다. 우리가 이런 종류의 규칙을 따르지 않을 때는 우리가 '흔히 전문가들이 하는 말은 맞는 게 없다.'라는 규칙을 따를 때이다.

규칙 지배적인 행동의 강화 수반성이 부족할 때도 또 다른 예가 될 수 있다. 예를 들어, 아이가 아버지의 말은 따르나 언니의 말은 따르지 않는다면 그 이유는 모든 강화물이 언니가 아닌 아버지에게서 주어지기 때문일 것이다. 똑같은 효과가 또한 앞서 기술한 신뢰도로 설명될 수도 있다. 이 중 어떤 요인인지는 특정 상황 분석을 통해서만 알 수 있다.

또 다른 이유로는 규칙이 청자의 학습 이력과 비일관되거나 모순적인 경우일 때이다. 이것이 우리가 일상 용어로 틀리다고 하는 경우일 것이다. 예를 들자면, '가능한 한 앉아 있고, 하루에 담배를 적어도 20개피 이상 피우고, 정기적으로 술을 많이 먹어라. 그러면 오래 건강하게 살 수 있을 것이다.'와 같은 말로서, 우리 중 누구도 이러한 규칙을 따르지는 않을 것이다.

규칙 지배적인 행동의 유형

규칙 지배적인 행동은 그 강화 이력에 따라 두 가지 유형으로 나뉜다.[2] 순응과 추적하기가 그것이다. 세 번째 규칙 지배적인 행동은 확장인데 이는 다른 두 기본 규칙 지배적인 행동이 결합하여 강화 또는 처벌 등의 특정한 결과에 이르도록 영향을 미치게 되는 것을 말한다.

순응

순응은 "선행되는 언어자극(즉, 파생적 관계망 또는 규칙)과 행동 간의 동의 관계에 대한 사회적 강화의 이력에 의해 형성된 규칙 지배적인 행동으로, 이때 강화

2) 저자 주: 이러한 기능적 변별은 스키너(1966)에 의해 간략히 기술되었으나 이 책에서 사용한 정교한 용어를 사용하지는 않았다. 앞에서도 언급했듯이 그는 이러한 유형의 행동이 가능하게 되는 학습 이력에 대한 자세한 분석은 시행하지 않았다.

는 규칙과 행동의 동의 관계에 기초해 주어진다."(S. C. Hayes, Barnes-Holmes, & Roche, 2001, p. 108) 이는 우리가 일상에서 '하라고 한 대로 해.'라는 말의 뜻과 비슷해서 이전에 강화 이력을 암시하며, 특정한 행동을 하도록 촉진한다. 순응에서는 규칙을 따르는 행동이 중요한데, 이는 행동의 결과가 규칙을 제시하는 사람에게 달려 있으며, 그것이 규칙을 따르는지에 따라 결정되기 때문이다. 전형적인 순응행동은 개인이 누군가의 인정을 받기 위해 그 사람 말에 복종하는 경우로, 이때 행동이 규칙에 구체화된 결과에 기초해 일어나기 때문이다. 경찰이 요구했을 때 내가 차를 세우고 운전면허증을 보이는 행동이 이러한 순응행동의 예가 될 것이다. 이처럼 순응행동에 선행하는 규칙을 '경향(ply)'이라고 한다. 규칙을 말하는 화자의 행동은 스키너가 욕구발화 언어행동(mand)이라고 칭한 행동의 전형적인 예라고 할 수 있다.

결과를 통제하는 것은 선행 사건으로서의 규칙에 명시되어 있다. 이에 따른 행동은 실질적인 결과를 초래하지는 않았다. 규칙 지배적인 행동에서 청자가 규칙에 특정된 결과를 꼭 경험해야 할 필요는 없다. 이것이 직접적인 수반성에 의해 통제되는 다른 행동과의 차이점이다. 하지만 청자는 정해진 규칙을 따르는 행동의 결과를 이전에 경험해 보았다. 언어적으로 기능하는 사람은 '안 그러면 쏜다.'라는 말을 따르지 않았을 때 결과를 직접 본 적은 없어도 이러한 규칙을 따르게 된다. 여기서 필요한 것은 임의적으로 적용 가능한 관계적 반응형성(AARR)의 레퍼토리와 규칙을 따르는 행동 자체의 결과에 대한 이전 경험이다. 그 의미상 이는 모든 형태의 규칙 지배적인 행동에 모두 적용된다.

우리는 어떻게 순응행동을 배우게 될까? 어린아이가 엄마의 새 노트북과 같은 흥미로운 물건을 만지는 것처럼 즉시적인 결과에 의해 통제되는 행동을 한다고 상상해 보자. 엄마가 아이의 이러한 행동을 멈추고 싶을 때 물론 노트북을 치우거나 아이를 다른 방으로 데려가는 등 직접적 수반성을 통제하는 방식으로 할 수도 있다. 아이가 언어훈련을 통해 언어적 관계틀 형성을 학습했다면 소리가 언어적 자극으로 기능하기 시작한다. 이러한 자극이 제시됨으로써 상황과 임의적으로 관계 맺게 되고, 그것이 현재 상황의 기능을 바꾸게 된다. 언어적 관계틀 형성을 학습한 이력이 있는 아이는 '엄마의 노트북을 만지지 마. 만지면 너는 다른 방으로 가야 한다.' 또는 '엄마의 노트북을 만지지 마. 그러면 나중에 좋은 선물을 줄게.'라는 규칙을 들으면 노트북을 만지지 않을 것이다. 규칙 지배적인 행동은 비슷한 유형의 규칙이 수도 없이 반복되는 것을 통해 강화되며, 행동 이후에는 규칙에 구체화된 사회적으로 매개된 결과가 따른다.

이러한 영향이 인간 행동에 있어 엄청난 이익이 된다는 것은 쉽게 이해할 수 있다. 하나의 이점으로는 사회적 환경에 의해 새로운 강화물이 추가될 수 있다는 점이며, 또 다른 하나는 장기적인 결과가 즉시적인 결과의 효과를 억제할 수 있다는 점이다. 이 모든 것이 결과를 직접적으로 경험하지 않고도 일어난다. 아이는 흥미로운 물건을 가지고 놀고 싶은 것을, 그 행동의 혐오적인 결과나 참았을 때의 매력적인 결과를 언어적으로 듣게 되면 억제하게 된다. 인간 종족의 새로운 구성원은 나머지 종족 구성원이 이야기하는 규칙의 장기적인 결과에 영향받는 것을 학습하게 된다. 물론 이는 동의, 비교, 인과, 조건 등의 언어적 관계틀 형성 능력을 필요로 한다. 이것이 즉시적인 결과를 넘어서 장기적 수반성을 선택할 수 있게 되는 비법이다. 순응은 우리가 배우는 첫 번째 규칙 지배적인 행동이며, 이를 바탕으로 우리는 추적하기를 발달시키게 된다.

추적하기

추적하기는 "규칙과 이 규칙과는 독립적으로 환경이 제공되는 방식 간에 동의 관계의 이력에 의해 통제되는 규칙 지배적 행동"이다(S. C. Hayes, Barnes-Holmes, & Roche, 2001, p.109). 추적하기의 전형적인 예는 누군가가 '곧장 반 마일 정도 가서 주유소가 보이면 우회전 해 100야드 정도 가면 경기장이다.'라는 말을 듣고 특정 방향으로 운전을 하는 경우를 들 수 있다. 이 경우 운전자가 들은 규칙과 실제 경기장의 위치가 상응한다고 보아 이에 따라 운전한다면 타당한 예가 된다. 이 경우 행동을 지배한 것은 규칙이지 실제 경기장의 위치가 아니다. 만약에 청자에 의해 규칙이 지켜진다면 '추적하기'로서 기능한 것이다. 또 화자 입장에서 이때의 언어적 조작적 행동은 접촉 언어행동(제2장 참조)이 된다.

추적하기는 순응행동이 어느 정도 자리를 잡은 이후 사회 공동체에 의해 학습된다. 노트북과 아이의 예로 돌아가 보자. 인간 종족의 새로운 구성원은 '순응'을 통해 즉시적 강화를 무시할 수 있게 되며, 이후 다른 가능한 강화에 접촉하게 된다. 이러한 강화는 꼭 사회적으로 매개된 것일 필요는 없다. 이는 환경이 어떻게 배열되는지의 결과로서, 만약에 즉시적인 강화가 아이의 행동을 지배하고 있다면 접할 수 없는 결과이다. 학습 환경에서는 사회 공동체가 아이가 이러한 행동을 배울 수 있도록 환경을 배열하거나 사물이 실제로 계속해서 변하면서 이러한 학습이 일어난다. 만약에 아이가 노트북을 만지지 않고 순응의 순간을 보낸다면, 적어도 아이는 '노트북을 만지지 않았을 때'의 결과를 접하게 된다. 만약에 노트북에서 흥미 있는 몇 개의 그림이 제시되려는 찰나였다고 한다면, 아이가 노트북을 건드리지 않는다면, 아이는 건드리지 않은 행동의 결과로 이러한 그림들을 보게 될 것이다. 이후 이러한 행동은 언어적 관계틀 형성에 대한 훈련이 이루어진 상태라면 사회적 공동체에 의해 구체화될 것이다. 이제 추적하기의 결과를 접할 수 있는 규칙이 만들어지며, 이에 아이의 행동은 규칙에 영향을 받게 된다. 이는 곧 무리의 새로운 구성원이 강화를 얻기 위해 사회적으로 구체화된 규칙에 따라 행동할 수 있게 된다면 이후에는 모든 직접적 혹은 간접적 규칙에 따라 행동할 수 있게 된다는 것을 뜻한다.

이러한 학습에 사회적 대상이 어떻게 기여하는지를 예를 들어 보겠다. 아이가 놀이터에서 놀고 난 이후에 아버지는 "손이 얼마나 더러워졌는지 봐. 얼른 가서 손을 씻으렴. 그러면 다시 깨끗해질 거야."라고 말할 수 있다. 이에 아이가 순응행동을 했다고 가정해 보자. 이때 아이는 '너는 아빠가 하라는 대로 해야 한다.'로 기술될 수 있는 강화의 이력에 의한 규칙을 따른다. 추적하기에서는 아이가 손을 씻었을 때, 다른 어떠한 사회적 강화가 주어지지 않은 채 아버지는 그저 아이의 손이 얼마나 깨끗해졌는지에 대해 언급만 했다. 중요한 것은 아버지가 딸이 스스로 일어난 변화를 변별할 수 있도록 도우면서, 사건들을 동의, 시간, 인과관계 등으로 연결하는 언어적 관계틀 형성을 시행했다는 점이다. 아버지는 '손이 얼마나 더러운지 보렴. 물로 씻자. 자. 봐라, 어떻게 됐니.'와 같이 말할 수 있을 것이다. 또 아버지는 아이에게 무엇을 했는지, 그래서 어떻게 됐는지, 왜 그런 일이 일어났는지를 물었을 수도 있다. 사회 공동체는 사회적으로 매개된 결과와는 독립적으로 아이에게 이처럼 행동과 그 결과 자체가 강화 또는 처벌이 되는 수많은 경우를 통해 규칙을 제공한다. 이에 따라 처음에는 화자의 신뢰도에 따라 적어도 아이와 아이에게 중요한 사람과의 상호작용에 한정되어 적용되나, 이후 아이가 서서히 더 많은 규칙을 추적하게 되는 것이 가능하게 된다.

확장

확장은 "어떤 사건이 결과로 기능할 가능성을 변화시키는 언어적 관계망에 의한 규칙 지배적 행동"이다(S. C. Hayes, Barnes-Holmes, & Roche, 2001, p. 109). 확장은 순응과 추적하기의 공통 부분에서 일어난다.

RFT에 의해 확장이 어떻게 일어나는지를 설명하자면 다음과 같다. 언어적 관계망이 결과에 연결되어 그 결과의 기능 혹은 강도를 변화시킨다. 소녀가 손을 씻는 예로 돌아가 보자. '초록색 비누를 써, 마리아. 그러면 손이 깨끗해질 거야.' 이 규칙에 따른 순응의 예로서 소녀는 손을 비누로 씻을 것이다. 마리아의 경우, 이 행동은 이러한 유형의 지시를 따르는 것의 결과를 내포한 규칙에 의해 일어나기도 하며, 또 추적하기를 학습해 손가락이 깨끗해지는 구체적 결과에 근거해 일어날 수도 있다. 반면, 만약에 그녀가 따른 규칙이 '비누를 사용해야 똑똑한 아이지.'였다면, 이것이 바로 '확장'의 예가 된다. 이때 '똑똑한 아이'가 되는 것이 그 자체로 강화의 기능을 한 경우라면 그렇다. 확장 규칙은 접촉한 경험이 있는 특정한 결과에 제한되지 않으며, 때로 추상적인 결과에 접촉할 수 있도록 해 직접적으로 접촉한 경험이 없는 행동에까지 영향을 미치게 된다. 예를 들어, 어떤 사람이 죽은 후의 일들에 대한 특정한 규칙에 입각해 행동할 수 있다. 살아 있는 사람 중 그 누구도 사후의 일들을 실제로 접촉한 적이 없음에도 이러한 규칙은 행동에 영향을 미치게 된다. 마찬가지로, 우리는 '평등한 국제 경제 질서'와 같은 직접적으로 접촉한 적이 없는 지극히 추상적인 결과에 대한 규칙에 의거해 행동할 수도 있다.

확장이 순응 또는 추적하기와 연결되어 있다는 것에 주목하자. 확장은 개별적인 단위로 기술될 수도 있으나, 특정 결과의 강화 또는 처벌의 질을 변화시키는 것을 통해 순응 또는 추적하기에 영향을 미친다.

문헌에 따르면 확장에는 조형적 확장과 동기적 확장의 두 유형이 있다. 조형적 확장은 기존의 결과에 강화 또는 처벌의 성질을 부여하는 행동이다. 조형적 확장인은 기존에는 강화나 처벌의 성질을 가지고 있지 않던 결과를 다른 강화인과 연결하여 이러한 성질을 갖도록 하는 것이다. 이러한 조형적 확장인이 동기 인자를 만든다. 누군가 벼룩시장에서 오래된『도널드 덕』잡지를 보았다고 가정해 보겠다. 처음에는 오래된 만화책에 큰 흥미가 없었으나 누군가 "와, 이것은『도널드 덕』잡지의 초판본이야. 상당히 귀한 것이지."라고 말하는 것을 듣는다면, 청자에게 이 말은 그 잡지를 살 가능성을 높이는 조형적 확장인으로서 기능한다. '초판본' 그리고 '귀한'은 이미 잘 형성된 강화인이다. 이러한 말들과 연결됨으로써 오래된 잡지 또한 강화인이 된다. '이것을 사, 그러면 너는 희귀본의 주인이 되는 거야.'와 같은 규칙이 청자의 행동에 영향을 미칠 수 있다. 또는 누군가가 어떤 사람을 소개받는 경우도 예로 들 수 있다. 처음에는 크게 흥미가 없었는데, 누군가가 소개받은 사람이 관심 있는 여인의 동생이라고 말하는 것을 들으면서 이는 달라질 수 있다. 이 말은 청자의 다음 행동에 조형적 확장인으로서 기능할 수 있다. 소개받은 사람과의 접촉은 새로운 가치를 갖게 되었으며, 그 행동이 '이 사람과 가까이 지내면 바버라의 동생과 가까워지는 거야.'라는 추적하기에 영향을 받아서 행동을 할 가능성이 상당히 높아진다.[3] 이제 소개받은 사람과 이야기할 수 있는 것이 조형적 확장인을 통해 강화로 작용하게 된다.

---

3) 저자 주: 주의 깊은 독자라면 아마도 기술된 과정과 일반화 간 유사함을 발견하였을 것이다. 하지만 일반화를 위해서는 자극 간 형태의 유사성이 있거나 자극이 초기 강화인과의 수반되는 일반화를 통해 그 기능을 획득해야 한다는 점에 주목할 필요가 있다. 이 경우는 그와는 다르다. 자극 기능은 임의적으로 적용 가능한 관계적 반응형성을 통해 변화되었다.

동기적 확장은 이미 형성된 강화인(또는 처벌인)이 특정 상황에서 강화(또는 처벌)로 기능할 가능성을 변화시키는 규칙 지배적 행동을 말한다. 동기적 확장인은 흔히 말하는 동기 인자를 강조한다. 이미 오래된 만화책에 관심이 있는 사람이 있다고 해 보겠다. 그는 수집가이다. 어느 날 그는 신문을 훑어보다 동네 고서 전문 서점의 광고를 보았다. 코플랜드의 고서점이었다. 그는 이미 이 서점에 대해서 알고 있다. 사실 그는 정기적으로 그 서점에 가기에, 광고를 보기 전에도 이미 그 서점에서 만화책을 판다는 것을 알고 있었다. 하지만 광고를 본 순간, 그 서점이 그에게 더 중요하게 다가온다. 광고가 이미 형성된 강화인에 그를 정서적으로 감각적으로 보다 접촉하게 하여, 현재 이 순간에 가장 전면에 위치하게 한다. 이것이 '오늘 거기 한번 가서 흥미 있는 것이 있는지 보자.'라고 하는 규칙 지배적 행동이 될 가능성을 증가시킨다. 광고를 보고 그에 따라 행동하게 되면, 이것이 강화적 확장인의 예가 된다. 또는 어느 아버지가 직장에서 동료에게 그날 저녁에 그의 8세 된 아들의 학교에서 학부모-교사 모임이 있어서 실은 모임에 가고 싶지만 할 일이 너무 많다고 이야기하는 경우를 생각해 보자. 이때 그의 동료가 "음, 당신은 언제나 아이가 필요로 할 때 곁에 있어 주는 아버지가 되고 싶다고 했었죠."라고 말하는 것을 듣고, '아들을 위해 그곳에 있어 주라.'는 규칙에 따라 학부모 미팅에 간다면, 이전 그의 말을 환기시킨 동료의 말은 동기적 확장인이 된다.

두 유형의 확장인 모두 우리가 흔히 말하는 동기에 영향을 미친다. 조형적 확장인은 새로운 것을 강화적으로 만들고, 동기적 확장인은 일시적으로 이미 강화적인 어떤 것의 강화적 가치를 증가시킨다. 보다 일상적으로 표현하자면, 조형적 확장인은 새로운 것을 중요하게 만들고, 동기적 확장인은 이미 중요한 것을 그 순간 더 중요하게 만든다. 이러한 과정은 반대방향으로 작동할 수도 있다. 즉, 강화인으로 기능하는 어떤 것이 확장을 통해 그 강도가 약해지거나 강화로서 기능을 완전히 하지 못하게 될 수도 있다. 만약에 만화책 수집가가 희귀본을 발견했을 때 누군가가 "그런데 책이 많이 상하고, 중요한 페이지들이 없네."라고 말하는 것을 들었다면, 그 책을 살 가능성이 줄어들 것이다. 이것은 앞의 장에서 설명했듯이, 화자가 신뢰할 수 있는 사람일 때 특히 그렇다. 비슷한 예로는, 앞의 바바라에게 관심 있는 사람이 모임에 가는데 그곳에 그가 관심 있어 하는 바바라도 올 때이다. 이때 누군가가 "바바라가 스티븐이라는 새 남자친구를 데리고 온다고 들었어."라고 말하는 것을 듣게 되어 모임이 표면적인 강화로서의 가치를 잃게 된다면 동기적 확장인으로서 기능한 것이다(여기서 실제 모임은 아직 일어나지 않았기에, 이후 강화가 어떻게 기능할지는 아직 모른다. 나는 선행 사건이 규칙으로서 작용하는 경우를 설명하고 있다).

이는 행동분석에서의 조형적 또는 동기적 조작적 조건형성과 관련된다(Michael, 1993). 이들은 주어진 결과가 강화 또는 처벌로 기능하는 정도에 영향을 미치는 선행 사건들이다(제1장 참조). 이는 우리가 일상에서 말하는 방식과도 일치한다. 앞서 언급한 만화책 수집가는 만화책에 대한 그의 흥미를 배고픔이나 목마름으로 잘 묘사했다. 예를 들어, '흥미가 생겨서, 그 서점에서 뭔가 새로운 것을 가지고 있는지 확인하고자 했다.'라는 말이 어떻게 광고로 인해 서점에 들르게 되었는지를 설명한다. '확장인'이라는 용어로 기술한 언어적 관계망 또는 규칙은 언어적 조건형성으로 기능한다(S. C. Hayes, Zettle, & Rosenfarb, 1989).

확장이 우리가 흔히 말하는 동기와 연결되어 있다는 것은 이러한 형태의 규칙 따르기가 인간 행동 전체에서 핵심이 되는 이유이다. 삶에서 우리를 동기화하는 것은 우리가 어떻게 살고 행동할지에 있어 결정적인 것이다. 확장인은 우리가 삶에서 진정으로 중요한 것, 가치롭게 생각하는 것과 접촉하도록 하는 언어적 관계망이다. 앞의 예에서 학부모-교사 모임에 가는 것은 '아이를 위해 곁에 있는 아빠'가 되는 것에 의해 동기화된다. 이 아버지에게 있어서는 이것이 여러 다른 결정이나 행동에 있어 동기적인 확장인으로 기능할 것이라고 추측할 수 있다. 일상의 사건이나 과정 그 자체로는 중립적이거나 또는 지루하거나 고통스러운 것이 이러한 언어적으로 조형된 조건형성에 의해 강화로서의 기능을 하게 된다. 햇살이 아름다운 날 컴퓨터 앞에 앉아 글을 쓰고 있는 것, 지난 한 달 중 처음으로 따뜻한 여름날인 오늘 이렇게 글을 쓰고 있는 것은 그 자체로는 그다지 보람 있지 않다. 나는 확장인—내 행동의 목적에 대한 보다 큰 그림에 기초한—에 따라 지금 이 일을 하고 있다. 명시적으로 또는 언어적으로 우리 삶은 그것이 무엇을 위한 것인지에 대한 특정한 가정에 근거하고 있다. 이것이 우리가 종종 가치라고 부르는 것이다. 그것은 언어적으로 구성된 개인이 총체적으로 원하는 결과로서, 삶의 전체 방향을 결정하는 데 도움이 되는 기능을 한다. 이는 언어적 관계틀 형성을 통해 만들어지며, 그 결과로 수없이 많은 상황에서 우리의 행동에 영향을 미칠 수 있다. 확장이 핵심이 되는 행동의 중요한 영역 중 하나가 우리가 흔히 도덕 또는 윤리적인 행동이라고 부르는 것이다(S. C. Hayes, Gifford, & Hayes, 1998).

이러한 유형의 행동이 우리 삶에서 가지는 의미가 이처럼 크기에 임상적인 문제와도 상당히 관련된다. 이는 새로운 이야기가 아니다. 가치는 오랫동안 심리학 및 철학의 다양한 분야에서 핵심 영역이 되어 왔다(Leigland, 2005; Dahl, Plumb, Stewart, & Lundgren, 2009). 희망하기로는 RFT 기반의 과학적 분석이 이와 관련해 유용한 임상적 개입을 개발하는 데 도움이 되기를 바란다. 이에 대해서는 이 책의 제3부에서 다루도록 하겠다.

규칙 지배적 행동은 기능적으로 정의된다

다양한 유형의 규칙 지배적 행동에 대한 기술을 마치면서 다시 한번 이것이 기능적인 단위라는 것을 강조하고자 한다. 관련 행동을 통제하는 강화 수반성의 유형은 어떤 종류의 규칙 지배적인 행동이 그 순간에서 기능할지를 결정한다. 규칙을 결정하는 형태적인 지형도는 없다. 만화책을 수집하는 사람의 예로 돌아가 보겠다. 광고를 본 사람이 그 사람이 아니라 그의 아내였고, 아내가 그에게 "오늘 하루 휴일이니 고서점에 한번 가 보면 당신이 원하는 것을 찾을 수도 있을 거예요."라고 하였다면, 이때 그 자신이 광고를 봤을 때와 똑같이 아내 말 또한 규칙으로 작용할 수 있다. 이 경우 아내의 말은 확장인과 결합된 추적하기라 할 수 있지만, 똑같은 말이었다 하여도 전혀 다른 식으로 기능할 수도 있다. 만약에 그가 아내가 원하는 일이니 기쁘게 하기 위해 고서점에 갔다면, 이 경우 그가 원한 것은 그녀의 승인이 되며, 그가 고서점에 간 것은 이전에 이런 규칙을 따른 것의 결과 때문일 수 있다. 이 경우 그의 행동은 아내의 말에 대한 순응이 된다. 아내가 한 말의 기능은 그의 행동이 어떤 종류의 규칙으로 구성되는지와는 관계가 없다.[4] 그가 어떤 유형의 규칙 지배적인 행동에 관여하게 되는지를 결정하는 것은 오로지 그가 접촉하고 행동하게 된 규칙이 무엇이냐에 달려 있다.

순응은 물론 개인이 그와 같은 규칙을 따랐던 이전의 강화적인 경험에 근거하여 일어날 수 있다. 이것이 앞에서 설명했듯이 우리의 초기 학습 역사에서 일어나는 것이다. 순응은 또한 확장에 의해 영향을 받을 수 있다. 만약에 만화책 수집가가 그의 아내의 칭찬을 얻기 위해 행동했다면, 그는 아마도 단지 그 순간에 칭찬을 받는 것 이상의 언어적으로 형성된 결과에 근거해 행동했을 수 있다. 즉, 그는 아마도 남편은 어떠해야 하는지에 대한 그의 가정에 따라 행동했을 수 있으며, 더 광범위하게는 타인과의 상호작용에서 어떻게 해야 하는지에 대한 가정에 따라 그랬을 수도 있다. 이것이 인간 행동 전반에 있어 확장을 어떻게 정의해야 하는지의 또 다른 예가 될 수 있다.

앞에서 이야기했던, 규칙은 암묵적일 수 있다는 것을 다시 살펴보겠다. 고서점에 간 남자의 예에서 그는 그의 아내의 말을 듣고 '만약에 내가 집을 잠시 비우면 그녀가 좋아할 것이야.'라는 규칙에 따라 행동할 수 있다. 그 경우 이것은 순응이 된다. 그는 자신의 아내를 기쁘게 하기 위해 행동을 한 것이기 때문이다.

하지만 이것은 그의 아내가 말한 것이 아니다. 그렇다면 우리는 어떻게 규칙을 규정할 수 있을까? 만약에 그에게 묻는다면 그는 아마도 이것이 잠시 밖으로 나가는 것에 대해 지나갔던 생각들이었다고 할 수도 있고, 또는 어떤 특정한 생각을 하지 않았다고 할 수도 있다. 하지만 그에게는 분명히 아내가 말한 것에 규칙이나 지시가 내포되어 있다. 이에 그의 행동은 규칙 지배적이며, 그는 자신이

4) 저자 주: 형태상으로 그녀의 말은 접촉 언어행동이다. 이때 행동은 그녀의 말 앞에 있었던 사건(광고)에 의해 통제된다. 하지만 이는 허위 접촉 언어행동으로 만약에 그녀가 남편에게 잠시 집을 떠나도록 말했던 이전 경험의 결과에 따라 지금 그렇게 말한 것이라면 이는 실제로는 욕구발화적 언어행동이 될 수 있다. 이 경우 그녀가 이것이 마치 접촉 언어행동인 것처럼 보이게 한 것은 단지 형태만 그러할 뿐이다. 다시 말하지만, 2장에서 기술했듯이 화자의 언어행동은 기능적으로 정의된다.

접촉한 규칙에 따라 행동했다.[5] 문제는 이 경우 규칙이 어디에 있느냐 하는 것이다. 이 시점에서 우리는 정신분석 이론에서 전의식이라고 칭한 현상을 생각할 수 있다. 인지이론에서의 도식(schema)을 떠올릴 수도 있다(Beck, 1964; Young, 1990). 암묵적인 규칙을 따르는 것과 같은 현상을 설명하기 위해서 우리는 우리 스스로에게 자문할 수 있다. 규칙이 어디 있을까? 하지만 기능적 맥락적 관점에서는 규칙은 구체적인 현상으로 꼭 존재할 필요는 없다. 그것은 누구에 의해 말해지거나 누군가의 생각일 수도 있으며, 또는 말해지지 않고 누군가의 생각 중에 있지 않을 수도 있다. 간략히 암묵적이라는 말은 그것이 현재 순간의 맥락과 반응 간의 상호작용에 있다는 것을 뜻한다(L. J. Hayes, 1992). 어떤 행동이 언어적인지 아니면 직접적 수반성에 의해 통제되는지는 상호작용이 어떤 방식으로 일어나느냐에 달려 있다. 만약에 언어적 관계 형성이 관여되면, RFT의 정의에 따라 행동은 언어적이다. 규칙이 행동의 결과로 만들어지고 그 내용이 행동에 대한 언어적 상징이라면, 그때는 이 또한 언어적 관계 형성의 또 다른 예가 된다.

RFT적인 조망에서의 규칙 지배적인 행동에 대한 이해를 지지하는 실험적인 증거는 임의적으로 적용 가능한 관계적 반응형성에 비해 정교하지는 않다. 하지만 최근 들어 몇몇 관계 연구가 이루어지고 있다(O'Hora, Barnes-Holmes, & Roche, 2001; Whelan & Barnes-Holmes, 2004b; Whelan, Barnes-Holmes, & Dymond, 2006; Ju & Hayes, 2008).

자기규칙

자기규칙(self-rules)은 자신의 행동에 영향을 미치는 자기에 대한 규칙이다. 지금까지의 분석을 종합해 볼 때, 자기규칙은 어느 정도 수준의 규칙 따르기와

5) 저자 주: 이 행동이 직접적 수반성에 의해 통제되었을 가능성 또한 있다. 우리는 일상의 어려움을 피하려 한다. 이 경우 행동이 직접적인 수반성에 의해 통제되는지 규칙에 의해 통제되는지 알기 위해 개인의 학습 이력을 알아야만 한다.

제5장에서 설명한 여러 종류의 자기에 대한 경험을 필요로 한다. 자기규칙을 따르는 행동의 핵심적인 특징은 타인에 의해서 주어진 규칙을 따를 때와 동일하다. 특정 행동은 직접적인 수반성이 아니라 규칙에 의해 규정된 결과에 따라 통제된다. 지금까지 강조했듯이, 이는 인간의 지연된 반응 능력의 토대가 된다. 자기규칙은 '서두르면, 버스를 탈 수 있을 거야.'와 같은 단순한 규칙부터 '만약에 불안을 제거하면, 내가 삶에서 원하는 것을 할 수 있을 거야.'와 같은 보다 복잡한 것까지 포함한다.

자기규칙을 만들 수 있는 능력은 자기 경험의 증진 및 다른 사람에 의한 규칙을 따르는 능력의 발달과 함께 일어나며, 기본적으로 이외에 더 필요한 것은 없다. 오히려 이러한 능력이 있다면 자기규칙의 발달은 불가피한 것이라 할 수 있다(Luciano, Valdiva-Salas, et al., 2009). 이러한 발달의 단계는 다음과 같다.

아이는 직접적으로 수반되는 강화를 통해 제2장에서 설명했듯이 자신의 생각, 감정 등 자신의 행동을 접촉 언어행동화하는 것을 배운다.

언어적 관계틀 형성을 통해 다양한 현상이 사회적 집단으로부터의 훈련을 통해 임의적으로 관련되게 되며, 이를 통해 행동의 복잡성이 증대된다.

이러한 훈련을 통해 아이는 점점 복잡해지는 '자기'를 접촉 언어행동화할 수 있게 되며, 이를 통해 세 가지 측면의 자기—조망으로서의 자기, 과정으로서의 자기, 이야기로서의 자기—를 획득하게 된다.

이제 아이는 자기 자신을 타인 및 자신의 행동의 대상으로 관찰할 수 있게 된다.

이와 함께, 아이는 규칙 지배적인 행동을 학습하게 된다. 이 과정은 타인에 의한 규칙으로부터 시작된다. '메리, 밥 먹어라.'와 같은 규칙이 그것이다. 어려서부터 아이는 이러한 말소리를 반향 모방한다. 언어적 관계틀 형성의 첫 번째 기본적인 능력(동의 관계)이 자리 잡은 후, 아이의 반향모방적 언어행동인 '메리, 밥 먹어라.'는 '나는 밥을 먹는다.'로 변환된다. 다음 단계는 '만약 너(메리/나)가 밥을 먹으면, 그다음에 우리는 티비를 볼 수 있다.'와 같은 규칙이 된다. 이러한 순응 이후에는 추적하기와 확장이 나타난다. 자극을 임의적으로 관련짓는 훈련에서 접하는 다양한 언어는 서서히 다양한 언어적 관계틀 형성의 일부가 되어 가며, 이를 통해 아이 행동의 유연성이 증대된다. 소리 내어 말할 수 있는 어떤 것이든 속으로 말할 수 있다. 이에 자기규칙은 전반적인 규칙 지배적인 행동 능력의 발달과 그에 따른 다양한 측면의 자기 경험의 발달과 함께 일어나게 된다.

학령 전 아동이 지금까지 자신이 엄마라고 믿어 온 사람이 사실은 자신의 진짜 엄마가 아니고 자기 동생들의 엄마라는 것을 들었다고 해 보자. 만약에 '엄마'가 안정감, 기쁨 또는 아이에게 중요한 다른 여러 것과 동의 관계에 있다고 한다면, 아이는 '~가 아니다'라고 하는 부정어를 기반으로 이러한 것들을 가질 수 없다는 파생적 사고를 할 수 있다. 아이는 엄마가 자신을 떠났다는 생각을 유추할 수 있는데, 이는 '엄마'는 자신을 위해서 곁에 있어 주는 것과 동의 관계에 있다는 것 그리고 사건의 시간적 관계를 형성할 수 있는 능력을 통해서 일어난다. 아이는 또한 자기 동생들과 자신의 관계에 대한 생각—자신은 그들과 다르다—도 유추할 수 있다. 지금 현재 일어나는 여러 가지 일과 여러 사건을 관계짓는 능력은 자신에 대한 이야기의 한 부분이 될 수 있다. 아이가 들은 것이 고통스러운 여러 사건과 닿아 있기에, 아이는 이를 다시 경험하는 것을 앞으로 회피할 수 있다. 그에 대해 이야기하는 것이 다시 이러한 고통을 불러일으킬 수 있기에 '이에 대해 이야기하지 말자'라고 하는 자기규칙을 만들어 낼 수 있다. 여기서 내가 '~있기에'라는 표현을 쓴 것은 아이가 상당한 고통을 경험할 수 있는 것은 명백하지만, 그가 유추한 일들, 두려워하는 가능성 중 어떤 것도 아직 실제로는 경험하지 않았기 때문이다. 그가 경험한 것은 우리가 '생각'이라고 부르는 그 자신의 일련의 반응일 뿐이다. 우리 모두 동일한 사회적 게임을 경험하기에 이는 우리 모두에게 흔한 일이면서 동시에 실제로는 엄청난 일이기도 한다.

이러한 논의는 임의적으로 적용 가능한 관계적 반응형성 능력 및 규칙 지배적인 행동이 임상 문제나 임상 현장에서 상당히 중요할 수 있음을 암시한다(이에 대해서는 제3부에서 다시 이야기하겠다). 그럼에도 불구하고 우리는 자기규칙을 따르는 능력이 인간 행동의 유연성을 가장 증대시켰다는 점을 간과해서는 안 된다. 우리는 힘들고 보람이 없는 것 같아도, 시험에 통과하기 위해 그리고 원하는 분야에서 일할 수 있기 위해 우리 스스로에게 계속해서 공부하라고 말한다. 우리는 한번도 경험한 적이 없는 것에 대해 이야기할 수 있으며, 이전에 성취한 적이 없는 것이 일어날 가능성을 높이기 위한 방향으로 행동을 선택할 수 있다. 우리는 우리의 이상에 머무르며, 우리의 행동과 삶을 자신과 타인을 위한 장기적인 목표에 도달하는 방향으로 움직일 수 있다.

규칙 지배적인 행동과 문제 해결

이 장의 처음에서 언급했듯이, '규칙 지배적인 행동'은 스키너가 그의 책 중 문제 해결과 관련된 장에서 처음 사용했다(Skinner, 1966). 그는 또한 문제 해결을 주제로 글을 쓰기도 했다. "우리는 '해결책을 찾는' 과정에 관심이 있다. 문제 해결은 변인들을 조정하는 것을 통해 해결책이 보다 가능하도록 하는 행동이라 정의할 수 있다."(Skinner, 1953, p. 247)

이러한 정의에 따르면 문제 해결이 모두 언어적인 것은 아니다. 만약에 내가 문을 열려고 하는데 열쇠가 맞지 않는다면, 나는 아마도 여러 방식으로 시도해 겨우 문을 열 것이다. 나의 행동은 상황을 변화시켰으며, 이는 규칙 지배적인 행동 없이도 가능하다. 하지만 만약에 내가 해야 하는 것 또는 문제 해결을 위해 이전에 했던 것을 스스로에게 이야기했다면 규칙 지배적 행동이 관련된 것이다. 후자가 이 책과 관련되는 문제 해결이다. 이러한 맥락에서 정확한 정의는 중요하지 않으며, RFT는 문제 해결을 명확히 분리되는 기술적인 용어로 사용하지 않는다. 이는 우리가 이해하려는 분야를 대략적으로 기술하는 상식적인 용어이며, 이러한 목적에서는 스키너의 정의로 충분하다.

앞에서 설명했듯이 그리고 RFT에서 정의하듯이 규칙 따르기는 언어적 문제 해결의 핵심이 된다. 이때 '규칙'이라는 개념이 정확한지가 문제가 될 수 있다. 열쇠의 예에서, 내가 문을 열었던 이전 경우를 상상하고 그 기억에 따라 행동했다고 생각해 보자. 이 경우, 행동은 임의적으로 적용 가능한 관계적 반응형성을 포함하며, 이는 언어적이다. 그렇다면 열쇠를 여는 예는 단지 수반성에 의해 형성된 행동은 아니지만 또 완전히 언어적인 것도 아니어서 이를 '규칙 따르기'라 부르는 것이 정확한지 의문이 들 수 있다. 규칙은 그 정의에 따라 언어적으로 접촉되는 행동과 결과 간의 수반성을 특정한다. 이러한 모호한 경우에도 불구하고 규칙 따르기, 특히 추적하기는 우리가 일상적으로 문제 해결이라고 부르는 것을 뜻한다. 우리는 우리가 접하는 사물들을 서로 관계짓는데, 이는 우리가 마주한 사적 사건의 경우도 마찬가지이다. 우리가 이것을 사물을 보는 것과 동일한 조망으로부터 경험하기 때문이다. 우리는 이 모든 사건—직접적으로 또는 간접적으로 접촉하는—을 비교, 인과, 위계, 시간, 조망 참조의 틀에서 관련짓는다. 이러한 방식으로 가능해진 다양한 많은 선택지에 근거해 우리는 행동을 취한다. 다양한 행동과 다양한 결과를 유추할 수 있는 능력이 이 기술에 필요한 근본적인 요건이다. 언어적 관계틀 형성을 통해 해결을 위하여 상황에 개입할 때, 우리는 자기규칙을 형성하는 기술을 사용할 수 있으며, 이를 통해 역으로 이후의 행동에 영향을 미칠 수 있다.

어떤 문제 해결은 전략적이다. 우리가 원하는 것은 확실한데 그에 이르는 길이 확실하지 않을 때 그렇다. 전형적인 예로는 어떤 이가 특정 주소지로 가는 길에서 길을 잃었을 경우이다. 이때 자신이 모르는 동네에 있다는 것을 발견하고, 다시 지도를 보며 걸어온 길을 되짚고, 주변을 살피며, 다양한 가능성을 고려한다. 또 만약에 의사가 맹장 절제술 중 환자가 보통의 신체 구조와 다르다는 것을 발견하는 경우도 예로 들 수 있다. 이와 조금 다른 경우로는 심리학자가 학교 가기를 거부하는 학생을 상담해 학업을 계속할 수 있도록 하고자 하는 경우 또한 예가 될 수 있다. 마지막으로는, 목표 자체가 다소 확실하지 않을 때인데, 보통 이러한 유형의 문제 해결에서는 단지 알려진 목표를 성취하려 하는 것뿐만 아니라 가능한 많은 다양한 결과가 있을 수 있기에 이들을 서로 비교해 선택할 필요가 있다. 예를 들어, 대학을 막 졸업한 사람이 앞으로 몇 년 간의 자신의 삶에서 무엇을 하고 싶은지 스스로에게 묻는 경우가 그러하다. 비슷한 다른 예로는 배우자나 직업을 선택할 때 그리고 '내 삶이 어떻기를 바라는가?' 또는 '내 삶에서 중요한 것은 무엇인가?'와 같은 보다 존재론적인 질문과 관련된 경우들이다. 개인이 원하는 전반적인 결과, 언어적으로 구성된 결과들은 광범위한 행동을 통제할 수 있다. 나는 당면한 행동과 결과들을 다양한 가치, 삶에서 중요하다 여기는 것과 연결할 수 있다.

이 모든 상황에서, 우리는 우리가 경험한 사건과 아직 경험하지 않은 사건 모두를 자기 자신 그리고 가능한 다양한 행동 그리고 결과와 연결한다. 나는 나 자신을 거의 모든 것과 연결할 수 있다. 나는 나를 우주의 시작에서부터 인류 존재의 목적 그리고 시부모님과의 저녁에서부터 오늘 아침에 널어야 했던 세탁물, 그리고 지금부터 앞으로 5년간 할 일과 미래의 죽음 및 죽음 이후에 일어날 일들과 같은 모든 것과 연결할 수 있다. 그렇지만 주로 일상에서 마주하는 것을 다루기 위해 이러한 연결짓기를 하곤 한다. 예를 들어, 동료와 이야기할 때, 시험 준비를 할 때, 정치적인 모임을 조직할 때, 차를 고칠 때 또는 백화점에서 쇼핑을 할 때와 같은 경우이다. 이러한 모든 상황에서 나는 세상을 그것이 배열되어 있는 방식으로 마주하며, 이 모든 상황에서 청자와 화자가 될 수 있는 능력 그리고 자기규칙을 통해 문제를 해결할 수 있는 능력이 나의 유연성을 광대히 증대시킨다. 일상적인 용어로 당면한 상황에서 아이디어와 해결책을 생각해 내는 이러한 활동을 RFT에서는 실용적인 언어적 분석이라고 한다(S. C. Hayes, Barnes-Holmes, & Roche, 2001). 인간의 경우 당면한 사건들의 형태적 특징을 추상화해 이들을 관련지을 수 있기에 이러한 연결이 단지 형태적인 특징에만 제한되지 않는다.

요약

행동분석적 입장에서 볼 때, 모든 인간 행동은 행동과 선행 사건 및 결과와의 수반성을 기반으로 이해할 수 있다. 개인이 임의적으로 적용 가능한 관계적 반응형성을 일단 학습한 이후에는 이러한 학습은 무제한으로 진행된다. 선행 사건에 자극 기능을 부여하는 것이 단지 다양한 자극의 물리적 속성 또는 개인의 이전 경험에서의 직접적인 수반성에 제한되지 않는다. 이렇게 자극 기능을 획득한 선행 사건은 언어적 관계틀 형성을 통해 이제 현재에 존재하지 않는 행동이나 결과를 특정할 수 있으며, 이후 우리가 흔히 규칙이나 지시로 부르는 기능을 하게 된다. 이것이 인간이 직접적인 수반성에만 완전히 지배되지 않고, 장기적인 결과에 근거해 행동할 수 있는 능력을 갖게 한다. 쉽게 이야기하자면, 이것이 우리가 즉각적인 만족을 지연할 수 있도록 한다.

언어적 선행 사건에 영향을 받는 행동을 규칙 지배적인 행동이라 부른다. 규칙 지배적 행동 중 두 유형은 그 강화 수반성의 이력에 따라 구분되며, 세 번째 유형은 앞의 두 유형 모두와 상호작용한다. 순응은 규칙 지배적인 행동의 기본 유형이다. 이는 우리를 규칙 따르기에 대한 사회적 강화에 접촉하게 하며, 순응을 통해 우리는 처음으로 규칙과 지시를 따르는 것을 학습한다. 일단 이러한 기술이 학습된 이후에는 우리는 추적하기를 학습할 수 있다. 이는 규칙 자체와는 별도로 세상이 어떻게 배열되어 있는지에 따라 결과에 접촉할 수 있도록 하는 규칙 지배적인 행동이다. 세 번째 유형의 규칙 지배적 행동은 확장으로, 이는 순응과 추적하기의 결합된 형태로 각각의 결과가 강화나 처벌로 기능하는 정도에 영향을 미친다. 확장인은 언어적으로 형성된 조작적 조건 인자로서 기능한다. 비유적으로는 이러한 세 유형을 다음과 같이 표현할 수 있다. 순응에서 당신은 규칙 제공자가 '손에 쥐고 있는 것'을 원한다. 추적하기에서는 '지도에 있는 어떤 것이든' 찾고자 한다. 확장에서 당신은 당신이 부여한 가치에 근거한 결과를 추구한다. 규칙 지배적 행동은 물리적 환경뿐만 아니라 사회적 환경에서 유연하게 행동할 수 있는 우리의 능력을 광대하게 증대시켰다. 이것이 언어행동에 가장 일반적인 효과라고 말할 수 있을 것이다(Catania, 2007). 반면, 이러한 모든 이점에는 비용이 있다. 규칙 지배적 행동에는 부작용이 있다. 다음 장에서는 사건을 언어적 관계틀로 연결 짓는 인간 능력의 어두운 측면을 살펴보도록 하겠다.

제7장 인간 언어행동의 어두운 면

인간에게 있어 자극을 임의적 관계로 연결 지을 수 있는 능력은 큰 이점이며, 특히 규칙 지배적인 행동이 자리를 잡게 되면 더욱 그러하다. 이는 우리가 단지 즉시적인 만족을 추구하는 것에서 벗어날 수 있도록 하며, 사건이 발생하기 전에도 그것을 다룰 수 있도록 한다. 우리는 긴 행동 연쇄를 시행할 수 있으며, 시공간적으로 떨어진 결과나 추상적인 결과에 따라 행동할 수 있다. 한편 이런 이점과 동시에 이러한 힘은 어두운 면 또한 가지고 있다(Törneke, Luciano, & Valdivia-Salas, 2008).

규칙 지배적인 행동과 즉시적 결과에 대한 둔감성

가장 확실하며, 많이 보고된 규칙 지배적인 행동의 문제는 자극 간 즉시적 관계 및 직접적 수반성에 대한 둔감성이 커진다는 점이다. 규칙은 자극 기능을 변환시키며 직접적인 수반성을 무효화한다. 이것이 규칙 지배적인 행동의 핵심적 이점이며, 그로 인해 우리는 즉시적인 만족에서 한발 비켜설 수 있다. 다수의 연구에서 이러한 현상에 대해 기술하였다(S. C. Hayes, Brownstein, Zettle, Rosenfarb, & Korn, 1986; Matthews, Shimoff, Catania, & Sagvolden, 1977).

전형적인 실험은 다음과 같이 진행된다. 참가자들에게는 특정한 색의 빛이 나오면 버튼을 누르는 등의 간단한 과제가 주어진다. 그들 중 한 집단에는 점수를 얻기 위해 해야 할 것을 알려 준다(예: '특정 불빛이 켜지면 버튼을 누르라.'). 다른 집단에는 점수를 얻기 위한 구체적인 방법은 주어지지 않고 대략적인 지시만 주어진다. 모든 참가자는 성공했을 때 피드백을 받는다. 즉, 그들은 자신이 언제 점수를 얻었는지 알게 된다. 규칙을 미리 알고 있는 것은 확실히 이점이 있어 처음에는 이 집단이 통제집단보다 빨리 점수를 획득한다. 하지만 얼마 지나지 않아 통제집단 또한 시행착오를 통해 규칙을 알게 되어 다른 집단과 비슷한 점수를 획득하게 된다. 두 집단의 점수가 같아졌을 때, 수반성이 변화되어 모든 참여자가 점수를 얻기 위해 새로운 방식으로 버튼을 눌러야 한다. 이때 두 집단의 누구에게도 점수를 얻기 위한 새로운 규칙을 알려 주지 않는다. 다양한 연구에서 이와 관련해 동일한 현상이 보고되었다. 처음에 점수를 얻기 위한 규칙을 제공받았던 집단은 새로운 수반성 규칙에 적응하는 데 어려움을 겪는다. 통제집단은 훨씬 빨리 새로운 강화 규칙을 기반으로 점수를 따는 방법을 학습한다. 처음에 도움이 되었던 규칙이 방해가 되기 시작한다. 이는 변환된 자극 간 임의적 관계에 빠르게 적응하는 데 장애물이 되는 것처럼 보인다.

우리 대부분은 경험을 통해 이러한 현상을 익히 알고 있다. 무엇이 어떠해야 하는지에 대한 우리의 생각이 우리가 새로운 것을 배울 때 방해가 된다. 무엇이 어떠해야 하는지에 대한 우리의 생각, 그 규칙을 따르다 보면 실제로는 작동하지 않는 방식을 계속하게 된다. 우리는 불편한 것들을 생각하는 것은 좋지 않다는 규칙을 따르느라, 잊히지 않는 것을 잊기 위해 애를 쓴다.

이 점이 이 장의 주요 주제이다. 즉, RFT 관점에서 규칙 지배적인 행동이 우리가 흔히 정신병리라고 부르는 것과 어떻게 관련될 수 있는지를 살펴보겠다. 다양한 규칙 지배적인 행동이 어떻게 상호작용하여 문제를 발생시키는지를 세밀히 살펴보기 전에, 언어적 관계틀 형성의 보다 근본적인 결과로서 임의적으로 적용 가능한 관계적 반응형성이 어떻게 인간을 고통에 보다 광범위하게 노출시키는지를 먼저 살펴보자.

고통과의 광범위한 접촉

우리는 어떤 것들을 좋아하고, 다른 어떤 것들은 좋아하지 않다. 우리에게 어떤 것들은 맛이 있고, 어떤 것들은 그렇지 않다. 어떤 것들은 흥미롭고, 또 어떤 것들은 두렵다. 학습이론의 용어에서는, 이를 특정 상황에서 특정 개인에게 어떤 것은 유쾌하거나 혐오적이라고 표현한다. 일반적으로 새로운 상황이 이러한 기능을 획득하는 것은 일반화를 통해서이다. 새로운 사물이나 사건은 이전에 이미 우리가 경험했던 것과의 유사함에 따라서 유쾌한 자극이나 불쾌한 자극으로 느껴지거나 또는 현재 상황에서 유쾌하거나 혐오적인 어떤 것과의 연합, 즉 반응적 조건형성에 따라 유쾌하거나 혐오적으로 느껴지게 된다. 하지만 언어적 관계틀 형성을 통해서 사물은 이러한 비임의적(실제적) 연합 없이도 연결될 수 있다. 이 말은 우리가 실제로 접한 적이 없거나, 사물과 물리적인 관계가 없는 사건이나 사물조차 이러한 기능을 획득할 수 있음을 뜻한다. 이는 제4장에서 설명했듯이, 상호 함의적 관계나 복합적 상호 함의 관계의 근본적인 수준에서 사건을 언어적 관계틀을 통해 관련지을 수 있는 능력을 통해 가능하다.

이를 동물이 포식자로부터 도망쳐 대피할 곳을 찾는 상황과 비교할 수 있다. 이러한 상황에서, 동물은 포식자가 있을 때 어떻게 대피할 수 있는지를 학습할 수 있다. 일단 동물이 도피하게 되면, 즉각적으로 그 위치가 포식자와의 연합 없이 도피처로서의 자극 기능을 획득할 수 있다. 이때 그 장소가 동물에게 가지는 기능은 우리 인간이 안전함이라 부르는 것이 된다. 이러한 기능이 포식자와 연관되기 위해서는, 학습 상황에서의 사건들이 반대방향으로도 일어나야 한다. 조작적 조건형성과 반응적 조건형성의 원리에 따라 동물과 도피처가 동물과 포식자의 경험보다 먼저 일어날 때 도피처가 포식자와의 관계에서의 자극 기능을 획득할 수 있다.

유사한 상황이 인간에게 일어나는 경우를 생각해 보겠다. 인간 또한 도피처와 연합하여 안전함의 기능을 찾을 수 있다. 하지만 그 장소는 또한 상호 함의적 관계를 통해 포식자와도 관련되게 된다(사실 앞의 예에서 동물이 인간의 감정인 '안전함'을 경험한다고 표현한 것은 엄격히 보자면 맞지 않다). 인간으로서 우리는 안전하지 않은 것과 관련짓지 않고 안전함을 생각할 수는 없다. 부분적으로, 안전함이 안전함일 수 있는 것은 정확히 그것이 그 반대와 관련되지 않기 때문이다. 이 둘은 언어적으로 상호 함의적 관계로 연결되어 있다. 하지만 앞선 예의 동물의 경우, 도피처는 우리가 아는 한 단순하게 '그 장소'이다. 그 순간, 그 상황에서 동물이 찾은 그 장소 말이다. 언어적으로 유능한 인간의 경우는 그렇지 않다. 언어적으로 관계틀을 형성할 수 있다는 것은 일반화와 유사한 이러한 현상을 통해 인간이 수도 없이 많은 사건과 자극을 기존의 경험과 관련지을 수 있음을 뜻한다. 이는 우리 인간이 현실을 경험하는 방식에 결정적인 영향을 미친다. 가장 중요한 결과 중 하나가 우리의 사적 사건이 획득하게 되는 기능이다. 사적 사건은 거의 언제나 존재한다. 더욱이 우리의 고통스러운 경험들은 당사자만이 관찰하고 알 수 있는 사적 사건을 포함하고 있다. 상호 함의적 관계를 통해, 사적 사건은 개인이 경험했던 사건들과의 관계를 통해 자극 기능을 획득하게 된다. 만약 E가 D에 대해서 차별 기능을 획득했다면, 제4장의 실험 연구를 통해서 살펴보았듯이 D는 상호 함의적 관계를 통해 E와 유사한 기능을 획득하게 된다. 우리의 언어적 관계틀 형성 능력은 이러한 기본적인 기능에서 멈추지 않는다. 파생적 관계 조건화는 무한한 가능성을 제공한다. 처음에는 특정 사건에서 시작하여 우리는 이것을 비교 관계나 시간 관계에 넣을 수 있으며, 그렇게 되면 '이것보다 좋지 않은 어떤 것'과 접촉하게 된다. 이러한 언어적 관계틀 형성으로 인해 사적 사건은 잠재적으로 그 자체로 고통스러워지며, 고통과의 접촉이 기하급수적으로 증가하게 된다.

다음 상황을 그려 보자. 당신은 지중해에서 시간을 보내고 있고, 밤은 기분 좋을 정도로 따뜻하며 낮에는 편안하면서도 활기가 넘쳐 너무나 좋다. 당신은 몇몇 친구와 만나 맛있는 저녁을 같이 하기로 했다. 당신 주변에서 사람들이 이야기를 나누며, 흥미로운 이야기도 드문드문 들린다. 테라스 아래로 보이는 바다는 거울처럼 반짝인다. 맛있는 음식이 식탁에 놓인다. 당신은 좋은 시간을 보내고 있다. 이때 문득 '피터가 같이 있었으면 얼마나 좋을까?' 하는 생각이 든다.

이렇게 우리의 좋은 경험조차 그렇지 않은 것과 연결될 수 있다. 고통은 어디에든 있다. 사실, 우리는 실제 움직이지 않고도 생각만으로 어디로든 재빨리 옮겨갈 수 있다. 이것이 인간에게 새로운 가능성의 큰 창을 열어 준 반면, 보다 만연한 고통에 접촉할 수 있도록 만들었다. 외적 세상에서 고통이 특정 상황과만 연결되어 있다면 우리는 이를 피해 도망갈 수 있다. 하지만 언어를 통해 연결된 고통으로부터 도망가기 위해서는 어디로 가야 할까? 잠시는 가능할지라도, 장기적으로 인간으로서 피할 수 있는 곳은 없으며, 이것이 인간으로서 우리 모두가 처한 조건이다. 어떤 것이 임의적인 언어적 관계를 통해 형성된 이후에는 좋든 싫든 우리는 어찌할 수 없이 그것에 갇히게 된다.

결과적으로 고통은 그 자체로는 고통스럽지 않은 것에조차 스며들 수 있다. 6세 아이가 학교에서 그림을 그려 아버지에게 보여 준다. 아버지는 "멋있네, 정말 잘했다."라고 말한다. 언어적인 능력이 있기에 아이는 말과 반대되는 것, 즉 '멋있지 않은' '잘하지 못했다'에도 접촉할 것이다. 아버지가 말을 하는 그 순간에는 그렇지 않을지라도, 이후 예를 들어 다른 그림을 그리려 했는데 원하는 대로 그려지지 않은 날에는 그러할 것이다. 이때 아이는 아버지와 같은 타인의 판단 없이 '잘하지 않은'과 같은 판단을 스스로 하게 된다. 아이 자신의 언어적 관계틀 형성 능력이 이러한 특정한 맥락에 처하게 한다. 이러한 곤경은 우리 모두가 처한 인간 조건이다.

이 모든 것이 생각의 힘 중 하나이다. 생각은 우리가 가 보지 않은 곳을 포함해 어디로든 우리를 데려갈 수 있다. 사적 사건은 그 자체로 고통스러울 수 있다. 고통에 대한 생각은 그 고통이 우리가 실제 경험한 적이 없는 것일지라도 실제 고통으로부터 자극 기능을 획득한다.

하지만 이러한 생각을 비롯한 사적 사건 자체가 문제는 아니다(Luciano, Rodrígues Valverde, & Gutiérrez Martinez, 2004). 이는 인간 언어의 자연스러운 부분이다. 사건을 언어적으로 관계짓는 우리의 능력으로 인해 우리는 유쾌한 기능 또는 혐오적 기능과의 접촉이 기하급수적으로 증가하게 된다. 이것이 우리가 언어 능력이 있는 인간으로서 처해 있는 공통의 조건이다. 진짜 문제는 우리가 이러한 사적 사건을 기반으로 실제 결과에 작동하지 않는 행동을 하기 시작할 때 일어난다. 제5장에서 이야기로서의 자기를 다루면서 이야기했듯이 언어행동, 특히 사적 언어행동은 그것이 외현 행동과 동시에 또는 외현 행동과 독립적으로 일어날 수 있다. 우리는 실제 우리 환경에는 영향을 미치지 않은 채 생각하고 느낄 수 있다. 문제는 언어행동에 따라 외현적으로 행동하여 행동의 결과에 접촉하게 될 때 우리의 삶이 전반적으로 영향을 받게 된다는 것이다. 이처럼 사적 사건이 외현적 사건을 통제하기 시작할 때 그것이 심리적 문제로 발달하는 첫 번째 단계가 된다. 이것이 다시 규칙 지배적인 행동과 연결된다. 제6장에서 논의했듯이, 규칙 지배적인 행동은 자기규칙과 같은 사적 사건에 영향을 받는다. 언어적 관계틀 형성의 결과인 여러 레퍼토리(규칙)가 광범위해진 고통과 결합될 때가 잠재적으로 함정에 빠지기 쉬워지는 때이다. 우리는 이러한 레퍼토리(규칙 지배적인 행동)를 생각, 감정, 기억 또는 신체감각과 역기능적인 방식으로 연결하는 데 너무 익숙해져 있는데, 특히 사적 사건의 고통스러운 측면을 통제하고자 할 때 더욱 그러하다.

이러한 과정은 완전히 불가피한 과정이지만, 그것이 왜 일어나는지는 쉽게 이해할 수 있다. 규칙 지배적인 행동은 특히 위험이나 원치 않는 결과를 피하고자 할 때 성공적일 수 있다. 이는 대개 우리가 성취하고자 하는 것을 방해하는 장애물을 없앨 때 유용하다. 우리가 경험했거나 경험할 수 있었던 혐오적인 사건으로부터 생각, 감정, 기억 등이 자극 기능을 획득할 때, 이를 방해가 되거나 상처를 주었던 외적 사건을 다루던 방식과 같은 방식으로 다루려 하는 것은 자연스럽다. 간단히 말해, '위험이나 방해물을 제거하기 위한 계획을 세우고 이를 실행하라.'는 전략을 세우게 된다. 이러한 전략과 관련하여 사적 사건을 통제하고자 의도적으로 노력할 때, 그때가 언어적 관계틀 형성의 어두운 측면이 명확히 드러나는 때이다. 특히 이 장의 앞에서 기술한 실험을 통해 검증되었듯이 규칙 지배적인 행동은 그것이 목적을 충족시키지 못하는 상황에서조차 유지되는 경향이 있다는 점에서 더욱 그렇다. 이러한 행동은 직접적인 수반성에 둔감하다. 이에 우리가 고통스러운 사적 사건을 없애거나 이것이 없어져야 한다는 규칙에 따라 행동하게 되면, 실제 이러한 사적 사건이 우리 노력으로 없어지지 않는다는 사실에도 불구하고 계속해서 이 규칙을 따르게 되는 악순환에 갇힐 위험이 커지게 된다.

규칙 지배적인 행동의 결과로서 심리적인 문제

명료하게 전달하기 위해 모든 유형의 규칙 지배적인 행동과 관련된 문제들을 하나씩 살펴보겠지만 실생활에서는 이들은 서로 계속해서 상호작용하고 있다. 여기서 가장 중요한 부분은 확장이 어떻게 다른 두 유형의 규칙 지배적인 행동과 상호작용하여 현재의 수반성을 변형하게 되며, 다양한 유형의 함정을 만들어 내는지에 대한 부분일 것이다.

순응과 관련된 문제

순응과 관련된 가장 근본적인 문제는 그로 인해 직접적인 수반성에 둔감하게 된다는 데 있다. 어떤 이가 다른 이를 기쁘게 하기 위해 노력하는 것을 통해 처벌을 피하고 강화를 얻고자 계속해서 노력한다면 결국 행동의 다른 결과들—혐오적인 결과뿐만 아니라 의미 있고 유쾌한 결과—에 접촉하는 것이 어려워지게 된다. 이전 장의 말미에서 심상을 이용했듯이, '규칙 제공자가 손에 쥔 것'을 일차적으로 추구하는 사람은 길 위에 있는 수많은 다른 것을 잃게 된다.

예를 살펴보자. 만약에 어떤 이가 미술관에 가는데, 가는 주된 이유가 그것이 지적인 사람이라면 마땅히 해야 하는 일이거나 다른 누군가의 승인을 얻기 위해서라면 미술 그 자체를 즐기고 배울 가능성은 낮아지게 된다. 다른 사람의 승인을 얻는 것에 집중하다 보면 그가 경험할 수 있는 것의 상당 부분이 차단되게 되며, 예를 들어 전시된 작품의 세세한 부분에 주의를 기울이는 것이 어려워질 수 있다. 만약에 그가 작품을 있는 그대로 보고 느끼고자 했더라면 마주할 수 있었던 수많은 결과를 접하지 못하게 된다. 순응이 개인의 행동 목록을 지배하게 될 때 가장 큰 문제는 다른 이에게 의존한 결과는 예측할 수도 통제할 수도 없다는 점이다. 예를 들어, 누군가가 사랑받기 위해 사랑한다면 그것은 꼭 이루어지지 않을 수 있다. 또 다른 이가 귀 기울여 주기를 바라면 이 또한 늘 그렇게 되지는 않는다. 또 누군가가 계속해서 다른 사람이 자신을 인정해 주기를 바라며 다가간다면 아마도 때때로 실망하게 될 것이다. 일반화된 순응에 가장 확실한 결과는 그것이 개인을 사회적 반응에 취약하게 만든다는 점이다.

이는 그 역으로도 성립된다. 예를 들어, 어떤 이가 '절대로 타인을 따라서는 안 된다.'는 규칙에 따라 권위에 대항하는 경우가 그것이다. 이러한 행동이 장기적으로는 해가 됨에도 불구하고 권위 있는 대상이 그에게 이야기할 때 저항하거나 반대로 행동하는 경향을 보일 수 있다. 이는 권위에 순응하는 것이 강화를 얻을 수 있는 상황에서조차 그렇게 할 수 없도록 한다. 이 경우에 개인의 행동은 반대 방향일지라도 그는 복종과 기능적으로 동일한 규칙을 따르고 있다. 즉, 그는 방향은 반대일지라도 여전히 규칙에 따라 사회적 결과를 얻기 위해 행동하고 있다. 기능적으로 역순응은 순응의 한 형태로 이 또한 행동의 목록을 지배하게 되면 문제가 된다.

순응이 개인의 행동을 지배하고 일반화되면 두 가지 주요한 문제가 발생한다. 첫째, 그것이 성공적인 추적하기의 학습을 방해한다는 점이다(S. C. Hayes et al., 1998). 추적하기는 행동적인 유연성을 증대시키는 기술이기에 이는 문제가 된다. 둘째, 이로 인해 타인이 제공하는 결과에 심히 예민하게 된다는 점이다. 지배적인 결과가 타인에 의해서만 제공될 가능성이 높아지며, 이는 개인을 사회적 환경과의 관계에 매우 취약하게 만든다. 시간이 지남에 따라 타인에 의해서 제공되는 강화만이 강화나 처벌로서 작용하게 된다.

만약에 '타인을 기쁘게 하기 위해 그들이 원하는 대로 따르라.'라는 명시적 또는 암묵적 규칙을 따른다면, 우리는 우리 삶을 다른 사람의 손에 맡기고 우리 자신의 목표나 욕구로부터 멀어지게 된다. 우리가 타인의 승인을 얼마나 성공적으로 얻느냐와 관계없이 원하는 만큼 충분한 승인을 얻지 못할 가능성이 상당히 높다. 우리가 원하는 것을 얻지 못하지만 규칙이 계속 지배적이라면, 우리는 승인을 얻기 위해서 더 큰 노력을 하게 될 것이다. 그럼에도 여전히 충분하지 않다면 우리는 더더욱 열심히 노력하게 되고, 결국은 악순환에 빠지게 된다. 이는 우리 삶을 상당히 제한적으로 만들어, 많은 잠재적인 강화 결과에 접촉하기 어렵게 만든다. 이러한 잠재적 결과들은 추적하기 없이는 접촉하기 어렵기에, 이러한 결과들로부터 차단된다. 이러한 양상은 적어도 프로이트(Freud) 시대 이후로 계속해서 기술되어 온 고전적인 임상적 문제들이다. 치료 회기에서는 내담자가 '치료자가 원하는 것'에 경직되게 맞추려 할 때 이러한 일반화된 순응을 관찰할 수 있다. 역순응 또한 동일한 현상의 또 다른 형태이다. 예를 들어, 내담자가 '누구도 나한테 이래라 저래라 할 수는 없어.'라는 규칙에 따라 치료자로부터의 교육을 따르지 않는 경우이다.

이러한 형태의 규칙 지배적 행동이 어떻게 한 개인의 삶에서 문제가 되는지를 이해하기 위해서는 일반화된 순응과 확장의 상호작용을 이해할 필요가 있다. 확장은 일반화된 순응의 유지 및 증가를 초래할 수 있다. 이는 문제가 되는 순응이 처음의 사회적 결과와 관련된 추상적이고 언어적인 결과에 의해 통제될 때 그러하다. 순응에 의해 행동을 선택하는 대부분의 사람은 단지 지금 여기에서 타인의 인정을 얻는 것과 같은 즉시적인 결과를 얻고자 그렇게 하지는 않다. 삶에서 중요한 부분에 대한 보다 광범위한 가정이 이와 관련된다. 이와 관련해서는 뒤의 '확장과 관련된 문제'에서 다시 다루도록 하겠다.

추적하기와 관련된 문제

가장 단순한 형태의 추적하기는 직접적인 수반성을 결정하는 행동과 결과로 구성되며, 이때 결과는 규칙에 의존하지 않는 행동에 뒤따른다. 예를 들어, '진통제를 먹으면 덜 아플 거야.' 행동이 실행되면, 결과가 뒤따른다. 이러한 방식으로 추적하기 능력이 강화되면 개인의 행동 레퍼토리가 확장되며, 이제 새롭고 더욱 복잡한 추적하기가 가능해진다. 이러한 추적하기는 또한 학기말에 좋은 학점을 받는 것과 같은 보다 장기적인 결과를 추구할 때도 적용될 수 있다. 추적하기는 또한 제때 과제를 제출하고 수업에 출석하는 것과 같은 직접적인 행동의 강화적인 기능을 장기적으로 확장할 수 있다. 이것이 어떻게 확장이 추적하기와 서로 상호작용하는지의 예가 된다.

반면, 추적하기는 때로 문제가 될 수도 있다. 추적하기가 그것이 작동하지 않는 맥락에서 사용될 때가 그러한 예이다. 예를 들어, '나는 구속받지 않아야 한다.'라는 규칙을 따르려 한다면, 이는 당연히 지켜지기가 어렵다. 진정으로 자발적인 행동은 그 정의에 따라 그 어떤 규칙이나 지시에 따른 것이 아니어야만 한다. 따라서 '나는 구속받지 않아야 한다.'는 규칙에 따라 행동하는 사람은 결과적으로 그렇게 될 수가 없다. 이는 마치 '그 어떤 규칙도 따르지 않아야 한다.'라는 규칙을 지키려 노력하는 것과 같다.

추적하기는 또한 세상이 움직이는 방식과 일치하지 않을 때 문제가 된다. 이때 규칙 따르기로 원하는 결과를 얻기가 어려워지기 때문이다. 예를 들어, '담배를 끊는다면 기분이 좋아질 거야.'라는 규칙을 살펴보겠다. 대부분 담배를 끊으면 특히 초기에는 더욱 이러한 결과를 접할 수가 없다. 여기서 중요한 부분은 앞선 예와 같이 맞지 않는 규칙을 따르면 규칙을 따르도록 하는 특정한 결과가 일어나지 않기에 이후에는 이러한 행동이 줄게 된다는 것이다. 만약에 누군가가 '기분이 좋아지기 위해' 금연을 한다면 금방 다시 담배를 피게 될 확률이 높다.

또한 이처럼 부정확한 규칙에 근거해 행동을 계속하는 것은 또 다른 이유로 문제가 될 수 있다. '회복되기 위해서 통증을 피해야 한다.'라는 규칙을 따른다면, 개인은 통증을 없애기 위해 행동할 것이며, 그 결과로 시간이 지남에 따라 규칙에 명시된 단기적인 결과와 장기적인 결과(통증을 경험하지 않는 것과 회복되는 것)가 상응하지 않음을 알게 될 것이다. 통증을 피하기 위해 행동을 하고, 단기적으로 통증이 준다면 이때 행동은 부적으로 강화된다. 더불어 규칙에 명시된 회복과 통증을 느끼지 않는 것 사이의 연결은 '올바른 방식으로 하는 것'이라는 결과를 만들어 내며, 이러한 결과가 다시 추적하기를 유지하게 한다. 이러한 예에서 문제는 규칙에 특정된 단기적 결과에 있다. 특정한 신체 활동을 하지 않으면 통증을 경험하지는 않을 것이다. 하지만 세상은 그런 방식으로 이루어져 있지 않다. 통증은 회복이라는 과정의 중요한 부분이다. 만약에 개인이 통증은 회복과 양립 불가능하다는 규칙에 따라 행동한다면, 상대적으로 단기적인 결과(제한된 신체 활동 → 통증 없음)가 보다 장기적인 결과(활동 → 고통 → 회복)를 추적하는 것이 어려워진다. 이처럼 단기적으로 기능하는 추적하기가 장기적으로 작동하지 않을 때 악순환이 시작된다. 추적하기가 단기적으로는 작동하기에 규칙에 통제 기능이 전체적으로 강화될 위험이 있다.

이러한 역설적인 효과가 우울, 불안, 중독 등 다양한 임상 문제의 근본적인 과정이다. 사회불안장애를 경험하는 사람을 예로 들어 보겠다. 만약에 그가 '집을 떠나면 불안해지기 때문에 집을 떠날 수 없다.'라는 규칙에 따라 행동한다면 집 안에 머물면서 불안을 느끼지 않는 단기적인 결과를 경험할 것이다. 하지만 만약에 이러한 행동이 지속된다면, 추적하기는 역효과를 가져와 사회불안을 증대시키고 이후 우울까지 경험하게 할 수 있다. 또 다른 예로는, 알코올 중독을 살펴볼 수 있다. 만약 누군가가 '지금 술을 조금 마시면 기분이 좋아질 거야.'라는 규칙을 추적한다면, 단기적으로는 이러한 규칙이 작동할 것이다. 하지만 그가 계속해서 술을 마신다면, 그의 문제는 사라지지 않고, 그가 원하는 대로 삶을 통제하지 못할 확률이 증가될 것이다. 즉, 행동의 장기적인 결과를 추적하지 못하게 되며, 계속해서 술을 마시는 행동의 파괴적인 결과를 접하게 될 것이다. 이 경우 개인은 장기적인 결과를 추적하기에 불충분하고 제한된 행동의 레퍼토리에 갇히게 된다.

위의 예에서 우리는 개인이 장기적인 결과를 이해하지 못하고 있을 것이라 가정할 수 있다. 하지만 그런 경우는 매우 드물다. 실제로는 불안을 회피하고 기분이 나아지기 위해 철수해 있는 사람들은 종종 그런 자신의 행동이 장기적으로는 불안을 증가시킨다는 것을 알고 있다. 또 대처 방법으로 술을 마시는 사람들은 알코올이 종국에는 문제를 더 악화시킬 것이라는 것을 알고 있다. 다른 사적 행동들과 마찬가지로 사적인 언어행동인 '이해하기'는 외현적 행동에 어떠한 의미 있는 영향도 미치지 못한 채 일어날 수 있다. 문제는 이해가 부족한 것이 아니다. 문제는 단기적인 결과를 쫓는 규칙을 따른다는 것이며, 중요한 것은 이를 반복한다는 점이다. 중요한 문제는 이해의 문제가 아니며, 여기서 중요한 요소는 규칙 지배적인 행동이다.

위의 예에서 물론 부적 강화가 작동하고 있다. 사회적 환경을 피함으로써 사회불안 경험을 회피하며, 술을 마심으로써 단기적으로 불안과 불안정함을 누그러뜨린다. 한편, 여기서 또 다른 강화 수반성 또한 작동했는데, 확장이 이처럼 기능하지 않는 추적하기를 계속하도록 하는 데 중요한 역할을 한다. 앞에서 언급했듯이 '맞는 방법을 쓴다.'가 효과적이지 않는 추적하기의 기능을 변환해 장기적인 역효과에도 불구하고 이러한 규칙을 계속해서 따르도록 한다. 우리 인간은 작동하지 않는 규칙을 계속해서 따르는 함정에 빠지게 되는데, 특히 그 규칙이 불안을 통제하고 낙담한 마음, 수치심 또는 외로움을 잊도록 하는 데 도움이 된다고 생각할 때 더욱 그렇다. 이러한 시도를 할 때 우리는 이 방법이 앞으로도 여전히 작동할 것이라 생각하지만, 문제는 '앞으로도 여전히' 기능할 것이라 믿는 것이 역기능적인 확장과 연결되어 있다는 점이다.

확장과 관련된 문제

확장과 순응 사이에는 공통점이 있는데, 둘 다 사회적인 영향에 민감하다는 것이다. 순응은 규칙에 정해진 결과가 사회 공동체에 의해 제시됨으로써 형성된다. 또한 확장이 가능하도록 하는 언어적인 연결망 또한 다소 복잡한 방식이긴 하나 사회적 공동체에 의해 제시된다. 확장인으로 기능하는 관계망은 결과의 통제 기능을 확대시켜 매우 추상적으로 만들 수 있다. 또한 결과의 통제 기능이 추상적일수록 행동에 미치는 효과가 더욱 공고해진다. 확장의 가장 근본적인 문제는 그것이 순응이나 추적하기와 상호작용하여 직접적인 수반성에 대한 둔감성을 증대시킬 수 있다는 데 있다.

순응과 관련된 문제로 다시 돌아가 보겠다. 이미 언급했듯이, 확장은 순응과 관련된 문제를 쉽게 확대하고 지속시킬 수 있다. 실제적인 강화를 얻기 위해 타인의 인정을 받고자 할 때조차, 언어적으로 구성된 보다 추상적인 결과의 영향으로 일반화된 순응이 일어날 수 있다. '좋은 사람 되기' '성공한 사람 되기' 또는 '사랑받을 만한 사람 되기'와 같은 추상적인 결과가 개인에게 궁극적으로 바람직한 결과로서 형성될 수 있다. 이러한 유형의 학습 이력은 다른 사람들이 하는 것처럼 하기, 타인이 말하는 것에 따르기, 틀을 벗어나는 행동하지 않기, 절대로 노(No)라고 하지 않기와 같은 행동과 연관될 수 있다. 이처럼 순응은 역으로 받아들여지지 않을 수 있는 행동에 대한 자극 기능에 또한 영향을 미친다. 이 경우 개인에게 '받아들여지지 않음'은 자신이 가치 있다고 생각하는 '사랑받을 만한 사람 되기'에 반대라고 생각되기에, 다양한 형태의 '받아들여지지 않음'은 처벌의 기능을 갖게 된다. 일반화된 순응을 기반으로 한 역기능적인 확장의 과정에서 어떠한 일이 벌어지는지를 조금 더 구체적으로 살펴보겠다. 개인이 다음과 같은 규칙에 의해 행동하는 상황을 가정해 보자. '내가 원하는 것을 얻기 위해서, 나는 내가 기분이 좋아질 수 있는 방식으로 행동할 필요가 있는데, 나는 주위 사람들로부터 인정받고, 누구도 비난하지 않을 때 기분이 좋다.'[1] 이는 다음과 같은 진전된 형태의 언어적 관계틀 형성의 결과이다.

① 사람들의 비난 또는 불승인에 의해 불러일으켜진 생각이나 감정(예를 들어, '나는 못됐다. 이것은 내가 아니야.')이 목적 지향적으로 행동하는 것을 방해한다. 요약하자면, '내가 이러한 생각이나 감정을 가지고 있는 한 특정한 방향으로 행동하는 것이 어려울 것이다.'
② 개인의 목표가 기분 좋게 느끼기와 등위 관계에 놓인다. 즉, '이러한 목표에 따라 행동하기 위해서 기분 좋게 느낄 필요가 있다.'
③ 기분 좋게 느끼기가 개인에게 진정으로 중요한 것을 성취하는 데 필요조건으로 형성된다(인과관계 또는 조건의 언어적 관계틀).

---

1) 저자 주: 이때 개인이 규칙 따르기를 하는 동안 늘 자신의 생각을 관찰하는 것은 아니다. 그는 아마도 이러한 생각을 가지고 있다고 할 수도 있고 또는 아니라고 할 수도 있다. 규칙은 암묵적일 수 있다. 중요한 점은 개인이 실제로는 그러한 방식으로 행동하고 있다는 점이다.

역기능적인 확장의 또 다른 예로는 우울한 사람이 과거 사건을 계속해서 생각하고 있는 경우를 들 수 있다. 이 경우 이렇게 계속해서 생각에 생각을 거듭하는 것이 효과가 있는 것 같은지 묻는다면, 아마도 그는 그렇지 않다고 말할 것이다. 그럼에도 그는 이를 계속한다. 여기서 부적 강화가 중요한 역할을 하고 있다. 이때 행동은 고통스러운 어떠한 경험을 회피하는 데 도움이 된다. 아마도 그는 과거에 머무름으로써 불편한 다른 생각을 피하고 있을 수 있다. 이러한 반추로 인한 부적 강화는 단지 결과 통제뿐 아니라 우리가 문제 해결이라 부르는 행동으로 기능적으로 분류될 수 있다. 즉, 이것이 문제를 해결하기 위해서 당신이 해야 한다고 여기지는 행동이다. 따라서 이것이 어떻게 하나의 행동이 '내가 기분이 좋기 위해 해야 할 필요가 있는 것을 하는 것'이라는 말로 강화될 수 있는지를 보여 주는 예가 된다. 이렇게 되면 생각을 오래 하는 것이 맞는 방법처럼 보이게 된다. 왜 이러한 유형의 문제 해결이 특정 상황에서 특정한 개인에게 이토록 중요하게 되는지 궁금해질 수 있다. 계속해서 과거와 관련된 생각을 하는 사람들은 종종 그렇게 하는 것이 기분이 나아지기 때문이라고 한다. 그렇다면 왜 이토록 기분이 좋아지는 것이 중요한가? 왜냐하면 그것이 삶에 있어 다른 중요한 가치나 목표를 이루는 데 중요한 수단으로 보이기 때문이다. 즉, '나는 기분이 좋아지기 위해서 우울한 기분을 없애야만 한다. 또 나는 내 삶에서 중요한 것을 이루기 위해 기분이 좋아야만 한다.'라는 규칙이 자극 기능을 다양한 방식으로 변환시키는 확장인으로 기능한다. 이러한 확장을 통해 과거에 머물며 피하고자 했던 생각들은 단지 고통스러운 것뿐 아니라 삶에서 중요한 것을 이루는 데 방해가 되는 것으로 변하며, 이에 결과적으로 더욱 혐오적인 자극이 된다. 이제 개인의 가치에 따른 삶을 살고, 중요한 목표를 성취하기 위해서는 원치 않은 생각을 제거해야 한다는 확장된 규칙이 생기며, 이에 이를 없애고자 하는 노력이 더욱 치열해진다.

환청을 경험하는 사람이 있다고 가정해 보겠다. 이때 그가 '내가 오늘 침대에 계속 있으면, 나는 소리를 듣지 않을 것이다.'라는 규칙을 추적하고 있다고 가정해 보자. 소리를 듣지 않는 것이 왜 그렇게 중요한지 묻는다면, 그는 아마도 환청이 없다면 삶이 훨씬 편할 것이고, 정신병원에 갇힐 위험도 적어지기 때문이며 또는 미쳐 가고 있다는 생각으로부터 벗어나고 싶기 때문이라고 대답할 것이다. 이러한 추적하기는 단기에는 작동하나, 장기적으로는 작동하지 않는다. '나는 환청이 들리지 않도록 해야 할 필요가 있다. 왜냐하면 정상인은 환청을 듣지 않기 때문이다.'라는 규칙을 통한 확장이 잠재적으로 상황을 더욱 복잡하게 만든다. 이러한 확장의 결과로 환청을 경험하는 것은 정상인인 것과 대립 관계에 놓이게 되며, 환청은 더욱 혐오적인 자극이 된다. 이러한 규칙에 따라 이후에는 환청을 통제한다고 여기지는 행동을 하게 된다. 이제 과정을 거치면서 처음의 고통스러운 경험의 의미가 더욱 확대된다. 즉, 경험 그 자체만으로도 충분한 고통이 이제는 '정상인이 되는 것'의 문제가 된다.

동일한 원리가 의존적 성격장애와도 관련된다. 이 경우 그는 지지받지 못한다는 느낌을 피하기 위해 타인에게 호소하거나 수동적으로 행동한다. 이때 '내가 원하는 것을 하기 위해서 나는 지지받는다고 느껴지는 것에 집중할 필요가 있다.'라는 규칙을 가지고 있는 경우를 가정해 보겠다. 이러한 규칙을 통해 지지받지 못한다는 느낌은 그 자체의 불편함에 더해 개인이 원하는 삶을 사는 데 방해가 되는 것으로 변화되며, 이에 그 혐오적인 성질이 더욱 강화된다. 이는 이후 지지받는 느낌을 얻기 위해서 또는 그 반대의 느낌을 피하기 위해서 스스로 해야 한다고 여겨지는 방식으로 행동하도록 개인을 동기화화게 된다. 사회적 환경에서 지지의 경험은 본질적으로 환경에 따라 다를 수 있기에, 개인이 지지받지 못한다고 느끼는 경험을 피하려고 하면 할수록 지지를 성취하는 것이 더욱 중요해지는 악순환에 빠지게 된다.

이러한 모든 임상적인 예는 진단에 관계없이 근본적으로 동일한 과정이며, 동일한 딜레마이다. 순응이나 추적하기의 형태를 띤 규칙 지배적인 행동은 우리가 장기적인 결과를 성취할 수 있도록 한다. 반면에, 이는 또한 어쩔 수 없이 일정 수준의 경직성을 띨 수밖에 없다. 이러한 경직성은 확장의 영향으로 더욱 증대될 수 있는데, 특히 추구하는 결과가 매우 추상적이거나 시간적으로 또는 공간적으로 먼 것일 때 특히 그러하다.

확장인의 정의로 다시 돌아가 보겠다. 이는 우리가 일상 용어로 가설, 가정 또는 시작점이라고 부르는 것에 가까운 규칙들이다. 이러한 확장인은 종종 암묵적이며 과정적인 것으로 보인다. 우리는 종종 이것을 당연한 것으로 받아들이는데, 그것이 바로 확장인이 우리 행동에 영향을 미치는 방식이다. 그것은 언어적으로 구성된 복잡한 언어적 관계망으로 다양한 행동 결과가 강화적 또는 처벌적으로 작동하는 정도에 영향을 미침으로써 우리의 행동을 통제한다. 이는 언어적으로 형성된 조작적 조건형성의 하나의 유형으로서 기능한다. 확장은 가장 진화된 형태의 규칙 지배적인 행동으로 여겨진다(S. C. Hayes et al., 1998). 확실히 해두자면, 모든 규칙 지배적인 행동은 좋은 면과 나쁜 면을 모두 가지고 있으나, 이 장의 맥락에서는 문제가 되는 효과를 강조하고 있다.

행동분석적인 조망에서 볼 때 이러한 가정이나 가설 그 자체는 문제가 아니라는 것을 주목하자. 규칙은 문제가 아니다. 규칙은 그저 타인에 의해서 표현된 말이거나 개인 내에서 일어나는 사적 사건일 뿐이다. 또 때로는 이는 타인에 의해서 표현되지도 않고 사적 사건으로 발생하지도 않으며, 단지 암묵적으로 일어난다. 진짜 문제는 규칙이 아니라 규칙을 따르는 것이다. 행동이 삶의 문제가 되는 결과를 초래할 때, 그 행동은 문제가 된다. 때로는 단순히 행동이 우리가 원하는 것을 얻는 데 도움이 되지 못해서, 또 때로는 그 행동이 강화적인 결과를 얻을 수 있는 다른 행동들을 방해하기 때문에 문제가 된다.

간접적인 자극 기능의 지배성 및 관련 위험

개인에게 있어 언어적 관계틀 형성의 레퍼토리가 형성되고 나면 파생적 또는 언어적 자극 기능이 이미 형성된 기능을 지배할 수 있다. 이것은 이 장의 처음에 언급된 실험을 통해서 설명되었다. 이러한 실험에서 우리는 심지어 수반성이 변화되어 더 이상 규칙이 실제 일어나는 일을 설명하지 못할 때조차 행동을 통제할 수 있음을 알 수 있었다. 이러한 일이 일어나는 이유는 간접적인 자극 기능에 근거해 행동하는 것이 많은 영역에서 강화적이기 때문이다. 간단히 말해서, 언어는 작동한다.

누군가 무슨 말을 할 때 그것은 일련의 소리로 이루어져 있다. 이것은 우리가 이해하지 못하는 외국어로 이야기하는 것을 들을 때 매우 명확해진다. 그 경우 우리는 직접적인 자극 기능—소리의 특징, 발화의 리듬과 속도 등—에만 접촉한다. 우리가 만약에 이러한 언어를 이전에 들은 적이 있다면 그것을 들을 때 이전 상황이나 시점에 대한 기억이 되살아날 것이다. 그럼에도, 우리는 주로는 직접적인 자극 기능—소리와 우리의 경험 간의 즉시적인 연결—에 영향을 받을 것이다. 이러한 경향은 우리가 숙달된 언어를 들을 때는 감소하며, 간접적인 자극 기능이 선봉에 놓이게 된다. 우리는 간접적인 자극 기능을 기반으로 해서 듣고 행동한다. 하지만 여전히 우리가 듣는 것의 실체는 소리의 결합이다. 청자와 화자 모두 동일한 방식으로 소리를 결합하기에 우리는 우리가 듣는 것을 이해할 수 있다. 이러한 관계는 그 자체가 임의적이다. 우리는 동일한 사회적 게임을 같이 하고 있는 것이다.

간접적인 자극 기능의 지배적인 영향을 이해할 수 있는 방법 중 하나는 직접적인 자극 기능에 접촉하는 것이 어려운 상황에서 이를 시도해 보는 것이다. 독자로서 당신도 이러한 시도를 해 볼 수 있다. 책의 글을 보면서 글의 의미에 중심을 두지 않고 종이와 잉크의 대비에 집중하는 것이다. 당신은 이것이 상당히 어렵다는 것을 알게 될 것이다. 단어의 의미들은 너무나도 확연하다. 그렇다고 이것이 의미를 끄고 보는 것이 불가능하다거나, 간접적인 자극 기능이 지배적이어야 한다는 것을 의미하는 것은 아니다. 몇몇 명상 또는 집중 기법을 통해 의미를 벗어나 문장을 보는 것이 가능하며, 단지 검은색과 흰색의 시각적인 대비를 알아챌 수 있다. 하지만 이러한 방식은 우리가 글을 읽을 때 취하도록 학습한 방법은 아니다.

또 다른 직간접적 자극 기능을 실험하는 방법은 단어를 크게—빠르게 반복적으로—말하는 것이다. 이러한 시도를 해 본 적이 없다면 지금 한번 해 보자. 당신이 태어난 도시의 이름을 빠르게 큰 소리로 여러 번 말해 보라.

어떤 경험을 했는가? 이 연습을 하면서 대부분의 사람은 잠시 동안이나마 의미가 사라지고 단지 소리만 들리는 경험을 하게 된다. 어떻게 그런 일이 가능할까? RFT 관점에서는 이것이 간접적 자극 기능의 바탕이 된 맥락이 변화됨으로써 그 기능이 감소하게 된 것이라고 본다. 즉, 위의 연습이 RFT에서 C_{func}과 관련된 맥락을 변화시켜 이를 변환한 것으로, 간접적인 자극 기능이란 본질적으로 내재하는 것이 아니다. 그것은 우리가 단독으로 또는 사회적으로 행동하는 방식의 결과로 생겨난다. 맥락적인 요인에 영향을 미침으로써 이러한 기능을 변화시키는 것이 가능하다. 위의 예에서 일상적인 맥락은 매우 견고히 존재하기에 이러한 효과는 일시적이다.

간접적 자극 기능이 언제나 어느 상황에서나 지배적인 것은 아니다. 우리 인간은 직접적 그리고 간접적 자극 기능 모두가 행동에 영향을 미치는 세상에 살고 있다. 어떤 상황에서는 직접적 자극 기능이 지배적이다. 만약에 당신이 숙달된 피아니스트이며 당신이 가장 좋아하는 곡을 마음속으로 연주하고 있다면, 그 순간에 당신은 주로 직접적 자극 기능의 영향 아래에서 행동을 하고 있다. 만약에 누군가가 그 순간 당신에게 연주가 틀리다고 말한다면, 순간 당황하겠지만 당신은 아마도 그것을 무시한 채 연주에 빠져들 수 있을 것이며, 여전히 직접적인 자극 기능의 영향에 머물게 될 것이다. 행동을 계속하며 무엇이 되었든 마주하는 것에 따라 다음 스텝을 밟을 수 있는 것은 규칙 지배적인 행동과 견줄 수 있는 중요한 능력이다.

간접적 자극 기능이 꼭 문제라고 할 수는 없다. 대부분의 경우, 임의적으로 적용 가능한 관계적 반응형성(AARR)은 우리 행동의 유연성을 증대시킨다. 하지만 여전히 간접적 자극 기능이 경직되게 지배적으로 영향을 미칠 위험은 높다. 이 장의 초반에 나는 이것을 다양한 형태의 규칙 따르기 문제와 관련지어 기술했다. 이러한 지배성이 강력해질 때를 RFT에서는 융합이라 칭하는데, 이는 특정 행동이 간접적인 자극 기능과 융합되거나 완전히 지배되는 것을 말한다. 융합은 특정한 언어(간접적) 자극 기능이 다른 가능한 자극 기능—간접적 혹은 직접적—을 지배할 때 일어난다(Strosahl, Hayes, Wilson, & Gifford, 2004; S. C. Hayes, Strosahl, Bunting,

Twohig, & Wilson, 2004).

나는 감초맛을 본 적이 없음에도 그것이 맛이 없을 것이라는 가정하에 온 마음으로 행동할 수 있다. 가능한 다른 직접적 자극 기능(내가 맛을 봤을 때의 맛) 또는 간접적 자극 기능(감초에 대한 다른 의견들)에 관계없이 그렇게 할 수 있다. 나는 '나는 그와 이야기할 수 없다.'는 가정하에 전적으로 행동할 수 있다. 다른 직접적 자극 기능(내가 말을 했을 때 일어날 일)이나 간접적 자극 기능(내가 할 수 있는 일에 대한 다른 견해들)에 관계없이 그렇게 할 수 있다. 문제가 되는 것은 융합에 의한 행동이라는 점을 강조하는 것이 중요하다. 이렇게 말할 수도 있겠다. '융합은 행동으로, 행동 이전에 일어나는 정신적 과정을 말하는 것이 아니다.' 언어 기능이 지배적이 될 때 잠재적인 함정은 융합된 행동이지, 경직된 생각 그 자체가 아니다.

정신병리의 핵심적 과정으로서의 경험 회피

이 장의 가장 근본적인 메시지는 사적 사건을 통제하기 위해 규칙 지배적인 행동이 쓰일 때가 언어적 관계틀 형성의 어두운 면이 가장 확연히 드러나는 때라는 것이다. 그 이유는 사적 사건이 임의적인 관계적 반응형성을 통해 너무도 쉽게 혐오적인 기능을 갖게 되기 때문이다. 이는 앞서 다양한 종류의 규칙 지배적인 행동이 어떻게 행동적인 덫이 될 수 있는지와 관련해 충분히 다루었던 주요 주제이다.

우리는 너무도 쉽게 사적 사건을 통제하는 데 초점을 맞추게 된다. 이러한 유형의 규칙 지배적인 행동을 경험 회피(experiential avoidance)라 부르는데, 이는 감정, 생각, 기억 또는 신체감각을 없애거나 통제하기 위한 행동으로 정의할 수 있다(S. C. Hayes, Wilson, Gifford, Follette, & Strosahl, 1996). 이러한 행동의 결과는 주로는 역설적이다. 단기적으로는 효과가 있을 수 있으나, 장기적으로는 오히려 피하고자 한 경험을 증가시킬 수 있다. 동시에 보다 큰 맥락인 삶이 제한되며, 삶의 만족도가 줄어든다. 이러한 규칙 지배적 행동의 역효과에 대해서는 앞에서 이미 기술했다. 사적 사건을 통제하려는 목적으로 규칙 지배적인 행동을 할 때의 효과와 이러한 경험적 회피가 정신병리의 핵심이 된다는 것은 광대한 양의 과학적 데이터를 통해 확인되어 왔다(Karekla, Forsyth, & Kelly, 2004; Chapman, Gratz, & Brown, 2006; Campbell-Sills, Barlow, Brown, & Hofmann, 2006; Chawla & Ostafin, 2007).

이러한 문제행동의 기원은 명확하다. 위험한 상황은 혐오적인 자극이 되며, 이러한 상황을 피하는 것은 모든 개체의 목표이다. 우리 인간의 경우, 언어적 관계틀 형성을 통해 사적 사건이 혐오적인 자극 기능을 획득하게 되며, 이후 회피의 대상이 된다. 규칙 지배적인 행동은 아동기에 형성된 이후 다양한 형태의 행동들로 발전해 생각, 감정 또는 신체감각을 통제하는 데 가용해진다. 만약에 만족스러운 삶에 방해가 되며 혐오적으로 느껴지는 사적 현상과 반대가 되는 규칙이 형성된다면, 이러한 규칙은 확장인으로 기능하게 될 것이다. 이러한 확장인으로 인해 문제가 되었던 사적 사건은 더더욱 혐오적으로 느껴지게 되어 이를 회피하는 것이 더욱 중요해지게 되며, 이후 개인이 이러한 현상을 통제할 수 있는 행동에 더욱더 몰두하게 할 수 있다. 이러한 방식으로 경험 회피가 형성된다.

언어적 관계틀 형성 능력이 보다 복잡하게 발달함에 따라 사적 사건들이 다른 자극과 매우 다양한 방식으로 관계지어진다. 이에 더 많은 감정이나 생각이 혐오적인 것으로 등위 관계가 된다. 이렇게 생각이나 감정이 바람직한 것과 대립 관계에 놓이게 되면서 그것이 다양한 회피 전략의 목표물이 된다. 경험 회피의 문제는 사적 사건을 통제할 수 있는 인간의 능력이 극히 제한적이라는 데 있다. 이러한 현상은 거의 우리의 통제 의지를 넘어서는 일이다. 생각이 떠오르고 감정이나 기억 또는 신체감각이 수없이 많은 삶의 상황에서 자동적으로 활성화되기에 이를 통제하는 규칙이 효과적으로 적용될 수가 없다. 또 다른 문제로는 이러한 규칙을 따르려고 하면 할수록 회피하고자 하는 생각이나 감정을 경험할 가능성이 오히려 더 높아진다는 것이다(Wegner & Gold, 1995; Abramowitz, Tolin, & Street, 2001). 가장 중요한 문제는 개인이 이러한 회피에 몰두함에 따라 삶에서 긍정적인 강화를 얻을 수 있는 행동을 할 기회가 제한된다는 것이다. 경험 회피의 장기적인 결과로 개인의 삶 자체가 만족스럽지 못하게 될 위험이 결국에는 높아지게 된다.

자기 자신과 싸우기

인간의 자기 경험 그리고 자신과 자신의 행동을 언어적으로 변별할 수 있는 능력은 보다 진보된 규칙 지배적인 행동을 위한 선행 조건이다. 다른 종의 동물들도 자신의 행동을 변별할 수 있으나 언어적 관계틀 형성 능력으로 인해 인간의 그것은 훨씬 더 방대해진다(D. Barnes-Holmes et al., 2001). 우리 인간은 우리 자신의 행동을 다양하게 다른 언어적 관계틀에 넣을 수 있다. 즉, 행동을 먼저 또는 나중(시간적 관계 형성), 행동을 하지 않기(반대 관계형성), 조금 더 많은 행동(비교적 관계형성) 또는 그 곳에서의 행동(조망적 관계형성) 등의 관계들에 넣을 수 있다. 이는 모두 그 당시 행동이 일어나지 않아도 또 이전에 일어난 적이 없었던 행동인 경우에도 가능하다.

이에 더해, 우리는 '자기'에 대한 우리의 경험 또한 언어적 관계틀에 넣을 수 있다. 언어행동을 통해 우리는 '이 행동을 하고 있는 사람이 바로 나이다.'라고 변별할 수 있다. 우리는 이것을 제5장에서 기술했던 언어적 조망 능력을 통해 할 수 있으며, 이러한 기술은 규칙 지배적 행동과 결합하여 개인이 화자 또는 청자일 때와 관련된 자기규칙을 만들어 낸다.

자기 자신을 이런 방식으로 식별하는 능력은 앞에서 기술한 역기능적인 언어적 관계틀 형성에 영향을 받을 수 있다. 만약 생각이 언어적 관계틀 형성을 통해 어느 방향으로든 혐오적인 기능을 획득할 수 있다면, 나에 대한 생각 또한 마찬가지가 된다. 이는 직접적인 경험을 통해 일어난다. 예를 들어, 내가 무엇인가 고통스러운 것을 경험한다면, 이는 바로 나에 대한 자신의 경험에 연결된다. 또는 나에 대한 타인의 진술, 예를 들어 '나는 나쁘다, 나는 어리석다, 나는 그렇게 살면 안 된다.' 등을 통해서 자신의 자기 경험이 영향을 받을 수도 있다. 이처럼 직접적 또는 간접적인 방법들이 결합되면, 내가 나 자신에 대한 고통스러운 진술을 발달시킬 가능성이 더욱 높아지게 되며, 이후 이러한 자기진술로 인해 나의 삶이 제한되게 된다. 설령, 내가 이러한 직접적인 고통이나 나 자신에 대한 혐오적인 이야기에 자주 노출되지 않을지라도, 여전히 이러한 가능성에서 벗어나기는 어렵다. 나 자신의 경험이나 나에 대한 타인의 진술이 유쾌한 자극 기능에 의해 지배되고 있다 하여도, 나의 언어 능력으로 인해 나와 관계된 혐오적인 기능과 쉽게 접촉하게 될 수 있다. 모든 생명체는 계속해서 혐오적인 자극과 쾌락적인 자극을 식별한다. 이러한 식별 능력은 언어적 관계틀 형성 능력으로 인해 극적으로 증가된다. 왜냐하면 인간은 언어적 조망 참조 능력을 통해서 자신 또한 하나의 대상으로 지각하는 것을 배우게 되며, 이에 다음과 같은 질문을 피할 수 없게 된다. 나는 혐오적인가, 유쾌한 대상인가? 나는 좋은가, 나쁜가? 나는 옳은가 그렇지 않은가? 나는 충분히 좋은 사람인가?

내가 나 자신을 '어떤 일을 갑자기 망칠 수 있는 사람' 또는 '혼자서는 할 수 없는 사람'으로 기술한다고 상상해 보겠다. 이러한 자기진술과 융합이 된다면 나는 지나치게 방어적인 행동을 하거나 독립성이 부족한 행동을 보일 수 있다. 이러한 진술은 또한 과정으로서의 자기와 관련해서도 간접적인 혐오 기능을 부여할 수 있다. 내가 알아챈 감정이 불안함이라고 할 때, 이러한 감정은 행동의 장애물이 될 수도 있으며, 회피행동의 선행 사건으로 기능할 수도 있다. 이러한 회피행동은 방어적으로 행동하게 해 단기적으로는 불안함을 줄일 수 있을지 몰라도, 이러한 규칙을 따르다 보면 나에 대한 이야기를 현실과 융합해 행동하는 경향이 증가하게 되어 결국에는 이러한 규칙이 내 행동을 지배하게 되며 장기적으로는 부정적인 강화를 초래한다. 이는 심지어 이러한 행동이 삶에서 중요한 손실을 초래할 수 있는 상황에서조차 일어날 수 있으며, 경험 회피는 이렇게 점점 덫이 되어 간다.

많은 심리적 문제나 정신과적 질병이 이러한 방식으로 분석될 수 있다. 자기 자신에게 책임 소재를 지나치게 부여하는 자기진술은 강박장애에서 흔히 보이며, 죄책감과 관련된 자기진술은 우울장애에서, 또 자기와 자신의 외모를 지나치게 연결하는 자기진술은 섭식장애에서 나타난다. 타인의 인정에 대한 자신의 요구와 자신을 연결하는 자기진술은 경계선적 성격장애에서 나타난다. 이는 단지 수많은 경우 중 몇 가지 전형적인 예일 뿐이다.

상담이나 심리치료를 찾는 많은 사람이 자신감이 없고 자존감이 부족해서 심리치료를 찾는다고 말한다. 어떤 경우에는 '나는 뭔가 잘못됐다.' 또는 '나는 정상이 아니다.'와 같은 말로 이를 표현하기도 하는데, '자기 안에 무엇인가가 잘못되어' 여러 가지 증상이나 딜레마를 초래한다고 믿고 있는 것처럼 보인다. 그런데 많은 경우 이러한 문제에 대한 진술 자체가 문제인 경우가 많으며, 이것이 개인을 제한하는 언어적 덫이 된다. 이러한 문장들은 우리의 자기 경험과 관련된 인간의 딜레마를 잘 보여 준다. 이러한 자기 경험은 언어적 학습을 통해 혐오적인 기능을 획득하게 되며, 이후 이 장에서 기술한 다양한 유형의 규칙 따르기를 통해 경험 회피로 이어져 문제가 된다.

요약

인간 언어는 말할 수 없이 유용한 도구이지만 동시에 역기능적인 부작용 또한 가지고 있다. 파생적 관계 조건화의 레퍼토리를 통해 인간은 자극 기능을 변형할 수 있는 능력을 갖게 되었으며, 상호 함의적 관계 또는 복합적 상호 함의 관계를 통해 자극 기능의 변환이 이루어진다. 결과적으로, 현재에 존재하지 않는 사건들에 접촉할 수 있는 능력이 극적으로 증가되었으며, 더불어 혐오적인 자극 기능 또한 어디에나 존재하게 되었다. 또한 언어적 관계틀 형성 능력은 규칙 지배적인 행동이 가능하도록 하였다. 이 또한 매우 유용한 도구이나 동시에 다양한 유형의 행동적인 덫이 될 수 있는 가능성을 열게 되었다. 다양한 종류의 규칙 지배적 행동 중 확장이 잠재적으로 가장 역기능적일 수 있다. 우리가 확장에 의해 형성된 규칙을 따르를 때, 사적 사건은 혐오적인 기능을 획득하기 쉬워진다. 이러한 혐오적인 사적 사건을 통제하려는 노력은 다른 출구가 없다. 사적 사건들은 통제의 대상이 아니며, 통제의 노력은 대개 오히려 역설적으로 이를 경험할 확률을 높이기에 이러한 규칙 따르기는 무용지물이 된다. 특히 가장 문제가 되는 것은 이러한 노력으로 인해 정작 우리 삶의 가장 중요한 부분에서 장기적으로 정적 강화를 얻을 수 있는 가능성이 약화된다는 점이다. 이러한 악순환은 규칙과의 융합에 의해 더욱 문제가 된다. 즉, 대부분의 규칙은 자가생성된 것으로, 자신이 해야만 한다고 생각하는 것들을 규정하는데, 이러한 자기규칙 자체가 우리의 자기 경험과 관련한 역기능적인 측면의 주요 요소가 된다.

이러한 덫에 걸리는 것이 피할 수 없는 일은 아니다. 또 우리가 설령 이러한 출구 없는 막다른 골목에 어쩌다 다다른다 하더라도 그것이 끝은 아니다. 우리의 행동은 다양한 맥락적 요소에 영향을 받는다. 따라서 이러한 파괴적인 규칙 따르기를 줄이기 위한 방법으로 맥락적인 요소들을 추적하는 것은 다양한 심리치료의 목표가 된다. 제3부에서 이러한 유형의 치료적 접근에 대해 다루도록 하겠다.

제 3 부

임상적 제안

제8장 학습이론과 심리치료

모든 심리치료자는 원칙적으로 다른 조건의 두 장면을 다루어야 한다. 하나는 치료자와 내담자가 회기 시간 내에서 공유하는 장면이며, 다른 하나는 그 이외의 내담자의 삶으로 내담자가 도움을 원하는 어려움이나 문제에 마주하게 되는 실제 장면이다. 첫 번째 장면은 치료자가 함께할 수 있기에 직접적으로 영향을 미칠 수 있는 유일한 장면이다. 두 번째의 회기 밖 내담자 삶의 장면은 장기적으로 내담자에게 더 중요하며, 변화가 일어나야 하는 바로 그 장면이다.

이에 치료자가 영향력을 발휘할 수 있는 방법은 행동분석적 조망에서 볼 때 두 가지가 있다. 문제가 되는 행동이 치료 회기 중에 나타날 경우에는 치료자-내담자 관계를 통해서, 치료 회기 이외의 장면에서 나타날 경우에는 내담자의 규칙 지배적인 행동을 통해서 영향을 미칠 수 있다. 첫 번째 경우, 내담자가 회기 중에 자신의 '실제 삶'에서 행동하는 바로 그 방식으로 행동한다면 내담자의 행동에 이전과는 다른 맥락을 제공함으로써 새로운 것을 배울 수 있는 기회를 제공한다. 예를 들어, 어떤 이가 슬프고 실망스러울 때마다 타인으로부터 철수하고 수동적이 되는 것이 문제인 경우를 생각해 보겠다. 만약에 이러한 행동이 치료자와의 관계에서 일어난다면, 치료자는 내담자의 행동을 변화시킬 수 있는 상황을 만들어 내는 방식으로 행동할 수 있다. 아마도 내담자가 철수하는 것을 치료자가 알아챘다면 그것을 내담자가 알아챌 수 있도록 도우면서 동시에 다른 방식으로 행동해 보도록 격려할 수 있다. 만약에 내담자가 자신의 실망감을 표현하는 것과 같이 이전과는 다른 방식으로 행동하기 위해 노력한다면, 치료자는 이러한 새로운 행동을 강화하는 방식으로 행동할 수 있다. 이는 노출치료의 중요한 요소이기도 한다. 예를 들어, 강박증 문제를 가지고 있는 사람의 경우, 다른 사람을 해칠 수 있다는 두려움에 손이 닿는 곳에 칼을 두는 것을 어려워할 수 있다. 이 경우, 치료 과정 중에 내담자와의 협력을 통해 손이 닿는 범위에 칼을 둘 수 있는 상황을 만들어 낸다. 그 장소는 치료실일 수도 있고 내담자의 집이 될 수도 있다. 치료자는 내담자가 새로운 행동을 하도록, 이 경우는 이전에는 회피하던 방식인 칼을 만지고 다룰 수 있도록 도우며, 이후 이러한 행동의 결과가 강화로 작용할 수 있도록 할 것이다.

이 두 가지 예는 모두 내담자의 문제행동이 일어날 때, 행동적 원칙에 따라 행동 변화가 일어날 가능성을 높이기 위해 새로운 맥락을 어떻게 만들어 낼 수 있는지를 보여 준다. 두 번째 예에서, 치료자는 문제행동뿐만 아니라 새로운 행동과 관련된 선행 사건과 결과를 배열한다. 물론 이때 치료자 자신도 내담자와의 상호작용이라는 맥락에서 중요한 한 부분이 된다. 하지만 앞에서도 강조했듯이 치료자가 있는 장면에서 일어나는 변화가 아니라 내담자 삶의 장면에서 일어나는 변화가 치료의 주요 목적이다. 이를 위해서는 일반화가 필수적이다. 치료자와의 작업을 통해 내담자는 새로운 것을 배우며, 그것이 그의 매일매일의 일상에서 일반화되어야만 한다. 실제 삶에서 이러한 변화가 지속되기 위해서는 새로운 방식의 행동이 '밖에서' 강화되어야 하며, 그렇게 되지 못하면 치료로부터 새롭게 학습된 행동이 이후 삶의 장면에서 쉽게 소거될 것이다. 치료자는 두 번째 장면인 치료 이외의 장면에서의 결과를 통제할 수 없기에 치료자와 내담자는 치료 계획을 세울 때 이를 고려해야 한다. 내담자의 일상에서 새로운 방식의 행동에 대한 자연적 강화물이 있는가? 앞의 예로 돌아가 보자면, 칼을 피하는 것보다 이를 일상적으로 다룰 수 있을 때 강화물이 더 많을 것이다. 또한 그저 철수하는 것보다는 자신의 실망감이나 슬픔을 표현하는 것이 아마도 모든 경우는 아니어도 적어도 어떤 맥락에서는 더욱 강화될 것이다.

변화로의 여정은 다음의 절차로 구성되어 있다. 내담자는 치료자와의 상호작용에서 새로운 행동을 연습하며, 그러한 행동에 대한 새로운 결과를 경험한다.

이후 매일매일의 일상에서 이러한 행동을 계속함으로써 더 많은 강화를 받게 되며, 이후 새로운 행동은 유사한 다른 상황들에서도 일어날 수 있게 된다. 내담자와의 협력을 통해, 치료자는 새로운 선행 사건과 결과로 구성된 새로운 맥락을 만들어 내는데, 이후 앞의 과정을 통해 결과적으로 이러한 변화가 일반화된다. 이러한 변화로의 여정이 표면적으로 상이해 보이는 다양한 문제에 적용할 수 있는 핵심적인 과정이다. 친밀함의 문제나 자신의 생각이나 감정을 말하는 데 있어서의 어려움은 얼핏 칼에 대한 강박증과는 많이 달라 보일 수 있다. 하지만 행동적 맥락에서는 이 두 문제 및 그것에 적용할 수 있는 변화의 과정이 근본적으로 동일하다. 왜냐하면 행동적인 원칙은 단지 심리적 문제나 임상 증상에 국한된 것이 아니라 전체 인간 행동에 대한 것으로 보편적으로 적용 가능하기 때문이다.

행동주의적 관점에서 볼 때, 변화를 향한 작업의 중요 부분은 내담자와 치료자가 만나는 회기(첫 번째 장면)로, 내담자가 새로운 것을 학습할 수 있는 기회를 직접적인 방식으로 제공한다. 하지만 이때 또 다른 요소들도 관여하는데, 내담자는 치료자와 같이하지 않은 그의 삶에서 일어났던 일을 이야기한다. 또 내담자가 해 온 것이나 경험한 것들에 대해서 이야기하기도 한다. 이는 학파에 관계없이 모든 유형의 심리치료에서 자연스럽게 일어나는 것이기에 특별히 문제가 되는 것처럼 보이지 않고 자연스러운 것으로 생각될 것이다. 하지만 행동적 조망에서는 그렇지 않으며, 우리는 어떻게 이것이 가능할 수 있는지 질문한다. 어떻게 두 사람이 마주 앉아 일련의 음성 조합과 제스처를 주고받으며, 이를 통해 이전에 일어난 일이나 아직 일어나지 않은 일에 접촉할 수 있는 것일까? 그리고 이러한 방식으로 이야기하는 것이 이후 행동에 영향을 미칠 수 있을까? 모쪼록 이 책의 제2부와 제3부가 이에 대한 답을 어느 정도 제공하기를 바라며, 관련된 과정에 대한 보다 명확한 이해에 도움이 되기를 바란다. 언어를 통해 사건에 영향을 미칠 수 있게 된 것은 이 책의 제2부에서 기술했듯이 언어적으로 관계틀을 형성할 수 있는 학습된 능력의 결과이다.

임의적으로 적용 가능한 관계적 반응형성의 가장 큰 실용적인 의미는 그 결과로 우리가 규칙을 따르게 되었고, 이를 통해 현재 진행되고 있지 않은 행동에 영향력을 미칠 수 있게 되었다는 점이다. 이는 우리 자신의 행동뿐 아니라 타인의 행동에 대해서도 마찬가지로 적용할 수 있다. 우리가 규칙 지배적인 행동을 따르는 능력을 학습한 이후에는 이것이 인간 삶의 모든 측면에서 자연스러운 것이 되며, 이에 심리치료에서 또한 자연스러운 부분이 된다.

앞의 예들로 다시 돌아가 보겠다. 다른 사람에게 당신이 생각하고 느끼는 것을 이야기하기를 배우는 예와, 칼을 손에 쥐고 있었다면 당신이 했을 수 있는 행동에 대한 고통스러운 생각으로부터 스스로 벗어나는 법을 배우는 예이다. 만약에 첫 번째 예의 내담자가 자신의 실망감을 치료자와 나눌 수 있게 되면 결과적으로 내담자의 대인관계 경험은 치료 장면 밖에서와 달라지게 된다. 다시 말해, 그는 다른 방식으로 행동하는 법을 배우게 될 수 있다. 만약에 두 번째 예의 내담자가 칼을 성공적인 방식으로 다루게 되고, 자신이 원하지 않는 일을 할지 모른다는 그의 공포가 현실에서 일어나지 않는다면, 그 또한 새로운 것을 배우게 될 수 있다. 특히 이러한 치료 회기 내의 경험을 바탕으로, 치료자의 도움이 없다 해도 내담자는 스스로 '내가 집에서도 이렇게 할 수 있으면 아마도 상황이 내가 원하는 방식으로 변할 수 있을 것이야.'라는 규칙을 만들어 낼 수 있다.

물론 사건이 꼭 이러한 방식으로 전개되는 것은 아니며, 규칙을 따르는 것이 언제나 치료실 밖에서 행동의 변화를 일으키는 것은 아니다. 하지만 이것이 행동 변화가 일어나는 일반적인 방식으로, 대부분의 심리치료에서 치료자는 이러한 방식을 의도적으로 시도한다. 결국 치료에서 중요한 부분은 새로운 규칙을 구성할 수 있는 경험을 제공하고, 내담자가 밖에서 이를 따를 가능성을 높이는 것이다.

행동주의 원칙과 심리치료의 다른 접근

앞에서 나는 변화를 향한 두 경로를 설명했다. 행동주의적 용어로 표현하자면,

언어적으로 유능한 개인에 대한 심리치료에서 우리는 회기 중 새로운 행동을 강화하며, 규칙 지배적 행동을 훈련한다. 이처럼 첫 번째 장면에서 치료자는 내담자와의 관계 내에서만 행동할 수 있으며, 행동이 일어날 때 그 선행 사건과 결과를 형성할 수 있다. 즉, 치료 회기 중 새로운 행동이 일어나면 이를 강화하여 그것이 내담자의 일상에서 또한 강화를 이끌어 내어 그 효과가 지속될 수 있도록 한다. 더불어 언어적 선행 사건(규칙)은 그것이 형성된 이후 오랫동안 행동에 영향을 미칠 수 있기에 여기서 중요한 역할을 하게 된다. 이때 좋든 싫든 이러한 규칙들은 직접적인 수반성에 대해서는 어느 정도 둔감해질 가능성을 포함할 수 밖에 없다.

행동주의 원리에 기반을 둔 심리치료의 경우, 심리치료 전략은 행동의 영향을 미치는 수반성(선행 사건과 결과)에 대한 이해를 바탕으로 만들어진다. 심리치료자는 이러한 맥락적 요인에 대해 다양한 방식으로 영향을 미치고자 노력하기에, 심리치료는 기능분석(ABC)을 기반으로 한다(Ramnerö & Törneke, 2008).

학습이론은 전체로서의 인간 행동에 대한 것으로, 이론적 배경에 관계없이 다양한 심리치료를 이러한 틀로 분석할 수 있다. 행동주의 원리는 보편적으로 타당한 것으로 보기에, 만약 내담자와의 관계에서 치료자의 행동이 내담자의 행동의 변화를 이끌어 냈다면 이 또한 행동주의적 원리로 설명할 수 있다. 만약 정신분석치료자나 인지행동치료자가 임상 세팅에서 변화를 이끌어 냈다면(Leichsenring, 2005; Dobson, 1989; Beck, 2005) 그것은 회기 중 그들의 행동이 표적행동의 선행 사건과 결과에 영향을 미쳤기 때문일 것이다. 치료자 자신의 이론적 배경과 관계없이 행동주의적 조망에서 볼 때 이에 대한 다른 설명은 없다. 이 책의 남은 부분에서 나는 행동주의 원리를 기반으로 한 심리치료를 특히 RFT에서 도출된 원리들에 초점을 맞춰 기술할 것이다. 하지만 그에 앞서 먼저 다른 두 주요 치료 모형에 대한 행동주의적 조망을 간략히 살펴보겠다. 내가 그렇게 하는 이유는 행동주의 원칙이 보편적으로 적용 가능하다고 확신하기 때문이다.

나는 이러한 작업을 할 때의 두 가지 잠재적인 위험에 대해 인식하고 있다. 첫째, 이러한 주장이 너무 광대하며, 주제를 넘는 것으로 해석될 가능성이 있다는 점이다. 이는 피할 수 없는 위험이다. 학습이론이 주장하는 것은 광범위하다. 그것은 인간 행동의 특정 측면이나 특정 유형의 치료 이론만을 설명하지 않는다. 행동주의 원칙이 보편적으로 적용 가능하다는 관점은 우리가 배운 모든 것이 어떻게 학습되었는지 그리고 이러한 학습 과정에 어떻게 영향을 미칠 수 있을지를 이해하기 위한 출발점이 된다.

둘째, 내가 여기서 다른 이론을 축약해서 설명하고 때로는 각각의 이론이 제공하는 설명을 무시할 수 있어, 어떤 이들은 그것이 불공평하다고 느낄 수 있을 것이다. 이 점과 관련해 내가 할 수 있는 것은 출발점으로서의 나의 입장을 확실히 하는 것뿐이다. 나는 학습이론과 다른 이론을 이론적으로 통합하려는 것이 아니며 다른 치료에서 일어나는 대화의 형식을 설명하려는 의도 또한 없다. 나의 의도는 독자에게 다른 치료 모형에 대한 행동주의적 조망을 제공하고자 하는 것이다. 그러한 조망이 가능하다면, 우리는 정신분석[1]이나 인지치료의 핵심적인 요소를 학습이론의 원리로부터 살펴볼 수 있을 것이다.

행동주의 원칙과 정신분석치료

학습이론의 조망에서 정신분석치료를 기술하려는 시도는 새로운 것은 아니다. 스키너는 여러 저서에서 실험을 통해 도출한 그의 원칙들로 정신분석이 어떻게 작동하는지를 설명할 수 있음을 이야기해 왔다(Skinner, 1953, 1957, 1974). 그가 분석한 심리치료 접근은 주로 인간중심치료와 정신분석치료였으며, 그 외 다른 학자들 또한 학습이론으로 정신분석적 치료들을 분석해 왔다(Dollard & Miller, 1950; Ferster, 1972).

스키너는 정신분석 및 일반적인 심리치료가 작동하는 데 영향을 미치는 중요한 요인이 두 가지 있음을 발견했다(Skinner, 1974). 첫 번째는 치료자로서, 시간

1) 저자 주: 나는 '심리역동치료'를 '역동 이론'에 근거한 모든 종류의 치료 또는 '정신분석치료'를 칭하기 위해 사용한다. 각각의 용어 간 차이가 늘 분명하지는 않다. 여기서의 용어는 주당 5회씩 수년간 진행되는 치료에서 소위 정서 공포증을 위한 매뉴얼화된 단기치료까지 모두를 포함한다.

이 흐름에 따라 내담자와의 관계를 발전시켜 강화의 근원으로 치료적 관계가 작동할 수 있도록 한다. 치료자는 내담자가 늘 경험하던 방식이 아닌 다른 방식으로 내담자의 행동에 반응한다. 치료 과정에서 행동에 대한 새로운 수반성에 따라 행동의 결과가 주어진다. 스키너는 이때 치료자가 혐오(처벌) 통제를 하지 않는 것이 중요하다고 하였다. 체계적인 혐오 통제는 사람들이 회피적 행동 레퍼토리를 사용하도록 학습시킬 수 있다. 이러한 이력은 사람들이 혐오적인 사건을 감소시키고 이를 없애려 하도록 만들 수 있다. 만약 치료자가 이에 대해 다르게 행동한다면, 치료자와 내담자의 관계에서 회피가 소거될 가능성이 높아지며, 내담자는 치료자가 말한 것에 대해 자신의 의견을 보다 확실히 표현하는 것과 같은 새로운 행동을 학습할 가능성이 커지게 된다. 이후 치료자가 이러한 행동을 강화하면, 내담자는 타인과 새로운 방식으로 관계 맺는 것을 배울 가능성이 높아진다. 회기가 빈번히 또 오래 진행되기에 치료자는 내담자가 새로운 가능성에 문을 열 수 있는 많은 기회를 제공할 수 있다. 장기로 진행되는 각각의 회기에서 빈번한 상호작용을 통해 치료자는 다른 곳에서는 불가능한 내담자 행동의 맥락을 통제할 수 있다. 치료적 변화가 일어나는 두 주요 장면에 대한 개념에 따라 정신분석은 첫 번째 장면과 관련해 다른 치료 접근에 비해 보다 회기가 장기적이고 빈번히 진행된다는 장점을 가진다. 하지만 물론 이것이 자동적으로 언제나 내담자에게 도움이 된다고 말할 수는 없다. 치료자-내담자의 관계 맥락에서 내담자가 원하는 방향으로의 행동 변화가 일어날 수 있도록 치료자는 행동에 대한 결과를 형성할 수 있어야 하는데, 이것이 모든 치료자에게 가능한 것은 아니다. 최악의 경우, 내담자에게 문제가 되는 행동이 오히려 강화될 수도 있다.

학습이론의 조망에서 볼 때 이러한 방식이 효과를 거두기 위해서는 일반화가 필요하다. 만약에 내담자가 치료자와의 관계에서 새로운 행동을 학습했으나, 그 행동이 회기 이외의 삶의 장면에서 강화되지 않는다면 일반화는 일어나지 않을 것이다. 하지만 이러한 제한점은 모든 심리치료적 접근에 해당하는 것으로 어떤 치료자도 치료 장면 밖에서 일어나는 일들을 통제할 수 없기 때문이다. 상대적으로 오래 진행되고 빈번한 회기를 갖는 정신분석치료의 경우, 치료 회기를 이러한 영향력을 발휘할 수 있는 기회로 만들 수 있다는 뜻이 되기도 한다.

또 다른 제한점으로는 변화시키고자 하는 행동이 회기 내에서 일어나야만 한다는 점이다. 그래야만 그 순간의 맥락적 요소들에 영향을 미쳐서 이를 변화시킬 수 있기 때문이다. 대인관계 행동의 경우는 이러한 맥락에서 가능할 수 있다. 하지만 대인관계 행동이 아닌 외부적 상황에 의해 촉발되는 행동의 경우는 다를 수 있는데, 거미 공포나 사회불안 등은 정신분석의 치료 장면 내에서 실제로 발생하지는 않는 문제행동의 예이다. 내담자가 이러한 문제행동에 대해 이야기할 수는 있으나, 그것이 회기 중에 실제 일어나지는 않다. 우리가 변화시키고자 하는 것은 표적 행동에 대한 이야기만은 아닐 것이다. 정신분석에서는 보통 치료적 접촉의 시간이나 장소에 있어 그 경계를 지키는 것을 중요하게 생각하는데, 이것이 특정 문제가 발생하는 외적 상황을 다루는 데 장애가 될 수 있다.

스키너는 일반적으로 심리치료에서 강화되는 행동으로 스스로의 행동에 대한 관찰을 꼽았다. 이는 학습심리학의 영역에서 자기변별이라고 칭하는 것이다. 자기변별의 하나는 자신의 행동과 그 행동을 하는 동안 일어나는 일 사이의 관계를 알아채는 것이 될 것이다. 내담자는 “나는 그녀가 내 쪽을 보는 것을 알았어요. 순간 그녀에게 다가가 잠깐 이야기를 나누는 것이 좋을까 생각했지만 그렇게 하지 않았어요.”라고 말할 수 있다. 정신역동치료에서 치료자는 아마도 “그것에 대해 조금 더 이야기해 보세요.”라고 말하거나 내담자의 자기변별을 강화하는 어떤 말을 할 것이다. 이 것은 행동주의에서 기능분석이라 부르는 것과 유사하다. 즉, 내담자의 그것이 어떻게 느껴졌는지, 그때 어떤 기억들이 되살아났는지 그리고 그 이후에는 어떤 일이 일어났는지에 대한 변별들이 있을 수 있다. 만약에 이러한 변별이 말이나 생각으로 일어나면 그것은 언어적 변별이며, 이는 특정한 상황에서의 수반성을 접촉 언어행동화(tacting)한 것이다. 정신분석에서는 행동분석과 약간 다른 방식으로 진행되기는 하지만 여전히 수반성을 접촉 언어행동화하는 것이 종종 강화된다고 말할 수 있다.

자기 자신의 행동과 다른 사건과의 관계를 접촉 언어행동화할 줄 아는 것을 정신역동에서는 통찰이라고 하는데, 학습이론적 관점에서는 조망(outlook)이라고 부르는 것이 보다 적절한 표현이 될 것이다(Ferster, 1972). 이때 변별은 주로 언어적인 변별이기에 당신의 행동 및 그 행동과 다른 사건 간의 관계를 접촉 언어행동화하는 것을 학습하게 된다. 스키너에 의하면 이처럼 치료 장면 이외에서의 행동에 대한 규칙을 만들어 내는 능력이 일반적인 심리치료 및 정신분석치료를 위한 선행 조건이 된다. 기술적으로 이야기하자면, 치료자는 내담자의 변화된 행동이 현재 장면 이외에서 일어날 가능성을 높여야 한다. 즉, 치료자는 특정한 규칙 지배적인 행동이 치료자와의 회기 이외의 장면에서 일어날 수 있는 확률을 증가시켜야 한다.

만약에 자기변별이 치료의 결과로 일어난다면, 내담자는 치료자의 도움에 관계없이 이러한 규칙을 스스로 만들어 낼 수 있게 된다. 고전적 정신역동에서는 이러한 종류의 도움을 거의 제공하지 못하지만 그 외 다른 정신분석적 접근에서는 치료자와 내담자가 함께 이러한 규칙을 형성하는 데 많은 노력을 하는 편이다. 물론 내담자가 언어적으로 유능한 사람으로 자기규칙을 만들어 낼 수 있는 기술을 가지고 있기에 고전적인 정신역동에서도 간접적으로는 이러한 변화가 일어날 수 있다.

내담자의 행동에 영향을 미치는 이러한 두 가지 핵심적인 방법은 상호작용하여 일어날 수 있다. 만약 새로운 행동이 치료자와의 상호작용에서 새로운 결과를 만들어 냈고, 그것이 반복된다면 다음과 같은 규칙을 만드는 것이 가능해진다. '만약 내가 리에게 실망했을 때에도 지금 행동을 할 수 있다면, 그는 아마 내 말을 들을 거야.' 이제 내담자는 행동의 새로운 결과를 맛보며, 이러한 수반성을 접촉 언어행동화하여 이후의 행동과 결과에 대한 규칙을 생성해 낼 수 있다. 결과적으로 이처럼 규칙에 따라 행동할 수 있게 되면, 그것이 제6장에서 기술한 추적하기가 된다.

우리는 다양한 유형의 정신역동치료 및 심리치료를 이러한 두 전략 간 균형으로 설명할 수 있다. 회기가 빈번하고 장기적인 정신역동치료에서 내담자와 치료자 간 상호작용을 통해 형성되는 직접적인 수반성은 변화에 있어 중요한 비중을 차지하게 된다. 이때 치료는 몇몇 초기 정신분석가가 칭한 "수정적 정서 경험(corrective emotional experience)"(Alexander, French, & the Institute for Psychoanalysis, 1946, p. 66)을 제공하게 되기도 한다. 하지만 일반적으로는 정신분석은 주로 '이해'를 강하게 강조하며, 행동, 생각, 감정과 외부 사건 간의 관계에 대해 이야기하는 것을 강조한다. 고전적인 정신분석에서의 해석은 이러한 수반성에 대한 언어적 변별로 이해할 수 있다. 이상적인 상황에서, 이 종류의 해석은 늘 그런 것은 아니지만 순수한 접촉 언어행동(제2장 참조)이 될 수 있다. 이때 언어적 행동은 규칙이나 제안 또는 대안에 대한 기술이다. 보다 단기 지향적인 정신역동에서는 내담자가 대안행동을 고안해 낼 수 있도록 하여 규칙 지배적인 행동에 영향을 미치는 데 보다 초점을 맞춘다. 원칙적으로, 단기치료에서 치료자와 내담자 간 제한된 접촉이 치료 효과를 꼭 감소시킨다고 말할 수는 없다. 하지만 이때 치료 장면에서의 수반성이 내담자의 일상에서 일반화되는 정도가 장기치료에서만큼 높지 않은 것은 사실이다. 단기치료에서는 치료자-내담자 관계를 통해 새로운 행동에 대한 직접적인 수반성을 형성할 수 있는 기회가 보다 적다. 하지만 빈번한 회기가 변화를 보장하는 것은 아니며, 빈번하고 장기적으로 진행되는 치료 회기라 하여도 변화를 위한 수반성 없는 다양한 종류의 언어행동으로만 구성될 수 있다.

학습이론의 견지에서, 이상적인 정신역동치료는 직접적 수반성을 통한 비언어적인 학습과 추적하기 기술의 향상을 도모하는 규칙의 생성이라는 두 가지 주요 원칙의 균형을 필요로 한다.

행동주의 원칙과 인지치료

'정신분석치료'라는 이름이 다양한 접근을 포함하고 있는 것처럼 '인지치료' 또한 그렇다. 벡의 정의에 의하면, "인지치료는 개별 장애에 대한 인지적 모형에 따른 치료적 접근으로, 각각의 장애에 특유의 부적응적 신념이나 잘못된 정보처리 과정에 대한 다양한 기법으로 구성된다."(Beck, 1993, p. 194)

스키너의 표현을 빌려 인지치료를 설명하자면, 치료에 영향력을 미치는 두 가지 중요한 원칙 중 규칙을 형성하는 것에 치료자가 집중하는 치료라고 말할 수 있다(Zettle & Hayes, 1982). 이 책의 용어를 사용하자면, 인지치료의 주요 목표는 치료자가 규칙이 형성되는지에 영향을 미치는 데 초점을 두고 있다고 말할 수 있겠다.

치료자는 처음에 내담자가 문제라 여기는 것들과 내담자의 언어행동(생각, 신념, 삶의 원칙) 간 관계를 모니터링하는 데 많은 시간을 투자한다. 이후 치료자는 다양한 기법을 사용하여 이러한 언어행동에 의문을 제시하고 새로운 규칙을 형성하도록 내담자를 돕는다. 이때 중요한 부분은 다양한 실험을 통해 이루어진다. 회기 중 치료자와 내담자 간 작업에 기초해 내담자는 과제를 통해 자신의 행동과 다른 사건 간 관계에 대한 다양한 대안적 가설을 생각해 보도록 격려된다. 예를 들어, 치료자와의 대화에서 내담자는 다음과 같은 규칙을 이야기할 수 있다. "만약 내 생각을 리에게 이야기한다면, 그는 나를 경멸할 거예요." 우선 치료자는 내담자에게 이것이 무슨 뜻인지를 구체화할 것이다. 아마도 "그가 당신을 경멸할 것이라는 것을 어떻게 아나요?" 또는 "그가 당신을 경멸한다고 가정하고, 그것을 어떻게 확신할 수 있나요? 그가 당신을 경멸한다는 증거가 있나요?"와 같이 질문할 수 있다. 이후 치료자는 리의 반응에 대한 대안적 해석을 생각하도록 격려하고, 그러한 일이 실제 일어났을 때 증거로 무엇이 있을 수 있는지 생각해 보도록 할 것이다. 이러한 대화에 기초해서 실제 리가 어떻게 반응하는지를 통해 여러 가설을 검증할 수 있도록 과제를 부과할 수 있다(Beck, 1976). 치료자는 내담자가 자신의 행동과 사건들 간 관계를 접촉 언어행동화하도록 돕는데, 이 경우는 내담자가 특정 주제를 이야기했을 때 리가 어떻게 반응하는지가 될 것이다. 이 과제는 내담자가 추적하기 레퍼토리를 훈련하도록 돕는 방법이 될 수 있다.

확실히 인지치료는 규칙이 생성되는 방식을 상당히 강조한 치료적 접근이지만, 내담자가 실제 삶에서 일어나는 일들을 통해 직접적인 수반성을 경험할 수 있도록 하는 실생활에서의 실험 또한 중요하게 생각한다. 이후 내담자는 이러한 실험의 결과를 치료자와의 대화에서 다루는데, 이 장면이 새롭게 형성된 규칙을 검증하는 기지로 사용된다.

행동주의 원칙에 근거해 치료 효과나 그 한계를 이해할 때, 모든 외래 치료 세팅에서는 내담자가 치료 장면 이외에서 마주하는 상황을 치료자가 통제할 수 없다. 위의 예로 이야기하자면, 치료자는 리가 어떻게 이야기할지를 통제할 수 없다. 치료 효과가 장기적으로 유지되기 위해서는 일반화가 요구된다. 즉, 내담자가 치료 회기 이외의 장면에서 새로운 행동을 실험할 때 강화적인 결과를 얻어 낼 수 있어야 한다.

그렇다면 인지치료는 현재 진행되고 있는 내담자-치료자 상호작용을 통해 직접적 강화를 제공할까? 한 종류의 행동에 대해서는 확실히 그렇다. 접촉 언어행동을 조성하며, 이후 행동에 대한 규칙을 만들 수 있도록 한다. 이때는 부분적으로 직접적 수반성도 있으나 주로는 특정한 방식으로 이야기하고 생각하는 법을 학습하여 변화가 일어난다. 하지만 정신분석과 관련해서도 이야기했듯이 그것이 꼭 내담자에게 도움이 되는 것은 아니다. 내담자가 그의 행동에 대해 생각하고 말하는 방식은 우리가 변화시켜야 할 대상이 아닐 수 있다. 물론 행동에 대한 새로운 규칙을 생성하는 경험이 이후 다양한 상황에서 행동에 대한 선행 사건으로 기능할 수 있으며, 또 내담자에게 도움이 되는 규칙 지배적인 행동으로 발전할 수도 있으나 꼭 그러한 것은 아니다.

인지치료에서 내담자 행동과 관련해 직접적 수반성에 영향을 미칠 수 있는 또 다른 방법은 치료자가 있는 상황에서의 행동적 실험을 통해서이다. 이러한 실험은 과제와 매우 비슷한 방식으로 구성된다. 만약에 내담자가 '내가 너무 불안해지면, 나는 통제를 완전히 잃어버리게 될 것이다.'라는 규칙을 가지고 있다고 해보자. 이 경우, 치료자는 우선 이러한 규칙에 각 부분이 무엇을 의미하는지 보다 정확히 구체화하려 할 것이다. 얼마나 많은 불안이 있는 것일까? 통제를 완전히 잃어버리게 되는 예로는 어떤 것이 있을까? 이후 치료자와 내담자는 이러한 규칙에 핵심을 검증하는 실험을 계획할 것이다. 이 경우, 실험 내에서 내담자의 불안 수준을 높이려 할 것이며, 이는 내담자를 불안하게 만드는 외적 상황에 따라 다르게 진행될 수 있다. 칼을 만지는 것, 기계 세차를 통과하는 것, 다른 사람들이 많은 곳에서 안 하던 일을 하는 것 등이 그런 상황의 예이다. 치료자가 함께 이러한 실험 상황에 참여한다고 해도 그때 치료자가 결과를 전적으로 통제할 수는 없다. 하지만 치료자가 관여할 수 없는 과제 상황에 비해서는 통제를 벗어나는 변인이 적다. 게다가 이러한 실험 상황을 통해 치료자는 내담자가 불안이 높아질 때 불안에 의해 하는 행동들을 관찰할 수 있으며, 그 순간에 다른 대안적 행동을 시도할 수 있다. 이러한 실험에서의 내담자의 경험은 이후 새로운 행동에 대한 규칙을 만드는 바탕이 된다. 내담자와 치료자는 실험 내에서의 특정 행동에 대한 수반성을 접촉 언어행동화하며 이후 추적행동에 대한 규칙을 만들어 내어 미래 상황에서 새로운 행동이 나타날 가능성을 높이고자 한다. 행동적인 조망에서 볼 때, 이러한 방식의 실험은 추적하기의 레퍼토리를 연습할 수 있는 가장 이상적인 방식으로 보인다. 또 실제로 최신 인지치료자들의 경우 이러한 유형의 실험을 인지치료, 특히 불안장애에 있어 핵심으로 여긴다(Clark et al., 2006).

내담자와 치료자 상호작용에서 직접적 수반성과 관련된 작업은 정신역동에서 핵심적인 부분으로 인지치료에서도 중요하며(Safran & Segal, 1990), 행동적 원리는 이러한 치료적 관계가 어떻게 작동하는지를 잘 설명하고 있다. 내담자의 문제행동이 첫 번째 장면(arena)인 치료자와의 상호작용에서 나타났다면, 치료자의 반응이 대안행동에 대한 강화로 가능할 수 있다. 또한 내담자의 행동과 다른 사건과의 관계를 기능분석을 통해 연결함으로써 치료자는 규칙을 생성해 내도록 도울 수 있다. 이러한 규칙들은 결과적으로 치료실 밖의 두 번째 장면(arena)에서 선행 사건으로 기능하게 된다. 현재 이처럼 치료적 관계를 치료에서 핵심적인 요소로 보는 것은 정신분석과 인지 모형의 접점에 있는 치료들에서 나타나고 있다(Safran & Muran, 2000; Newman, Castonguay, Borkovec, Fisher, & Nordberg, 2008).

인지치료의 다양한 모형이 스키너의 두 전략(직접적 수반성과 새로운 규칙 지배적 행동의 형성) 간 균형으로 설명될 수 있다. 이는 특히 행동치료적 전통에 가까운 인지 모형을 포함할 때 더욱 그러하다. 벡의 인지 모형은 처음에는 행동치료에 영향을 받았는데, 특히 치료적 기법과 관련해 그렇다. 내담자가 직접적 · 수

정적 경험을 할 수 있도록 돕는 전략들은 언제나 인지치료의 영역에서 중요한 위치를 차지해 왔다(Beck, 1976, 2005). 인지치료 영역 내에는 위의 전략들은 덜 중요하게 여기며 내담자의 생각이나 행동에 대해 말하는 방식에 영향을 미치는 것을 보다 중요하게 생각하는 기법들도 있다. 이러한 두 전략 간 균형은 사실 치료자에 따라 다르다. 하지만 최근 들어서 행동주의적인 용어로 직접적 수반성을 통해 내담자의 행동에 영향을 미치는 것을 강조하는 흐름이 나타나고 있다. 이러한 경향은 행동주의 영향력의 증가와 긴밀하게 연결되어 있으나(Farmer & Chapman, 2008), 이러한 영향이 크지 않은 인지치료에서도 나타나고 있다. 예를 들어, 심리도식치료에서는 제한된 재양육이라 부르는 특정한 형태의 치료자-내담자 관계가 바람직한 것으로 여겨지고 있다(Young, Klosko, & Weishaar, 2003). 이러한 접근에서, 치료자는 내담자가 이전과는 다른 결과를 경험할 수 있도록 돕는다. 이에 따라 치료자는 적절한 치료적 관계의 경계 내에서 내담자가 그의 초기 경험에서 충족시킬 수 없었던 욕구에 반응한다. 심리도식치료자는 이러한 전략을 알렉산더(Alexander)의 용어에서 빌려와 "수정적 정서 경험"이라고 부르며, 내담자가 이를 경험할 필요가 있다고 본다(Alexander et al., 1946, p. 66).

심리치료와 RFT를 기반으로 한 새로운 이해

행동주의적 조망에서 볼 때, 심리치료라는 맥락 안에서 새로운 학습은 두 가지 기본적인 방법으로 일어난다. 하나는 치료적 관계에서 형성되는 새로운 직접적 수반성이고, 다른 하나는 규칙 지배적 행동 변화의 가능성을 증대시키는 새로운 규칙의 형성이다. 변화에 대한 이 두 가지 경로는 고전적인 행동주의 원칙을 기반으로 한 것처럼 보인다. 행동주의를 기반으로 한 심리치료는 변화의 과정에 대한 과학적인 분석을 통할 때 장기적으로 내담자를 더 잘 도울 수 있는 유용성을 보장할 수 있을 것으로 기대된다. 고전적인 행동주의에 기반을 둔 치료 모형은 RFT 영역에서 발견된 새로운 지식을 통합하지 않았을지라도 여전히 검증된 효과를 나타내고 있다. 변증법적 행동주의치료와 행동 활성화가 그 두 가지 예이다.

변화의 두 가지 경로(회기 중 강화의 새로운 수반성을 형성하는 것과 회기 밖에서의 행동에 대한 새로운 언어적 선행 사건을 형성하는 것)가 서로 다른 것처럼 기술될 때, 그것은 단지 특정 측면에서만 서로 다를 뿐이라는 것을 이해하는 것이 중요하다. 실제로 그 둘은 서로 유사하다. 이 둘은 모두 치료자가 현재 순간에서 맥락적 요소를 변환하여 행동에 영향을 미쳐야 한다는 공통점이 있다. 그 외 다른 방식으로 영향을 미칠 방법은 없다. 임의적으로 적용 가능한 관계적 반응형성(AARR) 또한 다른 행동과 마찬가지로 특정한 맥락인 지금 여기서 개인이 행하는 것이다. 두 경로가 갈라지는 것은 개인이 언어적 관계틀 형성을 학습하면서 부터이며, 이후 개인의 행동은 학습이 일어나기 전이라면 불가능했을 방식으로 영향을 받게 된다. 이제 새로운 방식으로 자극은 그 기능을 획득하기 시작한다.

언어적 관계틀 학습에 대한 이해가 어떤 기여를 할 수 있을까? 우선, 지난 세기 동안 진화해 온 과학적 행동분석을 통해 한때 분석이 어렵다고 여겨져 온 현상을 설명할 수 있게 되었다는 것을 의미한다. 심리적 문제와 깊이 관련된 인간 언어와 인지의 기능 또한 행동분석이 가능해졌음을 의미한다. 다른 이론적 접근을 바탕으로 한 심리치료에서 다루어 온 현상은 이제 고전적으로 심리치료라 불리는 영역 이외의 다른 영역에서는 이미 입증된 과학적 방법으로 분석하는 것이 가능해졌다(Ayllon, Layman, & Kandel, 1975; Peterson & Azrin, 1992; Sallows & Graupner, 2005). 언어적 관계틀 형성은 임상적 행동분석을 통해 언어행동을 다루는 진보된 방법을 제공했으며, 이러한 변화는 특정 유형의 인지치료에서는 이전부터 시작되었다(Ellis, 2005; Blackledge et al., 2008).

언어적 관계틀 학습의 임상적 분석에 대한 두 번째 기여는 제7장에서 우리가 다루었던 인간 언어의 부작용에 대한 이해이다. 규칙 지배적 행동은 우리의 유연성을 증대시켰지만 동시에 수많은 함정으로의 문을 열기도 했다. 이러한 함정은 임상적 문제의 공통적인 부분이므로 임상적인 치료와 긴밀한 관계가 있다. 규칙 지배적인 행동을 변화시키는 것은 모든 심리치료의 핵심적인 부분이다. 하지만 규칙 지배적인 행동 자체가 문제라고 한다면 치료자가 가장 흔하게 쓰는 방법은 트로이의 목마로서 기능하게 될 수 있다. 모든 심리치료는 정도의 차이는 있지만 기본적으로 대화치료이다. 만약에 언어가 문제의 한 부분이라면, 그것을 사용해 어떻게 변화를 이끌어 낼 수 있을까? 사실 심리치료는 이러한 언어의 덫에서 풀려날 수 있도록 도와야 하는 게 아닐까? 이는 RFT 연구 결과로 볼 때 합리적인 결론으로 보이며 상당히 새롭다.

언어적 관계틀 조건형성에 대한 실험들이 지난 20년간 진행되어 오면서 이러한 실험의 결과를 기반으로 한 임상적 치료 접근이 개발되었다. 그중 행동분석에 바탕을 둔 것이 수용-전념치료(ACT)이다. 이는 노출 및 행동 활성화와 같이 오랫동안 축적된 행동적 기법을 통합하였으며, 이 책의 제2장에서 요약한 새로운 지식을 바탕으로 한 기법들을 강조하고, 역기능적인 언어행동이 다른 인간 행동을 지배하는 경향성을 감소시키는 것이 그 핵심이 된다.

임상적 행동분석

이 책의 남은 장들은 임상적 행동분석을 다루는 데 전념할 것이며, 이때 특히 언어적 관계틀 학습에 대한 지식을 바탕으로 그것이 어떻게 재형성되었는지에 초점을 맞출 것이다. ACT가 정확히 이러한 어젠다에 따라 발달해 온 치료이기에 이에 대한 설명을 주로 하게 될 것이다. 하지만 내 주요 목표는 ACT를 소개하는 것이 아니라 임상적 기능분석을 보다 광의로 기술하며, 언어적 관계틀 학습에 대한 이해가 어떻게 이러한 전통을 더 심화해 발달시켰는지를 주로 다루는 것이다. 따라서 임상적 개입을 ACT 치료 모형이 아닌 고전적 행동분석과 유사한 틀에서 기술할 것이다(S. C. Hayes & Strosahl, 2004; Luoma, Hayes, & Walser, 2007; Bach & Moran, 2008).

이렇게 하는 몇 가지 이유가 있다. 첫째, 나는 고전적 기능분석과 치료 개입 간 긴밀한 관계를 명료히 기술하고자 한다. 이 책의 목적은 최근 연구 결과를 포함한 학습이론이 어떻게 임상적 접근에 적용될 수 있는지를 기술하는 데 있다. 이러한 모형 중 가장 많이 언급된 것이 ACT이며 이때 중요한 점 중 하나가 ACT 모델을 자신의 작업에 실제 적용하기 위해서는 학습이론에 익숙하지 않은 치료자들이 학습이론을 따로 익혀야 한다는 점이다(S. C. Hayes, 2008). 나는 행동적 분석을 기술할 것이기에 이러한 논쟁이 이 책에는 해당되지 않는다.

둘째, 나는 ACT가 제안하는 새로운 접근이 어떤 특정 모형의 치료에 국한된 것이 아니라는 것을 강조하고자 한다. 학습이론은 과학적 이론으로서 그 실제적인 적용은 특정 모형의 치료에 국한되지 않고 자유롭다. 마지막으로, 나는 심리치료를 잘 정의된 매뉴얼이 아니라 원리에 기반을 둔 것으로 기술하고자 한다. 행동분석 기반의 심리치료 모형은 모두 매뉴얼이 아닌 원리에 의해 통제된다. 이는 수용-전념치료와 기능분석적 치료 그리고 행동 활성화에 모두 적용된다. 이러한 접근들은 실제로 서로 유사성을 공개적으로 인정하면서도 여전히 동일한 심리치료 전통의 각기 다른 측면이 아니라 종종 개별적이고 한정된 치료 모형으로 기술되고 있다. 그리하여 개별 모형을 통합하기 위한 개별적인 시도가 주로 이루어져 왔다(Callaghan, Gregg, Marx, Kohlenberg, & Gifford, 2004; Kanter, Baruch, & Gaynor, 2006; Kanter, Manos, Busch, & Rusch, 2008). 이러한 시도들은 주로 한 모형의 측면을 다른 모형에 추가하는 방식으로 이루어졌다. 이 책의 이후 부분에서 나는 보다 근본적인 접근을 하고자 한다. 나는 행동심리학의 원리를 기반으로 해 임상적 행동분석을 하나의 통합된 치료 모형으로 기술하고자 하며, 이때 RFT가 기여한 부분에 초점을 맞추고자 한다. 나의 의도는 특정 모형의 입장에서 논쟁하고자 하는 것이 아니라 각각의 모형 간 공통적인 부분을 강조하고, 대등하게 적용될 수 있는 가능성을 제시하고자 한다.

이때 기능분석적 구조를 취할 것이다. 치료자는 이를 통해 주어진 순간에 특정 행동을 둘러싼 선행 사건과 결과 모두에 영향을 미칠 수 있는 개입에 집중할 수 있다. 다음 장에서 임상 기능분석과 관련된 일반적인 지침들을 기술할 것이며, 제10장에서는 결과에 초점을 둔 개입들을, 제11장에서는 선행 사건에 초점을 둔 개입들을 기술할 것이다. 이 모든 장의 핵심적인 부분은 RFT를 기반으로 한 개입이 될 것이다.

제9장 임상적 행동분석의 일반 지침

임상 행동분석의 치료 세팅은 일반 심리치료와 동일하다. 치료자는 며칠 또는 몇 주에 한두 시간 내담자와 만나게 된다. 이는 각 케이스에 따라 달라진다. 만약 치료가 만성우울이나 성격장애와 같이 내담자 삶의 전반적으로 일상화된 어려움을 다룰 경우 치료는 몇 달, 때로는 몇 년 동안 진행될 수도 있다. 반면, 특정 공포증은 회기당 더 긴 시간을 할애하며 개별 회기는 묶어서 보다 짧게 진행 될 수 있다. 그러나 치료 기간을 결정하는 것은 문제의 유형만이 아니다. 치료의 목표 또한 중요한 요소이다. 일반적으로 심각한 것으로 보이는 기능 장해를 가진 경우는 목표가 제한되어 있기 때문에 짧은 기간 진행된다. 예를 들어, 만성 조현병 진단을 받은 사람은 그의 고질적인 환청을 가지고도 자신의 일상 업무를 할 수 있도록 하는 제한된 목표로 치료가 진행될 것이다.

제8장에서 설명했듯이, 임상적 행동분석은 일반적인 심리치료에 적용되는 일반적인 조건을 따른다. 내담자는 두 가지 주요한 통로를 통해 영향을 받는다. 하나는 직접적인 수반성을 통해서이며, 다른 하나는 규칙을 통해서이다. 규칙은 단순한 언어적 선행 사건이지만 현재 상황과 다른 시간 및 공간 맥락에서 추후에 행동을 통제할 수 있기 때문에 중요하다. 행동을 통제하는 규칙의 또 다른 중요한 특징은 그것이 직접적인 수반성에 민감하지 않다는 것이다.

초기 접촉과 치료의 두 장면

치료자는 내담자와 공유하는 장면에서만 두 사람이 만났을 때 일어나는 일들에 대해 직접적인 접근을 할 수 있다. 이는 어떤 영향력이든 이 장면에서 발휘되어야 한다는 것을 뜻한다. 동시에 내담자는 두 번째 장면에서 일어나는 일과 관련해 치료자에게 도움을 요청한다. 첫 번째 장면은 두 번째 장면에 영향을 미치는 데 사용된다.

내담자는 대개 치료자와의 처음 만남 동안 두 번째 장면(arena)에서의 문제와 그의 삶에서 그 문제가 어떻게 나타나는지에 초점을 맞춰 이야기한다. 그러나 그의 문제는 치료자와 처음 접촉하는 동안인 첫 번째 장면(arena)에도 나타날 수 있다. 만약 내담자가 걱정을 너무 많이 하는 것이 문제라 할 때, 치료자와의 만남에서 또한 치료가 어떻게 진행될지 걱정된다고 할 수 있다. 때로는 내담자가 이를 말로 하지 않을 수 있으나, 치료자는 스스로 이것을 관찰하고 느낄 수 있다. 아마 내담자가 치료에 대해 몇 번을 묻거나 의문을 가진 것이 바로 내담자가 걱정하고 있다는 것을 보여 준다. 모든 영향은 '현재' 발생한다는 치료의 기본 조건에 근거하여, 내담자의 문제행동이 일어나는 징후를 그 순간에 알아채는 것은 중요하다. 이것은 초기 만남뿐 아니라 치료적 상호작용 전반에 적용된다. 사실 이는 영향력을 발휘할 수 있는 좋은 기회이다. 하지만 대부분의 치료는 두 번째 장면에 초점을 두고 시작한다. 대다수의 사람이 이처럼 두 번째 장면에 초점을 두는 것이 자연스러운 것이라 믿고 있다. 이는 치료자의 관점에서도 자연스러운 일인데, 그 이유는 내담자의 이야기는 종종 그들의 문제에 대한 전체적인 그림을 제공하기 때문이다.

그러나 치료자는 내담자가 설명하는 현상이 아닌, 내담자의 말하는 방식에 직접적으로 접근할 수 있다는 사실을 아는 것이 중요하다. 지금까지 설명했듯이, 표현되는 것은 언어적 행동이다. 언어적 행동이 문제의 일부라면, 모든 심리치료는 대화치료(talk therapy)이기 때문에 이 문제를 안고 있다. 이것이 첫 번째 장면에서 더 직접적인 수반성이 드러날 때 치료자가 이를 활용해야 하는 이유가 된다. 행동치료자들이 이러한 딜레마를 피하는 또 다른 일반적인 방법은 다른 평가 척도 및 질문지를 통해 두 번째 장면에서 발생하는 사건을 파악하는 것이다. 물론 척도가 우리가 측정하고자 한 행동과 같은 것은 아니다. 치료적 관계가 시작될 때 치료자가 처음 직면하게 되는 것이 언어적 행동이라는 것에는 의심의 여지가 없다. 제3장에서 설명한 것과 같이 언어적 행동에 대한 이해를 높이는 것은 심리치료자들에게 매우 중요하다. 대화치료를 위해 언어 이론에 대한 이해가 필요하다. 지금까지의 이론적인 관점을 바탕으로 치료적 상호작용의 초기 단계에서 우리가 무엇을 해야 하는지 살펴보겠다.

기능분석 실행하기

행동분석의 기본 요소는 ABC(Ramnerö & Törneke, 2008)에 기초해 행동을 설명하는 것이다. 어떤 행동(B)은 행동에 영향을 미치는 맥락적 요인(A와 C)을 확인함으로써 이해할 수 있다. 이에 따라 치료자는 이러한 맥락적 요소를 변화시키고자 내담자와의 초기 대화에서는 이러한 기술 자체에 초점을 맞춘다. 어떤 행동이 영향을 받고 어떤 선행 사건과 결과가 이 과정에서 유용할까?

실험적 행동분석에서 이러한 요소는 즉각적으로 관찰 가능하며 조작 가능하다. 분석자는 사건이 일어나는 과정에 참여하며, 관련된 맥락적 요소에 접근할 수 있다. 만약 치료자가 그 행동이 일어나는 실제 상황 속에 있다면, 이러한 실험적 행동분석과 어느 정도 유사하게 이를 시행할 수 있다. 학교나 입원 상황과 같은 것이 이러한 경우이다. 그러나 임상적 행동분석은 이와 다르다. 내가 두 번째 장면이라고 칭하는 영역은 오직 내담자의 언어행동을 통해서만 접근할 수 있다. 두 번째 영역에 대한 치료는 언어행동을 통해 이루어진다는 것을 의미한다. 언어행동을 통해 두 번째 장면에서의 내담자 행동을 변화시킬 수 있다는 사실은 심리치료가 강력하게 언어행동에 영향을 받는다는 뜻이 된다. 심리치료는 분명히 효과가 있다(Roth & Fonagy, 1996).

그렇다면 우리는 이러한 조건하에 기능분석을 통해 무엇을 얻을 수 있을까? 우리는 기능분석을 통해 내담자의 문제행동의 종류를 변별하려 한다. 행동분석 용어로, 우리는 행동 및 행동과 맥락 사이의 다양한 관계를 접촉 언어행동화한다고 말할 수 있다. 이것에는 두 가지 목적이 있다. 첫째는 치료자가 내담자의 이야기 속에서 변화에 도움을 줄 수 있는 수반성을 찾는 것이다. 내담자가 원하지 않는 결과를 가져오는 것은 무엇일까? 치료자는 내담자가 실제 일어난 일을 충분히 접촉했다고 가정하고는 내담자의 이야기를 치료에 사용한다. 비록 그 이야기가 완전히 사실은 아닐 수 있다는 것을 알지만, 치료자는 그렇게 한다. 임상적 행동분석은 치료자가 돕는다면 내담자가 충분히 순수한 접촉 언어행동을 할 수 있다는 가정하에 시작된다. 내담자는 자신의 삶과 경험의 일차 목격자이다. 반면, 치료를 진행함에 있어 기능분석 초반의 이러한 한계를 잘 인지하고 있는 것은 중요하다. 만약 치료자와의 상호작용에서 문제행동이 나타난다면 이를 확인할 수 있어야 한다. 이를 통해 치료자도 내담자 일상에서 나타나는 문제행동의 양상을 관찰할 수 있게 된다. 기능분석을 유용하게 할 수 있는 최상의 조건은 두 번째 장면에 대한 내담자의 이야기 일부를 기초로 치료자와 함께 있는 첫 번째 장면에서 일어나는 일들을 살펴보는 것이다.

다음의 내담자-치료자의 상호작용은 어떻게 이것이 일어나는지를 보여 준다 (이 책에 있는 모든 사례와 마찬가지로 다음 내용은 각색된 것이다).

앤은 항상 걱정이 많았다. 오랫동안 그것은 그리 문제가 되지 않았다. 그녀는 이를 그저 자신의 기질이라고 생각했다. 하지만 그 생각은 그녀가 4년 전에 동남아시아를 여행한 후 급격히 바뀌었다. 그녀는 늦은 밤 해변을 걷다가 세 남자에게 강도를 당했는데, 그들이 갑자기 뒤에서 나타나 그녀를 쓰러뜨렸고 모든 돈과 카메라를 뺏아 갔다. 그들은 위협적인 태도를 취했지만, 그녀를 해치지는 않았다. 이 일이 있은 후, 그녀는 호텔로 돌아가 함께 여행하던 친구를 만났다. 그녀는 친구에게 무슨 일이 있었는지 말하기 시작했을 때 극심한 불안과 현기증을 경험했고, 자신이 '갑자기 이상해졌다'고 이야기하였다. 이 증상들이 2시간 후에도 가라앉지 않았을 때, 그녀의 친구는 그녀를 병원에 데려갔고 그곳에서 하룻

밤을 머물렀다. 병원에서는 그녀에게 아무런 문제가 없으며, 긴장을 푸는 데 도움이 되는 주사만을 처방하였다.

집으로 돌아온 후, 앤은 그 사건을 떠올리게 하는 것을 접하면 불안 발작을 경험하였다. 두 달 동안 심리치료를 받아, 고통은 다소 줄어들었다. 그녀는 자신의 여행에서 일어난 일에 대해 더 이상 많이 생각하지 않았으며, 이러한 생각들이 더 이상 고통스럽지 않았다. 그러나 앤은 그 일로 자신이 완전히 변했다고 느꼈다. 그녀는 일상생활에서 위축되고 일어난 일로 인해 상처를 입은 것처럼 느꼈다. 그녀는 "나는 이제 더 이상 예전의 내가 아니다."라고 말했으며, 이러한 생각으로 인해 긴장, 피로, 특히 집중의 어려움을 겪었다. 그녀는 무엇이 잘못된 것인지, 무엇을 해야 할지에 대해 많은 생각을 했다. 간간이 우울감을 경험했다. 그녀는 자신의 삶이 얼마나 망가졌는지 생각하며, 휴가 중의 사건이 이 모든 손상을 일으켰다고 믿었다. 가끔씩 기분이 나아졌지만 이내 다시 우울해졌다. 그녀는 신체적인 문제와 관련해 다양한 검사를 받았지만 매번 아무 문제가 없다는 결과를 접했다. 위의 내용과 일상에서 이를 다시 경험하도록 하는 다양한 상황을 이야기한 후 다음 대화가 이어졌다.

치료자: '이상한 느낌'이라고 하셨던 것을 지금도 느낄 수 있나요?

앤 : 당신과 함께 있는 지금이요? 네, 사실 지금도 조금은 그래요. 그것을 없앨 수 없는 것 같아요. 가망이 없어요! 뭔가 잘못됐어요. 그 일이 일어났을 때 내 뇌에 무언가 문제가 생겼어요. 그 일을 많이 생각하지는 않아요. 그 사건은 일어났고, 끔찍했지만, 오래전 일처럼 느껴져요. 내가 돌아왔을 때 이에 대해 이야기해야만 했기에 의사를 찾았어요. 하지만 내 안의 뭔가가 잘못됐는데, 의사들은 파악을 못하고 해결할 수 없을 것 같아요. 뭐가 문제일까요? 그것으로 인해 모든 것이 엉망이 되었어요. 난 제대로 생각을 할 수가 없어요. 앞으로 어떻게 될까요? 지난달에 새 직책을 제의받았는데 수락할 용기가 날지 모르겠어요. 내가 이것을 감당할 수 없다면? 앞으로도 나아지지 않는다면…….

치료자: 그것이 지금 당신에게 일어나는 일인가요?

앤 : 무슨 뜻인가요??

치료자: 내 말은 바로 지금 무슨 일이 일어났느냐는 것입니다.

앤 : 지금도 조금 그렇게 느끼느냐는 말인가요?

치료자: 네, 그리고 더 구체적으로 말하면, 당신이 그렇게 느껴질 때 무엇을 하는 것 같은지를 묻는 것이에요. 지금 여기서는 크게 두 가지 일이 일어나는 것처럼 보여요. 하나는 당신이 '이상한' 기분을 느끼는 것과 다른 하나는 당신이 '무엇이 잘못된 거지?' '이건 나를 어디로 데려가는 거지?'와 같이 그 이유를 찾고 질문을 하는 것이에요. 제가 잘못 이해했나요?

앤 : 아니…… 네, 무슨 뜻인지 알겠어요. 그런 식으로 상황을 본 적은 없는 것 같은데, 당신이 그렇게 말하니까 맞는 것 같아요. 먼저 무엇인가가 그것을 다시 떠올리게 하고 그다음에 나는 바로 그것을 해결해야 한다는 생각으로 빠져들어요. 그래요…… 바로 그거예요.

치료자가 앤이 자신의 문제와 관련해 한 이야기를 어떻게 사용하는지 주목해 보자. 치료자는 앤의 말을 들은 후, 방(첫 번째 장면)에서 치료적 상호작용의 두 번째 장면에서의 앤이 경험하는 것과 비슷한 행동이 발견될 때 그에 초점을 맞추어 분석을 했다. 치료자는 앤과 함께 지금 여기에서 일어난 일에 대한 ABC 분석을 하였으며, 이를 이 일상에서 관찰한 것과 비교하였다.

어떤 행동에 중점을 두어야 하는가

내담자와 치료자 관계 초기, 치료자는 내담자가 기술하는 이야기를 살펴보았다. 이러한 과정에서 문제가 어떠한 방식으로 나타나는지에 대한 치료자의 지식이 필요하다. 이때 내담자가 이야기하는 내용을 폭넓은 시각으로 보는 것이 중요하다. 시작점은 내담자의 문제와 그들의 문제가 현재 상황에서 어떻게 나타나는지이다. 이전에 일어난 사건 또한 현재 중점을 둔 문제에 대한 추가적인 예로 이해할 수 있다. 오래된 일은 당연히 이후 일어나는 일과 내담자의 문제의 핵심이 될 수 있으나, 우리는 이에 대해 직접적으로 접근할 수 없기 때문에 먼 과거의 사건은 상세한 기술이 어려워 기능분석의 유일한 근거로 사용하기는 어렵다. 게다가 내담자가 도움을 청하러 오게 된 문제는 가까이 있다. 오랫동안 문제를 가지고 있었지만, 현재에 어려움을 겪지 않는 사람들은 심리학적 도움을 찾지 않는다. 기능분석을 필요로 하는 것은 항상 더 가까이에 있다. 그러나 우리가 흔히 말하는 '기억'이 현재 행동에 미치는 기능적 측면은 흥미롭다.

초기에 치료적 상호작용에서 관심의 중심에는 내담자의 문제행동이 있다. 무엇이 그 사람이 원하는 방식으로 되는 것을 방해하는 것일까? 연구 문헌에서는 어떤 행동을 많이 하는 것을 종종 '과잉행동'이라고 칭한다(Kanfer & Saslow, 1969). 어떤 문제행동은 절대 일어나지 않아야 하는 경우도 있다. 아동 학대가 그러한 예 중 하나이다. 하지만 대부분의 문제행동은 그 행동을 너무 많이 할 때 문제가 된다. 앤의 예는 이를 전형적으로 가지고 있다. 그녀는 스스로에게 질문하고, 생각하고, 해결하려고 한다. 아무도 그녀에게 그것들을 그만하라고 제안하지 않았다. 이 행동은 많은 상황에서 유용하다. 심지어 이는 인간에게 있어 유용한 행동이기도 하다. 하지만 앤의 경우, 이 행동을 지나치게 많이 하며 특히 그것이 작동하지 않는 맥락에서도 사용하는 것이 문제가 된다.

치료가 진행됨에 따라 점차 중요해지는 것은 대안행동이다. 이는 내담자가 원하는 방향으로 삶이 작동하도록 하는 데 도움이 되는 행동이다. 대안행동은 종종 그 행동이 부족해서 문제이다. 이 행동은 내담자의 행동 목록에 존재하지만 거의 사용하지 않거나 적어도 삶을 작동하게 하는 맥락에서 사용되지 않다. 물론 바람직한 대안행동이 내담자의 행동 목록에 없을 수도 있다. 권위자에게 절대로 고개 숙이지 않는 사람이 있을 수 있는데, "그런 일을 어떻게 해야 할지 모르겠어요."라고 이야기하면서 말이다. 그러나 많은 경우에 대안행동이 부족하다고 표현하다기보다는 "나는 그것이 그렇게 된다고 생각하고 싶지 않아요."라는 식으로 말할 것이다.

원칙적으로 임상적 기능분석에서는 두 종류의 행동인 문제행동과 대안행동에 집중한다. 이것이 임상적으로 의미 있는 두 유형의 행동이다. 이는 RFT를 통해 치료자가 특히 살펴봐야 할 것이 무엇인지 알 수 있다.

기능분석의 초점으로서의 경험 회피

사람들이 심리적 도움을 구할 때 지배적인 문제행동의 핵심 기능은 회피이다. 문제행동은 종종 부적 강화에 의해 통제된다. 사람들은 자신들이 원하지 않는 것을 단기적으로 피하는 데 도움이 되기 때문에 이러한 행동(경험 회피)을 한다. 이 행동들은 혐오의 통제하에 있다. 제7장에서 설명한 바와 같이, 언어적 관계틀 형성 능력을 학습한 이후 고통과 더 넓은 접촉 면을 가지게 된다. 생각, 느낌 그리고 신체감각과 같은 사적 경험은 그 자체로 혐오 기능을 가질 수 있기에 경험 회피의 대상이 된다. 규칙 지배적인 행동과 문제 해결 전략은 앤의 예에서처럼 쉽게 과잉행동으로 발전할 수 있다. 앤이 무언가 잘못되었고, 잘 되지 않을 것이라는 생각을 경험할 때 간접적 자극 기능—임의적으로 적용 가능한 관계 조건형성을 통해 획득한 기능—이 지배적이 된다.

앤은 생각을 가지고 있다는 것에 기초해 행동하지 않았다. 그녀는 생각의 내용이나 우리가 흔히 그것의 의미라고 부르는 것을 기반으로 행동했다. 그녀는 미래에 대한 이야기를 기반으로 행동하였다. 그녀는 그녀의 이야기를 자신의 피부 안에서 일어나는 것으로 보지 않고 이야기에서 미래를 보았다. 그녀는 자신의 용어로 '그것에 바로 빠져 버린다.'라고 말하였다. 우리가 이 행동의 요지에 관해 더 면밀히 살펴보면, 앤은 '그것에 대한 이해'를 통해 말의 위협을 희석하려 하거나 '아무것도 위험한 것은 없어.'라는 말로 생각의 위협적인 측면을 제거하기 위해 노력했다. 이 행동은 본질적으로 자연스러운 것이며 이상한 것은 없다. 이는 우리 모두가 위협에 직면했을 때 하는 행동이다. 앤의 문제는 위협을 느끼는 경험이 삶 전체에 만연하며, 그에 대처하는 전략이 그녀가 원하는 것을 얻는 데 잘 작동하지 않는다는 것이다. 불안 관련 감각이 느껴지면, 이에 대한 그녀의 생각도 다시 떠오른다. 그녀는 그것들을 없앨 수 없다. 이를 없애려는 시도는 오히려 문제를 가중시키고 그녀의 삶을 제한한다는 데 문제가 있다.

앤의 행동은 경험 회피의 한 예이다. 그녀는 통제 불가능한 것을 없애거나 통제하려는 시도에 몰두했다. 치료자는 이것이 일반적인 행동 전략이라는 것을 알고 이를 파악하는 데 민감해야 한다. 행동의 형태는 다양하여도 기능적으로는 동일하게 경험 회피를 보일 수 있다. 비록 행동은 형태적으로 다를지라도 모두 같은 목적으로 쓰이기 때문이다. 당신은 불쾌한 감정, 고통스러운 생각 또는 고통스러운 기억을 다른 방법으로 제거하려 할 수 있다. 직접적인 상호작용 장면에서 당신은 무심한 듯 보이고 침묵할 수도 있다. 또는 원하지 않는 경험에서 벗어나기 위해 오히려 더 열정적으로 이야기하거나 목소리를 높일 수도 있을 것이다. 다른 사람이라면 앤의 상황에서 다른 것을 생각하려고 할 수도 있지만, 앤은 문제에 대한 생각을 더 하는 쪽으로 움직였다. 형태적으로 다양한 다른 행동일지라도 만약 불쾌한 경험을 없애는 것을 목표로 한다면, 기능적으로 서로 비슷할 수 있다. 또 다른 예로, 사람들이 애도를 경험할 때 오히려 활동을 더 많이 보이기도 하고 때로는 수동적으로 철수되기도 하지만, 두 경우 모두 공통적으로 슬픔과 상실의 감정을 줄이는 것을 목표로 한 것일 수 있다.

기능분석은 치료의 시작

치료자와 내담자는 함께 내담자의 행동 및 그 행동과 맥락 간 관계를 접촉 언어행동화한다. 이것은 "질문을 통해 '자신을 알게 된' 사람은 자신의 행동을 더 잘 예측하고 통제할 수 있는 위치에 서게 된다."라는 스키너의 말을 떠올리게 한다(Skinner, 1974, p. 35).

자신의 행동과 그에 영향을 미치는 수반성을 아는 것이 어떻게 이후 행동에 영향을 미치는지는 RFT에 의해 설명된다. 말이나 생각과 같은 언어행동은 상호 함의 관계 및 복합적 상호 함의 관계를 통해 다른 사건의 자극 기능을 변화시킬 수 있다. 자신이 무엇인가 잘못되었다는 느낌을 없애기 위해 앤의 한 노력들이 그 예가 될 수 있다. 그녀의 행동은 만약 그녀가 더 많이 생각한다면 위험을 어떻게든 없앨 수 있다고 여기는 가정에서 시작한다. 자신의 이런 생각을 명시적으로 말하지 않았을 수 있으나, 그녀는 이런 가정으로 행동을 해 왔다. 마치 그렇게 하는 것이 어려움에서 벗어날 수 있는 유일한 방법인 것처럼 행동해 왔다. 이러한 상호작용 속에서 '바로 뛰어든다'는 행동의 기능에 영향을 미치기 위해 기능분석을 하였다.

치료자: 그러니까 처음에는 무엇인가가 이를 상기시킨다. 아마도 이번 경우는 내 질문이 그럴 것 같네요. 그러면 당신은 바로 뛰어듭니다. 여기서 바로 뛰어드는 이유가 무엇이라고 생각하나요?

앤 : 이유요? 몰라요. 내가 어떻게 해야 하나요? 당신도 알다시피 저는 어떻게든 해결하려고 노력해야만 해요.

치료자: 그래서 아마도 이 '해결하려고 노력하는 것'이 요점이라고 말할 수 있습니다. 이유는 바로 '그것을 해결하는 것'입니다.

앤 : 그렇게 말할 수도 있겠죠. 해결책이 있을 거예요.

치료자: 네, 그것이 바로 뛰어드는 이유처럼 들리네요. 해결책을 찾기 위해서요. 그게 효과가 있나요?

앤 : (잠시 침묵) 전혀 효과가 없어요. 해결책을 생각하면 할수록 더 나빠져요.

치료자: 만약 당신의 경험이 당신에게 여기서 중요한 무언가를 말해 준다면 무엇일까요? '바로 뛰어든다'는 이러한 방법이 명백한 해결책인 것처럼 보이게 해요. 그런데 실제로 그렇게 하면 점점 더 악화되었습니다. 그렇다면 아마도 '바로 뛰어드는' 방법은 효과가 없는 것이지 않을까요?

이 대화를 통해서 그녀의 '바로 뛰어드는' 행동은 새로운 자극 기능을 습득한다. 이전에는 이 행동이 그녀가 답을 찾기 위해 해야 했던 유일한 행동처럼 보였다. 위의 대화 후 이것은 '상황을 더 악화시키는 것'이라는 기능을 얻었다. 물론 이것만으로 변화가 촉발되지는 않지만, 행동과 결과 사이의 기능분석은 이후 행동에 영향을 미친다. RFT의 관점으로 볼 때 이것은 충분히 이해 가능한 변화이다.

ACT에서의 기능분석은 창조적 절망감을 불러일으킬 수 있다. 치료자는 내담자의 행동과 그에 대한 실제 결과의 수반성을 내담자가 알 수 있게 돕는다. 만약 결과가 내담자가 원하지 않는 것이라면, 기능분석을 통해 이러한 과정이 창조적 절망감으로 연결된다. 내담자가 사용해 온 전략이 효과적이지 않다는 절망감은 새로운 대안행동을 향한 문을 열 수 있기에 창조적이다.

행동 포착하기

치료자는 내담자와의 자연스러운 상호작용의 한 순간을 포착했다. 치료자는 내담자가 그 순간에 한 행동에 초점을 맞춰 이를 대화와 개입의 주제로 삼는다. 앤의 사례의 경우 치료 초기에서 일어났지만 이러한 과정을 치료자가 명확하게 알려면 종종 더 많은 시간이 걸린다. 어떤 경우에서든 치료자는 이러한 과정이 일어날 가능성에 대해 끊임없이 의식하는 것이 중요하다. 임상적으로 의미 있는 행동이 발생하는 상황은 두 가지 방식으로 유용하다. 치료자는 이 행동을 내담자와 함께 기능분석의 기초로 사용할 수 있고, 변화를 위해 다른 방식으로 이에 개입할 수 있다.

기능분석적 심리치료는 치료 회기에서 치료자와 관련해 일어나는 내담자의 대인관계 행동을 분석하는 것을 강조한다(Kohlenberg & Tsai, 1991; Tsai et al., 2008). 하지만 앤의 예에서 알 수 있듯이 엄밀히 말하면 모든 행동이 대인관계적이지는 않다. 앤의 문제가 치료자와의 대화에서 드러나는 것은 사실이지만, 두 번째 장면인 앤의 일상생활에서는 같은 언어행동을 스스로에게 (생각으로) 더 많이 하거나 적게 한다.

많은 경우에 현재 상호작용에서 일어나는 것이 내담자의 문제행동과 관련이 있는지는 모호하다. 내담자가 두 번째 장면에 대한 이야기를 할 때 이에 대한 질문을 할 수 있는 기회를 잡을 수 있다. 리처드의 사례도 그 예가 될 수 있다.

리처드는 수년간 낙담하고 있다. 그는 아마 항상 '조금 우울한 편'이었던 것 같다고 말한다. 그는 교사로 일하면서 지난 1년 동안 자신의 수행이 계속 하향곡선을 그리고 있었다고 생각한다. 그는 정기적으로 '우울함을 동반한 소진'으로 병가를 냈고, 항우울제를 복용하고 있지만, 크게 도움이 되지는 않았다.

그는 실제로 자신이 하는 대부분의 일을 좋아하지만, 가장 매력적인 업무는 주어지지 않는다고 말하면서, '젊은 야심가들이 그러한 기회를 모두 가져간다.'고 하였다. 가정에서도 그는 병풍으로 있다. 부부에게는 10대 초반의 두 아이가 있다. 에린은 일과 가정에 모두 활동적이고 헌신적이다. 이에 비해 리처드는 스스로 뒤처지고 있다고 느꼈다. 그는 에린의 주도에 따르며, 스스로 점점 더 수동적이 되어 가는 것을 발견하였다. 그의 가족들은 그가 자기 문제에만 빠져 있어 그를 믿을 수 없다고 불평하기 시작했다. 치료자와의 대화에서 리처드는 다소 온순한 태도를 취했다. 그는 질문에 대답하고 대부분 주의를 기울였지만 낙담한 듯 보였다. 다음 대화는 그의 다섯 번째 회기의 내용이다.

리처드: 부담스러워요. 내가 뭘 하든 달라지는 건 없어요. 마치 안개 같아요. 나는 그럭저럭 하루하루를 보내지만, 아무것도 변하지 않는 것 같아요. 아시죠? 힘이 전혀 없어요.

치료자: 이렇게 힘이 없을 때, 당신은 무엇을 하나요?

리처드: 직장에서요?

치료자: 예, 한 예로요.

리처드: 저는 제가 할 수 있는 것을 하려고 노력해요. 한 번에 하나씩 하려고 해요. 선생님도 아시듯, 또 다시 소진되면 안 돼요. 상황이 더 나빴던 때도 있었지만, 지금도 별로 좋지는 않아요. 그저 버티고 있는 중이에요.

치료자: 집에서 무엇을 하나요?

리처드: 집에서도 똑같아요. 점점 부담스러워지는데, 하지만 에린이 계속 주도하고 저는 따라가고 있는 것 같아요.

치료자: 그저 따라간다고 말할 때, 그게 다소 수동적으로 들립니다. 적어도 저에게는 '가만히 있는다.'라고 말했을 때처럼요. 당신도 그렇게 들리나요?

리처드: 네, 물론이죠. 어떻게 해야 할지 모르겠어요. 힘이 없어요.

치료자: 그래요. 힘이 없고 그저 가만히 있고, 버티고 있어요.

리처드: 네, 아직까진…….

치료자: 여기서도 당신은 '가만히 있다'고 생각하시나요?

리처드: '여기'는 무슨 뜻이죠?

치료자: 여기 저와 함께, 우리의 대화에서요. 저는 당신이 나의 이야기를 듣고, 질문에 답하고, 우리가 여기에서 하고 있는 일에 참여한다는 것을 알아차렸어요. 그리고 동시에 당신이 여기에서도 버티고 있는지 궁금했어요. 마치 집에서나 직장에서와 같이 아무 소용도 없는 것처럼요.

리처드: (잠시 침묵한 후) 선생님이 그렇게 말씀하시니, 저는 치료가 도움이 되길 바라고, 나아지기를 원해요. 하지만 저는 여기서도 그저 가만히 버티고 있는 것 같아요. 네, 저도 모르게 그렇게 되는 것 같아요.

행동 촉진시키기

많은 문제행동은 내담자와 치료자의 상호작용에서 포착할 수 있다. 내 경험에 따르면, 대부분의 경우 그렇다. 하지만 때로는 치료자가 내담자의 행동을 유발해야 할 때도 있다. 이는 기능분석을 수행하고 변화를 위해 보다 직접적으로 개입하기 위해 필요하다.

행동치료는 정확히 이와 관련되어 오랜 전통을 가지고 있다. 보통 이런 종류의 치료 작업에 사용되는 용어는 '노출'이다. 이것은 또한 과학적 자료에 의해 가장 광범위하게 지원되는 유일한 심리적 개입이다(Barlow, 2002). 그것은 모든 유형의 증거기반 치료, 가장 일반적으로 불안장애 치료에 사용된다. 전략이 간단하지만, 그렇다고 해서 기법의 적용이 쉽다는 뜻은 아니다. 오히려 다소 어려울 수 있고 높은 수준의 치료자의 능력이 요구된다. 노출에서 치료자와 내담자는 내담자의 문제행동이 일반적으로 발생하는 조건을 만든다. 주사 공포증과 같은 특정한 공포증을 치료하는 데 있어서, 치료자와 내담자는 주사를 맞는 상황을 준비한다. 씻기와 관련된 강박증을 치료하기 위해, 치료자와 내담자는 욕실에 함께 갈 수도 있다. 외상 후 스트레스를 치료할 때, 내담자는 괴로운 상황을 기억해야 한다. 이 모든 것은 문제행동이 그대로 유발되게 하기 위한 목적으로 행해진다.

이러한 개입의 목적은 치료자가 있는 상황에서 내담자의 문제행동이 발생하도록 하는 데 있으며, 한편으로는 내담자가 자신이 하는 것이 효과적이지 않다는 것을 알아차리도록 돕고, 더 나은 반응을 찾도록 영향을 미치는 데 있다. 노출치료는 단지 내담자가 혐오 현상에 노출되는 것에만 초점을 맞추는 것이 아니라 노출되었을 때 내담자가 무엇을 하는지를 살펴보기 위함이다. 문제가 있는 상황에 노출되는 것은 보통 새로운 것을 배우는 데 필요하다. 이 상황에서 그 사람은 다른 행동을 배울 수 있고, 또한 자신의 행동을 인식하는 법을 배우면 이 또한 행동 레퍼토리에 통합될 수 있다. 따라서 우리는 이러한 기술의 훈련이 노출치료의 한 부분이라고 말할 수 있다.

치료의 영역에서 의도적으로 행동을 촉발하는 것은 당신이 '노출'이라는 단어를 듣고 생각할 수 있는 것보다 더 폭넓게 적용된다. 사실 이것은 내담자의 동의하에 임상적 행동이 치료 장면에서 일어나도록 하는 모든 시도를 포함할 수 있다. 예를 들어, 거식증이 치료의 초점이라면, 치료 회기 직전에 내담자가 식사를 하도록 하는 것이 이에 해당한다. 또는 치료자가 조용히 앉아 중립적인 태도로 기다리는 것이 다양한 문제행동이 촉발될 수 있는 조건이 될 수 있다. 다양한 종류의 역할극 또한 내담자의 문제행동을 촉발하기 위해 사용될 수 있다.

ACT에서는 다양한 경험적 연습이 행동을 촉발 혹은 유도하는 데 사용된다 (S. C. Hayes, Strosahl, & Wilson, 1999). 그것은 문제행동을 알아내거나 대안행동을 찾기 위해 사용된다. ACT는 이론적인 원칙을 기반으로 개발된 연습을 사용할 뿐 아니라 원칙에 부합하여 그 순간에 적절한 새로운 훈련을 만들도록 권장한다. 이러한 연습 중 일부는 내담자가 부정적인 감정을 경험할 수 있는 상황을 만드는 것을 목표로 하기 때문에 전통적으로 노출이라고 불리는 것과 비슷하다. 경험적 회피를 주요 문제의 원인으로 보기에, 이는 자연스러운 현상이다. 이러한 연습 중 하나로는 치료자와 내담자가 그들의 의자를 가까이 두고 앉아, 조용히 서로의 눈을 몇 분 동안 들여다보는 것이 있다. 이 연습은 우리가 개인적인 영역라고 생각하는 것이 침해될 때 불편함을 느낀다는 사실을 이용하는 것이다. 이 연습의 실질적인 위협은 없다. 이 연습의 지침은 그저 앞에서 이야기한 방식으로 앉아 있다가 나타나는 다양한 생각과 반응을 주목하는 것이다. 그 후 치료자와 내담자는 생각, 감정 그리고 신체감각을 포함하여 자신이 느낀 것에 대해 이야기한다. 내담자가 이 연습을 그만하려는 충동을 알아차렸을지도 모른다. 그런 경우에 대화는 그저 어떤 것을 관찰하였는지에 초점을 맞추어 진행될 수 있다. 혹은 내담자가 연습을 빨리 끝내려 하였다면 그것에 대해 이야기해 볼 수도 있다. 만약 내담자의 문제가 경험 회피라면 두 종류의 행동, 즉 문제행동과 대안행동에 대해 이야기를 할 수도 있다.

다음 앤과의 대화는 어떻게 이러한 두 가지 유형의 행동을 변별하는지를 보여준다. 눈 맞춤 연습처럼 이는 내담자가 설명한 것과 비슷하거나 기능적으로 유사한 행동을 목표로 한다.

치료자와의 대화에서 앤은 그녀가 어려움을 겪고 있는 것들, 즉 신체적 증상, 집중력 부족, 위협에 대한 생각 등을 설명했다. 그녀는 그녀 자신의 노력, 그 노력이 어떻게 제대로 작동하지 않는지와 대안을 찾을 수 없다는 그녀의 좌절감을 이야기하였다.

치료자: 제가 가끔 사용하는 연습이 있습니다. 한번 해 보시겠어요?

앤 : 물론이죠.

치료자: (메모장을 꺼낸다) 저는 당신이 생각하는 최악의 문제들, 당신을 괴롭히는 것 그리고 당신이 제거하고 싶다고 말한 것, 예를 들어 집중력 부족과 같은 것을 여기에 쓰고 싶어요. (메모장에 무언가를 쓴다) 그 밖에 무엇이 있죠?

앤 : 피로와 내 몸의 긴장감…….

치료자: (앤의 말을 적는다) 당신이 이전의 당신이 아니라는 생각 또는 앞으로 전혀 나아지지 않을 것 같다는 생각은 어떤가요?

앤 : 그게 가장 끔찍한 부분이에요. 계속 이럴 것이라는 거요.

치료자는 앤이 말하는 것을 메모하고 앤이 볼 수 있도록 패드를 들었다.

치료자: 손을 패드의 글자에 올려놓으세요.
앤 : (그녀의 손바닥을 패드에 올려놓고) 좋아요.
치료자: (앤이 패드에 손을 댄 반대쪽을 누르며) 계속 확인하세요. 이것을 자신으로부터 멀리 가게 하세요.
앤 : (패드에 더 힘을 실으며) 이렇게요?

치료자와 앤은 반대 위치에서 메모지를 눌러서 패드를 앞뒤로 조금씩 움직이게 한다.

치료자: 좋아요! 이것이 어떤 것인지 기억해요. (패드를 아래로 내리며) 그것이 어떤 것인지 주목하고 이것과 비교하세요. (글이 위를 향하도록 하며 앤의 무릎 위에 패드를 놓는다)
앤 : (잠깐 침묵한 후) 글쎄요, 그건 좀 달라요.
치료자: 어떻게요?
앤 : 글쎄, 내 무릎에 패드를 두는 것이 더 쉬워요. 하지만 동시에 끔찍해요. 난 이것이 싫어요.
치료자: 아니요. 두 가지 중 어느 쪽이 더 힘이 필요한가요?
앤 : 글쎄요, 나에게서 멀어지도록 만드는 것이요. 하지만 어떤 면에서는 기분이 좋기도 해요. 적어도 뭔가를 하고 있는 것 같아서요.
치료자: 좋아요. 이 두 가지 자세 중 당신의 삶에서 당신이 하고 있는 것과 더 유사한 것은 무엇인가요?
앤 : 나한테서 멀리하려 하는 것이요. 그것이 내가 항상 하는 일이에요. 바로 그겁니다. 사실 그게 내가 항상 하는 일이에요.

이와 같은 대화는 다른 방향으로 진행할 수도 있다. 때때로 내담자들은 내가 그들의 무릎에 패드를 놓자마자 패드를 치운다. 치료자가 내담자의 반응에 열린 태도를 가지는 것은 중요하다. 이러한 태도가 치료 전반에 바탕이 된다. 이러한 대화는 설득하기 위한 것이 아니다. 임상적인 행동을 유발하고 내담자가 그것을 알아차리도록 돕기 위한 것이다. 이 연습에 기초하여, 다양한 측면을 다룰 수 있다. 이러한 다른 행동들의 장점과 단점은 무엇일까? 이 두 가지 자세 중 어떤 것이 내담자를 가치 있는 삶의 방향으로 나아갈 수 있게 도와주는 것일까? 만약 앤의 경우처럼 내담자가 주로 하는 것이 '그것을 멀리하는' 것이었다면, '그것들을 무릎에 두는' 행동은 일상의 어떤 행동에 해당할까?

이러한 유형의 치료 상황에서 목표는 경험적 회피와 대안행동을 파악하고 그에 영향을 미치는 것이다. 앞서 한 메모 연습은 하나의 방법이 될 수 있다. RFT에 따르면 경험적 회피의 근본적인 문제는 규칙 지배적인 언어행동이 내담자의 행동을 통제하기 때문임을 기억하자. 앞에서 기술한 연습은 내담자에게 직접적 자극 기능을 바탕으로 대안행동과 접촉하도록 하는 데 도움이 된다. 이를 통해 잠시 동안 언어적 통제에서 벗어날 수 있다.

은유를 치료적 도구로 사용하기

경험적 연습은 간접 자극 기능의 지배력을 피하기 위해서 치료에 사용된다. 같은 목적으로 사용되는 또 다른 도구는 은유이다. 심리치료에서 은유를 사용하는 것은 새로운 것은 아니며, RFT와 그 연구뿐만 아니라 다른 이론적 배경에서도 이를 설명하려 시도해 왔다. 이 치료적 도구는 심리치료 접근 중 특히 비경험적 전통을 가진 치료에서 오랜 역사를 가지고 있다(Evans, 1988; Kopp, 1995; Mays, 1990). 한편, RFT의 도움으로 우리는 왜 은유가 이토록 효율적인 도구가 될 수 있는지에 대한 답을 얻을 수 있다. 인간 언어 내에서 은유와 비유의 중요성을 이해하는 것을 통해 우리는 또한 이들을 어떻게 사용해야 할지에 대한 몇 가지 지침을 얻게 된다.

은유는 언어적 도구인 동시에 직접적 자극 기능이 결정적인 역할을 하는 관계망을 포함하고 있다. 제5장에서 수와 래리는 고양이와 개와 같다는 비유를 떠올려 보자. 여기 두 개의 언어적 관계망이 있다. 우리는 수와 래리를 한 축에 두고 다른 한쪽에는 고양이와 개를 둔다. 이들 언어적 관계망 사이의 관계는 맥락적 요소를 통해 '같음'으로 임의로 설정된다. 그러나 각 언어적 관계망에는 청자의 역사에서 형성된 여러 가지 직접적인 자극 기능도 포함되어 있다. 이 비유에서 핵심은 이러한 직접적인 자극 기능이 수와 래리의 관계에 대한 청자의 이해에 영향을 미칠 수 있다는 것이다. 순간적으로, 비유가 말해지는 순간, 자극 간 수많은 관계가 불러일으켜진다. 자극 간 이러한 관계는 처음에는 청자가 경험한 사건들로부터 수집되어 이후 잘 알지 못하는 현상에 적용된다. 은유를 통한 표현은 정확하기보다는 유연하고 개방적이다. 은유는 수와 래리 사이를 직접적이고 사실적으로 표현했을 때 빠질 수 있는 언어적 함정으로부터 우회할 수 있는 지름길을 만든다.

앤의 경우, 문제에 대해 더 많이 생각함으로써 문제를 해결하려는 그녀의 시도에 대해 "머릿속에 있는 흙을 파서 밭을 갈 수 없다면 어떨까요?"라고 말할 수 있다. 이 은유는 그녀가 자신의 문제를 해결하기 위해 사용해 온 기법이 작동하지 않고 있다는 절망에 접촉하기 위해 고안되었다.

그럼 우리는 은유를 사용하여 무엇을 하고 싶어 할까? 기능분석을 통해 원하는 것과 동일한 작업을 수행할 수 있다. 우리는 내담자들이 경험적 회피와 대안적 행동 모두를 접촉 언어행동화할 수 있도록 돕고자 한다.

앤과의 대화로 돌아가겠다. 그녀는 자신의 문제에 대해 생각할 때 무엇을 하는지를 은유적으로 표현해 '바로 뛰어든다'고 말한다. 이 은유는 그녀의 다양한 경험적 회피를 설명하는 방법이다. 아마도 그것은 치료자에게 앤의 경험을 전달하며, 그녀의 딜레마에서 벗어날 수 있는 방법 또한 제시해 준다. 예를 들어, 치료자는 앤이 다양한 맥락에서 어떻게 문제를 경험하는지 그리고 그녀가 그것으로부터 벗어나는 데 어려움을 겪고 있다는 것을 표현할 수 있다. 마치 삶이 '그녀를 물속으로 던지는 것'과 같다. 하지만 비록 그녀가 물속에 던져졌다 하더라도, 그녀는 일단 그녀가 그곳에 있는 자신을 발견하면 무엇을 할지 선택할 수 있을 것이다. 예를 들어, '물에 뛰어드는 것'과 '당신이 도달하고자 하는 것을 향해 헤엄치는 것' 사이에는 차이가 있을 수 있다.

은유는 종종 언어적인 함정을 우회하여 지름길로 가는 데 도움이 되지만 한편으로는 몇몇 위험 또한 수반한다. 은유가 사람에 따라 다른 기능을 하는 것은 드문 일이 아니다. 그렇기 때문에 치료자는 내담자 각각의 경험을 주의 깊게 듣는 것이 중요하다. 내담자에게 효과가 없다면 효과가 없는 것이다. 은유가 옳고 그른지에 대해 내담자와 논쟁하는 데 사용되어서는 안 된다. 그렇게 되면, 아마도 치료자와 내담자는 다시 한번 언어적인 함정에 빠질 것이다.

은유와 경험적 연습 사이의 경계는 종종 불분명하다. 내담자가 첫 번째 장면에서 하는 것과 두 번째 장면에서 주로 하던 것 사이의 유사성이 경험적 연습의 핵심 조건이다. 또한 은유에 있어서도 필수적인 요소가 있는데, 그것은 두 언어적 관계망 사이의 유사성이다.

다시 한번 메모장과 관련된 연습을 생각해 보라. 치료자는 앤이 경험하는 고통과 관련하여 두 가지 다른 행동을 구별하도록 돕기 위해 노력했다. 바로 패드를 밀어내는 것과 무릎에 메모장을 두는 것이다. 앞의 대화에서처럼, 연습이 내담자가 실제 생활에서 일어나는 행동과 관련이 있는 이 두 가지 사이의 차이를 구별하도록 유도한다면, 이는 또한 일종의 은유로서 사용될 수 있다. 이것은 연습 직후에 치료자의 질문을 통해 이루어질 수 있다. "만약 당신이 이러한 문제들(집중력 부족, 긴장감, 골치 아픈 생각 등)을 당신의 무릎에 더 많이 올려놓고 있을 수 있다면, 당신은 어떤 방식으로 그렇게 할 것이라고 생각하나요?" 치료자는 이후 내담자가 두 번째 장면에서 하는 일과 관련해 이야기를 해야 할 때 이러한 은유를 사용할 수 있다. 치료자는 "지금 당신이 이야기한 것은 당신에게서 멀어지게 하는 것과 당신의 무릎에 놓아두는 것 중 어떤 것인지 말할 수 있나요?"라고 물을 수도 있다.

경험적 연습과 은유의 사용 둘 다 규칙 지배적 행동의 함정에 빠지는 위험을 최소화하기 위한 방법으로, 치료 과정 전반에 걸쳐 기본이 된다. 이것은 규칙 지배적 행동이 이 예에서 설명한 치료 과정에서 전혀 일어나지 않는다는 것을 의미하지는 않다. 내담자는 언어적 존재로서, 치료자가 이 과정에 능동적으로 참여하든 아니든 상관없이 계속해서 자기규칙을 만들 것이다. 이러한 규칙이 우선은 경험적 연습을 통해, 둘째로는 내담자의 직접적 경험을 바탕으로 한 은유를 통해 유연해질 수 있기를 바란다.

치료의 일부분으로서의 목표

대부분 심리치료는 목표가 있어야 한다고 생각한다. 기능적인 관점에서, 목표는 치료적 접근이 이끌어 내야 하는 결과일 뿐만 아니라 치료의 일부이기도 하다.

기능분석을 기초로 한 심리치료의 결정적 요인은 행동의 결과이다. 행동을 지배하는 것은 무엇보다도 과거 그 행동의 결과이다. 언어적 존재인 우리에게 중요한 또 다른 요인은 우리가 바람직한 결과라고 부르는 것이다. 우리는 언어적 관계틀을 통해 아직 일어나지 않은 사건들과 접촉할 수 있게 된다. 이를 통해 우리는 경험하지 못한 것을 원하고, 그것을 실현시키기 위해 행동할 수 있다. 제6장에서 설명한 바와 같이, 이것이 규칙 지배적 행동의 기초이다. 이것은 일상적인 언어로 의도라고 부르는 것으로 우리는 목적을 가지고 행동한다.

앞에서 설명한 두 가지 유형의 임상적 행동(문제적 행동과 대안적 행동)은 모두 무엇인가를 성취하려는 의도에 따라 특정한 방향을 가진 행동이다. 행동은 바람직한 결과에 의해 영향을 받는다. 이것은 앤과의 대화에서 치료자가 앤의 '바로 뛰어드는' 행동의 목적에 대해 물었을 때 알 수 있었다. 이러한 행동의 목적은 앤이 경험한 위협을 해소하는 것이었다. 그녀의 긴장감, 집중력 부족, 피로감 그리고 자신이 무엇인가 잘못되었다는 생각을 없애거나 통제하는 것을 목표로 했다. 아마도 앤은 그녀가 '정상적으로 보이도록' 노력했다고 말할 것이다. 앤의 문제는 '바로 뛰어드는 것'을 통해 이를 성취하지 못했을 뿐만 아니라 그녀가 다른 것을 시도하는 데도 그것이 방해가 되었다는 것이다. 경험적인 회피가 그녀의 행동을 전반적으로 지배했다.

따라서 대안행동을 찾으려 할 때 원하는 것이 무엇인지 물어보는 것이 중요하다. 만약 앤이 바로 뛰어들지 않고 다른 것을 하기로 되어 있다면, 그 목적은 무엇인가? 그녀는 어느 방향으로 가고 싶은가? 그녀가 추구하고자 하는 바람직한 결과는 무엇인가? 만약 치료자가 앤에게 물어본다면, 그녀는 아마 "예전처럼 느끼고 싶어요. 그냥 평범해지고 싶어요."라고 말할지도 모른다. 하지만 이것은 같은 딜레마로 이어진다. 이것들은 앤에게 효과가 없었던 종류의 목표들이다. 이것이 바로 경험적 회피의 본질적인 문제이다. 생각, 감정 그리고 신체감각은 통제할 수 없다. 앤은 바로 뛰어드는 것을 하지 않기 시작하면 처음에는 마치 자신이 포기한 것같이 느끼며 불편함이 증가될 수 있다. 그렇기에 이러한 경험에 노출할 수 있도록 동기를 부여하는 것이 필요하다. 그녀는 이 과정을 가치 있게 만드는 무언가가 필요하다. 때로는 '내 문제가 장기적으로는 더 나아질 수도 있다.'와 같은 가능성에 접촉하는 것만으로 충분할 수 있다. 하지만 내담자들은 종종 더 의미 있고 가치 있는 것을 필요로 한다. 그것은 바람직한 결과로서 기능하고 그들이 다른 행동을 실험하는 데 동기를 부여하는 것이다. 따라서 내담자가 가고자 하는 방향을 아는 것이 치료의 중요한 부분이 된다.

리처드와의 대화에서, 그는 자신이 '그저 버티고 있다'고 설명하고 그가 '수동적으로 행동한다'는 것에 동의한다. 치료자는 리처드와의 협력을 통해 이 행동이 무엇으로 구성되어 있고 그것의 목적이 무엇인지를 좀 더 구체적으로 정의할 필요가 있다. 리처드는 그 목적이 자신의 문제가 더 나빠지는 것을 막는 것이라고 암시했다. 왜냐하면 그는 이전에 경험한 것을 다시 경험하고 싶지 않기 때문이다. 그러나 경험적인 회피의 본질에 따라 이 방향은 함정으로 변할 수 있다. 리처드에게는 대안적인 방향이 무엇인지를 확인하는 것이 중요할 것이다. 만약 그가 수동적으로 행동하거나 그저 버티고 있는 행동을 줄여야 한다면, 무엇을 위해 그렇게 할 것인가? 그가 다른 행동을 할 때 그 목적은 무엇인가? 어떤 것이 그 위험을 감수할 가치가 있을까? 그가 원하는 바람직한 결과는 무엇일까?

주의 깊은 독자들은 내가 지금 어떤 종류의 규칙 지배적 행동에 대해 이야기하려 한다는 것을 눈치챘을 것이다. 그것은 제6장에서 내가 논의했던 확장이다. RFT에 기반을 둔 심리치료에서는 규칙 지배적 행동이 본질적으로 가지고 있는 어려움과 함정에 중점을 둔다. 하지만 이 외에 더 중요한 것이 있다. 한편으로는 규칙지배적 행동이 인간 행동에 더 많은 유연성을 만들어 내 기여하는 부분 또한 있다는 점이다. 이를 통해 우리가 원하는 것에 직접 접근할 수 없을 때조차도 이에 접촉하고 방향을 정할 수 있다. 그것은 우리의 관계틀 형성 능력을 통해서만 가능하기에 매우 유용할 수 있다. 내담자가 어느 방향으로 움직이고 싶은지, 변화의 목적을 명확히 하는 것은 치료의 중요한 부분이다. 일상적인 언어에서는 이것을 동기 부여라고 부르기도 한다. 이 주제에 대해서는 규칙이나 언어적인 선행 사건에 초점을 둔 제11장에서 다시 다룰 것이다.

RFT를 포함한 임상 행동분석의 기초

임상 기능분석에서 우리는 두 가지 임상적 행동 유형에 관심이 있다. 하나는 경험 회피라고 하는 보다 광범위한 기능과 관련되어 지나치게 빈번이 일어나는 행동이며, 다른 하나는 대안행동이다. 원칙적으로 후자는 경험 회피에 속하지 않고 다른 것을 목표로 한 어떤 형태의 행동일 수 있다. 이때 목표는 내담자에게 전반적으로 바람직한 결과라면 더욱 좋다. 치료자의 과제는 내담자가 경험 회피를 줄이고 대안행동을 실험할 수 있도록 돕는 것이다.

간단해 보일지 모르지만, 실제로는 그렇지 않은 경우가 많다. 그것이 간단했다면, 내담자는 이미 그것을 했을 것이다. 인간 언어행동의 부작용이 이를 방해하는 요인이다. 제7장에서 설명한 간접적 언어 기능에 따른 함정으로, 이를 '융합'이라 부른다. 인간의 행동은 종종 우리 자신의 언어와 융합된다. 우리는 우리가 원하는 것에 도달하는 데 도움이 되지 않을 때도 명시적 또는 암묵적인 언어적 규칙에 따라 행동하곤 한다. 따라서 우리는 치료에서 두 가지 주요 목표를 이루고자 하며, 이는 정해진 순서가 있는 것이 아니라 치료 과정 전체를 통해 일어난다.

- 치료자는 기능하지 않는 규칙 지배적 행동을 약화시키려고 노력하며, 간접적 자극 기능과 관련하여 더욱 유연한 행동으로 전환하기 위해 내담자의 탈융합을 돕는다.
- 치료자는 내담자가 그의 가치를 향해 방향을 바꾸어, 그가 성취하거나 진실하기를 원하는 가치를 향해 나아갈 수 있게 돕는다. 치료자는 내담자가 그가 원하는 전반적인 행동의 결과를 알아챌 수 있도록 도우며, 또한 그러한 결과에 실제 접촉할 가능성을 높일 수 있는 방식으로 행동하도록 돕는다.

따라서 치료적 접근은 인간 언어의 부작용과 가능성 모두를 고려해야 한다.

모든 행동은 그것이 발생하는 맥락에 의해 영향을 받는다. 즉, 행동은 그 결과와 행동 전의 선행 사건에 의해 영향을 받는다. 맥락의 이러한 두 가지 측면을 변화시킴으로써, 치료자는 내담자에게 영향을 미칠 수 있다. 따라서 치료적 기법 또한 이에 따라 구분하는 것은 자연스러우며, 행동 이후에 일어나는 일에 영향을 미치는 전략이 그 하나이고, 행동 이전에 발생하는 것에 영향을 미치는 전략이 다른 하나이다. 제10장에서는 결과에 초점을 둔 기법들을 설명할 것이며, 제11장에서는 선행 사건에 영향을 미치는 기법들을 다룰 것이다.

제 10 장 결과에 초점을 맞추어 맥락을 변화시키기

내담자와의 작업에서는 치료자가 특정 행동의 결과나 선행 사건에만 집중할 수 있다. 하지만 둘 중 하나만으로 행동을 설명할 수 없다는 것을 명확히 아는 것이 중요하다. 모든 종류의 행동은 다른 행동에 영향을 미치는 선행 사건과 결과를 모두 가지고 있다. 임상 작업과 관련된 상호작용 안에서 치료자의 행동은 내담자 행동의 결과 및 선행 사건이 될 수 있다. 이와 마찬가지로 내담자의 행동은 치료자의 행동의 결과 및 선행 사건이 될 수 있다. 우리는 이러한 인간의 상호작용의 조건에서 벗어날 수는 없다. '아무것도 하지 않는' 중립 지대도 없다. 만약 내담자가 무언가를 이야기한 후 치료자가 침묵한다면, 이것은 내담자의 행동에 대한 결과이다. 만약 내담자가 무엇인가 이야기를 더 한다면, 치료자의 침묵은 내담자가 이 행동을 하기 전의 선행 사건의 일부일 것이다. 만약 치료자가 무언가를 말하고, 눈길을 돌리거나, 자세를 바꾸거나 혹은 다른 방식으로 행동한다면, 그것은 내담자가 그 순간에 마주치게 되는 선행 사건과 결과의 일부이며, 그것이 그의 향후 행동에 영향을 미치게 된다. 상호작용은 두 사람이 소통할 때 나타나는 인간 조건의 일부이다. 다른 가능성은 없다. 그리고 이러한 영향은 상호작용에서 확립된 결과들과 선행 조건들을 통해 일어난다.

내가 주어진 순간에 치료자는 결과나 선행 사건 중 하나에만 집중할 수 있다고 말할 때, 그것은 단순히 치료자의 의도를 설명하는 방법이다. 만약 치료자가 내담자의 특정 행동을 강화하는 결과를 도출하는 데 초점을 맞추려 한다면, 그것은 그때 실제 일어나는 모든 과정에 대한 설명은 아니다. 사실, 치료자가 무엇을 하고자 할 때 필연적으로 많은 일이 일어나고, 치료자는 그중 많은 것을 알지 못한다. 일어나는 모든 것을 설명하는 것은 아마도 불가능할 것이다. 기껏해야, 치료자는 그녀가 바꿀 수 있는 하나 또는 몇 가지 필수적인 변인만을 명확히 알 수 있을 뿐이다.

결과를 통해 영향을 미치기: 행동분석의 고전적 기법

스키너의 작업에서 가장 중요한 결론은 행동의 결과는 그 앞의 행동을 강화하거나 처벌하는 다양한 결과이기 때문에 후속 행동에 영향을 미치는 데 있어서 가장 중요한 의미를 갖는다는 것이다. 결과적으로, 행동분석은 행동을 변화시키는 결과를 형성하려는 시도에 의해 강하게 지배된다. 대부분의 연구는 지적장애나 자폐증과 같은 상당히 심각한 문제를 가진 사람들을 돕는 것을 목표로 했다(Smith, 1996; Remington et al., 2007). 행동에 대한 직접적인 결과를 파악하여 그에 영향을 미치기 위해서는 문제행동이 발생할 때 치료자가 있어야 한다. 이러한 문제행동을 가진 사람들이 전통적으로 입원치료를 받았기에 이러한 영향을 미칠 수 있는 가능성이 더 높았다. 자폐아들은 또한 가정환경에서도 이러한 원리에 따라 치료를 받았지만 치료자는 주당 많은 시간을 이들과 보내야 했다(Cohen, Amerine-Dickens, & Smith, 2006).

앞에서 지적했듯이, 치료자와 내담자 사이의 이러한 강한 상호작용은 임상 환경의 틀 안에서 일어나지 않는다. 정신분석은 가장 오랫동안 진행되는 상호작용을 가정하고 있는 치료 유형이지만, 전통적으로 고도로 기능적으로 손상된 내담자들에게 적용된 행동분석의 기간이나 빈도에 비하면 짧은 편이다. 접촉 빈도와 관련하여 임상 행동분석은 다른 형태의 심리치료와 비슷하다. 치료자와 내담자는 보통 일주일에 한두 번 만난다. 치료 회기의 총 횟수는 일 년 또는 몇 년 동안 주당 한 차례에서 수차례까지 다양하다. 이러한 측면에서, 임상 행동분석은 보통 심리치료라고 불리는 심리치료의 유형의 평균과 다르지 않다.

행동분석의 기초를 이루는 행동 원리를 고려할 때, 행동에 대한 직접적인 결과를 통제하여 영향력을 행사하는 것은 자연스럽고 근본적인 접근이다. 이는 임상 행동분석에도 적용되지만 치료자와 내담자 사이의 접촉이 비교적 드물기 때문에 한계가 있다. 시간 제한이 있음에도 불구하고 이것이 어떻게 영향을 미치는지를 살펴보겠다.

문제행동에 대한 결과 형성

문제행동에 대한 결과를 형성할 때 임상적으로 관련된 두 가지 유형의 행동은 경험 회피와 대안행동이다. 리처드의 실례로 돌아가 치료자가 어떻게 리처드의 문제행동의 결과에 영향을 미쳐 변화를 도모했는지 살펴보겠다.

이전 장의 대화를 바탕으로, 리처드와 치료자는 리처드의 수동성을 문제행동으로 파악했다. 그는 은신해 있으며, 행동하지 않고, 타인을 따르기만 한다. 리처드에게 이것이 문제가 되는 것은 분명하다. 왜냐하면 그는 일의 결과에 만족하지 않기 때문이다. 그들은 함께, 리처드의 관점에서 이러한 행동을 하는 이유를 확인하였다. 그는 상황이 더 나빠지지 않게 하려고 이런 방식으로 행동하였다고 했다. 하지만 동시에 그는 이것이 오랫동안 지속된 패턴이라고 묘사했다. 다른 사람들의 소망에 따르고, 자신을 그에 맞추는 것을 자연스럽게 느꼈다. 그것은 가장 안전한 전략처럼 느껴졌다.

치료자와의 대화에서 리처드는 자신에게 바람직한 대안적 행동이 무엇이 될지 설명했다. 그는 보다 주장적이 되고 싶고, 다른 사람들과의 상호작용에서 더 주도권을 차지하기를 원했다. 직장에서는 상사에게 그가 원하는 임무와 과제를 알리고, 집에서는 가족 활동을 계획하는 데 주도권을 잡는 것일 수 있다. 예를 들어, 리처드는 아이들을 축구 경기에 데려가고 싶어 한다. 그는 지역 팀의 오랜 팬이고 그의 아이들이 축구에 관심이 있다는 것을 알게 되었다. 반면에, 그의 아내 에린은 스포츠에 별로 관심이 없다. 리처드와 그의 치료자는 리처드가 이 부분을 가족과 의논하는 것이 주요한 과제가 된다는 것을 논의했다. 다음 대화는 그 후 8회기 때 이루어진 것이다.

치료자: 축구 경기는 어땠어요? 당신은 그 이야기를 나누었나요?

리처드: 네, 하지만 우리는 그냥 지나가듯 이야기했어요. 나는 그들이 그것에 대해 어떻게 생각하는지 확인했어요. 하지만 다음 몇 주간 주말에 할 일들이 많아서요.

치료자: 아이들은 계획이 많나요?

리처드: 네, 에린은 우리가 그녀의 여동생을 방문하기를 원해요. 그리고 다음 주는 학교에서 바쁜 주예요.

치료자: 이것에 대해 어떻게 생각하세요?

리처드: 잘 모르겠어요. 에린과 함께 관련된 일들을 추진하는 게 얼마나 힘든지 아시잖아요. 저를 도와주시겠어요? 항상 모든 결정을 내리고 싶어 하는 여성들을 어떻게 대해야 하나요?

한편으로 리처드는 조언을 구하고 있다. 치료자는 해결책을 제안할 수 있고 리처드가 에린과 관련하여 어떻게 행동할지에 대해 몇 가지 역할 놀이를 할 수도 있다. 동시에 치료자는 리처드가 전형적으로 문제가 되는 방식으로 지금 여기서 행동하고 있다는 것을 알아차렸다. 그는 수동적인 자세로 치료자에게 주도권을 갖게 하고 있다. 치료자는 이 사실에 초점을 맞추었다.

치료자: 지금 저와 함께 무엇을 하고 계신지 궁금합니다. 나는 당신이 내가 주도권을 가지고 당신이 따르기 위해 수동적인 자세로 기다리고 있다는 느낌을 받았어요.

리처드: 내가 무엇을 해야 할까요? 당신은 전문가잖아요.

여기에서 잠시 치료자가 무엇을 하고 있는지 그리고 그 결과가 무엇인지 살펴보겠다. 치료자는 리처드가 하는 전형적인 경험 회피 행동을 알아차렸다. 리처드는 은신하며, 수동적인 태도를 취하면서 이 경우는 치료자이지만 다른 사람이 주도권을 잡기를 기다리고 있다. 이 지점에서 치료자는 반복되는 리처드의 행동을 접촉 언어행동화하여, 그 행동의 결과를 밝히고 있다. 정확히는 치료자는 행동과 관련해 처벌적 수반성을 형성하여, 리처드가 반복해서 하는 행동의 빈도를 줄이고자 하였다. 아직 이것이 어떻게 기능을 할지는 모르지만, 치료자가 혐오적인 결과를 형성하려 한다고 가정할 수 있다. 일상적인 용어로 처벌적 수반성으로 기능할 수 있는 방식으로 개입하는 것을 어떻게 이해할 수 있을까? 우리는 이것을 RFT를 통해 이해할 수 있다. 이전의 대화에서 바로 그 행동, 즉 은신하고 수동적으로 행동하는 것을 문제로 정의했다. 이러한 방식은 리처드의 어려움을 가중시킨다. 리처드는 자신의 행동과 관련해 이러한 코멘트를 들게 되면 '나는 내게 문제가 되는 방식으로 행동하고 있다.'라고 생각하게 된다. 치료자는 리처드의 행동을 '상황을 악화시키게 하는 나의 행동'으로 접촉 언어행동화하는데, 이것은 그에게 혐오적이 된다. 초기 평가에서 이러한 행동을 그의 고통의 경험과 관련되는 것으로 보았기에 이러한 접촉 언어행동은 그의 고통과 동의 관계에 놓이게 된다.

우리는 치료자의 입장에서 이러한 개입이 리처드의 삶에 긍정적인 기여를 할 수 있다고 가정하지만, 또한 두 가지 어려움도 수반한다. 첫째, 용어이다. 물론, 어떤 치료자도 자신의 내담자를 처벌하고 싶어 하지 않는다. 이것은 비인간적으로 들린다. 이런 비공감적인 용어를 피하기 위해, 치료자와 이론가들은 이 과정을 묘사하기 위해 다른 단어를 찾았고, 오해를 유발하는 용어를 피하고자 했다. 어떤 사람들은 처벌 대신 약화라는 표현을 쓴다. 또 다른 용어로는 이는 당신이 내담자의 문제행동을 막거나 저지한다고 표현하는 것이다. 중요한 것은 어떤 용어가 사용되는지에 상관없이 우리가 전달하고자 하는 것이 무엇인지를 이해하는 것이다. 치료자가 내담자의 문제행동에 대한 결과를 형성하는 것은 행동이 반복될 가능성을 줄이기 위한 것이다. 기본적인 행동주의적 용어에서, 이 과정이 정말로 의도된 효과를 보인다면 처벌적 수반성(punishing contingency)이라고 불린다.

둘째, 이러한 행동들과 관련한 두 번째 문제는 단순히 용어와 관련해 오해의 소지가 있다는 것 이상으로 중요한데 그것은 회피적 행동이 증가된다는 점이다. 용어나 오해의 위험성보다 중요하다. 혐오적인 결과가 형성되었을 때, 회피적 행동은 이에 대한 반응으로 증가될 수 있다. 실제로 리처드의 사례에서 치료자에게 "당신은 전문가잖아요."라고 말하며 더욱 소극적인 태도를 취하는 것이 이러한 예가 될 수 있다. 이제 치료자가 이것을 어떻게 다루는지 살펴보겠다.

치료자: 네, 그것이 내 역할이긴 합니다. 그리고 물론 우리는 전문가가 우리에게 무엇인가 의지할 수 있는 것을 알려 주기를 기대합니다. 당신 말이 맞아요. 하지만 당신과 나는 당신이 은신적으로 행동하고, 다른 사람이 주도권 잡기를 기다렸다가 그것을 따라가는 행동이 어떻게 함정이 되는지에 대해 이야기했어요. 그리고 전문가로서 우리의 대화에서 우리가 지금 그러한 함정에 빠졌다면 어떻게 해야 할지 생각합니다.

리처드: (처음 침묵한 후 한숨을 쉬면서) 예, 무슨 말인지 알겠어요. 맞는 것 같아요. 저는 누군가 나에게 답을 말해 주길 바라요. 그리고 그것이 나를 더 수동적으로 만들지요. 나는 또 뒤로 물러서기 시작했어요. 참 힘드네요.

치료자: 네, 힘들지요. 그리고 만약 우리가 이야기를 하고 있는 지금 여기서 힘들다는 느낌이 들 때 그것을 위한 공간을 조금 가져보면 어떨까요? 단단한 벽에 조금이라도 금이 있나요? 조금의 공간을 만들기 시작할 수 있을까요?

문제행동과 관련하여 처벌이나 약화의 수반성을 형성하는 것은 치료자와 내담자 사이의 상호작용을 결과로 사용할 때 중요한 부분이 될 수 있다. 이 예에서 치료자는 그와의 대화에서 혐오적인 결과, 즉 '현재 당신은 문제가 있는 행동을 보여 주고 있다.'를 피하기 위해 노력하고 있다. 첫째, 치료자는 대화를 통해 리처드의 행동 중 기능적인 어떠한 부분은 강화한다. 그렇게 할 수 있는 것은 리처드의 행동을 여러 가지 기준으로 살펴볼 수 있기 때문이다. 사실 그는 수동적인 태도를 보이면서도 대화를 계속 이어 나갔다. 어떤 면에서 그는 치료자에게 그 상황에 대한 자신의 생각 일부를 말하였다. 치료자가 그가 언급한 내용을 확인하는 것은 치료자와 내담자의 관계를 통해 행동을 강화하는 기능을 한다. 이는 변증법적 치료에서 승인(validation)이라고 불리는데, 이는 내담자의 말에는 언제나 인정하고 승인할 것이 존재한다는 것을 강조하는 치료 모형이다(Linehan, 1997). 더 고전적인 행동 용어로는 거의 항상 내담자의 행동에는 강화할 수 있는 측면이 있다고 표현할 수 있다. 이것은 치료자가 "당신은 전문가잖아요."라고 말할 때의 리처드의 행동을 어떻게 보는지와 관련이 있다. 그래서 그녀는 리처드가 그의 의견을 다시 표현하도록 노력했다. 치료자는 자신의 의견을 표현하는 기능적 행동을 강화하려 하였다. 둘째, 치료자는 선행 사건과 그 결과는 절대 분리될 수 없다는 것을 보여 준다. 그녀는 대안행동의 규칙으로 기능하기 위한 언어적인 선행 조건을 형성했다. 그녀는 리처드에게 지금 여기서 보다 주도적으로 행동할 수 있는 방법이 있을지에 대해 질문하였다. 그리고 그녀는 리처드와 이전에 대안적 행동으로 논의했던 방법, 즉 생각과 감정에 공간을 갖는 것에 대해 이야기하였다.

만약 리처드가 위험을 무릅쓰고 실제로 그렇게 하기로 결정한다면, 그들은 계속해서 현재, 지금 이 순간에 감정과 생각에 공간을 두는 것이 어떻게 진행되는지에 대해 이야기를 할 것이다. 그러면 그 대화는 리처드가 에린과 관련하여 어떻게 이것을 할 것인가로 이어질 수 있다. 그 시점에서 개입은 분명히 행동을 위한 선행 조건, 즉 이 치료의 두 번째 영역에서 일어날 행동들을 다루게 될 것이다. 그러나 이 시나리오는 리처드가 이러한 새로운 방법을 모두 직접 경험한 후에 가능해질 것이다. 그는 치료의 첫 번째 장면(치료자와의 장면)에서 문제행동과 대안행동을 모두 경험했으며, 그에 따른 각기 다른 결과 또한 경험했다.

대안행동의 결과를 형성하기

내담자가 첫 번째 치료 장면에서 문제행동에 대한 대안행동을 변별할 수 있게 되었다면, 치료자는 내담자가 그것을 다시 할 확률을 높이기 위해 행동 결과를 형성해야 한다. 앞의 대화에서 리처드가 대화를 계속하고 그의 의견을 표현하도록 한 것이 이러한 시도이다. 이는 주로 회피행동의 가능성을 줄이기 위해 이루어진다. 일반적으로 말해서, 우리는 가장 명확한 대안행동을 강화한다. 그렇다면 어떤 행동이 강화되어야 할까?

이 질문에 답하려면, 치료자가 문제행동인 경험 회피의 정의를 기억하는 것이 도움이 된다. 근본적인 문제는 사적 사건을 통제하거나 줄이거나 없애기 위해 규칙 지배적인 행동을 사용한다는 점이다. 감정, 기억, 신체감각 또는 생각의 경우 우리는 자주 이를 없애기 위해 시도하지만 종종 이것은 효과가 없다. 강화되어야 할 대안적인 행동은 사적인 사건들을 피하지 않는 것을 목표로 하는 행동이다. 원칙적으로는 이러한 목적에 기여하는 어떤 행동도 가능하다. 하지만 그러한 행동들 중 많은 것은 아마도 내담자들이 원하는 어떤 것을 목표로 하지 않을 것이다. 따라서 우리는 이 범위를 더 좁힐 필요가 있다. 강화해야 할 행동은 단순히 사적 사건을 제거하기 위한 것이 아닐 뿐 아니라 원하는 방향으로 내담자를 이끌 가능성이 높은 행동이어야 한다.

분명히 이 해결책은 역설적이다. 사람들은 우울함과 불안과 같은 사적 사건을 제거하는 데 도움을 받기 위해 심리치료를 찾는다. 그리고 성공적인 심리치료는 어느 정도 이를 달성한다. 그러나 제7장에서 설명했듯이 사적 사건을 없애는 것이 목표일 때, 이는 종종 목표와 반대되는 결과를 이끌어 낸다는 딜레마가 발생한다.

내담자와 대안행동이 무엇을 목표로 해야 할지 계획하는 것은 중요하다. 이것은 현재의 목표가 결과 그 자체가 아니라 원하는 결과에 대한 언어적 진술(또는 생각)이기 때문에 선행 사건에 초점을 맞추는 접근이 된다. 리처드는 생각과 감정에 보다 공간을 주고자 한다고 하였다. 그에게 어떻게 이러한 공간을 만들어 낼 것인지, 또 이렇게 공간을 만들어 내는 것이 어떤 부분에 긍정적일 수 있을지 물었을 때 그는 두 가지를 언급했다. 한 가지는 그는 다른 사람들과의 관계에 영향을 미치기를 원했다는 것이다. 그는 자녀들과 더 가까워지고, 그들의 삶에 더 관여하고, 자신의 경험을 공유하고 싶어 했다. 그리고 직장에서 그는 자신의 능력을 증명하고 학생들과 학교에 도움이 될 것이라고 생각하는 것들을 할 수 있기를 바랐다. 그는 수동적으로 행동하는 것과 그냥 따라가는 것을 싫어한다. 그는 적어도 현재보다 주도권을 잡을 수 있는 사람이 되기를 원한다.

치료자와 리처드가 함께 한 기능분석에서, 그의 수동적인 태도가 '불확실하게 느껴지는' 상황에서 증가한다는 것을 분명히 알 수 있다. 외부 상황은 다르지만, 공통적으로 다른 사람들은 자신들이 원하는 것이나 믿는 것을 성취하기 위해 행동하고 있을 때, 리처드는 자신이 그들과 다른 것을 원한다는 것을 알아차렸다. 상황 초반에조차 힘들게 느껴져 그는 가만히 있다. 그는 다른 사람들이 자신을 무시한다고 느끼며, 왜 그렇게 되었는지에 대해 곰곰이 생각하고, 이것이 피할 수 없는 결과라고 결론을 내린다.

물론 힘들거나 불확실하게 느껴지는 상황에서 은신하고 가만히 있는 것에 대한 대안행동은 주도적으로 행동하며, 불편하고 확실하지 않은 감정을 위한 공간을 갖는 것이다. 치료자와의 관계에서 이러한 면이 드러날 수 있는 것은 과제와 관련되어서일 것이다. 치료자가 리처드에게 다가오는 세미나에서 자신의 업무를 동료에게 바꿔 달라 부탁하는 것을 숙제로 제안하였다고 가정해 보겠다. 치료자는 다양한 방법으로 이 숙제가 적절하다는 것을 분명히 설명한다. 리처드가 이에 반대하며 숙제를 다르게 하고 싶다고 말한다면, 이것은 바람직한 대안행동의 한 예로 보일 수 있다. 이때 리처드의 말을 듣고 그의 반대를 진지하게 받아들임으로써 이러한 대안행동의 결과를 강화할 수 있다.

그 순간에, 치료자의 어떤 행동이 내담자의 대안행동을 강화시키는 역할을 할지 알아채는 것은 어려운 일이다. 도움이 되는 방법은 치료자가 자신이 하는 행동이 내담자의 일상(치료의 두 번째 장면)에서 내담자의 행동에 대한 결과로 주어지는 것과 유사한지 스스로 질문하는 것이다. 이러한 관점에서의 치료의 과제는 치료자와의 상호작용에서 이러한 결과를 제공하는 것이다. 리처드의 예에서, 그가 타인에게 반대 의견을 제시하는 행동은 치료자가 이를 충분히 고려함으로써 강화될 수 있다.

치료자가 염두에 두어야 할 또 다른 중요한 질문은 그들의 상호작용에서 대안행동이 실제로 강화되는지 여부이다. 치료 회기가 진행됨에 따라 치료자와의 상호작용에서 리처드의 주도적인 행동이 증가하고 있는가? 그렇지 않다면, 강화 전략은 정의에 따라 충분히 확립되지 않았다. 이 경우에 치료자는 자신의 행동을 점검해야 하고 아마도 그것을 바꿀 필요가 있을 것이다. 다른 한편으로 리처드가 치료자와의 상호작용에서 더 많은 대안행동을 보인다면, 치료자는 그것이 일어나는 상황의 유형을 기록할 수 있으며, 따라서 자신의 행동의 어떤 부분이 치료 목표에 도움이 되는지 더 잘 이해하게 된다.

이 작업과 관련된 위험을 확인하는 것이 중요하다. 강화물이 자연적이지 않을 때는 의도한 대로 기능하지 않을 수 있다(Ferster, 1967). 이 경우 치료자와의 상호작용에서는 치료적 관계가 강화의 역할을 할 수 있지만 치료 이외의 내담자 생활에서 행동이 일반화될 수 있게는 하지 못한다(Kohlenberg & Tsai, 1991; Tsai et al., 2008). 치료자가 내담자의 목표와 일치하지 않는 방향으로 내담자 행동의 결과를 형성할 수 있음을 경계해야 한다. 만약 이런 일이 일어난다면, 그것은 우리의 일상적인 언어로 조종[1]이라고 이야기할 수 있다.

나는 내담자의 문제행동에 대한 치료자의 접촉 언어행동이 어떻게 행동에 혐오적 결과로 작용할 수 있는지를 앞에서 설명했다. 마찬가지로, 대안행동에 대한 치료자의 접촉 언어행동은 강화로 작용할 수도 있다. 이것은 바람직한 대안행동을 기능분석이 정확히 정의하느냐에 달려 있다. 치료자와의 작업에서 리처드가 '마음의 공간이나 여유를 가지는 것'이 리처드를 위한 바람직한 행동이라는 점에 동의했다고 가정해 보겠다. 이런 행동이 일어날 때, 아마도 치료자는 "지금 이전과 다르게 행동하고 있는 것 같아요. 마치 스스로 더 많은 공간을 만드는 것 같거든요."라고 말할 것이다. 결과적으로, 리처드는 자신이 원하는 것을 얻을 수 있는 실제 강화의 결과 외에도, '변화를 돕는 새로운 것을 하는 것'이라는 언어적

1) 저자 주: 행동분석에서 '조종'이라는 단어는 일반적인 맥락에서 그것이 가지고 있는 부정적인 의미를 가지지 않고 사용된다. '조종하는 것'은 '어떤 것을 바꾸는 것'을 의미한다. 이런 의미에서 당신이 상호작용에서 무언가를 하거나 말할 때, 그것이 타인의 행동에 대한 선행 사건이나 결과를 바꾸는 것이 되는 경우이다. 그러나 여기서 설명한 위험은 치료자의 행동이 일상적이고 부정적인 의미에서 조종으로 작용한다는 뜻이다.

결과에 접촉한다. 치료자의 말이 리처드의 경험과 부합한다면, 이것은 아마도 행동에 대한 강화로 기능할 것이다. 만약 그렇지 않다면, 이는 리처드가 자주 하는 방식인 다른 사람에게 맞추고 따르는 행동의 또 다른 예가 될 수도 있다. 이 경우, 치료자의 코멘트는 실제로 리처드의 문제행동을 강화시키는 역할을 할 것이다. 이것은 치료자들이 내담자와의 상호작용의 실제 결과를 인식하는 것이 얼마나 중요한지를 보여 주는 또 다른 예이다.

역기능적 규칙 따르기의 소거

RFT를 기반으로, 제7장에 기술된 바와 같이, 종종 규칙 따르기가 심리적 문제에 기여한다는 결론을 도출할 수 있다. 내담자와 치료자 간의 상호작용에서 새로운 직접적 수반성을 형성하는 것이 이러한 역기능적인 언어적 통제를 무너뜨리는 데 기여할 수 있다. 행동을 통해 원하는 것을 얻는 직접적인 경험(예를 들어, '입장을 갖는 것'을 통해)은 장기적으로 규칙 지배적 행동(예: '가만히 있는 것이 낫겠다.')을 피할 수 있다. 물론 언어적으로 형성된 수반성이 인간에게 갖는 지배력은 절대적이지 않다. 행동은 학습에 필수적인 두 가지 방법, 즉 직접적 자극 기능을 통한 상호작용과 간접적 자극 기능을 통해 지속적으로 형성된다. 치료적 상호작용에서 발생하는 새로운 직접적인 경험들이 특정한 측면에서 언어적 규칙의 지배를 깨뜨릴 수 있다.

RFT에 따른 분석은 내담자에게 도움이 되도록 결과를 변화시킬 수 있는 또 다른 주요 방법 또한 제공한다. 앤과의 상담으로 돌아가 보겠다. 5회기에서 앤은 집중하는 데 있어서의 어려움과 그것이 어떻게 그녀의 일을 방해하는지에 대해 이야기하고 있다. 앤은 직장에서 회의를 하는 동안 다른 사람이 방금 한 말을 이해하지 못했다는 것을 알게 되었다고 한다. 그녀는 긴장해서 '또 시작이네.'라고 생각했다. 절대로 해결되지 않을 것이라는 생각이 떠오르기 시작했고, 그녀는 자신의 기분이 이상하다는 것을 다른 사람들이 눈치챘을까 걱정했다.

앤 : 가망이 없어요. 무슨 일인지 알 수가 없어요.

치료자: 이 상황이 힘들다고 느끼고 있는 것 같아요. 문제가 무엇인지 알고 싶어 하는군요.

앤 : 난 이렇게 살 수 없어요! 뭔가 조치를 취해야 해요.

치료자: 자, 여기 몇 가지 생각이 있어요. 하나는 이렇게 살 수 없다는 것입니다. 또 다른 것은 그것에 대해 어떠한 조치가 취해져야 한다는 생각입니다.

앤 : 해결책을 찾아야 해요.

치료자: 또 다른 생각도 있는데, 그것은 해결책을 찾아야만 한다는 생각이네요.

앤 : 무슨 뜻이에요? 이해가 안 돼요.

치료자: 또 다른 생각은 '이해가 안 돼요.'예요.

앤 : 하지만…… 당신 말은 이게 모두 내 상상이라는 건가요? 난 정말 이렇게 살 수 없어요. 회의에 갈 수 있어야 해요. 그렇지 않으면 나는 내 일을 할 수 없어요. 괜찮지 않아요. 정말 노력해 봤지만 효과가 없어요.

치료자: 다른 생각도 들리네요. 그건 괜찮지 않아요.

앤 : 날 혼란스럽게 만드시네요. 무슨 말씀인지는 알겠지만, 나는 진짜 완전히 길을 잃었어요.

치료자: 좋아요!

앤 : 좋아요? 어떤 점에서 그렇죠? 그게 무슨 말이죠? 무슨 말을 하려는지 짐작은 가는데 이해가 안 가요.

치료자: 이해하려고 하는 건가요? 해결하려는 것인가요? 만약에 이렇다면 어떨 것 같아요? 당신이 내가 한 말, 그 어떤 말이든지 이해했다고 해도 그것이 중요한 것이 아니라면, 어떨 것 같은가요? 문제는 그것이 아니라면요?

앤 : 내가 화를 내야 하나요, 웃어야 하나요? 완전히 혼란스러워요.

치료자: 바로 그거예요. 거기 있을 수 있나요?

앤 : 혼란스러운 채로요? 그것을 좋아하진 않아요.

치료자: 좋아요. 혼란스럽고 그것을 좋아하지 않는다는 지금의 경험에 머무를 수 있나요?

이 대화가 우리의 일상 대화와 어떻게 다른지 살펴보겠다. 치료자는 그녀의 일반적이지 않은 행동에 분명한 목표를 가지고 있다. 언어란 여러 가지 맥락적 요인에 의해 유지되는 행동이다. 그것은 우리가 함께하는 사회적 게임이고 특정한 맥락에 달려 있다. 우리가 이러한 게임의 방법을 배운 이후로는 우리는 사적으로 또는 소리 내지 않고 언어적 행동을 할 수 있지만, 처음 이 행동이 학습될 때는 사회적 맥락이다. 대화에서, 우리의 언어행동은 그 결과에 의해 영향을 받는다. 일상생활에서, 우리는 언어행동을 강화하는 다양한 사회적 · 문화적 맥락에 살고 있다. 사람들은 우리가 말하는 것을 듣고 우리가 이해할 수 있는 방식으로 대답한다. 심지어 그들이 우리를 거부할 때조차, 그들은 집단 내 규칙이 언어에 내재된 방식으로 그렇게 행동한다. 단어들은 보통 그들이 지칭하는 것을 의미한다. 우리는 보통 문법의 규칙을 따르고, 만약 우리가 이 규칙들을 어긴다면, 우리는 일반적으로 '이해할 수 있는' 방법으로 그렇게 한다. 심지어 우리는 규칙을 어기는 것조차도 게임의 규칙을 따른다. 이 모든 것이 너무나 자연스러워서 우리는 다른 어떤 것도 상상하기 어렵다.

이제, 만약 언어행동이 심리적인 문제의 일부라면, 치료자는 내담자들이 언어적인 함정에서 벗어날 수 있게 이와 관련된 맥락을 바꿀 수 있다. 이것이 앤의 치료자가 앞의 대화에서 이루고자 한 것이다. 그녀는 앤의 역기능적 언어행동의 이전 결과와 다른 결과를 제공하는 데 초점을 맞추고 있다.

앤은 이것에 대해 '해결책을 찾아야 한다.'고 말했다. 일반적인 대화에서 듣는 사람들은 이 코멘트의 간접 자극 기능에 대해 행동할 것이다. 예를 들어, 그들은 가능한 해결책들을 제안할 수 있다. 아니면 그들은 비록 그들이 무엇을 해야 하는지 모르지만 해결책을 찾아야 한다는 것에 동의할 수도 있다. 비록 그들이 상황에 대해 뭔가를 할 필요가 없다고 말한다 해도, 이것 또한 그 자체로 언어행동을 강화하는 행동이 된다. 그것은 언어행동과 전체적으로 일관되며, 제4장에서 설명한 바와 같이 이러한 일관성은 아동 언어훈련 초기에 확립된 일반화된 강화물이다. 이는 앤이 어떤 것도 할 필요가 없다는 대답을 들을까 봐 이것이 해결되어야 하는 이유를 대려 한다면 더욱 확실해진다. 앤은 익숙한 언어적 행동들을 오히려 더욱 많이 하게 된다. 그녀는 자신이 무엇을 해야 하는지, 왜 그것이 그녀가 원하는 대로 되지 않는지, 그리고 무엇이 잘못되었는지에 대해 생각하는 것에 익숙해져 있다. 또한 언어 능력이 뛰어난 모든 인간처럼, 그녀는 그녀가 그렇게 행동하는 이유를 제시하는 데 익숙하다. 그리고 이유를 제시하는 행동의 일반적인 결과는 상대방이 그녀의 이유를 받아들이거나 그러한 이유가 정확하지 않거나 적용되지 않는 이유를 그녀에게 알려 주는 것이다. 앤에게 이러한 유형의 강화 수반성을 제공하지 않음으로써, 치료자는 치료 상호작용 내에서 앤의 역기능적인 행동을 소거하고자 한다.

첫째로, 치료자는 직접적인 자극 기능에 초점을 맞춘다. 앤의 행동은 그녀의 진술의 간접적인 자극 기능에 의해 지배된다. 그녀는 이러한 기능들과의 융합에 따라 행동한다. 그녀의 행동은 이것들에 의해 지배된다. 그러나 치료자는 우리가 보통 말로 대화하는 것처럼 이것을 따라가지 않고 대신 실제로 존재하는 것을 지적한다. "이봐요, 여기 생각이 있어요." 이것이 반복됨에 따라 앤은 혼란스럽고 좌절할 수도 있다. 일상적으로 해 오던 방식은 효과적이지 않다. 언어행동의 결과는 보통 때와 다를 것이다. 앤은 처음에는 자신이 충분히 설명하지 못했다고 생각해 더 많은 이유를 이야기한다. 하지만 여전히 언어행동의 결과는 보통 때와 다르다. 그녀는 여전히 매번 그랬던 것처럼 상황을 이해하려 계속해서 노력한다. 치료자는 그다음에 당신이 상황을 정말 이해하려고 하는 중이라면 혐오적으로 느껴질 수 있는 말을 한다. "만약 당신이 내가 의미하는 바를 이해한다고 생각한다면, 내가 무엇을 뜻하든지, 그것이 중요한 것이 아닙니다."라는 말을 어떻게 받아들여야 할까?

이해하려고 노력하는 행동과 모순이 되는 마지막 발언은 처벌 수반성이 될 수 있다. 이러한 행동은 위험이 있기에, 앞에서 지적했듯이 치료자는 문제행동을 금지하는 것 이상의 것을 하는 것이 중요한다. 이 경우, 치료자는 앤에게 대안행동으로서 있는 그대로 머무는 것에 대한 힌트를 준다. 이러한 제안을 하는 다른 방법은 "혼란스러움이 적이 아니라면 어떨까요?"와 같은 의견일 것이다. 앤에게 있어, 이것은 그녀가 있는 곳에 머무르고, 감정을 느끼고, 그녀의 불안감을 완전히 통제하거나 제거하려고 서둘러 시도하지 않는 행동에 대한 규칙으로 기능할 수 있다. 내가 여기서 설명하고자 하는 것은 비록 이 장에서는 행동의 결과에 집중하기로 하였지만 행동의 결과를 다룬다고 그것만 개입하는 것이 아니라는 점이다. 또한 혼란스러움이 적이 아니라는 언급은 실제로 앤의 행동에 대한 강화로서 기능할 수 있다. 앤이 자신의 혼란스러움을 느끼고 접촉 언어행동화하는 것만으로도 이미 그녀가 상호작용 초기에 보여 온 문제행동과는 다르다. 그 순간에 머무르면서 일어나는 일들을 없애지 않고 그저 지켜봐야 할 것으로 관찰하는 것만으로도 앤이 전형적으로 해 왔던 것과는 다르다. 이런 식으로, 치료자의 말은 변화의 기초를 더 강화시킬 수 있다.

RFT는 사람들이 심리적 함정에서 벗어나기 위해 이러한 언어적 규칙을 약화시키는 방법을 알려 준다. 이와 유사한 전략들이 수용-전념치료의 핵심 요소이다. 이것이 치료 작업에서 무작위로 행해지는 것이 아니라는 것을 이해하는 것이 중요하다. 이는 개별 내담자의 어려움에 대한 기능분석에 기초해야 한다. 앞선 예에서, 치료자는 앤의 전형적인 문제행동인 '바로 해결하려 하기'를 문제를 언어적으로 해결하려는 시도의 하나로 보았다. 이는 문제를 더 이해하기 위한 의도에 따른 것이지만 결과적으로는 그녀를 막다른 골목에 다다르게 했다.

그러면 어떻게 이 새로운 행동이 일반화될 수 있을까? 결국 방금 설명했듯이 우리는 계속해서 사회적인 맥락을 마주하는데 이것이 오히려 역기능적인 언어행동을 지지한다는 것이다. 해답은 직접적인 수반성에 있다. 이렇게 개입했을 때 내담자들은 흔히 그들이 느끼는 압박감이 덜어진다고 보고한다. 사람들이 기대했던 결과를 보이지 않는 방법으로 시도하느라 애를 쓰다 결국 이러한 시도를 포기했을 때 종종 강화적인 결과를 마주하게 된다. 좀 더 유연한 행동을 할 가능성이 늘고, 지금 이 순간에서의 활력 또한 높아진다. 이런 상황에서 사람들은 전에 하지 않았던 일들을 하는 경향이 있다. 앤은 그녀가 이전에 그냥 무시했던 무언가를 알아차릴지도 모른다. 아마도 그녀는 그녀가 한때 회피했던 상황에서 누군가와 계속 상호작용할 수도 있다. 시간이 흐르면서 그녀는 이전에 접촉하지 못했던 자연적 강화인을 얻을 수 있다. 아마도 그녀는 주변 사람으로부터 이전에는 경험하지 못한 반응을 받을 수도 있다. 그녀는 아마도 이전에는 자신이 얼마나 집중이 안 되는지에 주의가 분산되어 제대로 집중해 끝내지 못했던 일들을 해낼 수도 있다. 일단 앤이 다양한 새로운 수반성을 경험하게 되면 다른 일도 일어난다. 앤이 다시 한번 그녀의 오래된 역기능적인 '바로 해결하기'로 돌아간다면, 그때 그녀는 새로운 강화 경험을 하지 못할 가능성이 커진다. 그렇게 되면 이는 그녀의 예전 대응 방식에 대한 자연적인 처벌 수반성이 될 수 있다.[2] 이러한 수반성은 또한 앤의 새로운 행동이 유지되는 데 기여한다.

행동의 결과와 치료의 두 장면

이 장에서는 내담자의 행동에 대해 치료 회기 중 제공할 수 있는 결과들을 강조했다. 나는 이를 치료의 첫 번째 장면이라고 불렀다. 이것은 치료자가 직접 형성할 수 있는 결과이다. 치료 과정 내내, 치료자는 내담자의 행동에 대해 그녀가 하는 역할을 관찰하고 내담자에게 도움이 될 수 있는 직접적인 수반성을 위한 기회로 이용하는 것이 중요하다. 동시에, 내담자들의 삶은 치료의 두 번째 장면이며 이것이 궁극적으로 변화되어야 하는 장면이다. 결국 내담자가 '상담실 밖'에서 경험하게 되는 결과는 중요한 것이며, 이는 치료자가 통제할 수 없다. 행동과 그 결과 사이는 일방향적인 것은 아니며, 행동의 결과가 미래의 행동에 영향을 미치는 것처럼 그 행동은 뒤따를 어떤 결과에 영향을 미친다. 내담자가 치료자와의 상호작용에서 새로운 대안행동을 학습한 후 두 번째 장면에서 이러한 행동을 시도하면 새로운 결과를 경험할 가능성이 증가하고, 이는 강화 기능을 가질 수 있다.

그러나 현재의 행동에 대한 결과를 확립하는 것이 미래의 행동에 영향을 미치는 유일한 방법은 아니다. 모든 행동은 또한 선행 사건의 영향을 받는다. 자의적

2) 저자 주: 당연히 이것은 누군가가 다른 누군가를 벌하고 있다는 것을 의미하지 않는다. 나는 독자들에게 행동 이론에서 '처벌'이라는 용어의 정의를 상기시킨다. 이때 결과는 이전의 행동이 다시 발생할 확률을 낮춘다.

으로 적용 가능한 관계망을 통해, 선행 사건들은 직접적 수반성만 고려했을 때보다 훨씬 더 복잡해진다. 언어적 선행 사건을 통해 영향력을 발휘할 수 있는 가능성은 모든 심리치료 모형에 있어 필수적이다. 스키너는 오래전에 이 점을 지적하면서 충고와 지시를 제공하는 것이 모든 종류의 치료의 기본 요소라고 언급했다. 제6장과 제7장에서 언어적 선행 사건과 관련된 가능성 및 구체적인 문제에 대해 설명하였다. 이 책의 마지막 장에서 우리는 이 주제와 그것의 임상적 의미를 다시 살펴보겠다.

제11장 선행 사건 중심으로 맥락을 변환하기

모든 심리치료는 규칙 지배적 행동을 당연한 요소로 생각한다. 내담자들은 이러한 능력을 가지고 있는 것으로 여겨지고, 모든 치료자는 치료 모형과 관계없이 이러저러한 지시가 행동에 영향을 미칠 것이라 가정한다. 이는 내담자가 자유롭게 연상을 하도록 격려하는 정신분석에서부터 내담자가 자동적 사고를 알아채고 행동 실험을 할 수 있도록 돕는 인지행동치료에 이르기까지 모두에게 해당된다. 또 이는 이 책에서 기술하고 있는 치료 모형에서도 마찬가지이다. RFT에 따른 심리치료는 이러한 과정이 어떻게 작동하는지에 대한 이해의 중요성을 강조하고 있다.

대화를 통한 치료를 과학적으로 분석하기 위해서는 언어 이론에 대한 이해가 필요하다. 제2장에서 설명한 인간 언어에 대한 분석을 통해 '대화(명시적 혹은 암묵적)'의 형태를 띤 언어적 선행 사건이 다른 형태의 행동에 영향을 미친다는 것을 확인했다. 이는 순전히 직접적 수반성에 의해 통제되는 행동들에 비해 광범위한 영향력을 미칠 수 있는 가능성이 있다. 반면에 이미 언급했듯이 이러한 행동 목록은 역기능적인 부작용 또한 가지고 있기에, 이러한 관점을 바탕으로 한 심리치료에서는 역기능적인 측면에 대해 자각하면서 언어행동을 쓸 수 있어야 한다. 언어의 역기능적인 측면에 대한 RFT의 통찰은 여러 면에서 심리치료 영역에 새로운 기여를 할 수 있기에, 이 장에서는 이러한 언어의 부작용과 관련된 작업에 상당히 많은 부분을 할애할 것이다. 하지만 시작하기에 앞서 변화를 위한 도구로서 지시를 사용하는 전형적인 경우를 살펴보도록 하겠다.

새로운 행동을 위한 언어적 선행 사건

치료자는 초기 기능분석을 시행한 이후 바로 새로운 행동에 대한 언어적 선행 사건을 확립한다. 우선 그녀는 내담자에게 치료실 밖에서 일어난 상황에 대해 묻는 것을 통해 내담자의 규칙 지배적 행동을 파악하기 시작한다. 예를 들어, 이전에 일어난 일과 그때 내담자의 생각과 감정이 그것이다. 행동적 용어로는 이것은 임상적 주제와 관련된 맥락적 요인을 접촉 언어행동화하는 것(내담자와 함께하는)이라 칭할 수 있을 것이다.

이것이 전체 치료의 실제적인 기초이며, 또한 그 자체로 언어적 선행 사건을 통해 치료자가 내담자가 주로 해 오던 방식과 다른 것을 시도할 가능성을 증가시키는 예가 된다. 예를 들어, 치료자는 두 번째 장면(arena)에서의 내담자의 행동에 대한 정보를 얻기 위해 회기 사이에 일지를 쓰도록 할 수도 있으며, 그의 행동과 관련한 우울 및 불안 정도를 기록하도록 할 수도 있다(Dimidjian, Martell, Addis, & Herman-Dunn, 2008). 이러한 지시를 통해 내담자가 과제로서 일지를 완성하게 된다면, 이는 전형적인 규칙 지배적 행동의 예가 될 것이다. 또한 대개 이것은 내담자에게 새로운 행동이다. 내담자들(일반적으로 사람들 또한)은 보통 이렇게 자신에게 일어나는 일과 그가 한 일을 구조적으로 관찰하는 데 시간을 할애하지 않는다.

자신의 행동을 접촉 언어행동화하는 것 자체가 어떻게 변화를 이끌어 낼 수 있는지는 제9장에서 이미 논의했다. 심리치료 초기의 치료자가 해야 할 중요한 일이 바로 내담자의 이러한 자기변별을 강화하는 것이다. 이는 내담자가 기록한 과제를 세심하게 살피며 이루어진다. 이는 또한 치료자가 선행 사건 및 결과 각각에 초점을 맞추어 변화를 도모하는 또 다른 예이기도 하다. 여기서는 무엇보다 선행 사건에 초점을 맞추며, 구체적으로는 내담자의 과제 수행 및 자기감찰 그리고 자신의 행동을 기록하는 것 등에 지시를 제공하는 개입에 초점을 맞출 것이다.

치료 초기 분석을 통해 치료자는 두 번째 장면에서의 대안적 행동을 제안할 수 있다. 스캇의 사례를 통해 이러한 역동을 살펴보겠다. 몇 년 동안, 그는 사람들이 자신에 대해 이야기하고 괴롭히며, 다양한 방식으로 자신에게 해를 끼치려 한다고 느껴 왔다. 이는 특히 그가 일상의 다양한 상황에서 만나는 모르는 사람들과의 관계에 해당된다. 그는 부당히 대접받는다 느끼며, 이러한 경험에 노출되는 것을 피하기 위한 다양한 회피 전략을 시도해 왔다. 그는 이러한 경험을 할 가능성이 높다고 느껴지는 많은 상황을 회피해 왔다. 결과적으로, 그는 단절된 삶을 살게 되었고, 원가족 이외의 사회적 접촉을 회피하게 되었다. 그는 혼자서 아파트에 살며, 장애로 인해 일을 할 수도 없다. 간간이 그는 이런 그의 경험을 확인해 주는 소리들을 듣는다. 환청은 그에 대해 나쁜 이야기를 하기도 하고, 때로 그를 위협하기도 한다. 대부분의 시간에 그는 환청을 듣지 않지만 여전히 그의 등 뒤에서 괴롭힘이 계속되는 것을 느낀다. 스캇은 또한 일상의 일들에 대해 되새김질을 하는데, 이는 그가 지각된 위협을 직면하지 않기 위한 나름의 전략이기도 하다. 괴롭힘당하는 느낌은 고통스럽다. 그는 이것이 얼마나 외롭고 고통스러운지에 주로 매달려 있다. 5번째 회기에서 스캇은 전형적으로 그에게 일어나는 일들 간의 관계를 기술했다.

스캇 : 나는 계산대에 줄을 서서 차례를 기다리고 있었어요. 그러다 내 뒤에 서 있던 사람들이 내가 알아듣지 못하는 이야기를 하는 것을 들었고, 그들 중 한 사람은 나를 쳐다보았어요. 그게 다 무슨 일이었을까요? 나는 그들을 알지도 못해요. 내 동생은 그들이 나에 대해 이야기하고 있지는 않았을 거라고 했지만…….

치료자: 그래서 당신은 어떻게 생각했나요?

스캇 : (한숨) 모르겠어요. 확실히는 모르겠지만 줄을 서고 있었을 때는 너무 확실하게 생각이 됐어요. 언제나 그런 식이에요. 왜 그들은 나에게 시비를 거는 것일까요?

치료자: 알겠어요. 실제로 일어난 일이 무엇이든 우리는 하나는 알아요. 당신은 그들이 당신에 대해 이야기한다고 생각했고 그게 매우 기분이 나빴고 괴롭힘

당하는 기분이었어요.

스캇 : 맞아요.

치료자: 그래서 어떻게 했나요?

스캇 : 무슨 말씀이세요? 어떻게 했느냐고요?

치료자: 내 말은 그 일이 일어났을 때 당신은 어떻게 했는지 궁금해서요. 당신은 거기 서 있었고, 그들이 당신을 보는 것을 보았고, 그들이 당신에 대해 이야기하는 것 같다는 생각을 했으며, 괴롭힘당하는 것 같은 느낌이 들었어요. 그래서 어떻게 했나요?

스캇 : 나는 그냥 다른 줄로 가서 다시 줄을 섰어요. 그들을 보지 않으려 애쓰면서.

치료자: 이것이 우리가 이전에 이야기 나누었던 회피행동의 예가 될 수 있을까요?

스캇 : 네. 그런 것 같아요. 그게 맞는 것 같네요.

치료자: 그렇게 하고 나서 어떻게 됐나요?

스캇 : 글쎄요. 그들로부터 벗어날 수 있었지만 나는 다시 긴 줄을 서서 기다려야 했어요. 누가 그렇게 하고 싶겠어요?

치료자: 만약에 괴롭힘당하는 느낌을 그대로 둔 채로 줄에 서 있는다면 그것은 어떨 것 같은가요?

이 대화는 치료자의 몇 가지 기본적인 행동의 예를 보여 준다. 위에서 치료자는 대안행동에 대한 규칙으로 작용할 수 있는 어떤 것을 말했다. "거기 그대로 있는다면 어떨 것 같은가요?" 이 시점에서 우리는 이것이 스캇에게 규칙으로 작용할 수 있을지는 모른다. 규칙 다음에 실제 행동이 일어날 때야 우리는 이것이 선행 사건이며 규칙으로서 기능했다고 말할 수 있기 때문이다.[1] 그러나 앞으로 그렇게 될 가능성은 있으며, 그것이 치료자가 이러한 말을 회기 중에 하는 이유이다. 치료자는 회기 후반부에 유사한 상황에서 이를 실험해 볼 수 있도록 보다

1) 저자 주: 여기서 다시 한번 '규칙'이라는 말은 우리가 일상적으로 쓸 때와 다르다는 것을 상기시키고자 한다. 보통은 규칙이란 특정한 표현으로 제시되기에 그 정의는 형태론적이다. 하지만 여기서는 다르다. 여기에서 규칙이란 행동—규칙 지배적 행동—에 영향을 미치는 선행 사건이다. 이때 행동과 학습 이력이 행동에 선행하는 것(선행 사건)을 규칙으로 결정한다. 형태론적으로는 "여기 머무르는 것이 어떤가요?"와 같은 질문이 이러한 규칙으로서의 기능을 획득할 수 있다.

명확한 제안(규칙)을 제공할 수 있다. "처음에는 '괴롭힘당하는 느낌'을 알아채고, 회피하는 것 대신 그 상황에 머무릅니다." 이러한 실험의 목적은 지금까지의 결과와 다른 행동 결과를 스캇이 경험할 수 있도록 하기 위함이다. 하지만 여기서 작업은 선행 사건에 초점이 맞추어져 있다는 것을 기억하기 바란다. 이것은 문제행동에 대해 결과를 형성하는 것과는 다르다. 치료자와 스캇은 치료의 두 번째 장면에서 일어난 일들에 대해 이야기한다. 그 순간 첫 번째 장면에서 일어나는 유일한 일은 이야기이다. 즉, 그들이 이야기하고 있는 행동(회피 혹은 머무르기) 그 자체의 결과는 치료자가 통제할 수 없다. 대신 그들은 결과에 대해 이야기를 나누고 있으며 이는 실제 행동 결과를 형성하는 것과는 매우 다르다. 유일하게 강화 혹은 처벌 가능한 행동은 그 순간에 일어나고 있는 행동일 뿐이다. 반면, 기능분석은 그 순간에 할 수 있다. 치료자는 스캇이 두 번째 장면에서 일어난 일을 그 선행 사건과 행동 이후에 일어난 일들로 기술하는 것과 다양한 수반성을 변별하려는 노력을 대화 중 여러 방식으로 강화할 수 있다.

이러한 방식으로 기능분석을 시행한 이후 이를 회기 중 강화한다. 그리고 마지막으로 이러한 분석을 바탕으로, 치료자와 내담자는 함께 행동 활성화 치료 모형의 핵심인 대안적 행동 전략을 다룰 수 있게 된다(Martell et al., 2001; Dimidjian et al., 2008). 이후 이러한 대안적 전략은 과제로 주어져 내담자가 일상생활에서 실험할 수 있도록 한다. 실험은 이후 분석되어, 새로운 기법들이 형성되고 또 새로운 과제로 주어진다. 이때 치료의 목적은 내담자가 두 번째 장면에서 행동하는 데 필요한 언어적 선행 사건(규칙)을 형성하는 것이다. 물론 결정적인 문제는 이러한 새로운 행동이 실제로 강화적인 결과를 얻느냐 하는 데 있다. 이미 언급했듯이, 그것은 치료자가 통제할 수 있는 부분이 아니다.

같은 방식으로 경험적 회피 또한 이러한 분석을 시행한다. 이전 장에서 다루었듯이 경험적 회피 또한 대안적 행동을 위한 선행 사건을 형성하는 데 있어 핵심이 된다. 이는 스캇과의 대화에서 명확히 드러난다. 내담자-치료자 간 대화를 통해 '괴롭힘당하는 느낌'에 대한 스캇의 회피를 지적했다. 치료자는 스캇이 행동과 그 결과 간의 관계를 접촉 언어행동화할 수 있도록 도왔으며("그렇게 했을 때 어떻게 되었나요?"), 대안적 행동에 대한 가능한 선행 사건을 제안했다("거기 그대로 있는다면 어떨 것 같은가요?"). 기본적인 기법은 간단하나, 실제로 내담자에게 할 때는 종종 복잡해질 수 있다. 가능한 규칙을 고안해 내어 내담자가 새로운 행동을 시험하고 계속 시도할 수 있도록 하는 것이 중요한 과업이다.

순응을 이용해 추적하기를 연습하기

앞에서 설명한 과정에서 목표로 하는 규칙 지배적인 행동은 잘 기능하는 추적하기이다. 즉, 내담자는 원하는 결과를 얻기 위해 해야 한다고 정해진 규칙을 따르며, 이때 행동의 결과는 규칙 제공자가 통제할 수 없다. 행동이 작동한다면 내담자는 원하는 결과를 접하게 된다.

만약 스캇이 원래의 줄에 머물러 있다고 가정해 보겠다. 여전히 괴롭힘당하는 느낌은 들지만 결과는 어떤 측면에서는 긍정적으로 보인다. 그는 그렇게 했을 때 쇼핑이 더 쉬워지고, 또 괴롭힘당하는 느낌이 잦아든다거나, 사람들이 그가 두려워했던 것처럼 자신에 대해 이야기하고 있지는 않다는 것을 발견할 수도 있다. 또는 스캇은 실제로 때로는 그들이 자신에 대해 이야기하고 있다는 것을 알았지만 여전히 그가 원하는 방식으로 그들과 관계를 맺을 수 있음을 알게 될 수도 있다. 만약 스캇이 괴롭힘당하는 느낌이나 생각에 휩싸일 때 '머물러 있기'라는 규칙을 계속해서 따르면서 새로운 결과를 접하고 이를 삶에서 계속하게 된다면 그것은 추적하기의 예가 될 수 있을 것이다. 만약에 그가 이러한 방식으로 몇 번 더 행동하게 된다면, 직접적인 수반성이 보다 지배적인 기능을 획득하게 될 수 있을 것이다. 실제로 작동하는 대처 방법에 대한 직접적인 경험이 우세해 질 것이다. 스캇은 이러한 새로운 행동으로 인해 새로운 결과를 접촉할 수 있게 된다.

내담자가 이러한 실험을 하도록 하는 것이 많은 치료적 상황에서 대개는 어렵다. 우울한 경우나 세상이 어때야 하는지에 대한 가정들을 강하게 가지고 있다면 실험을 할 준비가 안 되어 있을 수 있다. 그리고 실험을 통해 내담자가 접하기를 바라는 결과 또한 치료자가 통제할 수 없다. 괴롭힘당하는 느낌이 드는 상황에서 '그곳에 머물기' 실험을 제안할 때 스캇이 접할 결과가 실제로 그 행동을 강화하게 될지 보장할 수는 없다. 이때 한 가지 방법은 강화적인 결과가 일어날 가능성이 높은 상황에서 실험을 하는 것이다. 또 다른 대안은 치료자가 실제로 통제할 수 있는 강화적인 결과로 작업을 하는 것이다. 예를 들어, 치료자는 특정한 과제가 '언제나 치료에 포함되어 있어야 한다.'는 규칙을 정해, 치료를 완수하기 위해서 내담자는 과제를 해내야만 하는 것이다. 사실 이러한 요소는 많은 치료에 포함되어 있다. 내담자가 이를 따르지 않을 경우, 치료자는 치료가 중지될 수 있는 위험을 감수해야 한다. 결과를 통제할 수 있는 또 다른 방법으로 치료자가 내담자에게 그를 위해서 실험을 할 것을 부탁하는 방법도 있다. 이 두 방법 모두 치료자가 규칙에 명시된 결과에 대한 강화를 통제하고 있다.

만약 내담자가 '치료자가 원하기 때문에' 또는 '이러한 종류의 치료에서는 그렇게 해야 하는 것이니까'라는 규칙을 따른다면, 이는 순응의 예가 될 것이다. 순응이 지배적인 역할을 하는 것은 종종 문제가 되지만(제7장 참조), 잘 기능하는 추적하기에 대한 첫 번째 단계로 순응을 사용할 수는 있다. 처음에 '치료자가 그렇게 하기를 원해서' 했던 일이 강화를 받게 되면, 이후 강화된 추적하기의 시발점이 될 수 있다. 제6장에서 기술했듯이, 이것이 우리가 추적하기를 배우는 방식이다. 스캇이 처음에는 치료자를 기쁘게 하기 위해 다른 곳으로 가지 않고 '그곳에 머물기'를 했을 수 있다. 그렇다 해도, 이것은 두 번째 장면에서 대안적인 결과를 얻을 수 있는 새로운 여정의 시작이 될 수 있다. '그곳에 머물기'에 대해 강화를 받으면 그의 행동은 서서히 추적하기로 변환될 것이다. 다른 사람들이 그에 대해 말하는 것처럼 느껴지는 상황에서도 철수하기보다 머무는 새로운 규칙 지배적 행동이 이제 규칙 제공자와 관계없이 그에게 기능하기 시작한다.

치료자가 순응을 형성하려 노력하지 않는다 해도, 이러한 행동이 치료적 관계에서 중요한 역할을 한다고 가정할 수 있다. 내담자들은 종종 치료자를 만족시키거나 기쁘게 하기 위해서 행동을 한다. 이때 이것이 잘 기능하는 추적하기의 첫 번째 단계가 될 수 있는 반면, 그것이 변화를 향한 여정에 방해가 될 수도 있다. 후자의 경우는 이 장에서 다시 다루겠다.

언어적 선행 사건의 영향을 약화시키기

우리는 모두 지시나 규칙이 일반적인 삶이나 심리치료에서 작동한다는 가정하에 살고 있다. 반면, RFT에서의 분석을 통해 우리는 언제나 그렇지는 않다는 것과 왜 그러한지를 알았다. 제7장에서 기술했듯이, 인간 언어는 내재된 경직성으로 인해 다양한 함정에 우리를 취약하게 한다. 우리는 규칙이 우리가 원하는 것을 얻는 데 도움이 되지 않을 때조차 간접 자극 기능에 따라 행동한다. 언어행동은 근본주의적 성격을 가지고 있어 다양한 맥락적 요인에서도 지지되며, 우리 모두 이러한 사회적인 게임에 집단적으로 기여하고 있다고 말할 수도 있다.

치료적 상호작용에서 이러한 요인들을 변화시키는 핵심적인 방법은 우리가 보통 언어행동에 따른 결과로 제공해 온 것들을 하지 않는 것이다. 이는 제10장에서의 앤과의 대화를 통해 잘 기술되어 있다. 언어행동에서의 맥락적 단서를 변환하는 또 다른 방법은 역기능적인 규칙에 영향을 미치는 언어적 선행 사건을 약화시키고 대안적인 선행 사건을 수립하는 것이다. 스캇의 치료자가 이러한 기법을 어떻게 사용하는지 살펴보겠다.

스캇은 치료자에게 사람들이 자신에 대해 이야기하는 것 같다는 그의 생각과 괴롭힘당하는 자신의 느낌에 대해 이야기해 왔다. 다음의 대화는 5회기 후반에 일어난 것이다.

치료자: 우리는 당신이 다양한 상황에서 경험한 고통스러운 생각이나 감정에 대해 조금 이야기를 나눠 왔어요. 내 생각에 일반적으로 생각이나 감정이 어떻게 기능하는지에 대해 조금 이야기를 나누는 게 좋을 것 같아요. 불편한 생각뿐 아니라 그 어떤 생각이나 감정을 모두 포함한 이야기입니다. 괜찮을

까요?

스캇 : 물론이죠.

치료자: 우선 그것들은 왔다가 갑니다. 생각을 예로 들어 보죠. 지금 이 순간 어떤 생각을 하고 있나요?

스캇 : 특별히는…….

치료자: 내가 예를 하나 들어 볼게요. 지금 당신이 특별히 생각한 것이 없다고 한 그 순간 나는 '다음에 나는 무엇이라고 해야 하지?'라고 생각했어요. 그것이 내 머릿속에 떠오른 생각이에요.

스캇 : 네, 알겠어요. 그렇다면 나는 지금 당신의 말이 무슨 뜻인지를 계속 생각하고 있다고 할 수 있겠네요. 하지만 그것은 언제나 그렇지 않나요?

치료자: 맞아요. 바로 그거예요. 그것들은 왔다가 간다는 것이죠. 만약에 당신이 지금 아무것도 하지 않고 그저 이 방 안을 둘러보기만 해도 장담컨대 당신은 또 다른 생각들이 떠오를 겁니다. 한번 해 보세요.

스캇 : 어떻게요? 그저 방을 둘러보고 내가 어떤 생각이 떠오르는지 보라는 건가요?

치료자: 네. 단지 그것이 뭔가 특별한 생각일 필요는 없어요. 무엇이든 다 됩니다. 잠시만 시간을 갖고 주변을 둘러보고, 당신 마음에 어떤 생각이 떠오르는지를 알아채 보세요. 그것이 무엇인지 말하고 싶지 않으면 내게 말할 필요는 없어요. 그저 그것들을 알아채기만 하세요.

스캇 : (먼저 조용히 주변을 둘러본다) 글쎄, 처음에는 그저 모든 게 백지 같았는데, 그때 나는 내가 백지를 생각하고 있다는 것을 알아챘어요. 그다음에는 수없이 많은 다른 생각이 떠올랐죠. 예를 들어, 내가 그림 그리는 것을 좋아한다는 것과 같은 것이요.

치료자: 좋아요! 사실 그게 대부분의 경우가 아닐까요? 내 말은 심지어 우리가 서로 이야기를 나누고 있을 때조차 우리 머릿속에는 우리가 소리 내어 말하는 생각과는 다른 생각들이 떠오릅니다. 적어도 나는 그래요. 지금 이 순간 많은 말을 하고 있지만 동시에 내 자신만 알아챌 수 있는 다른 생각들이 내 머리를 스쳐 지나갑니다. 당신도 그런가요? 당신도 그것을 알아챘나요?

스캇 : 물론이죠. 모든 것을 다 말할 수는 없어요.

치료자: 맞아요. 그건 마치 이 방 안에 네 명이 있는 것과 같아요. 여기 있는 나, 그리고 내 생각을 듣고 있는 나, 거기에 당신과 당신의 생각을 듣고 있는 당신. 그리고 동시에 우리는 서로 이야기를 나누고 있죠.

스캇 : 네 명이라니 무슨 말씀이시죠? 지금 환청에 대해 말씀하시는 것은 아니죠? 저는 지금 환청이 들리지 않아요.

치료자: 글쎄요. 그런 뜻으로 한 말은 아니지만 환청에도 해당될 수 있는 말이긴 합니다. 내 뜻은 이러한 '말'은 모두 우리 안에 있다는 것이에요. 생각, 기억 등. 내 생각에는 환청 또한 마찬가지예요. 내가 제대로 이해했다면 당신의 환청 또한 들렸다 사라졌다 하지요? 지금은 들리지 않는다고 말한 것처럼?

스캇 : 네, 무슨 뜻인지 알겠어요. 당신이 말할 때는 약간 이상하게 들렸는데, 내 경우도 마찬가지네요. 그러네요.

치료자: 그리고 한번 생각해 보면 기분 또한 마찬가지예요. 그렇지 않나요? 그것도 왔다가 갑니다. 지금은 이렇게 느껴지지만 오늘 아침에는 아마 조금 다르게 느껴졌을 겁니다. 오늘 아침 나는 약간 피곤했는데, 지금은 전혀 피곤하게 느껴지지 않아요. 지금 여기 앉아서 당신은 어떻게 느끼나요?

스캇 : 지금은 괜찮아요. 오히려 약간 재미있어요. 하지만 이전에 밖에서 대기할 때는 약간 불확실했어요.

치료자: 괴롭힘당하는 느낌을 지금도 느끼나요?

스캇 : (잠시 조용히 있다가) 아니요. 지금은 아니에요. 하지만 제가 처음에 여기 왔을 때 약간 그랬어요. 많이는 아니고 조금요. 대기실에서요.

치료자: 좋아요. 그게 바로 내가 하려는 말이에요. 그것들은 왔다가 갑니다. 어떤 생각이나 감정은 유쾌하지만 어떤 것들은 그렇지 않아요. 어떤 것들은 우리가 좋아하지만 다른 것들은 그렇지 않죠. 다른 것 알아챈 것이 있나요? 당신과 나 우리가 여기에 계속 같이 있었죠. 생각이나 감정은 왔다가 갑니다. 그것을 알아챈 사람은 누구인가요? 그 사람은 그동안 계속 여기에 머물러 있었어요.

스캇 : 잘 모르겠어요. 나는 매우 불안해요. 나는 내가 진짜 누군지 모르겠어요. 어떨 때는 이런 사람 같다가 또 어떨 때는 다른 사람 같아요.

치료자: 그래요. 당신이 그렇게 느껴질 때, 자신이 누구인지 모르겠다는 생각을 가지고 있을 때, 그 순간 그것을 알아챈 사람은 누군가요?

스캇 : 그 기분을 알아챈 사람이요? 글쎄요. 그건 아마도 저겠죠. 네. 진짜 선생님 말이 맞네요. (웃음)

여기서 치료자가 한 것이 무엇일까? 그녀는 스캇의 생각이나 감정이 새로운 기능을 획득할 수 있는 맥락을 형성하고자 했다. 이때 언어의 함정에 잘 빠지게 되는 부분에 집중하여 작업했으며, 언어의 함정으로 인한 경험적 회피는 제7장에서 기술했듯이 여러 형태로 나타날 수 있다. 물론 모든 언어적 함정은 파생적 자극 기능에 의해 행동이 지배되는 융합으로 볼 수 있다. 우리가 만들어 낸 이야기 속으로 '빨려 간다'고 표현할 수 있다. 말과 생각이 스캇의 경우처럼 힘을 얻게 된다. 그의 과거사와 현재의 상황이 합쳐져서 괴롭힘당한다는 느낌을 가져오게 되었다. 그는 다른 사람들이 그에 대해 이야기한다고 생각했으며, 그러한 생각에 따라 행동했다. 그중 하나가 사람들로부터 철수하는 것이다. 위의 논의에서 중요하게 다루는 것이 스캇의 생각이 맞는지 여부가 아니라는 것을 주목하자. 중요한 것은 그가 이러한 생각(맞든 틀리든 관계없이)을 경험할 때 그가 그에게 도움이 되지 않는 방식으로 행동한다는 점이다.

위의 대화에서 치료자는 이러한 생각에 대해 다른 맥락—생각이 그대로 있어도 다른 기능을 제공할 수 있는—을 형성하고자 했다. 치료자가 C_{func}으로 작용하는 현재의 맥락의 부분을 변환하고자 시도한 것이다. 치료자의 의도는 생각 그 자체가 아니라 이러한 생각과 관련한 스캇의 행동을 변화시키고자 하는 데 있었다. 치료자는 대안적인 생각을 제공하려 하지 않았으며, 이러한 생각이 들 때의 대안적 행동을 발전시키고자 했다. 스캇은 주로 생각의 내용에 근거해 행동해 왔다. 치료자는 그가 내용 자체에 반응하는 것이 아니라 과정을 알아챌 수 있는 맥락을 제공했다. 치료자는 생각(또는 감정)에 대해 이야기할 때 우리가 외부적인 것들을 이야기할 때와 같은 방식으로 했다. "한번 보세요." RFT의 관점에서 볼 때, 그녀는 스캇이 그의 사적 사건들에 대해 조망을 가질 수 있도록 도왔다. 언어적으로 유능한 사람은 언제나 나-여기-지금의 조망에서 행동한다. 파생적 자극 기능에 의한 융합에 따라 행동할 때 이러한 생각이나 감정 역시 나-여기-지금이 된다. 그것들이 우리의 현실을 구성하며 우리 행동을 통제한다. 앞의 대화에서 보이듯이, 치료자는 생각이나 감정이 느껴진 맥락을 나-그곳-그때로 옮긴다. "그것은 내가 그곳에서 그때 느낀 것입니다." 이때 의도는 그 생각이나 감정이 맞는지, 적절한지가 아니라 내담자가 자신의 경험을 변별할 수 있도록 돕고자 하는 데 있다. "그 생각(또는 감정)은 내 안에서 일어나는 것이며, 동시에 나로부터 어느 정도 떨어져 있어요." 그것은 그곳에서 일어난다. 이는 논리적인 논쟁이 아니다. 순수하게 논리로 이야기하면, 우리의 경험은 우리로부터 떨어져 일어나지 않는다. 하지만 제5장에서 논의했듯이 우리가 '나'라는 독특한 조망으로부터 모든 것을 연속적으로 관찰하는 것과 그 경험으로부터 관찰하는 것은 다르다. 우리의 경험이 융합에 의해 특징지어지면, 우리는 이러한 사적 사건들을 우리 안에서 마치 지금 여기에서의 나인 것처럼 관계틀을 짓는다. 앞의 대화에서, 치료자는 스캇이 이러한 사적 사건과 관련해 조망 참조 능력을 기를 수 있도록 돕고자 했다.

이러한 치료적 기법은 치료자의 관점을 내담자에게 설득하기 위한 것이 아니라, 내담자가 자기변별을 기를 수 있도록 돕고자 하는 목적으로 사용된다. 이에 치료자는 내담자가 자기변별 경험이 아니라 단지 치료자가 하는 말에 동의하려고 행동할 수 있음을 늘 경계하는 것이 중요하다. 이러한 치료적 기법은 특별한 목표가 있다. 그것은 내담자가 자신의 사적 사건을 그때 그곳에서의 나의 경험으로서 관계틀을 형성하도록 하는 것이다. 그때 그곳에서의 나로 관계틀 지어진 경험은 지금-여기에서의 나와는 다른 자극 기능을 가진다(Luciano et al., 2004; Valdivia, Luciano, & Molina, 2006). 자극 기능을 바꾸었을 때에야 행동 변화가 가능하기 때문이다. 이러한 조망이 취해질 때(사적 사건이 나-그곳-그때의 경험으로 일어날 때), 우리는 선택할 수 있는 위치에 서게 된다. 융합된 행동에서는 이러한 선택을 할 수가 없다. 우리는 '생각'과 같은 파생적 자극 기능에 의거해 행동하게 된다. 생각(또는 감정)이 나-거기-그곳에서의 경험으로 관계틀 지어질 때도 역시 내용에 따라 행동할 수도 있지만 다르게 행동할 수도 있다. 이러한 개입을 ACT에서 탈융합이라고 한다(Blackledge, 2007). 치료적 기법으로서 탈융합은 융합된 행동에서 벗어나려 노력한다는 것과 같은 뜻이다.

스캇과의 대화에서, 치료자는 일반적인 사적 사건과의 관계에서 행동에 대한 선행 사건을 먼저 확립했다. 다양한 감정이나 생각을 예로 들 수 있으며, 이러한 예를 바탕으로 치료자는 스캇이 조망을 갖도록 시도했다. 이러한 조망을 통해 자기 안에서 일어나는 사적 사건을 '자기 자신'으로부터 떨어져 볼 수 있었다. 스캇이 가장 어려워하는 생각이나 감정도 이야기되었으나, 그것이 중심은 아니었다. 이것이 탈융합을 치료에서 소개하는 적합한 방식인 것이다. 일반적으로 사적 사건에 대한 이전의 선행 사건의 기능을 약화시키고, 새로운 맥락을 만들어 내는 것을 연습하는 것, 또 치료 후기에서는 아래 예에서처럼 내담자의 문제와 관련된 탈융합을 진행하는 것이 중요하다.

8회기에서, 스캇은 치료자에게 대기실에서 다른 사람들이 자신을 쳐다보는 것처럼 느꼈다고 말했다. 그는 앉아 있던 다른 사람들이 자기에 대해서 이야기하는 것처럼 느껴지며 왜 그러는지 그리고 이유가 무엇일지 생각하다 기분이 나빠졌으며 화가 났다.

치료자: 지금 괴롭힘당하는 느낌이 든다는 것이죠. 그리고 그것이 당신에게 힘든 상황이죠.

스캇 : 왜 저를 그냥 내버려 두지 않죠. 정말 미치겠어요. 어떻게 생각하세요? 어떻게 나에 대해서 알게 된 것일까요?

치료자: 지금 하는 말들이 당신이 이러한 생각이나 감정이 들 때 주로 하는 방식인 것 같아요. 많은 질문에 대답을 하려 노력하는 방식 말이죠.

스캇 : 네. 맞아요. 나는 정말 이러고 싶지 않아요.

치료자: 지금 벌어지고 있는 것과 관련해 연습을 하나 하고 싶은데요. 도움이 될 수 있을 것 같아요. 어떤가요?

스캇 : 네. 어떤 것이든 도움이 된다면…….

치료자는 일어서서 스캇에게 옆에 서도록 부탁한다. 그다음에 신문지를 집어서 그것을 치료자와 스캇의 얼굴 사이에 가깝게 잡는다. (보통 책을 읽을 때에 비해 가깝게 잡는다)

치료자: 신문을 읽을 수 있나요?

스캇 : 아니요. 전혀요. 모든 것이 흐릿해요.

치료자: 나도 그래요. 만약에 이것이 그저 흐릿한 것이 아니라 무섭다면 어떨까요? 마치 괴롭힘당하는 느낌처럼요.

스캇 : 하지만 신문은 뒤로 팔길이 정도로 잡을 수도 있잖아요.

치료자: 맞아요. 우리 그렇게 해 볼까요? (신문을 멀리 잡는다) 어떤가요?

스캇 : (신문의 몇몇 문장을 읽는다) 네, 잘 보이네요.

치료자와 스캇이 앉는다.

치료자: 어쩌면 대기실에서 일어난 일에 대한 당신에 생각과 관련해서도 같은 방식으로 할 수 있을 것 같아요? 어떤 생각이 가장 끔찍한가요?

스캇 : 그들이 원하는 게 뭐지? 왜 나를 그냥 내버려 두지 않지?

치료자: 그것이 가장 끔찍한가요?

스캇 : (잠시 말이 없다가) 내 생각에 가장 끔찍한 것은 그들이 나를 좋아하지 않는다는 생각인 것 같아요.

치료자: 네. 그런 생각은 괴롭죠. (잠시 말이 없다) 그런 생각으로부터 조금 거리를 둘 수 있겠어요? 여기 벽에 그림 액자 밑에 그것을 써 보죠. (뒤에 벽을 가리킨다) 마치 저 벽에 그것을 쓰고 마음속의 눈으로 여기서 보는 것처럼 해 볼까요? 눈을 감는 것이 편하면 그렇게 하세요.

스캇 : 조금 기분이 이상한데요. 그냥 눈을 뜨고 있을게요.

치료자: 좋아요. 그 생각을 벽에 적을 수 있는지 해 보죠. '그들은 나를 좋아하지 않는다.' 천천히 해요. 서두를 필요는 없어요. (기다린다) 다 했나요?

스캇 : 네, 조금 알아볼 수 없기는 해요.

치료자: 괜찮아요. 알아볼 수 있을 만큼 확실하지는 않아도 거기 글씨가 있는 것처럼 보이면 됩니다.

스캇 : 네.

치료자: 어떤 종류의 필기체로 써 있는지 보이나요? 흘림체인가요, 블록체인가요?

스캇 : 블록체 인쇄글이에요.

치료자: 좋아요. 한 줄로 되어 있나요? 다른 줄에 써 있나요?

여기서 치료자는 스캇에게 구체적으로 위협이 되는 내용과 관련해 탈융합의 원칙을 적용했다. 치료자는 스캇이 이러한 내용의 자극 기능을 전환할 수 있는 맥락을 취할 수 있도록 도왔으며, 주로 그의 행동을 지배해 온 사적 사건과 독립적으로 행동을 선택할 수 있는 새로운 맥락을 만들어 낼 수 있도록 했다. 치료자는 스캇이 맥락으로서의 자신과 자신이 쉽게 빠져드는 이야기 간의 경험적 거리를 이용할 수 있도록 했다. 이러한 맥락(조망) 참조 능력은 일반적인 언어훈련의 결과로 얻어진다. 치료자는 또한 스캇이 자신의 괴롭힘당하는 느낌을 대하는 태도를 피부 외적인 것을 다룰 때처럼 경험적인 거리로 다룰 수 있도록 했다. 하지만 이야기 내용은 그대로 남아 있다는 것을 주목하자. 심지어 치료자는 스캇이 가장 힘들어하는 내용을 말하도록 한 후 그 이야기를 '여기'에서 '저기, 벽으로' 옮긴다. 글씨체에 대한 질문 등은 이후 위협에 대한 보다 다양하고 유연한 행동을 위한 선행 사건으로 기능하게 하도록 하려는 의도에서 진행되었다.

이것은 탈융합 연습의 전형적인 예이지만, 동일한 기법이 전형적인 치료적 대화에서도 적용될 수 있다. 제10장의 앤과의 대화에서 치료자가 "그거는 또 다른 생각이네요."라고 여러 번 반복했던 것 또한 그러한 예이다. 그 대화에서, 치료자의 초점은 역기능적 언어행동 소거에 도움이 되는 결과를 형성하는 데 있었지만, 동일한 언급이 불편한 생각을 다루는 대안적 행동을 위한 선행 사건으로 기능하는 데 사용될 수도 있다. 치료자는 생각을 그때-그곳이라는 맥락에서 바라볼 수 있는 가능성을 지적했다. ACT에서 이는 초기 내담자와의 상호작용에서 중요한 기법이다. 내담자가 이전에 일어난 일과 사적 사건을 포함한 그의 이야기를 관계지을 때, 연결된 감정이나 생각을 그때-그곳에서의 일로서 변별하도록 한다. 만약에 내담자가 직장에서 일이 잘 안 풀린다고 말하면, 치료자는 "그래서 일이 잘 안 풀릴 것이라는 생각을 했군요."라고 대답한다. 치료자가 이렇게 말하는 이유는 내담자의 생각이 옳은지 그른지 논쟁하고자 하는 것이 아니라 그러한 생각이나 언급이 그 자체로 말이나 생각이라는 것을 보이기 위한 것임을 명확히 해야 한다. 이는 보다 탈융합을 위한 기초가 되는 작업으로 내담자가 말한 것이나 생각한 것을 나-그때-그곳의 경험으로 관계틀을 형성하는 것이다. 이러한 요소는 스캇과의 첫 번째 대화에서 스캇이 자신의 고통스러운 경험을 설명한 후 치료자가 '괴롭힘당하는 느낌'이라고 명명하는 데에서도 드러난다. 심리학적 전문용어에서는 특정 생각이나 감정 또는 행동을 그것이 물체인 것처럼 다룬다. 하지만 이것이 스캇을 객체화하지는 않는다는 것을 주목하자. 오히려 정반대이다. 이것은 스캇이 자신을 주체로서 경험할 수 있는 능력을 기르기 위한 일련의 연습이다. 우리 모두가 마찬가지로 우리 자신을 주체로서 경험하기 위해서는 제5장에서 간략히 소개한 이러한 종류의 훈련이 필요하다.

언어적 선행 사건을 약화하는 것에 대한 논의가 치료에서 언어적 선행 사건을 회피하라는 뜻은 전혀 아니다. 치료자가 무엇을 말하든 그것은 내담자에게 언어적인 기능을 한다. 하지만 역기능적인 규칙 따르기에 영향을 미치는 선행 사건을 변환하는 것은 가능하다. 즉, 다른 선행 사건이 확립될 수 있다는 뜻이다.

탈융합을 위한 은유

은유는 역기능적인 규칙 따르기를 줄이고 대안적 행동을 늘릴 수 있는 선행 사건으로 언어를 사용할 때 중요한 도구이다. 은유를 통해 일련의 행동 과정을 제안할 수 있기에 규칙으로서 기능하지만, 이때 행동을 구체적으로 지시하는 방식이 아니라 유연하고 결론을 열어 둔 방식으로 제안한다. 은유를 통해 제시되는 방향을 따를 때는 자기 자신만의 방식으로 하나하나 찾아내야 한다. 전반적인 방향은 주어지지만 구체적인 행동의 기술은 제공할 수 없다. 이 말은 직접적인 자극 기능에 대한 접촉이 증가된다는 것으로, 이것이 정확히 치료자가 역기능적인 규칙 따르기를 줄이고자 할 때 목표로 하는 것이다. 은유에는 내담자의 직접적인 과거력에 의해 형성된 자극 기능 간의 관계가 어느 정도 포함되어 있으며, 동시에 이후 내담자의 경험에서 안내의 역할을 할 수 있는 부분 또한 있다.

ACT에서 사용되는 탈융합 관련 대표적인 은유 중 하나로 버스에 탄 승객의 비유가 있다(S. C. Hayes et al., 1999). 치료자는 나-여기-그때와 나-거기-그때에서의 자극 기능을 통해 사적 사건에 개입할 때 이를 사용할 수 있다. 이는 또한 스캇의 경우처럼 이전의 탈융합 개입에 대한 후속 작업으로 사용할 수 있으며, 또는 치료의 교육적인 단계에서 쓰이기도 한다. 다음과 같이 소개될 수 있다. "우리는 생각, 감정, 기억들이 어떻게 우리 삶에 영향을 미치는지를 이렇게 표현할 수 있어요. 우리는 우리 자신만의 버스를 운전해요. 우리 자신이 운전대를 잡은 사람이고, 버스는 많은 승객을 태우고 있지요. 생각, 기억, 감정 등. 승객들은 각각 다른 시점에 버스에 올라타는데, 정확히 언제 오르고 내리는지가 확실하지 않을 때도 있어요. 내 경우 나는 시카고에서 자랐기 때문에 시카고에서 탔던 버스의 이미지를 떠올립니다. 승객들은 주로 버스 뒤편에 앉아 있지요. 당신은 어떤가요? 당신 자신의 버스는 어느 곳의 이미지일까요?"

이러한 설명을 내담자가 따라오고 있는지 짧은 대화를 통해 확인하는 것이 적절할 수 있다. 만약 그렇다면 치료자는 계속해서 생각이나 감정을 버스의 승객 중 하나로 기술한다. 어떤 승객들은 중립적이고, 어떤 이들은 좋은 사람처럼 보이며, 어떤 이들은 불편해 보이고, 어떤 이들은 심지어 화가 난 것처럼 보인다고 표현할 수 있다. 치료자는 내담자가 이야기한 고통스러운 자극 기능을 하는 사적 사건을 예로 들 수 있다. 예를 들어, 스캇의 치료자는 '괴롭힘당하는 느낌'을 불편한 승객 중 하나로 묘사했다. 치료자는 또한 우리가 모든 승객을 언제나 알아채지 못하며, 가끔 그들이 일어서거나 가까이 다가와 목 뒤에 입김을 불어넣으며 어떻게 운전하라고 나에게 말할 때에야 그들의 존재를 알게 된다는 것을 내담자에게 이야기한다. 스캇의 경우, 치료자는 "괴롭힘당하는 느낌을 예를 들어 보겠어요. 그 승객은 계속해서 운전석 쪽으로 와서 이래라 저래라 말이 많죠? 그렇지 않나요?"라고 말할 수 있다.

여기까지 은유를 통해서 사적 사건은 운전자로부터 어느 정도 떨어져 있는 것으로 묘사되고 있다. 은유는 또한 그것이 운전하는 사람이 누구인지에 대해 이야기할 때 쓰일 수 있다. 치료자는 어떻게 운전자가 승객이 이야기하는 대로 운전하게 되는지 또는 그들이 무슨 이야기를 하든지 어떻게 자신이 선택해서 운전을 할 수 있는지에 대해 이야기할 수 있다. 치료자는 내담자(대부분의 사람)에게 각각의 승객이 버스가 어디로 가야 할지를 운전자 대신 결정하도록 했을 때 초래할 위험에 대해서 이야기할 수도 있다. 스캇의 경우, '괴롭힘당하는 느낌'이 그가 오랫동안 서 있던 줄에서 나오게 만들었다. 치료자는 승객이 앞으로 나와 위협적으로 행동할 때 보통 버스 운전자가 하는 것이 무엇인지 이야기할 수 있다. 위협적인 승객이 우리 뒤에서 목 뒤에 입김을 불어넣을 때조차 우리는 여전히 우리 버스를 운전할 수 있다. 그 누구도 아닌 우리 자신이 운전석에 앉아 있다. 운전자와 승객은 근본적으로 다르다.

이러한 접근을 통해 치료자는 경험 회피 또한 은유적으로 이야기할 수 있다. 동시에 은유를 통해 내담자가 버스의 뒤편에 있는 위협적으로 느껴지는 것들을 수용하도록 도울 수 있으며, 이를 통해 주로는 회피해 오던 사적 사건과의 관계에서 보다 유연성을 가지도록 도울 수 있다.

ACT에서는 다양한 은유를 제공하며 치료자가 이를 사용하도록 권장한다(S. C. Hayes et al., 1999; Luoma et al., 2007). 또한 치료자가 개별 내담자와 함께 자신에게 맞는 은유를 만들어 내도록 권유한다. 물론 이때 치료자는 강조하고 싶은 치료의 원칙에 대한 이해가 확실해야 이를 은유적으로 전달할 수 있다. 탈융합과 관련해 이야기하고자 하는 다음 은유는 이러한 맥락에서 많은 이들이 사용하는 은유 중 하나이다.[2)] 이것은 1937년 디즈니 만화 영화 〈백설공주와 일곱 난쟁이(Snow White and the Seven Dwarfs)〉 중 백설공주가 오두막에서 음악에 맞춰 일곱 난쟁이들과 춤을 추고 있는 장면이다. 난쟁이들이 악기를 연주하고 있을 때 어디선가 한 마리 벌이 날아들어 주의를 빼앗기 시작한다. 난쟁이들은 벌

2) 저자 주: 이는 특히 스웨덴에서 그러할 것이다. 왜냐하면 지난 50년간 크리스마스 때마다 스웨덴 TV에서는 디즈니 시리즈 중 하나로 이러한 장면이 방송되었기 때문이다. 이 은유를 처음 알려준 내담자에게 감사한다.

을 없애기 위해 행동한다. 이때 머릿속에서는 마치 한 마리 벌이 아닌 벌떼처럼 생각되어 난쟁이들은 이를 없애기 위해 행동하게 된다. 머리 주변을 윙윙거리는 벌떼는 위협적이다. 하지만 팔을 열심히 휘젓는다고 그들을 없앨 수 있을까? 내담자의 고통이나 갈등의 중심에 있는 생각이나 기억은 어떤가? 그것들에 초점을 맞추어 행동하면 그것이 없어질까? 이 은유는 이러한 경험에 대해 이야기할 수 있는 도구가 되며, 이러한 생각들이 떠오를 때 내담자가 어떻게 해야 하는지에 대해 이야기할 때도 사용할 수 있다. 이것은 단지 은유로서뿐만 아니라 이러한 은유를 통해 벌처럼 '외부에 있는 어떤 것'으로 사적 사건을 인식하게 했다는 데 의미가 있다. 이러한 방식으로 자극 기능이 변환된다. 또한 언어적 존재의 행동은 언제나 나-여기-지금의 조망으로부터 형성되기 때문에 내담자 또한 이전 맥락으로부터의 생각이나 기억에 의해 덜 지배받게 된다.

가치에 대한 장애물로서의 사적 사건

RFT의 임상적인 적용은 다양한 형태를 띠지만, 아직은 여러 측면에서 그 시작 단계에 있다. 그중 하나는 기존 치료적 기법들에 새로운 영향을 미친 것이며, 다른 하나는 새로운 아이디어와 기법들을 제공했다는 점이다. 이 책에서 나는 가장 혁신적이라고 여겨지는 기법에 초점을 맞출 것이다. 탈융합과 고통스러운 경험을 수용하는 가치로운 삶이 그것이다. 이 전략은 ACT 내에서도 특히 강조되고 있는 부분이다. 이러한 접근이 완전히 새로운 것은 아니며 다양한 이론적 배경에 기초한 여러 치료적 모형에 기초가 되고 있다. RFT에 대한 이론적 이해를 통해 이러한 접근들을 더욱 심화해 정의하고 이해할 수 있다. 사실 대화를 통한 대부분의 치료는 언어를 사용하므로, 특히 언어행동과 관련한 RFT가 이러한 역할을 하는 것은 사실 당연한 일이다. 언어행동에 대한 깊은 이해를 시작으로, 우리는 이러한 기법들이 어떻게 길러지고 사용될 수 있는지를 설명할 수 있다.

앞에서 기술한 첫 번째 기법은 '탈융합'을 포함하고 있다. 이 기법은 내담자의 연속적인 자기(맥락적 자기)와 내담자 삶을 역기능적으로 통제하고 있는 사적 사건 간의 거리를 증가시키기 위한 것이다. 이를 통해 경험 회피의 가능성을 감소시키고자 하는 것이 그 목적이다. 중요한 두 번째 기법은 내담자가 자신의 삶에서 중요하게 생각하는 것과 관련된 경험적 장애물을 다루는 것이다(Luciano et al., 2004).

학습이론의 기본 원리 중 하나는 우리 인간의 행동은 그 결과에 의해 통제된다는 것이다. 과거 행동의 결과는 미래의 행동에 강한 영향을 미친다. 이는 조작적 조건화 이론에서 기초가 되는 원리이다. 일단 우리가 임의적으로 적용 가능한 관계적 반응형성(arbitrarily applicable relational responding: AARR)을 학습하고 나면 그에 따라 결과를 통제할 수 있는 것들이 변화되기 시작한다. 결과적으로 외적인 사물이나 내적인 경험이 애초의 기능에 더해 어떻게 관계지어지느냐에 따라 다양한 다른 기능을 획득할 수 있게 된다. 이러한 관계는 상당 부분 사회적인 게임에 의해 통제되기에 그 다양성은 방대하다.

비언어적인 존재의 경우, 강화적인 기능을 할 수 있는 것은 상당히 한정되어 있다. 일차 강화물이 그러한 기능을 하며, 일차 강화물과 직접적으로 연합된 것 또한 이러한 기능을 할 수 있다. 또는 일차 강화물과 물리적으로 유사한 다른 자극의 경우도 마찬가지의 기능을 한다. 반면, 언어적 존재의 경우에는 파생적 관계 조건화를 통해 사건이 강화적이 될 수 있기에 강화물의 다양성이 증가된다.[3] 예를 들어, 특정 행동의 결과가 '좋은 사람 되기'와 등위 관계에 있다면 그것은 강화적이 될 수 있다. 또한 그것이 '우리 아이들 미래의 불행'과 인과관계로 연결되면 처벌 기능이 될 수도 있다.

이러한 종류의 관계망은 또한 선행 사건의 한 요소가 될 수 있기에 행동에 영향을 미치는 규칙으로서 기능할 수 있다. 이것이 규칙 지배적 행동의 핵심이다.

---

3) 저자 주: 계속 반복하는 것 같지만, 나는 이러한 관계망이 외적인 세계뿐만 아니라 내적 세계에서도 실질적으로 존재하는 것이 아님을 강조하고자 한다. 이는 단지 복잡한 파생적 관계에 의해 통제되는 행동을 기술하는 방식일 뿐이다. 이러한 자극들 간의 관계는 맥락적 요소들에 의해 통제되어 역으로 개인이 반응하는 방식에 영향을 미친다. 이점에 대해서 계속 반복적으로 언급하는 이유는 우리의 일상 용어가 너무 깊이 스며들어 있어 과학적인 용어를 사용할 때조차도 이러한 영향력을 피하기가 어렵기 때문이다.

제6장에서 기술했듯이, 이러한 규칙은 각각의 사건이 강화인 또는 처벌인으로 기능할 수 있는 정도에 영향을 미치며, 이러한 확장의 기능을 하는 선행 사건을 확장인이라고 한다. 이는 일상 용어로 자신의 삶에서 무엇을 원하며, 무엇이 중요한지에 대해 이야기할 때 일어나는 현상이다. 조금 더 과학적으로 이야기하자면, 이러한 원함은 각자에게 언어적으로 구성된 광범위하게 바람직한 결과라고 할 수 있으며, ACT에서는 이를 '가치'라고 한다. 하지만 그것을 실제 무엇이라 부르는지는 중요하지 않으며, 무엇이든 우리가 삶에서 원하는 것 그리고 각자에게 중요한 것을 칭하는 말이라고 할 수 있겠다.

우리의 삶이 무엇에 관한 것이기를 원하는지는 변화의 작업에서 결정적인 기능을 한다. 우리가 변화를 시도하기 위해서는 그러한 변화가 중요한 이유가 있어야 한다. 그리고 이전에 하던 선택과는 다른 선택을 하는 시점이 있어야 한다. 우리는 우리 앞의 목표나 방향 등을 볼 수 있어야 한다. 그렇게 할 때, 바람직한 결과들과 접촉할 수 있다. 이러한 맥락적 요소들은 또한 반대로 바람직한 결과를 보다 직접적으로 접촉할 가능성을 증가시키는 행동의 선행 사건으로써 기능할 수 있다.

경험 회피에 빠져 있는 경우에 이 영역에서 문제를 경험한다. 가치가 결여되어 있거나 특정 방향으로 행동하도록 하는 동기가 없는 것이 아니다. 문제는 생각, 감정, 기억 또는 신체감각과 같은 사적 사건들이 바람직한 결과를 이끌어 낼 수 있는 행동의 장애물이 되기 때문이다. 이러한 개인에게 사적 사건은 행동의 장애물로써 기능하기에, 그러한 시각에서 볼 때는 사적 사건을 통제하거나 없애는 것이 가치로운 방향으로 움직이기 위한 선행 조건이 된다.

설명을 위해 리처드의 사례로 돌아가 보겠다. 그는 바람직한 결과, 그가 가치 있게 생각하는 결과들을 이야기했다. 치료자와의 대화에서, 그는 자신이 어떤 아버지가 되고 싶은지 그리고 직장에서 어떻게 행동하고 싶은지를 이야기했다. 하지만 불안감과 이전 기억들 그리고 이와 관계된 여러 생각으로 인해 방향으로 실제 행동을 옮기지 못하고 있다. 간략히 말해서, 리처드에게는 이러한 사적 사건이 자신이 가고자 하는 방향으로의 행동과 대립 관계에 있다. 이는 언어적 선행 사건이 개인의 삶에 역기능적인 영향을 미치고 있을 때 선행 사건의 통제를 감소시키기 위한 두 번째 기법을 보다 상세히 설명해 준다. 가치 행동과 사적 사건 간의 관계를 변화시켜 그것이 대립 관계가 아닌 등위 관계에 있도록 한다. 이 경우, 등위 관계란 사적 사건과 가치 행동이 동시에 존재한다는 것을 말한다. 그들은 공존할 수 있다. 다시 말하지만, 이러한 기법은 내담자에게 '실제로는 이렇다'라고 설득하거나 논쟁하기 위한 것이 아니다. 이는 치료자와 내담자 간 상호작용의 맥락에서 이 둘을 동의 관계에 놓기 위한 행동이 일어날 가능성을 증가시키는 데 그 목적이 있다.

앞에서 기술한 두 은유로 돌아가 그것들을 이러한 기법에서 어떻게 사용할 수 있는지 알아보겠다. 버스 승객의 은유에서, 치료자는 가치 및 삶에서 중요한 것에 대한 이야기로 시작할 수 있다. "어디로든 갈 수 있다면, 당신의 버스를 어디로 운전해 가고 싶은가요? 완전히 자유로운 세상이라면, 당신은 어떤 방향으로 차를 운전해 가고 싶은가요?" 치료자는 또한 내담자가 '승객들을 없애는' 행동에 대해 그것이 가치와 대립 관계에 있다고 이야기할 수도 있다. 예를 들면, "당신은 우선 승객들을 모두 없애야만 한다고 생각하는 것 같군요. 만약에 그저 승객들은 그대로 두고 당신이 가고자 하는 곳으로 그들을 같이 데려간다면 어떻게 될까요?"

백설공주와 일곱 난쟁이의 비유도 동일한 방식으로 사용할 수 있다. "만약에 벌을 쫓기 위해 팔을 휘젓는 대신 당신이 연주하고 싶은 곡에 집중하며 악기에 손을 그대로 두고 있으면 어떻게 될까요? 그러기 위해서는 주변에 벌이 날아다니도록 두어야 하기에 배짱이 필요합니다. 하지만 만약에 그것들이 당신의 적이 아니고, 겉으로 보이는 것과 다르다면 어떻게 될까요? 그것들을 그저 그곳에 두면서 여전히 당신이 가고자 하는 곳으로 갈 수 있다면 어떨까요?"

또 다른 예로는 제9장에서 앤과 진행한 연습이 있다. 노트 패드를 이용해 '그것을 나에게서 멀리 두기'와 '그것을 내 무릎에 두기'라는 행동으로 설명한 연습이 그 예이다. 첫 번째 선택은 위협이 가치와 대립 관계에 있어 그것을 경험하는 것은 가치의 장애가 되므로 없애야만 하는 경우이다. 두 번째는 동일한 위협적인 현상이 앤이 가치롭게 생각하는 행동과 동의 관계에 있다. 이러한 예는 그녀가 원하는 방향으로 움직이는 동시에 불편한 경험을 그대로 둘 수 있다는 것을 알아채는 데 도움이 된다.

사적 사건과 가치 행동 간 대립 관계가 어떻게 경직된 행동과 악순환을 가져오는지 주목하자. 리처드의 경우, 불안감이 그가 원하는 방향으로 움직이는 것과 대립 관계에 있었다. 이러한 관계를 바탕으로, 그는 그가 원하는 방향으로 움직이지 못했으며, 이에 시간이 갈수록 불안감은 점점 더 혐오적이 되었다. 처음에는 불편한 것이 감정 그 자체였으나 시간이 흐르면서 감정은 '내가 원하는 것을 얻는 것을 방해하는 것'이 되어, 가치 있는 결과를 원하는 마음이 커질수록 불안감이 원하는 것으로의 접근을 차단하는 것이 되므로 그 경험이 더욱 혐오적이 되었다. 이에 그러한 감정을 제거하는 것이 더욱 중요해지고, 악순환은 계속된다.

경험적 회피를 줄이는 데에는 이 두 기법이 같이 작동한다. 첫 번째 기법인 탈융합은 사적 사건이 여기-지금의 행동에 영향을 미치는 경향을 줄인다. 이는 역기능적인 사적 사건을 나-거기-그때로 관계틀 형성하는 것을 통해 가능하다. 이렇게 자극 기능을 전환하는 것을 통해 사적 사건들을 가치로운 방향에 개입하는 데 방해가 되는 것이 아닌 '여행에 가져갈 수 있는 것'으로 관계짓는 것이 보다 용이해진다. 결과적으로, 이는 시간이 흐름에 따라 덜 혐오적으로 되어 간다. 리처드는 여전히 어떤 상황에서 불안감을 느끼지만, 감정을 가치로운 방향을 향해 움직이면서 가져갈 수 있게 되고, 이러한 행동을 통해 긍정적인 결과를 경험하게 되면, 그의 불안한 감정과의 관계 또한 변하게 될 것이다. 이러한 감정이 여전히 불편할 수는 있으나, 더 이상 그가 삶에서 중요한 것을 향해 움직이는 것을 가로막아 혐오적이 되지는 않을 것이다.

무엇을 원하는지 모르는 것

많은 경우 치료 목표를 정하는 것은 어렵지 않다. 사람들은 자신이 무엇을 원하는지, 무엇이 중요한지, 그리고 어떠한 길을 걷고 싶은지 알고 있다. 이것은 심지어 이러한 목표에 장애물이 있다고 느끼는 경우에도 마찬가지이다. 이러한 상황에서는 내담자의 목표나 가치에 대한 대화가 동기적 선행 사건으로 기능할 수 있다. 리처드의 경우, 이러한 대화를 통해 자신이 직장에서 교사로서 어떠한 역할을 하고 싶은지 그리고 지역 야구팀을 응원하기 위해 경기장에 갈 때 아이들과 함께 어떻게 시간을 보내고 싶은지를 결정할 수 있다. 치료자는 리처드가 자신이 얻고 싶은 어떤 것을 '음미'할 기회를 제공하는 방식으로 이러한 대화를 이끌어 간다. 만약에 이를 통해 리처드가 그 방향으로 발을 내딛게 되면, 내담자와 치료자의 작업이 동기적 확장인으로 기능한 것이 된다(제6장 참조).

하지만 때로 치료 상황은 이와 상당히 다를 수 있다. 어떤 것도 내담자를 동기화하지 못하는 것처럼 보이기도 한다. 내담자가 얻고자 하는 것이 무엇인지에 대한 질문에 대답을 얻지 못하기도 한다. 다음 대화는 리처드와의 9회기에서 일어난 대화로 이러한 상황을 나타내 준다.

리처드: 일들이 계속 꼬여요. 이건 마치 계속 노력은 하지만 아무 소용이 없는 것 같아요. 내일 경기에 가자고 어제 아내에게 제안을 했지만, 그것이 밤 경기라서 내일 중요한 스페인어 시험이 있는 아들에게는 너무 늦다고 했어요. 직장에서도 마찬가지예요. 교장하고 이야기하려 노력했으나 안 됐어요. 사실 일과 관련해서는 나는 내가 원하는 것이 무엇인지 조차 확신이 없어요. 최선을 다해 일하고 있지만…….

치료자: 고착 상태에 빠졌네요. 이러한 상황에서 무엇을 할 수 있는지 알고 있나요?

리처드: 아니요. 가망이 없는 것 같아요. 무슨 소용이 있는지 모르겠어요. 일이 정말 중요할까요? 잘 모르겠어요.

치료자: 그러면 어떤 것이 중요할까요?

리처드: 내가 알고 있으면 좋겠어요. 그게 문제예요. 음, 가족이 중요한데, 그들은 어떻게든 잘 지낼 거예요. 나는 정말 중요한 것이 무엇인지 모르겠어요.

치료자: 그렇다면 지금은 그냥 조용히 지내기 좋은 시점인 것 같네요. 이 말이 어떻

게 들리나요?

내담자: 그건 아니에요. 지금 이대로는 안 돼요. 나는 그저 무엇을 원하는지 모를 뿐이에요. 텅 빈 구멍이 있어요. 내 생각에 사람들은 내가 조용히 있는 것에 익숙한 것 같아요. 늘 그래 왔기 때문이겠죠. 너무 늦었을 수도 있어요.

치료자: 만약에 너무 늦었다면 그 말이 어떻게 들리나요?

리처드: (눈에 띄게 감정적으로) 무겁게 들려요. 다 썩어 문드러진 것처럼. 나한테 한 번도 기회가 없었던 것 같아요. 나를 위한 자리는…….

치료자: (잠시 침묵하다가) 당신을 힘들게 하는 것들이 너무 무겁게 느껴진다고 당신이 말할 때 어떤 생각이 드는지 아세요?

내담자: 아니요? 어떤 생각이 드나요?

치료자: 당신에게 중요한 것, 가치 있는 것은 바로 여기라는 생각이 듭니다. 바로 무겁고 썩은 것들과 함께 있는 여기 말입니다.

리처드: 무슨 말인가요? 나한테는 마치 지옥같이 느껴지는데요.

치료자: 나는 당신이 한 번도 기회가 없었다고 한 것에 대해 생각하고 있어요. 당신을 위한 공간이 없다고 한……, 만약에 당신을 위한 공간이 있다면 어떨까요? 그것이 중요한 것 같은데요.

삶에서 중요한 것이 없고, 무엇을 원하는지 모르겠다고 하는 것은 흔히 있는 언어행동이다. 만약에 내담자가 그렇게 이야기한다면 중요한 시사점이 있다. 많은 경우 이것은 자기 자신과 관련한 어려움을 이야기해 주지만 실제 중요한 것이 없다고 하는 것은 내담자 경험을 기술한 것이 아니다. 다른 말로 하자면, 이는 접촉 언어행동이 아니며 특히 순수한 접촉 언어행동은 아니다. 종종 이것은 욕구발화 언어행동이다. 이는 그렇게 말해서 얻은 이전 결과에 의해 통제되는 언어행동이다. 청자가 말하는 것이나 하는 것이 결과가 된다. 만약에 누군가 무엇이 자기 삶에서 중요한지 모르겠다고 할 때 흔한 결과는 듣는 사람이 이에 대해 반대하거나 충고를 하는 것이다. 또 다른 결과로는 청자가 이러한 질문을 더 이상 하지 않는 것이 된다. 후자는 특히 '잘 모르겠다.'고 누군가 말할 때 흔한 결과이다. 이러한 결과로 인해 리처드는 그의 딜레마에 더욱 깊게 빠져들게 되었을 것이다.

치료자는 리처드의 말이 사실이라고 해석하지 않는다. 사람들은 대개 가치에 무관심하지 않다고 생각하기 때문이다. 인간으로서 우리는 결과에 따라 행동한다. 행동에 따라 오는 것은 다른 모든 생명체에게 그렇듯이 우리에게 중요하다. 우리는 다양한 이유로 다르게 말할 수 있지만 그렇다고 기본적인 조건이 바뀌는 것은 아니다. 이와 관련된 대화를 이끌어 내기 위해 치료자는 리처드의 고통에 가깝게 다가가야 하며, 고통스러운 것이 가치와 관련되어 있다는 것을 보여 주어야 한다. 심리적인 고통은 무엇인가 중요한 것이 접근 가능하지 않을 때 발생한다. 어떤 것도 중요하지 않다면 무엇이 힘들고 무겁게 느껴지겠는가? 리처드 또한 자신에게 기회나 그를 위한 자리가 주어지지 않았다고 이야기할 때 이러한 둘 간의 관계를 보여 준다.

리처드와의 대화를 의미 있게 계속할 수 있는 몇 가지 방법이 있다. 기회나 자리가 주어지는 것이 왜 그토록 중요한지를 그가 알 수 있기를 바란다. 치료자는 리처드에게 만약에 기회나 자리가 주어지면 어떻게 쓰고 싶은지를 물을 수 있다. 또 만약에 이러한 것들이 그에게 '주어지지' 않는다면 이러한 기회나 자리를 얻기 위해서 무엇을 하는 것이 필요할지를 이야기해 볼 수도 있다. 후자의 주제는 특히 리처드 같은 경우의 대화에서 더욱 중요할 수 있다. 앞의 두 기법으로 돌아가는 데는 중요한 이유가 있다. 첫째, 고통스럽고 무거운 것들에 대한 맥락적 시각을 갖기 위해서이며, 둘째, 이러한 고통스러운 경험과 원하는 기회나 자리 간 대립관계를 변환하기 위해서이다.

앞의 이야기의 핵심은 우리가 무엇이라 말하든 우리 삶에서 중요한 것은 언제나 있으며, 그것이 명료해질 필요가 있다는 것이다. "내가 무엇을 원하는지 모르겠어요."라는 말이 욕구발화 언어행동이며, 특별한 결과를 얻기 위한 행동일 수 있지만, 실제 그것을 알아채는 데 어려움이 있을 수도 있다. 다른 많은 것과 마찬가지로 개인이 자신이 원하는 것을 알아차리는 데에도 자기 자신의 미묘한 과정을 알아채고 변별할 수 있는 능력이 요구된다. 사적 사건이 일어날 때 그것을 접촉 언어행동화하는 것을 배우는 것은 제5장에서 기술한 '과정으로서의 자기'를 발달시키는 데 중요하다. 우리 중 어떤 사람들은 이러한 기술이 잘 훈련되어 있으나, 어떤 사람들은 그렇지 못하다. 어떤 사람들은 다른 사람의 행동과 요구를 알아채는 것을 학습해 일반화된 순응을 발달시켰지만 어떤 이들은 그렇지 않다. 결과적으로 그들은 자기 자신의 사적 사건을 접촉 언어행동화하는 기술이 부족할 수 있다. 개인이 자신이 원하는 것을 알아채는 것이 어려운 또 다른 이유로는 어떠한 사적 사건은 위협적이기 때문이다. 그렇게 되면 이러한 사건에 주의를 집중하는 것을 의식적으로 피하게 된다. 시간이 흐름에 따라, 개인은 처음에 회피했던 사적 자극뿐 아니라 다른 사적 자극에 접근하는 데도 점차 어려움을 겪게 된다.

과정으로서의 자기를 접촉 언어행동화하는 것을 배우는 것은 자신의 삶에서 중요한 것이 무엇인지 알아채기 위해 중요한 기술이다. 이를 통해 자신의 삶에서 중요한 방향으로 동기화될 수 있다. 임상적 행동분석에서 이와 관련된 작업들은 다른 치료 모형과 유사한 점이 있다(Greenberg & Pavio, 1997). 단계를 잘게 나누어, 치료자는 내담자가 자기 내적으로 일어나는 일들—대개는 감정적이고 신체적인 현상들—을 변별하고 이에 집중할 수 있도록 돕는다. 이와 더불어 탈융합과 가치 명료화 또한 여전히 이와 관련하여 중요한 작업으로 진행된다. 왜냐하면 자기 내적으로 일어나는 일들을 접촉 언어행동화하는 것이 규칙 지배적인 행동과 결합되면 복잡해지기 때문이다. 그렇게 되면 탈융합이 내담자가 자기 변별을 할 수 있도록 돕는 데 중요한 연습이 된다.

자기 삶에서 원하는 것을 알아채도록 돕는 작업은 선행 사건 관련 치료적 작업과 결과 관련 치료적 작업이 동시에 일어나는 또 다른 예가 된다. 하지만 여기서 내가 강조하고자 한 것은 동기적인 선행 사건을 형성하는 하나의 방식으로서 개인의 가치에 대해 이야기하는 것이 중요하다는 것이다. 치료자는 대안적 행동에 대한 확장인으로서 이것이 기능할 수 있는 조건을 만들기 위해 노력해야 한다.

언어에 대한 본질주의적인 기초를 약화시키기

제7장에서 나는 문제가 되는 규칙 지배적인 행동의 다양한 유형을 설명했다. 흔한 예 중 하나는 순응이 일반화되어 잘 기능하는 추적하기를 방해할 때이며, 또 다른 예는 단기 결과에 대한 추적하기가 보다 장기적인 결과에 대한 추적하기를 차단할 때이다. 이러한 규칙 따르기의 경직성은 종종 보다 광범위하고 추상적인 삶의 가치에 대한 규칙에 의해 가중되어, 구체적인 규칙에 명시된 결과의 지배성을 보다 심화시키게 된다. 이 경우, 역기능적인 확장이 지배적이 된다.

중요한 규칙 지배적 행동 유형 중 하나는 개인에게 바람직한 결과에 대한 언어적 구성이 행동을 지배할 때이다. 앞에서 나는 이러한 유형의 결과('내가 원하는 것' '내 삶에서 중요한 것')가 대안행동을 동기화하기 위해 어떻게 쓰일 수 있는지를 기술했다. 반면, 이러한 규칙들은 내담자의 역기능적인 행동을 불러일으킬 수도 있다. 우리가 다룬 세 내담자를 자세히 살펴보면, 이들이 모두 경직된 규칙을 따르고 있음을 발견할 수 있다. 이러한 규칙은 보다 광범위한 규칙으로부터 동기화된 것이다. 언어적 선행 사건의 영향력을 약화시키는 개입은 이 두 가지, 즉 경직되며 광범위하고 추상적인 규칙을 다루는 방법을 포함해야 한다.

앤의 사례로 돌아가 보겠다. 그녀의 역기능적인 규칙 지배적 행동(경험 회피)이 치료자와의 대화에서 점점 명백해진다. 신체감각 등 그녀가 인식하지 못한 피부 안의 현상으로 인해 그녀는 그 상황을 해결해야 한다는 자기생성적 규칙을 가지게 되었다. 이는 '기분 나아지기'라는 다분히 단기 지향적인 결과를 추적하는 것이 앤의 장기 목표를 방해하는 예가 된다. 앤이 자신의 신체감각 및 이와 관련된 재앙적 사고와 관련해 맥락적으로 바라볼 수 있도록 돕는 탈융합 기법이 이러한 선행 사건의 영향을 줄이기 위해 사용되었다. 치료자는 또한 신체감각이 방해물(가치와 대립 관계)에서 가치로의 여정에서 함께할 수 있는 것으로 그 기능이 변화되도록 개입할 수도 있다.

동시에 치료자는 직장에서의 보다 광범위한 규칙을 파악할 수도 있다. 꼭 필요한 것은 아니나 앤이 늘 해 오던 방식과 다른 방식으로 행동하는 데 어려움을 겪

을수록 그녀의 문제행동을 지배하고 있는 동기적인 선행 사건을 파악해야 할 필요가 더 커진다.[4] 하나의 방법은 그녀에게 이러한 신체감각을 경험하지 않는 것이 그렇게 중요한 이유가 무엇인지 묻는 것이다. 앤은 아마도 "기분이 좋지 않아서요."라고 대답할 것이며, '그것은 무엇인가 잘못되었다는 뜻'이라고 말할 것이다. 다시 한번, 치료자는 비록 시간이 걸리는 작업일지라도 앤이 이를 나-여기-지금이 아니라 나-거기-그때의 경험으로 관계틀 형성하도록 도우며 이것이 장애물인 것처럼 행동하지 않도록 도울 수 있다. 내담자들은 흔히 다음과 같이 이야기한다. "이번에 끔찍했던 사건 전에도 나는 늘 이래 온 것 같다는 생각이 들어요. 나는 늘 언제나 아무 불편함이 없는 것처럼 느끼는 것이 중요했으며, 어떤 것도 거슬리면 안 된다고 생각해 왔어요." 많은 경우 이와 관련해 어린 시절에 대한 기억을 이야기하기도 한다. RFT에 따라 치료자는 이것이 앤의 역기능적인 행동을 동기화시키는 선행 사건이라 가정한다. 또 '열심히 해야 한다'거나 그녀의 사적 사건을 없애거나 통제해야 한다는 말이 이를 더 중요하게 만드는 확장인이 되기도 한다. 이때도 동일한 치료적 기법이 적용될 수 있다.

제6장에서 암묵적인 규칙과 관련해 우리가 다루었던 문제를 이론적으로 다시 한번 살펴보겠다. 규칙 지배적 행동과 관련해 이야기하고 있는데, 규칙은 어디에서 만들어진 것일까? 우리는 규칙이 사후에 만들어지는 구성개념(construct)이라고 말할 수 있을 것 같다. 앤은 자신이 마치 기분이 나쁘면 안 된다는 규칙을 따라 행동해 온 것 같다고 말했다. 그녀는 종종 그런 식으로 생각한다고 했는데, 이는 우리가 여기에서의 언어적 행동을 다룰 때 보다 분명히 드러난다. 또는 앤이 지금은 이런 식으로 생각하지 않은 지 오래되었지만 어려서는 그랬던 것 같고, 부모님이 그런 식으로 이야기했다고 말할 수도 있다. 반면, 여전히 그녀는 이러한 생각이 요즘에 생겨난 것인지 또는 먼 과거에 생겨난 것인지 알지 못할 가능성 또한 있다. 그녀는 자신의 행동을 그냥 늘 그래 왔던 것으로만 인식하고 있을 수 있다. 이 경우, 이러한 행동을 규칙 지배적 행동으로 보아야 할지 아

4) 저자 주: 물론 기능 분석을 할 때 이러한 상황에 기여하는 결과를 찾아야 하는 이유도 있다.

니면 직접적인 수반성에 의해 통제되는 행동으로 보아야 할지는 명확하지 않다. 이를 결정할 만큼 앤의 학습 이력에 대해 충분히 알지 못하기 때문이다. 그것이 어떤 것이든 관계없이, 현재는 앤이 자신의 행동과 언어적으로 관계를 맺을 수 있다. 그녀는 이것을 '내가 한 것(그때-그곳)'으로 변별할 수 있기에 자신에게 선택권이 있다는 경험을 하게 된다. 이 시점에서 치료자는 "당신에게 중요한 것은 무엇인가요? 만약에 기분 나쁜 일이 생기지 않도록 하는 데 시간과 노력을 쓰지 않아도 된다면 무엇을 하고 싶은가요?"와 같은 질문을 할 수 있다. 그것이 대안적 행동에 대한 선행 사건으로 기능하기를 바라면서 말이다.

정신역동이론이나 인지적 이론에 익숙한 연구자들은 물론 이러한 과정을 잘 알고 있을 것이다. 우리가 여기서 다루고 있는 것은 정신역동치료에서는 '무의식'의 영역에서 벌어지는 현상 또는 인지치료에서는 '스키마' 또는 '기저 신념' 등과 관련된 현상으로 본 것이다. 각기 다른 이론이 비슷하거나 동일한 현상을 기술하기 위해 노력을 기울여 왔다. 하지만 행동분석적 조망에서는 관찰 불가능한 내적 구조를 통해 이러한 현상을 설명하는 것이 실질적으로 얻는 것이 없다는 것을 강조하고 있다. 우리가 강조하고자 하는 것은 규칙이 아닌 행동이다. 규칙이 말해지거나 생각되면 관찰 가능할 수 있지만, 이는 또한 그 순간의 추상적인 개념으로 존재하거나 암묵적일 수 있다. 이 경우 규칙은 행동하는 인간과 그 행동이 일어나는 조건 간의 상호작용에서 존재한다. 하지만 여전히 치료적 장면에서 규칙에 대해 이야기하는 것은 내담자가 자기 자신의 행동에 대한 조망을 갖는 것을 촉진하기에 유용하며, 그것이 목적이다.

유사한 분석이 치료자가 리처드나 스캇에 대한 개입에서 언어에 대한 본질주의적 가정의 영향을 약화시키기 위해 사용되었다. 리처드의 사례에서부터 이러한 원칙에 대해 보다 자세히 설명하겠다. 리처드는 타인이 원하는 것이나 생각하는 것을 표현할 때 수동적인 입장을 보이는 자신의 규칙을 이야기했다. 이때 그가 경험하는 장애물은 모호함이다. 이러한 경험은 진행 중인 치료자-내담자 대화에서 보다 명료해지고, 구체적으로 정의될 수 있을 것이다. 모호함을 경험하는 것이 장애물로 기능할 때 앤의 사례에서 설명하였던 것과 동일한 기법을 사용해 개입할 수 있다. 리처드의 문제행동은 명확히 대인관계적이며 아마도 역기능적인 순응의 증상일 수 있다. 만약에 그렇다면 제9장에서 설명했듯이 치료자는 치료실에서의 상호작용에 특히 더 주의를 기울여야 한다. 그것이 리처드가 상호작용에서의 자신의 문제행동을 변별하는 데 도움이 되며, 또한 자신이 원하는 방향으로 움직일 때의 경험적인 장애물에 대해 조망을 갖게 할 것이다.

리처드의 경우에 역기능적인 확장인은 무엇일까? 그것은 자리를 차지하는 것을 회피하는 형태로 나타나며, 이는 충분히 유능하지 않은 사람으로 보여 거절되거나 공격당하는 암묵적인 결과를 피하기 위한 것이다. 이러한 규칙은 탈융합을 통해 개입할 수 있다. 리처드가 유능하지 않은 사람으로 보일때, 이에 대한 조망을 갖고, 그러한 경험(그곳-그때)을 가진 채로 여전히 그의 선택이나 가치를 향해 행동할 수 있을까?

스캇과 치료자와의 상호작용은 언어적 규칙을 약화시키는 작업을 보여 준다. 스캇의 행동은 그가 괴롭힘당하는 느낌이 들 때 어떻게 행동해야 하는지에 대한 구체적인 규칙 또는 사람들이 자신을 싫어할 위험을 피해야 한다는 보다 광범위한 규칙에 의해 지배된다. 스캇의 반응은 치료자가 스캇(혹은 대부분의 사람)이 두려워하는 결과인 버려지거나 혼자되는 것에 점점 다가가고 있다는 것을 암시한다. 실제로 이러한 결과는 인간에게 혐오적인 것이기에 이를 회피하고자 하는 것은 자연스러운 일이다. 하지만 이러한 실질적 결과를 언어적 선행 사건의 형태로 피하고자 할 때, 우리는 우리 자신에게 도움이 되지 않는 방식으로 행동하게 되거나 가치로 나가는 데 방해가 되는 방식으로 행동하게 되는 경향이 있다. 스캇이 이러한 언어적 선행 사건을 그(여기)가 가질 수 있는 것(그때)으로 변별할 수 있도록 도우며, 이를 자신에게 가치 있는 것을 향해 가는 길에 함께 가져갈 수 있는 것으로 받아들일 수 있도록 돕는 것이 치료의 목표가 된다. 이를 통해 그가 지금 하는 것을 통해 얻는 것보다 더 나은 결과를 얻게 되었으면 하는 소망을 가지고 이러한 작업을 진행하게 된다.

요약

임상적 행동분석에서 언어행동을 사용하는 경우는 다양하다. 대안행동에 대한 지시를 주는 것은 중요하다. 이는 치료자가 제안을 할 때 명시적으로 일어나지만 내담자가 치료 장면에서 결론을 이끌어 내고 이를 바탕으로 스스로 규칙을 만들어 낼 때도 암묵적으로 일어난다. 이러한 과정이 어떻게 이루어지는지에 대한 지식은 RFT를 기반으로 한 여러 연구를 바탕으로 급격히 증가되었다. 하지만 나의 초점은 인간 행동을 통제하는 언어행동의 영향을 감소시킴으로써 규칙 따르기의 역기능적인 측면을 다루는 데 있다. 이와 관련해 중요한 요인은 우리가 사적 사건을 통제하거나 없애려 할 때 그것이 얻게 되는 기능이다. 나는 역기능적인 선행 사건으로 기능하는 사적 사건의 기능을 변환할 수 있는 주요 기법 두 가지를 기술했다. 그중 하나는 내담자의 연속적 자기(맥락으로서의 자기) 경험과 연속적인 자기의 맥락에서 사적 사건을 변별하는 것이다. 우리 인간이 사적 사건과 융합되어 행동할 때, 그것은 자연스럽게 우리 행동을 지배하게 된다. 우리가 그것을 나-그곳-그때로 관계틀을 형성하게 되면, 그 자극 기능은 변환되어 이러한 사적 사건들과 보다 유연하게 관계를 맺고 행동할 수 있는 가능성이 증가된다. 이것이 탈융합으로, 이를 통해 내가 기술한 다른 주요 기법을 보다 성공적으로 적용할 수 있다. 또 다른 기법은 사적 사건이 내담자의 장기적인 가치에 대한 장애물로 기능하는 경향성을 줄이고자 할 때 사용된다. 이러한 경험이 가치 행동과 대립관계에 있을 때 그것을 내담자가 가고자 하는 방향과 함께할 수 있도록 하는 것이다. 이 두 기법 모두에서 치료자는 내담자의 역기능적인 언어행동이 일어나는 맥락을 변화시키고자 개입했다.

이 두 기법은 RFT의 언어행동에 대한 이해를 통해 얻어진 직접적인 부산물이다. 이는 이러한 접근들이 전적으로 새로운 것이라거나 다른 심리치료 모형과 전혀 유사점이 없다는 뜻은 아니지만 이러한 기법이 특별히 강조하고 있는 것은 새로운 것으로, 이를 기반으로 혁신적인 치료적 흐름이 일어나고 있는 것은 사실이다.

RFT가 다른 치료 모형과 근본적으로 다른 점은 행동분석을 그 시작점으로 하고 있다는 점이다. 책을 마치며 이를 다시 강조하는 이유가 있다. 핵심적인 가정은 행동은 개체가 전체로서 행하는 것으로, 이러한 행동을 지배하는 요인은 그 행동이 일어나는 맥락에서 발견된다는 뜻이다. 이는 언어나 인지로 표현되는 언어행동을 포함한 모든 행동에 적용된다.

이러한 근본적인 토대가 어떤 면에서는 제한적이지만 한편으로는 치료에 잠재적인 가능성을 열어 준다. 제한적인 것은 직접적으로 중요한 맥락적 요인이다. 치료자는 내담자의 맥락의 한 부분으로서, 그가 직접적으로 개입할 수 있는 방법은 같은 맥락을 변환시키는 것을 통해서만 가능하다. 이러한 출발점은 직접적 영향을 미칠 수 있는 맥락적 요인을 변화시키는 것이 실제로 가능하기에 큰 희망이 된다. 이는 치료자에게 내담자가 원하는 변화를 만들어 내도록 도울 수 있는 기회를 제공한다.

후기

치료가 실용적이 되는 것에는 적어도 두 가지 방법이 있다. 하나는 내담자가 주어진 상황에서 무엇을 해야 할지를 이야기하는 것이다. 이는 변화를 빠르게 만들어 내기 위해서는 훌륭한 방법이지만 상황이 변화되었을 때 내담자가 어떻게 해야 할지를 알려주지는 못한다. 또 다른 방법으로는 내담자에게 사건이나 상황이 작동하는 원리를 이야기한 이후 이러한 이해를 바탕으로 할 수 있는 것들을 제안하는 것이다. 이 방법은 전자에 비해 더 복잡하지만, 성공적으로 시행된다면 개인은 더욱 많은 것을 이해하고, 원리를 알게 된다.

이러한 수준의 이해를 가지고 있는 사람은 전혀 다른 대안을 생각해 낼 수 있다. 새로운 상황을 접해도 덜 압도되는데, 이유는 그것의 깊이를 간파하고 나면 상황이 덜 낯설게 느껴지기 때문이다. 이미 알려진 것들과 연결되어 있을 때 창의적으로 생각하는 것이 더 용이해진다.

이 책은 후자의 경우에 해당하는 실용적인 책이다. 이 책에 매료되었던 독자는 이제 내가 말하는 것을 통해 그 이유를 알아챌 수 있을 것이다. 이는 우연이 아니다. 저자는 '어떻게 최근 연구 결과를 포함한 학습이론이 직접적으로 임상적으로 적용될 수 있는지를 보여 주고자 하는' 목적을 가지고 있었다. 그는 '잘 정의된 매뉴얼이 아니라 원리에 기반한 심리치료를' 기술하고자 했다. 나는 그가 충실하게 이 작업을 해 냈다고 믿는다. 그의 책 『인간 행동의 ABC』(Ramnero & Torneke, 2008)와 함께 이 책은 행동주의적인 원리를 실용적인 심리학에 접목하여 다양한 심리치료 접근을 망라한 임상적인 작업의 기초로 사용될 수 있도록 하였다.

이는 행동주의 치료 그 자체만큼 오래된 전통의 변형이다. 초기의 행동주의 치료(1960년대 초반)에서는 행동주의 원리가 모든 인간 고통과 성취를 완벽하게 설명할 수 있을 것이라고 보았지만, 불행히도 그때는 그렇지 못했다. 대범한 시도들이 있었지만 인간 인지를 온전히 다루기에는 부족했다.

저자가 이 책을 통해 보여 주었듯이 지금은 다르다. 행동분석에 있어 증거-기반의 귀납적 과정을 통한 비전이 계속해서 펼쳐지고 있다. 현재는 훨씬 많은 것들이 설명가능하다.

사실 인간인지의 중요한 부분은 대부분 현재 RFT로 설명된다. 물론 여전히 많은 경험이 연구되어야 하며, 나는 RFT가 최종적으로 옳은 것이라 말하는 것은 아니다. 모든 개념들은 한계가 있으며, 정도의 차이는 있으나 모든 과학적 개념과 이론은 부정확한 부분이 있다. 하지만 이렇게 한계를 가진 이론이나 개념들도 상당 기간—아마도 상당히 오랜 기간—유용하다. 나는 이러한 분석이 '옳다'고 주장하는 것이 아니라 행동주의적 심리학이 유용하다고 말하고 있는 것이다. 행동주의 분석은 타당하며, 경험적이고, 진화하고 있다. 기존의 다른 인지이론과 달리, RFT는 임상가들에게 언어와 인지가 무엇인지, 그것이 어떻게 형성되는지, 그리고 그 유용성과 한계는 무엇인지를 보여 주며, 어떻게 인간에게 이로운 방향으로 이를 변형할 수 있는지를 보여 준다.

이 책의 원리들은 상당기간—아마도 상당히 오랜 기간—유용할 수 있는 모든 증거들을 보여 준다.

행동주의 원칙이나 RFT 원칙은 단지 수용과 전념치료 또는 기능적 분석이나 행동 활성화에만 적용되는 것이 아니다. 이는 광범위한 영역의 모든 형태의 심리치료를 뒷받침하기 위한 것이다. 이는 또한 모든 형태의 교육과도 관련되며, 그 원칙들은 가정에서, 직장에서, 학교에서 그리고 치료 현장에서 적용할 수 있도록 고안되었다. 이는 지금 이 순간 일어나고 있는 언어 행동을 포함한 모든 언어적 사건에 적용된다.

이러한 표현이 다소 웅대하게 들릴 수 있다는 것을 이해하지만, 어쩔 수 없다.

저자가 지적했듯이 학습이론은 본질적으로 그 비전에 있어 웅대하다.

이러한 종류의 책을 읽을 때 독자가 할 수 있는 것은 그것을 그냥 '믿는' 것이 아니라 담대하게 한걸음씩 앞으로 나아가, 반응적으로 새로운 원리를 적용하여 그것이 어떻게 작동하는지를 보는 것이다. 당신이 인지, 사고, 언어를 기능적이고 맥락적인 시각으로 깊게 이해하기 시작하면서 당신의 세상이 임상적으로 (그리고 가정에서, 직장에서 그리고 대인관계에서) 어떻게 보일지를 경험하는 것이다.

이러한 질문들에 대답하는 연습은 재미도 있고 실용적이다. 이는 임상가들을 자유롭게 한다. 과학적인 성향을 가지고 있는 사람들에게 이는 경험적으로 지지되기 위한 매우 다른 방법을 제시한다. 원리를 알고, 상황을 이러한 원리에 입각해 분석하며, 그 이해를 바탕으로 행동하여, 결과를 평가하며, 필요하다면 이 과정을 반복하는 것이 그것이다. 경험적으로 지지되는 패키지에 제한되는 것이 아니라 우리는 경험적으로 지지되는 절차, 과정 그리고 원리를 탐색한다. 이는 우리를 자유롭게 하기 위해 시도해 볼만한 가치가 있는 일이다.

그리고 마지막으로 www.Contextualpsychology.com을 방문해 보기를 독자에게 권한다.

스티븐 C. 헤이즈(Steven C. Hayes)
네바다 대학교 심리학과 교수

* 스티븐 C. 헤이즈는 ACT 창설자 중 한 사람으로서 미국 네바다 대학교의 교수이다. 『수용-전념치료(Acceptance and Commitmet therapy)』, 『RFT』 등 다수 책의 (공)저자이다.

참고문헌

Abramowitz, J. S., Tolin, D. F., & Street, G. P. (2001). Paradoxical effects of thought suppression: A meta-analysis of controlled studies. *Clinical Psychology Review, 21*, 683-703.

Alexander, F., French, T. M., & the Institute for Psychoanalysis. (1946). *Psychoanalytic therapy: Principles and application*. New York: Ronald Press.

Andersson, J. R. (2005). *Cognitive psychology and its implications* (6th ed.). New York: Worth Publishers.

Ayllon, T., Layman, D., & Kandel, H. J. (1975). A behavioral-educational alternative to drug control of hyperactive children. *Journal of Applied Behavior Analysis, 8*, 137-146.

Bach, P., & Moran, D. (2008). *ACT in practice: Case conceptualization in acceptance and commitment therapy*. Oakland, CA: New Harbinger.

Barclay, M. W. (1997). The metaphoric foundation of literal language: Toward a theory of the reification and meaning of psychological constructs. *Theory and Psychology, 7*, 355-372.

Barlow, D. H. (2002). *Anxiety and its disorders: The nature and treatment of anxiety and panic* (2nd ed.). New York: Guilford Press.

Barnes, D., Hegarty, N., & Smeets, P. (1997). Relating equivalence relations to equivalence relations: A relational framing model of complex human functioning. *Analysis of Verbal Behavior, 14*, 1-27.

Barnes-Holmes, D., Barnes-Holmes, Y., & Cullinan, V. (2000). Relational frame theory and Skinner's Verbal Behavior: A possible synthesis. *Behavior Analyst, 26*, 69-84.

Barnes-Holmes, D., Barnes-Holmes, Y., Power, P., Hayden, E., Milne, R., & Stewart, I. (2006). Do you really know what you believe? *Irish Psychologist, 32*, 169-177.

Barnes-Holmes, D., Hayes, S. C., Dymond, S., & O'Hora, D. (2001). Multiple stimulus relations and the transformation of stimulus functions. In S. C. Hayes, D. Barnes-Holmes, & B. Roche (Eds.), *Relational frame theory: A post-Skinnerian account of human language and cognition* (pp. 51-72). New York: Kluwer Academic/Plenum.

Barnes-Holmes, D., Staunton, C., Barnes-Holmes, Y., Whelan, R., Stewart, I., Commins, S., et al. (2004). Interfacing relational frame theory with cognitive neuroscience: Semantic priming, the implicit association test, and event related potentials. *International Journal of Psychology and Psychological Treatment*, *4*, 215-240.

Barnes-Holmes, D., & Stewart, I. (2004). Relational frame theory and analogical reasoning: Empirical investigations. *International Journal of Psychology and Psychological Therapy*, *4*, 241-262.

Barnes-Holmes, Y., Barnes-Holmes, D., & McHugh, L. D. (2004). Teaching derived relational responding to young children. *Journal of Early and Intensive Behavior Intervention*, *1*, 3-26.

Barnes-Holmes, Y., Barnes-Holmes, D., & Smeets, P. M. (2004). Establishing relational responding in accordance with opposition as generalized operant behavior in young children. *International Journal of Psychology and Psychological Therapy*, *4*, 559-586.

Barnes-Holmes, Y., Barnes-Holmes, D., Smeets, P. M., & Luciano, C. (2004). The derived transfer of mood functions through equivalence relations. *Psychological Record*, *54*, 95-114.

Barnes-Holmes, Y., Barnes-Holmes, D., Smeets, P. M., Strand, P., & Friman, P. (2004). Establishing relational responding in accordance with more-than and less-than as generalized operant behavior in young children. *International Journal of Psychology and Psychological Therapy*, *4*, *531-558*.

Barnes-Holmes, Y., McHugh, L., & Barnes-Holmes, D. (2004). Perspective-taking and theory of mind: A relational frame account. *Behavior Analyst Today*, *5*, 15-25.

Baron-Cohen, S., Tager-Flusberg, H., & Cohen, D. J. (2000). *Understanding other minds: Perspectives from developmental cognitive neuroscience* (2nd ed.). New York: Oxford University Press.

Beck, A. T. (1963). Thinking and depression: Idiosyncratic content and cognitive distortions. *Archives of General Psychiatry*, *9*, 324-333.

Beck, A. T. (1964). Thinking and depression: Theory and therapy. *Archives of General Psychiatry*, *10*, 561-571.

Beck, A. T. (1967). *Depression: Clinical, experimental, and theoretical aspects*. New York: Harper and Row.

Beck, A. T. (1976). *Cognitive therapy and the emotional disorders*. New York: Meridian.

Beck, A. T. (1991). Cognitive therapy: A 30-year perspective. *American Psychologist*, *46*, 368-375.

Beck, A. T. (1993). Cognitive therapy: Past, present, and future. *Journal of Consulting and Clinical Psychology*, *61*, 194-198.

Beck, A. T. (2005). The current state of cognitive therapy. A 40-year perspective. *Archives of General Psychiatry*, *62*, 953-959.

Berens, N. M., & Hayes, S. C. (2007). Arbitrarily applicable comparative relations:

Experimental evidence for a relational operant. *Journal of Applied Behavior Analysis, 40*, 45–71.

Blackledge, J. T. (2007). Disrupting verbal processes: Cognitive defusion in acceptance and commitment therapy and other mindfulness-based psychotherapies. *Psychological Record, 57*, 555–576.

Blackledge, J. T., Moran, D. J., & Ellis, A. (2008). Bridging the divide: Linking basic science to applied psychotherapeutic interventions—relational frame theory account of cognitive disputation in rational emotive behavior therapy. *Journal of Rational Emotive Cognitive Behavior Therapy, 27*, 232–248.

Bowlby, J. (1988). *A secure base: Parent-child attachment and healthy human development*. New York: Basic Books.

Buber, M. (1970). *I and thou*. New York: Touchstone.

Callaghan, G. L., Gregg, J. A., Marx, B. P., Kohlenberg, B. S., & Gifford, E. (2004). FACT: The utility of an integration of functional analytical psychotherapy and acceptance and commitment therapy to alleviate human suffering. *Psychotherapy: Theory, Research, Practice, Training, 41*, 195–207.

Campbell-Sills, L., Barlow, D. H., Brown, T. A., & Hofmann, S. G. (2006). Effects of suppression and acceptance on emotional responses of individuals with anxiety and mood disorders. *Behaviour Research and Therapy, 44*, 1251–1263.

Carpentier, F., Smeets, P. M., & Barnes-Holmes, D. (2002). Matching functionally-same relations: Implications for equivalence-equivalence as a model for analogical reasoning. *Psychological Record, 52*, 351–312.

Carpentier, F., Smeets, P. M., Barnes-Holmes, D., & Stewart, I. (2004). Matching derived functionally same relations: Equivalence-equivalence and classical analogies. *Psychological Record, 54*, 255–273.

Catania, A. C. (2007). Learning (4th ed.). New York: Sloan Publishing.

Chapman, A. L., Gratz, K. L., & Brown, M. Z. (2006). Solving the puzzle of deliberate self-harm: The experiential avoidance model. *Behaviour Research and Therapy, 44*, 371–394.

Chawla, N., & Ostafin, B. (2007). Experiential avoidance as a functional dimensional approach to psychopathology: An empirical review. *Journal of Clinical Psychology, 63*, 871–890.

Chomsky, N. (1959). Reviews. Verbal Behavior, by B. F. Skinner. *Language, 35*, 26–58.

Chomsky, N. (2006). *Language and mind* (3rd ed.). Cambridge, UK: Cambridge University Press.

Clark, D. M., Ehlers, A., Hackmann, A., McManus, F., Fennell, M., Grey, N., et al. (2006). Cognitive therapy versus exposure and applied relaxation in social phobia: A randomized controlled trial. *Journal of Consulting and Clinical Psychology, 74*, 568–578.

Cohen, H., Amerine-Dickens, M., & Smith, T. (2006). Early intensive behavioural treatment:

Replication of the UCLA model in a community setting. *Developmental and Behavioral Pediatrics, 27*, 145-155.

Collins, A., & Burstein, M. (1989). Afterword: A framework for a theory of comparison and mapping. In S. Vosniadou & A. Ortony (Eds.), *Similarity and analogical reasoning* (pp. 546-565). Cambridge, UK: Cambridge University Press.

Dahl, J., Plumb, J., Stewart, I., & Lundgren, T. (2009). *The art and science of valuing in psychotherapy. Oakland*, CA: New Harbinger.

Devany, J. M., Hayes, S. C., & Nelson, R. O. (1986). Equivalence class formation in language-able and language-disabled children. *Journal of the Experimental Analysis of Behavior, 46*, 243-257.

Dickins, D. W., Singh, K. D., Roberts, N., Burns, P., Downes, J., Jimmieson, P., et al. (2001). An fMRI study of stimulus equivalence. *Neuroreport, 12*, 2-7.

Dimidjian, S., Hollon, S. D., Dobson, K. S., Schmaling, K. B., Kohlenberg, R. J., Addis, M., et al. (2006). Randomized trial of behavioral activation, cognitive therapy, and antidepressant medication in the acute treatment of adults with major depression. *Journal of Consulting and Clinical Psychology, 74*, 658-670.

Dimidjian, S., Martell, C. R., Addis, M. E., & Herman-Dunn, R. (2008). Behavioral activation for depression. In D. H. Barlow (Ed.), *Clinical handbook of psychological disorders* (4th ed., pp. 328-364). New York: Guilford Press.

Dobson, K. S. (1989). A meta-analysis of the efficacy of cognitive therapy for depression. *Journal of Consulting and Clinical Psychology, 57*, 414-419.

Dollard, J., & Miller, N. E. (1950). *Personality and psychotherapy*. New York: McGraw-Hill.

Dougher, M. J., Augustson, E. M., Markham, M. R., Greenway, D. E., & Wulfert, E. (1994). The transfer of respondent eliciting and extinction functions through stimulus equivalence classes. *Journal of the Experimental Analysis of Behavior, 62*, 331-351.

Dougher, M. J., & Hackbert, L. (2000). Establishing operations, cognition, and emotion. *Behavior Analyst, 23*, 11-24.

Dougher, M. J., Hamilton, D., Fink, B., & Harrington, J. (2007). Transformation of the discriminative and eliciting functions of generalized relational stimuli. *Journal of the Experimental Analysis of Behavior, 88*, 179-197.

Dugdale, N., & Lowe, F. L. (2000). Testing for symmetry in the conditional discrimination of language-trained chimpanzees. *Journal of the Experimental Analysis of Behavior, 73*, 5-22.

Dymond, S., & Barnes, D. (1994). A transfer of self-discrimination response functions through equivalence relations. *Journal of the Experimental Analysis of Behavior, 62*, 251-267.

Dymond, S., & Barnes, D. (1995). A transfer of self-discrimination response functions in accordance with the arbitrary relations of sameness, more-than, and less-than. *Journal of the Experimental Analysis of Behavior, 64*, 163-184.

Dymond, S., & Barnes, D. (1996). A transformation of self-discrimination response functions in accordance with the arbitrarily applicable relations of sameness and opposition. *Psychological Record, 46*, 271-300.

Edvardson, C. (1997). *Burned child seeks the fire*. Boston: Beacon Press.

Ekman, P. (1992). An argument for basic emotions. *Cognition and Emotion, 6*, 169-200.

Ellis, A. (1989). The history of cognition in psychotherapy. In A. Freeman, K. M. Simon, L. E. Beutler, & H. Arkowitz (Eds.), *Comprehensive handbook of cognitive therapy* (pp. 5-19). New York: Plenum.

Ellis, A. (2005). Can rational-emotive behavior therapy (REBT) and acceptance and commitment therapy resolve their differences and be integrated? *Journal of Rational-Emotive and Cognitive-Behavior Therapy, 23*, 153-168.

Evans, M. B. (1988). The role of metaphor in psychotherapy and personality change: A theoretical reformulation. *Psychotherapy, 25*, 543-551.

Farmer, R. F., & Chapman, A. L. (2008). *Behavioral interventions in cognitive behavior therapy*. Washington, DC: American Psychological Association.

Ferster, C. B. (1967). Arbitrary and natural reinforcement. *Psychological Record, 17*, 341-347.

Ferster, C. B. (1972). An experimental analysis of clinical phenomena. *Psychological Record, 22*, 1-16.

Ferster, C. B. (1973). A functional analysis of depression. *American Psychologist, 28*, 857-870.

Freeman, A., Pretzer, J., Flemming, B., & Simon, K. (2004). *Clinical applications of cognitive therapy* (2nd ed.). New York: Kluwer Academic/Plenum.

Gentner, D. (1989). The mechanism of analogical learning. In S. Vosniadou & A. Ortony (Eds.), *Similarity and analogical reasoning* (pp. 199-241). Cambridge, UK: Cambridge University Press.

Gentner, D., Bowdle, B., Wolff, P., & Boronat, C. (2001). Metaphor is like analogy. In D. Gentner, K. J. Holyoak, & B. N. Kokinov (Eds.), *The analogical mind: Perspectives from cognitive science* (pp. 199-254). Cambridge, MA: MIT Press.

Gentner, D., Holyoak, K. J., & Kokinov, B. N. (2001). *The analogical mind: Perspectives from cognitive science*. Cambridge, MA: MIT Press.

Gifford, E. V., & Hayes, S. C. (1998). Functional contextualism: A pragmatic philosophy for behavioral science. In W. O'Donohue & R. Kitchener (Eds.), *Handbook of behaviorism* (pp. 285-327). San Diego, CA: Academic Press.

Gortner, E. T., Gollan, J. K., Dobson, K. S., & Jacobson, N. S. (1998). Cognitive-behavioral treatment for depression: Relapse prevention. *Journal of Consulting and Clinical Psychology, 66*, 377-384.

Greenberg, L. G., & Pavio, S. C. (1997). *Working with emotions in psychotherapy*. New York: Guilford Press.

Harmon, K., Strong, R., & Pasnak, R. (1982). Relational responses in tests of transposition with rhesus monkeys. *Learning and Motivation, 13*, 495–504.

Hayes, L. J. (1992). *The psychological present. Behavior Analyst, 15*, 139–145.

Hayes, S. C. (1984). *Making sense of spirituality. Behaviorism, 12*, 99–110.

Hayes, S. C. (1989). Nonhumans have not yet shown stimulus equivalence. *Journal of the Experimental Analysis of Behavior, 51*, 385–392.

Hayes, S. C. (1991). A relational control theory of stimulus equivalence. In L. J. Hayes & P. N. Chase (Eds.), *Dialogues on verbal behavior* (pp. 19–40). Reno, NV: Context Press.

Hayes, S. C. (2008). Climbing our hills: A beginning conversation on the comparison of acceptance and commitment therapy and traditional cognitive behavioral therapy. *Clinical Psychology: Science and Practice, 5*, 286–295.

Hayes, S. C., Barnes-Holmes, D., & Roche, B. (Eds.). (2001). *Relational Frame Theory: A Post-Skinnerian Account of Human Language and Cognition*. New York: Kluwer Academic/Plenum.

Hayes, S. C., Brownstein, A. J., Zettle, R. D., Rosenfarb, I., & Korn, Z. (1986). Rule-governed behavior and sensitivity to changing consequences of responding. *Journal of the Experimental Analysis of Behavior, 45*, 237–256.

Hayes, S. C., Fox, E., Gifford, E. V., Wilson, K. G., Barnes-Holmes, D., & Healy, O. (2001). Derived relational responding as learned behavior. In S. C. Hayes, D. Barnes-Holmes, & B. Roche (Eds.), *Relational frame theory: A post-Skinnerian account of human language and cognition* (pp. 21–50). New York: Kluwer Academic/Plenum.

Hayes, S. C., Gifford, E. V., & Hayes, G. J. (1998). Moral behavior and the development of verbal regulation. *Behavior Analyst, 21*, 253–279.

Hayes, S. C., & Gregg, J. (2000). Functional contextualism and the self. In C. Muran (Ed.), *Self-relations in the psychotherapy process* (pp. 291–307). Washington, DC: American Psychological Association.

Hayes, S. C., Kohlenberg, B. K., & Hayes, L. J. (1991). The transfer of specific and general consequential functions through simple and conditional equivalence classes. *Journal of the Experimental Analysis of Behavior, 56*, 119–137.

Hayes, S. C., & Strosahl, K. D. (Eds.). (2004). *A practical guide to acceptance and commitment therapy*. New York: Springer-Verlag.

Hayes, S. C., Strosahl, K. D., Bunting, K., Twohig, M., & Wilson, K. G. (2004). What is acceptance and commitment therapy? In S. C. Hayes & K. D. Strosahl (Eds.), *A practical guide to acceptance and commitment therapy* (pp. 3–29). New York: Springer-Verlag.

Hayes, S. C., Strosahl, K., & Wilson, K. G. (1999). *Acceptance and commitment therapy: An experiential approach to behavioral change*. New York: Guilford Press.

Hayes, S. C., Wilson, K. G., Gifford, E. V., Follette, V. M., & Strosahl, K. (1996). Experiential avoidance and behavioral disorders: A functional dimensional approach to diagnosis and treatment. *Journal of Consulting and Clinical Psychology, 64*, 1152–1168.

Hayes, S. C., Zettle, R. D., & Rosenfarb, I. (1989). Rule following. In S. C. Hayes (Ed.), *Rule-governed behavior: Cognition, contingencies, and instructional control* (pp. 191-220). New York: Plenum.

Heagle, A. I., & Rehfeldt, R. A. (2006). Teaching perspective-taking skills to typically developing children through derived relational responding. *Journal of Early and Intensive Behavior Intervention, 3*, 1-34.

Healy, O., Barnes-Holmes, D., & Smeets, P. M. (2000). Derived relational responding as generalized operant behavior. *Journal of the Experimental Analysis of Behavior, 74*, 207-227.

Hofmann, S. G., & Asmundson, G. J. G. (2008). Acceptance and mindfulness-based therapy: New wave or old hat? *Clinical Psychology Review, 28*, 1-16.

Holyoak, K. J., & Thagard, P. (1997). The analogical mind. *American Psychologist, 57*, 35-44.

Horne, P. J., & Lowe, C. F. (1996). On the origins of naming and other symbolic behavior. *Journal of the Experimental Analysis of Behavior, 65*, 185-241, 341-353.

Howlin, P., Baron-Cohen, S., & Hadwin, J. (1999). *Teaching children with autism to mind-read: A practical guide*. Chichester, UK: John Wiley & Sons.

Jacobson, N. S., Dobson, K. S., Truax, P. A., Addis, M. E., Koerner, K., Gollan, J. K., et al. (1996). A component analysis of cognitive-behavioral treatment for depression. *Journal of Consulting and Clinical Psychology, 64*, 295-304.

Jeannerod, M. (1994). The representing brain: Neural correlates of motor intention and imagery. *Behavioral and Brain Sciences, 17*, 187-245.

Ju, W. C., & Hayes, S. C. (2008). Verbal establishing stimuli: Testing the motivative effect of stimuli in a derived relation with consequences. *Psychological Record, 58*, 339-363.

Kanfer, F. H., & Saslow, G. (1969). Behavioral diagnosis. In C. M. Franks (Ed.), *Behavior therapy: Appraisal and status* (pp. 417-444). New York: McGraw-Hill.

Kanter, J. W., Baruch, D. E., & Gaynor, S. T. (2006). Acceptance and commitment therapy and behavioral activation of depression: Description and comparison. *Behavior Analyst, 29*, 161-185.

Kanter, J. W., Busch, A. B., Weeks, C. E., & Landes, S. J. (2008). The nature of clinical depression: Symptoms, syndromes, and behavior analysis. *Behavior Analyst, 31*, 1-21.

Kanter, J. W., Manos, R. C., Busch, A. B., & Rusch, L. C. (2008). Making behavioral activation more behavioral. *Behavior Modification, 32*, 780-803.

Kantor, J. R. (1970). An analysis of the experimental analysis of behavior (TEAB). *Journal of the Experimental Analysis of Behavior, 13*, 101-108.

Karekla, M., Forsyth, J. P., & Kelly, M. M. (2004). Emotional avoidance and panicogenic responding to a biological challenge procedure. *Behavior Therapy, 35*, 725-746.

Kohlenberg, R. J., & Tsai, M. (1991). *Functional analytical psychotherapy: Creating intense and curative therapeutic relationships*. New York: Plenum.

Kohlenberg, R., J., & Tsai, M. (1995). I speak, therefore I am: A behavioral approach to understanding problems of the self. *Behavior Therapist, 18*, 113–116, 124.

Kohut, H. (1971). *The analysis of the self*. New York: International Universities Press.

Kohut, H. (1977). *The restoration of the self*. New York: International Universities Press.

Kokinov, B. N., & Petrov, A. A. (2001). Integrating memory and reasoning in analogy-making: The AMBR model. In D. Gentner, K. J. Holyoak, & B. N. Kokinov (Eds.), *The analogical mind: Perspectives from cognitive science* (pp. 59–124). Cambridge, MA: MIT Press.

Kopp, R. R. (1995). *Metaphor therapy*. New York: Brunner/Mazel.

Kosslyn, S. M., Ganis, G., & Thompson, W. L. (2001). Neural foundations of imagery. *Neuroscience, 2*, 635–642.

Lahav, A., Saltzman, E., & Schlaug, G. (2007). Action representation of sound: Audiomotor recognition network while listening to newly acquired actions. *Journal of Neuroscience, 27*, 308–314.

Leahy, R., & Dowd, T. (Eds.). (2002). *Clinical advances in cognitive psychotherapy: Theory and application*. New York: Springer.

Leary, D. E. (1990). Psyche's muse: The role of metaphor in the history of psychology. In E. E. Leary (Ed.), *Metaphors in the history of psychology* (pp. 1–23). New York: Cambridge University Press.

Leichsenring, F. (2005). Are psychodynamic and psychoanalytic therapies effective? A review of empirical data. *International Journal of Psychoanalysis, 86*, 841–868.

Leigland, S. (2005). Variables of which values are a function. *Behavior Analyst, 28*, 133–142.

Linehan, M. (1993). *Cognitive-behavioral treatment of borderline personality disorder*. New York: Guilford Press.

Linehan, M. (1997). Validation and psychotherapy. In A. C. Bohart & L. S. Greenberg (Eds.), *Empathy reconsidered: New directions in psychotherapy* (pp. 353–392). Washington, DC: American Psychological Association.

Lipkens, R., & Hayes, S. C. (2009). Producing and recognizing analogical relations. *Journal of the Experimental Analysis of Behavior, 91*, 105–126.

Lipkens, R., Hayes, S. C., & Hayes, L. J. (1993). Longitudinal study of the development of derived relations in an infant. *Journal of Experimental Child Psychology, 56*, 201–239.

Longmore, R., & Worrel, M. (2007). Do we need to challenge thoughts in cognitive behavior therapy? *Clinical Psychology Review, 27*, 173–187.

Luciano, C., Gómez, I., & Rodríguez, M. (2007). The role of multiple-exemplar training and naming in establishing derived equivalence in an infant. *Journal of the Experimental Analysis of Behavior, 87*, 349–365.

Luciano, C., Rodríguez, M., Mañas, I., Ruíz, F., Berens, N., & Valdivia-Salas, S. (2009). Acquiring the earliest relational operants: Coordination, difference, opposition, comparison, and hierarchy. In R. A. Rehfeldt & Y. Barnes-Holmes (Eds.), *Derived relational responding applications for learners with autism and other developmental disabilities* (pp. 149–170). Oakland, CA: New Harbinger.

Luciano, C., Rodríguez Valverde, M., & Gutiérrez Martinez, O. (2004). A proposal for synthesizing verbal contexts in experiential avoidance disorder and acceptance and commitment therapy. *International Journal of Psychology and Psychological Therapy, 4*, 377–394.

Luciano, C., Valdivia-Salas, S., Cabello-Luque, F., & Hernández, M. (2009). Developing self-directed rules. In R. A. Rehfeldt & Y. Barnes-Holmes (Eds.), *Derived relational responding applications for learners with autism and other developmental disabilities* (pp. 335–352). Oakland, CA: New Harbinger.

Luoma, J. B., Hayes, S. C., & Walser, R. D. (2007). *Learning ACT: An acceptance and commitment therapy skills-training manual for therapists*. Oakland, CA: New Harbinger; Reno, NV: Context Press.

Marks, I., & Dar, R. (2000). Fear reduction by psychotherapies. *British Journal of Psychiatry, 176*, 507–511.

Martell, C. R., Addis, M. E., & Jacobson, N. S. (2001). *Depression in context: Strategies for guided action*. New York: Norton.

Matthews, B. A., Shimoff, E., Catania, A. C., & Sagvolden, T. (1977). Uninstructed human responding: Sensitivity to ratio and interval contingencies. *Journal of the Experimental Analysis of Behavior, 27*, 453–467.

Mays, M. (1990). The use of metaphor in hypnotherapy and psychotherapy. *Individual Psychology, 46*, 423–430.

McCullough, L., Kuhn, N., Andrews, S., Kaplan, A., Wolf, J., & Hurley, C. L. (2003). *Treating affect phobia: A manual for short-term dynamic psychotherapy*. New York: Guilford Press.

McHugh, L., Barnes-Holmes, Y., & Barnes-Holmes, D. (2003). *Training perspective-taking with a 4-year-old child*. Paper presented at the First World Congress on ACT, RFT, and the New Behavioral Psychology, Linkoping, Sweden.

McHugh, L., Barnes-Holmes, Y., & Barnes-Holmes, D. (2004). Perspective-taking as relational responding: a developmental profile. *Psychological Record, 54*, 115–144.

McHugh, L., Barnes-Holmes, Y., & Barnes-Holmes, D. (2009). Understanding and training perspective-taking as relational responding. In R. A. Rehfeldt & Y. Barnes-Holmes (Eds.), *Derived relational responding applications for learners with autism and other developmental disabilities* (pp. 281–300). Oakland, CA: New Harbinger.

Michael, J. (1975). Positive and negative reinforcement: A distinction that is no longer necessary; or better ways to talk about bad things. *Behaviorism, 3*, 33–45.

Michael, J. (1986). Repertoire-altering effects of remote contingencies. *Analysis of Verbal Behavior, 4*, 10–18.

Michael, J. (1993). Establishing operations. *Behavior Analyst, 16*, 191–206.

Moore, J. (2008). *Conceptual foundations of radical behaviorism*. Cornwall-on-Hudson, NY:

Sloan Publishing.

Morris, E. K., & Todd, J. T. (1998). Watsonian behaviorism. In W. O'Donohue & R. Kitchener (Eds.), *Handbook of behaviorism* (pp. 15-69). San Diego, CA: Academic Press.

Newman, M. G., Castonguay, L. G., Borkovec, T. D., Fisher, A. J., & Nordberg, S. S. (2008). An open trial of integrative therapy for generalized anxiety disorder. *Psychotherapy: Theory, Research, Practice, Training, 45*, 135-147.

O'Donohue, W., & Kitchener, R. (Eds.). (1998). *Handbook of Behaviorism*. San Diego, CA: Academic Press.

Öhman, A. (2002). Automaticity and the amygdala: Nonconscious responses to emotional faces. *Current Directions in Psychological Science, 11*, 62-66.

O'Hora, D., Barnes-Holmes, D., & Roche, B. (2001). Developing a procedure to model the establishment of rule governance. *Experimental Analysis of Human Behavior Bulletin, 19*, 14-16.

O'Hora, D., Barnes-Holmes, D., Roche, B., & Smeets, P. M. (2004). Derived relational networks and control by novel instructions: A possible model of generative verbal responding. *Psychological Record, 54*, 437-460.

Öst, L. G. (2008). Cognitive behavior therapy for anxiety disorders: 40 years of progress. *Nordic Journal of Psychiatry, 62*, 5-10.

Öst, L. G., Thulin, U., & Ramnerö, J. (2004). Cognitive behavior therapy vs. exposure in vivo in the treatment of panic disorder with agrophobia [sic]. *Behaviour Research and Therapy, 42*, 1105-1127.

Overskeid, G. (2008). They should have thought about the consequences: The crisis of cognitivism and a second chance for behavior analysis. *Psychological Record, 58*, 131-151.

Parrott, L. (1984). Listening and understanding. *Behavior Analyst, 7*, 29-39.

Parrott, L. (1987). Rule-governed behavior: An implicit analysis of reference. In S. Modgil & C. Modgil (Eds.), *B. F. Skinner: Consensus and controversy* (pp. 265-276). Philadelphia: Falmer Press.

Peterson, A. L., & Azrin, N. H. (1992). An evaluation of behavioral treatments for Tourette syndrome. *Behaviour Research and Therapy, 30*, 167-174.

Power, M., & Dalgleish, T. (1997). *Cognition and emotion: From order to disorder*. London: Psychology Press.

Ramnerö, J., & Törneke, N. (2008). *The ABCs of human behavior: Behavioral principles for the practicing clinician*. Oakland, CA: New Harbinger; Reno, NV: Context Press.

Rehfeldt, R. A., & Barnes-Holmes, Y. (Eds.). (2009). *Derived relational responding applications for learners with autism and other developmental disabilities*. Oakland, CA: New Harbinger.

Rehfeldt, R. A., Dillen, J. E., Ziomek, M. M., & Kowalchuck, R. (2007). Assessing relational learning deficits in perspective-taking in children with high-functioning autism spectrum disorder. *Psychological Record, 57*, 23–47.

Rehfeldt, R. A., & Hayes, L. J. (1998). The operant–respondent distinction revisited: Toward an understanding of stimulus equivalence. *Psychological Record, 48*, 187–210.

Remington, B., Hastings, R. P., Kovshoff, H., Degli Espinosa, F., Jahr, E., Brown, T., et al. (2007). Early intensive behavioral intervention: Outcomes for children with autism and their parents after two years. *American Journal of Mental Retardation, 112*, 418–438.

Roche, B., & Barnes–Holmes, D. (2003). Behavior analysis and social constructivism: Some points of contact and departure. *Behavior Analyst, 26*, 215–231.

Roche, B., Barnes–Holmes, D., Smeets, P. M., Barnes–Holmes, Y., & McGeady, S. (2000). Contextual control over the derived transformation of discriminative and sexual arousal functions. *Psychological Record, 50*, 267–291.

Roth, A., & Fonagy, P. (1996). *What works for whom? A critical review of psychotherapy research*. New York: Guilford Press.

Safran, J. D., & Muran, J. C. (2000). *Negotiating the therapeutic alliance: A relational treatment guide*. New York: Guilford Press.

Safran, J. D., & Segal, Z. D. (1990). *Interpersonal process in cognitive therapy*. New York: Guilford Press.

Salkovskis, P. (Ed.). (1996). *Frontiers of cognitive therapy: The state of the art and beyond*. New York: Guilford Press.

Sallows, G. O., & Graupner, T. D. (2005). Intensive behavioral treatment for children with autism: Four–year outcome and predictors. *American Journal of Mental Retardation, 110*, 417–438.

Schlinger, H. D. (1990). A reply to behavior analysts writing about rules and rulegoverned behavior. *Analysis of Verbal Behavior, 8*, 77–82.

Schlinger, H. D. (2008). Listening is behaving verbally. *Behavior Analyst, 31*, 145–161.

Schnaitter, R. (1978). Private causes. *Behaviorism, 6*, 1–12.

Sidman, M. (1971). Reading and auditory–visual equivalences. *Journal of Speech and Hearing Research, 14*, 5–13.

Sidman, M., & Cresson, O. (1973). Reading and crossmodal transfer of stimulus equivalences in severe retardation. *American Journal of Mental Deficiency, 77*, 515–523.

Sidman, M., & Tailby, W. (1982). Conditional discrimination versus matching to sample: An expansion of the testing paradigm. *Journal of the Experimental Analysis of Behavior, 37*, 5–22.

Siegel, D. J. (1999). *The developing mind: Toward a neurobiology of interpersonal experience*. New York: Guilford Press.

Skinner, B. F. (1938). *Behavior of organisms*. New York: Appleton–Century–Crofts.

Skinner, B. F. (1945). The operational analysis of psychological terms. *Psychological Review, 52*, 270–277.

Skinner, B. F. (1953). *Science and human behavior*. New York: Macmillan.

Skinner, B. F. (1957). *Verbal behavior*. New York: Crofts-Century-Crofts.

Skinner, B. F. (1963). Behaviorism at fifty. *Science, 140*, 951-958.

Skinner, B. F. (1966). An operant analysis of problem solving. In B. Kleinmuntz (Ed.), *Problem solving: Research, method, and theory* (pp. 133-171). New York: John Wiley & Sons.

Skinner, B. F. (1974). *About behaviorism*. New York: Knopf.

Skinner, B. F. (1989). *Recent issues in the analysis of behavior*. Columbus, OH: Merrill Publishing.

Smith, L. J. (1996). A behavioural approach to the treatment of non-retentive encopresis in adults with learning disabilities. *Journal of Intellectual Disability Research, 40*, 130-139.

Solso, R. L., MacLin, M. L., & MacLin, O. H. (2005). *Cognitive psychology* (7th ed.). Boston: Pearson Education International.

Stewart, I., & Barnes-Holmes, D. (2001). Understanding metaphor: A relational frame perspective. *Behavior Analyst, 24*, 191-199.

Stewart, I., & Barnes-Holmes, D. (2008). *A functional-analytic model of metaphor using the relational evaluation procedure*. Unpublished manuscript.

Stewart, I., Barnes-Holmes, D., & Roche, B. (2004). A functional-analytic model of analogy using the relational evaluation procedure. *Psychological Record, 54*, 531-552.

Stewart, I., Barnes-Holmes, D., Roche, B., & Smeets, P. M. (2001). Generating derived relational networks via the abstraction of common physical properties: A possible model of analogical reasoning. *Psychological Record, 51*, 381-408.

Stewart, I., Barnes-Holmes, D., Roche, B., & Smeets, P. M. (2002). A functional-analytic model of analogy: A relational frame analysis. *Journal of the Experimental Analysis of Behavior, 78*, 375-396.

Stewart, I., & McElwee, J. (2009). Relational responding and conditional discrimination procedures: An apparent inconsistency and clarification. *Behavior Analyst, 32*, 309-317.

Strosahl, K. D., Hayes, S. C., Wilson, K. G., & Gifford, E. V. (2004). An ACT primer. Core processes, intervention strategies, and therapist competencies. In S. C. Hayes & K. D. Strosahl (Eds.), *A practical guide to acceptance and commitment therapy* (pp. 31-58). New York: Springer-Verlag.

Tomkins, S. (1987). Script theory. In J. Aronoff, A. I. Rabin, & R. A. Zucker (Eds.), *The emergence of personality* (pp. 147-216). New York: Springer.

Törneke, N., Luciano, C., & Valdivia-Salas, S. (2008). Rule-governed behavior and psychological problems. *International Journal of Psychology and Psychological Therapy, 8*, 141-156.

Tsai, M., Kohlenberg, R. F., Kanter, J. W., Kohlenberg, B., Follette, W. C., & Callaghan, G. M. (2008). *A guide to functional analytic psychotherapy: Awareness, courage, love, and behaviorism*. New York: Springer.

Valdivia, S., Luciano, C., & Molina, F. J. (2006). Verbal regulation of motivational states. *Psychological Record, 56*, 577-595.

Vosniadou, S., & Ortony, A. (1989). *Similarity and analogical reasoning*. Cambridge, UK: Cambridge University Press.

Vygotsky, L. (1986). *Thought and language*. Cambridge, MA: MIT Press.

Watson, J. B. (1929). *Psychology from the standpoint of the behaviorist* (3rd ed.). Philadelphia: Lippincott.

Wegner, D. M., & Gold, D. B. (1995). Fanning old flames: Emotional and cognitive effects of suppressing thoughts of a past relationship. *Journal of Personality and Social Psychology, 68*, 782-792.

Whelan, R., & Barnes-Holmes, D. (2004a). The transformation of consequential functions in accordance with the relational frames of same and opposite. *Journal of the Experimental Analysis of Behavior, 82*, 177-195.

Whelan, R., & Barnes-Holmes, D. (2004b). Empirical models of formative augmenting in accordance with the relations of same, opposite, more-than, and less-than. *International Journal of Psychology and Psychological Therapy, 4*, 285-302.

Whelan, R., Barnes-Holmes, D., & Dymond, S. (2006). The transformation of consequential functions in accordance with the relational frames of more than and less-than. *Journal of the Experimental Analysis of Behavior, 86*, 317-335.

Williams, J. M. G. (1992). *The psychological treatment of depression*. London: Routledge.

Wilson, K. G. (2001). Some notes on theoretical constructs: Types and validation from a contextual behavioral perspective. *International Journal of Psychology and Psychological Therapy, 1*, 205-215.

Wilson, K. G., O'Donohue, W. T., & Hayes, S. C. (2001). Hume's psychology, learning theory, and the problem of knowledge amplification. *New Ideas in Psychology, 19*, 1-25.

Wray, A. M., Freund, R. A., & Dougher, M. J. (2009). A behavior-analytic account of cognitive bias in clinical populations. *Behavior Analyst, 32*, 29-49.

Young, J. E. (1990). *Cognitive therapy for personality disorders: A schema-focused approach*. Sarasota, FL: Professional Resource Press.

Young, J. E., Klosko, J. S., & Weishaar, M. E. (2003). *Schema therapy: A practitioner's guide*. New York: Guilford Press.

Zettle, R. D., & Hayes, S. C. (1982). Rule-governed behavior: A potential theoretical framework for cognitive behavior therapy. In P. C. Kendall (Ed.), *Advances in cognitive behavioral research and therapy* (pp. 73-118). New York: Academic Press.

저자 소개

니클라스 퇴니케(Niklas Törneke, MD)

의사이자 심리치료전문가로서 스웨덴의 칼마르에서 개인 클리닉을 운영하고 있으며, 『인간 행동의 기본(The ABCs of Human Behavior)』의 공저자이다.

역자 소개

이선영(Lee, Seonyoung, Ph.D.)

고려대학교에서 임상 및 상담심리 전공으로 박사학위를 취득하였으며, 현재 서울 수용과 전념 치료 연구소 소장으로 활동하고 있다. 한신대학교 심리 · 아동학부 겸임교수, 미국 UCLA 의과대학 정신과 Visiting scholar, 임상심리학회 교육이사, 서울 백병원 슈퍼바이저를 역임하였으며, UCLA 의과대학 MAPS(Mindful Awareness Practices) 훈련 프로그램을 수료하였다. 인지행동치료전문가, 임상심리전문가 및 정신보건임상심리사 1급 자격을 가지고 있다.

〈주요 저 · 역서〉
꼭 알고 싶은 수용-전념 치료의 모든 것: ACT와 친해지기(소울메이트, 2017)
불안한 아이 수용과 마음 챙김으로 키우기(역, 시그마프레스, 2011)
수용전념치료에서 내담자와 치료자를 위한 마음챙김(공역, 학지사, 2013)

수용-전념치료자를 위한
언어적 관계틀 배우기
: RFT에 대한 개요 및 임상적 활용
Learning RFT
: An Introduction Relational Frame Theory and Its Clinical Application

2020년 4월 10일 1판 1쇄 발행
2023년 10월 20일 1판 3쇄 발행

지은이 • Niklas Törneke
옮긴이 • 이 선 영
펴낸이 • 김 진 환
펴낸곳 • (주) 학지사
04031 서울특별시 마포구 양화로 15길 20 마인드월드빌딩 5층
대표전화 • 02) 330-5114 팩스 • 02) 324-2345
등록번호 • 제313-2006-000265호
홈페이지 • http://www.hakjisa.co.kr
인스타그램 • https://www.instagram.com/hakjisabook

ISBN 978-89-997-1814-4 93180

정가 17,000원